रुक जाना नहीं...

रुक जाना नहीं...

दृष्टिहीन उद्योगपति भावेश भाटिया की सक्सेस गाथा

डॉ. सचिन पाचोरकर

प्रभात
पेपरबैक्स
www.prabhatbooks.com

प्रकाशक

प्रभात पेपरबैक्स

4/19 आसफ अली रोड, नई दिल्ली–110002

फोन : 23289777 • हेल्पलाइन नं. : 7827007777

इ–मेल : prabhatbooks@gmail.com ❖ वेब ठिकाना : www.prabhatbooks.com

संस्करण

2020

मूल्य

दो सौ रुपए

अ.मा.पु.स. 978-93-5322-172-0

आवरण

स्टार्टअप फार्म, नासिक

मुद्रक

आर–टेक ऑफसेट प्रिंटर्स, दिल्ली

RUK JANA NAHIN...
by Dr. Sachin Pachorkar

Published by **PRABHAT PAPERBACKS**
4/19 Asaf Ali Road, New Delhi-110002

ISBN 978-93-5322-172-0

₹200.00

प्रस्तावना

रिलायंस फाउंडेशन द्वारा निरंतर प्रयास रहा है कि हमारे सभी दृष्टिबाधित भाइयों और बहनों के आत्मविश्वास को जागृत् करके उनकी संपूर्ण प्रतिभा और आगे बढ़ने की महत्त्वाकांक्षाओं के अनुरूप ज्यादा-से-ज्यादा अवसर उपलब्ध कराए जाएँ!

श्री भावेश भाटिया की कहानी निःसंदेह इस बात को साबित करती है कि कर्मठता, कड़ी मेहनत और परिवार व मित्रों का साथ मिलने पर हर एक व्यक्ति कोई भी चुनौती से ऊपर उठकर दूसरों के लिए प्रेरणास्रोत बन सकता है!

रिलायंस फाउंडेशन ने हमेशा से ही श्री भाटिया और सनराइज कैंडल्स से जुड़कर खुद को गौरवान्वित महसूस किया है और मैं स्वयं भी व्यक्तिगत रूप से उनके बनाए हुए कैंडल्स का उपयोग बहुत खुशी और गर्व के साथ करती हूँ!

हमारी यह उत्कट इच्छा है कि श्री भाटिया के अनुकरणीय प्रयास और प्रशंसनीय उपलब्धियाँ बहुत से लोगों को अपने जीवन में सर्वश्रेष्ठ प्रदर्शन करने के लिए सही दिशा व रोशनी दिखाएँगी, जिसके चलते वे अपनी और दूसरों की जिंदगी में परिवर्तन ला सकेंगे!

श्री भाटिया की कहानी को उचित तरीके से प्रस्तुत करने और समाज में उम्मीद व आशावाद के संदेश को फैलाने के लिए मैं डॉ. सचिन पाचोरकरजी का अभिनंदन करती हूँ!

मैं श्री भावेश भाटिया को एक खुशहाल जीवन और भविष्य की तमाम सफलताओं के लिए शुभकामनाएँ देती हूँ!

—नीता मुकेश अंबानी

फाउंडर व चेयरपर्सन, रिलायंस फाउंडेशन

भूमिका

फरवरी 2013 में एक ट्रेनिंग के संदर्भ में जब महाबलेश्वर जाना हुआ, तब आर्या हायासिंथ, जो कॉरपोरेट ट्रेनर हैं, उनके माध्यम से पहली बार भावेशजी और नीता भाभी से मिलना हुआ। उस पल की यादें आज भी मेरे दिमाग में उसी तरह ताजा हैं, मानो कल की ही बात हो। भावेश अपने जीवन की संघर्षमय कहानी बयाँ कर रहे थे; लेकिन उनके हर एक शब्द में जो जज्बा था, उससे प्रतीत हो रहा था कि भावेश एक असाधारण व्यक्तित्व हैं। अंध होने के बावजूद जितनी भी कठिन परिस्थितियाँ सामने आईं, लेकिन समस्याओं को हराने का उनका संकल्प इतना प्रबल था कि सफलता तो उनको मिलनी ही थी।

वर्ष 2013 के बाद कई ऐसे अवसर आए, जब भावेश से मिलना हुआ, छोटी-सी पहचान जल्दी ही गहरी दोस्ती में बदल गई और शायद मेरा भाग्य ही था कि दो बार 'राष्ट्रपति पुरस्कार प्राप्त' भावेश के जीवन-चरित्र को लिखने का मौका मुझे मिला। मैंने जब भावेश के नजरिए से 'सनराइज कैंडल्स' को देखने की कोशिश की, तब समझ में आया कि यह संपूर्ण प्रोजेक्ट भावेश के लिए कोई व्यवसाय न रहकर एक यज्ञ बन चुका है। इस पुस्तक के माध्यम से भावेश के संपूर्ण जीवन को शब्दों में समेटने के बदले एक बहुमुखी प्रतिभा को कलम के माध्यम से छूने की कोशिश की है। यह पुस्तक पाठकों को जरूर सोचने पर मजबूर करेगी कि खरे अर्थ में दृष्टि-बाधित कौन है ? भावेश जैसे व्यक्ति, जो आँखें न होकर भी पूरी दुनिया को रोशन कर रहे हैं और हम, जो आँखें होते हुए भी जिंदगी को टटोलने की कोशिश कर रहे हैं! भावेश का संपूर्ण जीवन ऊर्जा, सकारात्मकता से परिपूर्ण है। इस नायाब जीवन को शब्दों में ढालते हुए मैं अपने हृदय की गहराइयों तक कृतज्ञता अनुभव कर रहा हूँ।

नीता भाभी और कुणाल का सहयोग ही था, जिसके चलते मैं यह पुस्तक लिख पाया। उनकी इस पुस्तक की उत्सुकता इस पुस्तक को पूरा करने के लिए मुझे प्रोत्साहित करती रही। 'सनराइज कैंडल्स' की पूरी टीम की ओर से मिले सहयोग की मैं सराहना करता हूँ।

भावेशजी के प्रति मैं किन शब्दों में अपने भाव प्रकट कर पाऊँगा, पता नहीं। इस जीवन में उनका ऋण मैं कैसे उतार पाऊँगा? यह पुस्तक लिखने के दौरान उनसे मैं जो कुछ सीख सका, यही मेरे लिए व्यक्तिगत जीवन की सबसे बड़ी उपलब्धि है।

हमारी संस्था 'मराठा विद्या प्रसारक समाज' की प्रमुख श्रीमती निलिमाताई पवारजी की शुभकामनाएँ हमेशा मुझे प्रेरणा देती रही है। इस पुस्तक को लिखने के दौरान मेरा हौसला बढ़ाने के लिए उनको व संस्था के सभी सहकर्मियों को धन्यवाद देना चाहूँगा।

यह पुस्तक लिखते समय परदेशीजी, प्रसूनजी, मेरे माता-पिता व पत्नी इन सबके मिले सहयोग की मैं सराहना करता हूँ।

मुझे पूरी उम्मीद है, यह जीवन-चरित्र सभी को एक नई दिशा, उम्मीद की एक नई किरण व रोशनी प्रदान करेगा।

—डॉ. सचिन पाचोरकर

1, के.जे. सोसाइटी
राका कॉलोनी, शरणपुर रोड,
नाशिक-422002
इ-मेल : sachinpachorkar@gmail.com
फोन : 9822840601

अनुक्रम

1

नींव : एक बुनियाद

3 दिसंबर, 2016 विज्ञान भवन, मौलाना आजाद रोड, दिल्ली। दोपहर के 1.30 बजे का समय। माइक से आवाज गूँजी—"इस बार का 'सर्वश्रेष्ठ नियोक्ता' का 'राष्ट्रपति पुरस्कार' दिया जाता है—नीता भावेश भाटिया, 'सनराइज कैंडल्स', मोरेश्वर गाँव, महाबलेश्वर को," ये शब्द कानों में क्या पड़े, लगा कि सारा जहाँ विज्ञान भवन में तालियों की बौछार कर रहा है। जीवन का सबसे अनमोल क्षण मैं उस वक्त महसूस कर रहा था, जब विज्ञान भवन में महामहिम राष्ट्रपति श्री प्रणव मुखर्जी के हाथों नीता को राष्ट्रपति पदक पहनाकर एवं प्रमाण-पत्र देकर सम्मानित किया जा रहा था। वर्ष 2014 में दो साल पहले ही तो मुझे इसी विज्ञान भवन में 'सर्वश्रेष्ठ अंध स्वयं रोजगार' का 'राष्ट्रपति पुरस्कार' दिया गया था। पहली बार राष्ट्रीय पुरस्कार पाकर जो आनंद मिला, जो खुशी मिली, उससे कई गुना ज्यादा खुशी नीता के इस पुरस्कार को लेने की थी। जब वर्ष 2016 का 'राष्ट्रपति पुरस्कार' 'सनराइज कैंडल्स' को घोषित हुआ, तब मोरेश्वर के हमारे केंद्र पर दीपावली-सा माहौल हो गया था। मेरे सभी दृष्टि-बाधित मित्र मुझे बधाई दे रहे थे। हमारे गाँव में मिठाइयाँ बँट रही थीं। मुबारकबाद देने मित्रों व परिचितों का ताँता लग गया था।

जब मैंने दिल्ली के लिए पुणे से प्लेन की टिकटें निकालने के लिए एजेंसी को फोन लगाया, तभी नीता से कह दिया था, "इस पुरस्कार की सही हकदार तुम हो। तुम पुरस्कार लेने स्टेज पर जाने का वचन दो, तो ही हम दिल्ली के लिए रवाना होंगे।"

नीता का ही इस पुरस्कार को स्वीकार करना उचित था, क्योंकि निःस्वार्थ भाव से मेरे साथ-साथ अनगिनत दृष्टि-बाधित मित्रों को उनके पैरों पर खड़े करने का यह पुरस्कार था। करीब 58,000 नॉमिनेशन में, जिसमें कई नामचीन कंपनियाँ भी थीं, जिनके द्वारा दिव्यांगों को रोजगार मुहैया कराया जाता था। उन हजारों कंपनियों को पीछे छोड़ते हुए यह पुरस्कार आज 'सनराइज कैंडल्स' को मिल रहा था। नीता कंपनी की उपाध्यक्ष

की हैसियत से यह पुरस्कार स्वीकार कर रही थीं।

भारत सरकार के सामाजिक न्याय एवं अधिकारिता मंत्रालय की तरफ से हर वर्ष 3 दिसंबर, जो 'विश्व अपंग दिवस' के रूप में भी मनाया जाता है, को अलग-अलग वर्ग में दिव्यांग व दिव्यांगों के हित के लिए काम करनेवाली संस्थाओं, व्यक्तियों, कंपनियों एवं संगठनों को उनके अभूतपूर्व कार्यों के लिए सर्वोच्च सम्मान के रूप में राष्ट्रपति के हाथों ये राष्ट्रीय पुरस्कार प्रदान किए जाते हैं। 'सनराइज कैंडल्स' हमारी इस कंपनी को देश के प्रथम नागरिक राष्ट्रपतिजी के हाथों राष्ट्रीय पुरस्कार दिया जाना, वह भी सर्वश्रेष्ठ नियोक्ता का, हमारे लिए यह किसी नोबेल पुरस्कार से कम नहीं था। 24 साल पहले शुरू किए गए एक मिशन का यह सम्मान था, मेरे जैसे दृष्टि-बाधित व्यक्ति द्वारा दूसरे दृष्टि-बाधित व्यक्तियों के लिए देखे गए सपनों का यह सम्मान हो रहा था; और नीता के बिना शायद यह सपना अधूरा रहता। इसलिए जब नीता पुरस्कार लेने स्टेज पर गईं, तब मेरी खुशी का ठिकाना नहीं था। विज्ञान भवन में कुछ और भी पुरस्कार दिए जा रहे थे। उस वक्त पता नहीं मैं किन खयालों में खो गया था और मुझे बचपन की वे सारी बातें याद आने लगीं। मैं अतीत में अपने आप को देखने लगा।

एक दिन मैंने स्कूल से लौटते ही शाम को घर पर आकर, एक कोने में जोर से स्कूल बैग पटका और तकिए में मुँह डालकर जोर-जोर से रोने लगा। उस वक्त मैं पहली कक्षा में पढ़ता था। मेरी बाल मंदिर की पढ़ाई के दो साल के दौरान स्कूल जाना मुझे बहुत अच्छा लगता था। लेकिन पहली कक्षा में बहुत से नए विद्यार्थी आ चुके थे, जिन्हें मैं पहले कभी नहीं मिला था। जब मेरे रोने की आवाज माँ ने सुनी, वह पास आई, सिर पर प्यार से हाथ फेरा। जूते पहनकर ही मैं रो रहा था। उसने बड़े ही प्यार से मेरे दोनों ही पैरों से जूते और मोजों को अलग किया। उन्हें एक तरफ रखते हुए उसने कहा, "क्या हो गया? लगता है, आज किसी से लड़ाई की है।"

मेरे सिर और पीठ पर उसने ममता से हाथ फिराना शुरू किया। मैं उस समय अपने आपको बहुत सुरक्षित महसूस करने लगा था। लेकिन सहानुभूति मिलने पर शायद रोने की प्रक्रिया और तेज हो गई। रोते-रोते ही मैंने माँ से कहा, "कल से स्कूल नहीं जाऊँगा। सब मुझे 'अंधा-अंधा' कहकर चिढ़ाते हैं।" इतना कहते-कहते जैसे पूरे ब्रह्मांड में मैं ही सबसे दु:खी था, इस तरह से माँ से लिपटकर फूट-फूटकर रोने लगा।

माँ ने जरा भी विचलित हुए बिना अपनी साड़ी के पल्लू से मेरे उस छोटे से चेहरे को भिगो रही आँखों से निकलती उन नदियों की धाराओं को पोंछते हुए, जो एक वाक्य कहा था, वह आज भी मुझे यथावत् याद है, "देख बेटा, हम सब जानते हैं, तेरी दोनों आँखें जन्म से ही काफी ज्यादा कमजोर हैं। डॉक्टर के कहे अनुसार बेटा, तू शायद जीवन भर किताबें या ब्लैकबोर्ड नहीं पढ़ पाएगा। हमने कितनी ही बार तुझे कक्षा में पहली बेंच

पर बिठाकर ब्लैकबोर्ड पर लिखी बातें पढ़ाने की भी कोशिश की। पाँच साल की उम्र से तू ये मोटे-मोटे काँच के चश्मे भी पहन रहा है; लेकिन बेटे, तेरे डॉक्टर अंकल कहते हैं कि तुझे जो आँखों की तकलीफ है, वह हजारों में नहीं, बल्कि लाखों में किसी एक के अंदर देखने को मिलती है। दोनों रेटिना धब्बों से भर चुके हैं, जिस वजह से तेरी आँखों में प्रतिबिंब नहीं बन पाता और तेरी आँखों से तेरे दिमाग की ओर जानेवाली नसें मुरझा रही हैं, जिसका इलाज पूरी दुनिया में संभव नहीं है।" इस बात को समझाने के बाद जो बात माँ ने कही, उसका एक-एक शब्द मुझे आज भी याद है। उसने कहा, "भावेश, एक बात जीवन भर याद रखना। ठीक है, तुम इस दुनिया को नहीं देख सकते, उसके लिए जरा भी अपना मन छोटा करने की जरूरत नहीं है। इससे कुछ फर्क नहीं पड़ता कि तुम इस दुनिया को नहीं देख सकते; लेकिन जीवन में कुछ ऐसा करने की जरूर कोशिश करना, कुछ अलग करने की, कुछ हटकर करने की कोशिश जरूर करना कि जिस दुनिया को तुम देख नहीं सकते, वह पूरी दुनिया तुम्हारी तरफ देखना शुरू करे। शायद तुम्हारे हाथों से कुछ अलग करवाने के लिए ही ईश्वर ने तुम्हें ऐसा बनाया है। मुझे पूरा यकीन है कि एक दिन मुझे स्वयं को तुम्हारी माता कहलाने पर गर्व महसूस होगा।"

मैं आँसू पोंछकर बड़े ही ध्यान से माँ की बातें सुन रहा था। उसने आगे कहना शुरू किया, "बेटा, आज जो तुम्हें अंधा कहकर चिढ़ाते हैं, परेशान करते हैं, वे भी तुम्हारी ही उम्र के हैं। उन्हें शायद यह भी पता नहीं है कि क्या सही है और क्या गलत! ऐसा कहना चाहिए भी या नहीं! बस, तुम परेशान होने के बदले, नाराज होने के बदले, उन सभी सहपाठियों को दोस्त बनाना शुरू करो। उन सभी की दोस्ती तुम्हें आगे बढ़ने के लिए बहुत मददगार होगी। अब कोई चिढ़ाए, परेशान करे तो मेरा लाडला कभी उनसे लड़ेगा नहीं, झगड़ेगा नहीं, रोएगा नहीं, यह रोना-धोना तो कायर करते हैं। तुम तो मेरे बहादुर बच्चे हो।"

उस समय माँ की गोद में सिर रखकर मैं बहुत ही ध्यान से उसकी वे सारी बातें सुन रहा था। उसका प्यार और आत्मीयता से भरा हुआ हाथ मेरे माथे को सहला रहा था। उसकी बातें सुनते-सुनते उस दिन मैं कब सो गया, पता भी नहीं चला।

आज विज्ञान भवन का यह दिन और स्कूल से दुःखी होकर घर लौटने का वह दिन, इन दोनों के बीच में एक बहुत ही बड़ा, लंबा सफर तय हुआ था। लेकिन यह सफर मेरे जैसे दृष्टि-बाधित के लिए काफी कठिनाइयों और संघर्षों से भरा हुआ था।

मेरा जन्म 29 दिसंबर, 1970 को घाटकोपर, मुंबई में हुआ। मेरा ननिहाल भी घाटकोपर में ही था। हम भाटिया कच्छी गुजराती परिवार से हैं। मेरे दादाजी जयरामदास भाटिया कच्छ के राजा चरणसिंह के जीनिंग प्रेस में मैनेजर का काम करते थे। उस वक्त उन्हें काफी बड़ा वेतन मिलता था। यह सन् 1940 की बात होगी। कुछ साल वहाँ पर काम करने के बाद राजा के दीवान के साथ उनका कुछ मन-मुटाव हुआ और उन्होंने

जीनिंग प्रेस का काम छोड़ दिया। उसके बाद बहुत कोशिश करने पर भी उन्हें कोई ढंग का काम नहीं मिला। एक वक्त तो ऐसा आया कि चाय का एक ठेला लगाकर वह और दादीजी पार्वती माँ गुजारा करते थे। दादाजी की एक चचेरी बहन थीं, जिनकी शादी गोंदिया, महाराष्ट्र में चतुर्भुज जसानीजी से हुई थी। चतुर्भुज जसानी एक कट्टर गांधीवादी थे। उन दिनों उनकी एक राइस मिल मध्य प्रदेश के राजनांदगाँव के बाँदा में थी। जब चतुर्भुजजी को दादाजी की परिस्थितियों के बारे में पता चला तो उन्होंने अपनी राइस मिल पर काम करने के लिए उन्हें राजनांदगाँव बुला लिया। मेरे पिताजी चंदूभाई भाटिया, जिन्होंने अपनी बारहवीं तक की पढ़ाई अंजार गाँव, कच्छ में पूरी की थी, उसी राइस मिल में दादाजी के साथ काम करने लगे। शादी के बाद कुछ साल पिताजी और माँ हसुमति बेन दोनों ही राजनांदगाँव बाँदा में रहे। पता नहीं कुछ कारणों से चतुर्भुजजी ने अपनी राइस मिल बेचने का निर्णय लिया और दादाजी को उन्होंने गोंदिया के उनकी 'माता टोली सीमेंट वर्क्स' कंपनी में काम करने को बुला लिया। मेरे जन्म के कुछ महीने पहले ही हमारा सारा परिवार गोंदिया में स्थायी हो चुका था। मेरा और मेरे बड़े भाई जतिन—दोनों का जन्म हमारे ननिहाल घाटकोपर, मुंबई में ही हुआ था।

मेरी माँ के पिताजी यानी मेरे नानाजी श्री लालजी आसर शेयर बाजार में काम करते थे। नानाजी का संयुक्त परिवार था। करीब 55 से 60 लोगों का नानाजी का परिवार घाटकोपर के तिलक रोड जोशी लेन में स्थित भाटिया भवन में रहता था। बचपन से ही ननिहाल मेरे लिए पसंदीदा जगह थी। जब भी छुट्टियाँ पड़तीं तो माँ के साथ घाटकोपर नानाजी के घर पर जाना, मेरे लिए सबसे बड़ा आकर्षण रहता। बचपन में कौन सगा मामा या कौन चचेरा मामा, वह समझ में नहीं आता था और ननिहाल के सभी सदस्य ही इतने प्यारे थे कि कभी यह महसूस ही नहीं होता, सब अपने लगते थे। मैं उस उम्र में समझने की कोशिश करता कि यह सब किस ताने-बाने के साथ इकट्ठा रह पाते थे! हर किसी को अपना-अपना काम सौंपा हुआ था। साफ-सफाई, खरीदारी, खाना बनाना—यह सब मेरे लिए एक आकर्षण था। स्कूल की कब छुट्टियाँ पड़ें और मैं कब घाटकोपर जाऊँ, इसके लिए मैं उत्सुक रहता था। उन दिनों गोंदिया से होकर हावड़ा-मुंबई मेल चलती थी। उसी ट्रेन से हम मुंबई जाया करते थे। बचपन से ही मुझे ट्रेन का सफर बहुत खुशी देता था। बाहर का सब नजारा माँ वर्णन करके मुझे बताती और जब पिताजी ट्रेन की टिकट ले आते, उसी दिन से इस सफर की तैयारियाँ शुरू हो जातीं। मैं अपने दोस्तों से कॉमिक्स बुक जमा करके अपने बैग में रख लेता, ताकि माँ मुझे ट्रेन के सफर में ज्यादा-से-ज्यादा कॉमिक्स पढ़कर सुना सके। ट्रेन के सफर में उसके पास बहुत वक्त रहता और मैं उसकी गोदी में सिर रखकर कॉमिक्स बुक की कहानियाँ सुनता।

गोंदिया में आने के बाद पिताजी 'माता टोली सीमेंट वर्क्स' कंपनी में अकाउंटेंट

बनकर काम करते थे। चतुर्भुज जसानी के बाद उनके बेटे रणजीत भाई व महेश भाई ने उस कंपनी की जिम्मेदारी ली थी। करीब 20 एकड़ में 'माता टोली सीमेंट वर्क्स' कंपनी बसी हुई थी। सीमेंट के पाइप, उनको जोड़ने के लिए लगनेवाले कॉलर और सीमेंट की कुंडियाँ बनाने का काम वहाँ निरंतर चलता था। दिन में सैकड़ों की संख्या में पाइप बनते थे। छह इंच से लेकर अड़तालीस इंच के गोलाई वाले उन तैयार सीमेंट के पाइपों को पकाने के लिए, और अधिक मजबूत करने के लिए बड़े-बड़े पानी के टैंक भी बनाए गए थे। कंपनी के खुद के कई ट्रक थे। ट्रक दिन भर दूर नदियों से रेती लेकर आते और कंपनी के परिसर में एक कोने में खाली करते, जिससे वहाँ रेती के ऊँचे-ऊँचे टीले बन चुके थे। पिताजी को कंपनी की तरफ से उसी परिसर में एक क्वार्टर मिला था। वहीं हमारा पूरा परिवार रहता था। गोंदिया में जो गुजराती नेशनल हाई स्कूल था, मेरी स्कूल की दसवीं तक की पढ़ाई वहीं पर हुई। बचपन से ही स्कूल के बाद का समय मैं 'माता टोली सीमेंट वर्क्स' के उन रेती के टीलों पर खेलने में बिताया करता। जब भी मुझे वक्त मिलता, मैं वहाँ पहुँच जाता। उस रेती में मुझे बहुत मजा आता। थोड़ी ऊपर-ऊपर की रेती हटाने पर नीचे गीली रेती आती। उसमें अलग-अलग निशान बनाता, प्राणी बनाता; जो भी स्कूल में सुनकर आता, उसको गीली रेती से बनाने की कोशिश करता। उसमें इतना मग्न हो जाता कि दिन में कई-कई घंटे उस गीली रेती के साथ खेलने में गुजार देता। वहाँ के सब मजदूर मेरी इस कला को बहुत सराहते और शाबाशी देते। उससे मुझे बहुत खुशी मिलती। रेती में खेलने के बाद जब भी समय मिलता, जहाँ पाइप बनते, वहाँ जाकर अपना वक्त बिताता।

उन दिनों मुझे आँखों से सिर्फ धुँधला-सा कुछ नजर आता था। कलर मुझे समझ नहीं आते थे; लेकिन सामने कुछ है, कुछ हिल रहा है, उसको साउंड इफेक्ट से जोड़ता और सामने क्या चल रहा है, यह समझने की कोशिश करता। हर एक वस्तु को आवाज से जोड़ता, जिससे उसे याद रखना मेरे लिए आसान हो जाता। इसलिए बचपन से ही बिना किसी की मदद के चलने में भी सक्षम था।

पाइप बनाने के प्रोसेस को समझना मेरे लिए बहुत दिलचस्प होता था। उस वक्त सीमेंट के पाइप बनाने के लिए कोल्हापुर, महाराष्ट्र से लोहे की डाई आती थीं। दो डाई को जोड़कर एक राउंड बनाया जाता। डाई की ऊँचाई के अनुरूप कम-ज्यादा मोटाई की सलाखों से पाइप के आकार का पिंजरा बनाकर डाई की सतह के साथ बिठाया जाता। एक पाइप बनने में करीब एक घंटा लगता। मशीन पर घूम रही डाई में दोनों ओर से कंक्रीट फेंककर पाइप का आकार दिया जाता। कंक्रीट का पाइप तैयार होने के बाद दूसरे दिन डाई खोलकर पाइप को और मजबूत बनाने के लिए पानी के टैंक में डाला जाता। इस सारी प्रक्रिया के चलते जो आवाज आती, उसमें मुझे बहुत मजा आता। मेरी कोशिश रहती यह समझने की कि इतनी आवाज में भी सारे मजदूर कैसे तालमेल से काम

करते हैं। वहाँ के मुकादम मुझे समझाते कि कैसे इशारों के साथ काम करना पड़ता है। कितना पानी डालना है, कितना टोकरी सीमेंट चाहिए, कितनी रेती चाहिए, कितनी बजरी (गिट्टी) चाहिए, यह सब सिर्फ मजदूरों के तालमेल के कारण हो पाता था। बचपन में मिली हुई शायद यही शिक्षा का अनुभव मेरे लिए 'सनराइज इंडस्ट्रीज' को खड़ा करने के लिए मददगार साबित हुआ।

माता टोली सिमेंट वर्क्स के उन 20 एकड के क्षेत्र के बाजू में लगभग 8-9 एकड़ में लकड़ी की टाल (बखार) थी, जिसके मालिक का नाम था—नगिनभाई शहा। उनकी बेटी मेरे साथ ही स्कूल में पढ़ती थी। कई बार मैं उसके साथ टाल में खेलने जाता। वहाँ पर 4-5 फीट लंबे बाँबू की थपिया रहतीं। उन बाँबुओं का उपयोग करके हम अलग-अलग चीजों को बनाने की कोशिश करते, जैसे कभी गार्डन, छोटा सा घर और उसकी कंपाउंड। कभी एक-दो बाँबू नगिनभाई से माँगकर मैं घर ले जाता। माँ की अनुपस्थिति में रसोई से चाकू ढूँढ़कर पतंग की आड़ी व खड़ी कमानी बनाने की कोशिश करता। उस टाल में एक आरा मशीन भी थी, जिससे काफी भूसा निकलता था। उस भूसे को हाथों से दबाकर हम अलग-अलग आकृतियाँ बनाते। नगिनभाई की टाल से लगकर ही सब खेत शुरू होते थे। उन खेतों में घूमना मेरे लिए जिंदगी का सबसे पसंदीदा क्षण रहता। बहुत दूर-दूर तक वे खेत फैले हुए थे। वहाँ अरहर, चने और बरसात में चावल की खेती होती थी। खेतों के चारों तरफ पेड़ थे। आम, इमली इत्यादि पेड़ों पर दोस्तों के साथ चढ़ना मुझे बहुत अच्छा लगता था।

स्कूल के बाद का मेरा समय इसी तरह से कटता। स्कूल के बाद मुझे और कुछ करने को था नहीं—न किताबें पढ़ पाता, न ब्लैकबोर्ड पढ़ पाता। स्कूल में जाता तो लिखना-पढ़ना तो था नहीं। जितना स्कूल में सुनता और माँ मुझे पढ़कर जो समझाती, उसी पर मैं निर्भर रहता। स्कूल के बाद के पसंदीदा क्षण थे—रेती में खेलना, पाइप के बनने की आवाजें सुनना, खेत में घूमना, पेड़ पर चढ़ना और अलग-अलग पक्षियों की आवाज सुनना और लकड़ी के टाल पर अपना वक्त बिताना। शायद यह सब मेरे लिए शिक्षा का एक माध्यम ही था। मेरी दृष्टि-बाधिता के दुःख से बाहर निकलने के लिए स्कूल के बाहर कुछ अलग और हटकर करते हुए, जो सीखने को मिलता, शायद उसने मेरी दूसरी पाठशाला का काम किया, जो रोज-रोज नए-नए अनुभवों के पाठ पढ़ाकर मुझे नई और अद्‌भुत शिक्षा दे रही थी।

मुझे आज भी याद है कि स्कूल में जब बच्चे मुझे 'अंधा-अंधा' कहकर चिढ़ाते तो मैं उनसे बहुत लड़ाई करता और फिर मुझे बहुत दुःख होता। 'अंधा-अंधा'—यह शब्द जब से मैंने होश सँभाला था, तब से मेरे नाम के साथ जुड़ चुका था। उन दिनों मेरे शिक्षक भी मेरी दृष्टि-बाधिता को लेकर इतने जाग्रत् नहीं थे। मैं जब भी होमवर्क पूरा न

कर पाता तो मेरे साथ अलग तरह से बरताव न करते हुए होमवर्क पूरा न करने का कारण समझे बिना मुझे भी और सहपाठियों की तरह सजा मिलती। हर दो-तीन दिन के बाद माँ को स्कूल बुलाया जाता और उसे बताया जाता कि भावेश सीख नहीं पाएगा। लेकिन माँ भी अपने निर्णय पर दृढ़ थी। वह चाहती थी कि मैं भी एक साधारण बच्चे की तरह ही अपनी पढ़ाई पूरी करूँ। माँ ने मोंटेसरी का शिक्षण पूरा किया था। उसे पूरा भरोसा था कि मैं सुनकर भी अपनी पढ़ाई पूरी कर सकता हूँ। जब भी समय मिलता; वह मुझे पढ़कर सुनाती। माँ चाहती कि मुझे ज्यादा-से-ज्यादा वक्त दे सके; लेकिन उसे घर के कामों के साथ-साथ मेरे बड़े भाई जतिन को भी सँभालना पड़ता था।

जतिन मुझसे तीन साल बड़ा था। वह अपने आप में ही खोया रहता। कुत्तों से उसे विशेष प्यार था। वह हमेशा लावारिस कुत्ते घर पर लेकर आता और उनके साथ खेलता, उनको खाना खिलाता। माँ को यह बिल्कुल पसंद नहीं था। वह हमेशा उसे डाँटती; लेकिन जतिन कभी सुनने के मूड में नहीं रहता। माँ को जिसका डर था, एक दिन वही हुआ। जतिन को उस दिन अचानक अस्पताल ले जाना पड़ा। हुआ यह था कि आसपास के कुछ बच्चों के साथ कुत्ते के छोटे से पिल्ले को लेकर खींचातानी होने के कारण उस लावारिस पिल्ले के पैर का नाखून जतिन के गले में लगा था और उसी घाव के चलते माँ उसे डॉक्टर के पास लेकर गई थी।

इस घटना के कुछ दिनों बाद हम सब मेरे एक मामा की शादी में शामिल होने के लिए मुंबई गए थे। ननिहाल में सभी लोग शादी की तैयारी में लगे थे। उसके साथ-साथ जतिन को भी मुंबई के अलग-अलग अस्पतालों में ले जाया जा रहा था। एक दिन सुबह माँ के रोने की आवाज सुनकर मैं जाग गया। मेरी उम्र तब छह-साढ़े छह साल की होगी। कुछ समझ में नहीं आ रहा था कि माँ क्यों रो रही है? कुछ लोग बोल रहे थे कि शादी रद्द हो गई है। थोड़ी देर के बाद जतिन को सफेद कपड़े में लपेटकर एंबुलेंस से घर लाया गया। तब मुझसे किसी ने कहा कि हमने जतिन को हमेशा के लिए खो दिया है। गले के उस जख्म की वजह से जतिन के पूरे शरीर में विष फैल गया था। डॉक्टरों की बहुत कोशिशों के बाद भी वे जतिन को बचा नहीं सके। मैं एक मूक द्रष्टा बनकर माँ के रोने की आवाज अंतर्मन से सुन रहा था। उम्र में काफी छोटा होने के कारण मैं जतिन के जाने का दर्द उस वक्त नहीं समझ पाया; लेकिन आज पीछे मुड़कर देखता हूँ तो जतिन को खोने का दुःख बहुत असहाय-सा होता है।

मेरे बड़े भाई जतिन के साथ बचपन की वे धुँधली-सी यादें जिंदगी भर मेरे हृदय के किसी कोने में हमेशा जिंदा रहेंगी। जतिन के जाने के बाद माँ, पिताजी और मैं कुछ दिन घाटकोपर में ही रहे। करीब 14 दिन रोज नानाजी के पूरे परिवार के साथ हम राजावाड़ी अस्पताल में एंटी रेबीज के इंजेक्शन लेने जाते थे। उन दिनों पेट पर ऐसे 14 इंजेक्शन

लेने पड़ते थे। उस इंजेक्शन का काफी दर्द मुझे होता था; लेकिन मेरे इस शारीरिक दर्द से कई गुना ज्यादा माँ का मानसिक दर्द था। जतिन के जाने के बाद ऐसे ही आंतरिक दुःख से माँ काफी चुपचाप रहती थी। उसके लिए जतिन का जाना एक बहुत बड़ा सदमा था।

थोड़े दिनों के बाद हम गोंदिया वापस लौटे। कई दिनों तक रिश्तेदार व जान-पहचान वाले घर पर आते और माँ को ढाढ़स बँधाते। उन दिनों माँ और पिताजी का मेरी तरफ ध्यान पहले से काफी ज्यादा बढ़ गया था। माँ मेरा बहुत ज्यादा खयाल रखने लगी थी। कुछ दिनों के बाद गोंदिया में ही माँ के एक मुँहबोले भाई ने माँ को इस आकस्मिक दुःख से निकालने के लिए अपनी पत्नी की कपड़ों की सिलाई सिखाने की कक्षा से जोड़ा। मैं भी माँ के साथ कभी-कभी उस कक्षा में जाया करता था। वहाँ पर क्रिएशन का मानो भंडार था। कपड़ों की सिलाई सिखाने के साथ-साथ और भी कई कला-कौशल मामीजी सिखाती थीं। वहाँ पर ग्रामोफोन रिकॉर्ड पर पत्थर, मोती, काँच के टुकड़े चिपकाकर अलग-अलग आकृतियाँ तैयार की जातीं। उन्हें छूकर उन आकृतियों को समझना मुझे बहुत अच्छा लगता। वहाँ कुछ कपड़ों के खिलौने भी बनते थे। मुझे उन मुलायम कपड़ों को अलग-अलग खिलौनों के आकार में ढालना बड़ा अच्छा लगता।

मामीजी की वह कक्षा माँ के साथ-साथ मेरे लिए भी वरदान सिद्ध हुई। इस कक्षा ने जहाँ माँ को जतिन के दुःख से बाहर निकलने के लिए काफी हद तक मदद की, वहीं मुझे उस छोटी सी उम्र में एक अलग तरह की सर्जनशीलता के बारे में सोचना सिखाया। इन्हीं कारणों के चलते मैं कई बार स्कूल न जाकर माँ के साथ उस सिलाई की कक्षा में जाने की जिद करता। जतिन के जाने के बाद मेरी हर इच्छा पूरी की जाती। मुझे याद है, कम दिखने के बावजूद माँ मुझे गोंदिया के सिनेमा गृह में फिल्म दिखाने लेकर जाती। हम सबसे पहली लाइन में बैठते और माँ मुझे पूरी फिल्म समझाती। बचपन में कई बार वह मुझे सिनेमा गृह लेकर गई और उसने इस क्षेत्र में भी मेरी दृष्टि-बाधिता को कभी रुकावट नहीं बनने दिया और इसीलिए न देख पाने के बावजूद भी माँ की मदद से फिल्म देख पाता। माँ हर कोशिश करती कि मैं एक आम बच्चे की तरह जिंदगी जीऊँ। मेरी पढ़ाई में भी वह बहुत ध्यान देती। मुझे याद है कि उसने मुझे चौथी और सातवीं कक्षा में स्कॉलरशिप की परीक्षा में भी बिठाया था। मेरे कॉमिक्स के प्रति प्यार को उसने कभी नजरअंदाज नहीं किया, बल्कि वह मुझे हमेशा अलग-अलग कॉमिक्स खरीदकर और उन्हें पढ़कर सुनाती थी।

हमारे स्कूल की तरफ से एक साइकिल रिक्शा पर चल ग्रंथालय शुरू किया गया था। 'शारदा वाचनालय' नामक इस चल ग्रंथालय की माँ भी सदस्या थी। हर सदस्य के घर यह साइकिल रिक्शा आती और आप उससे किताब ले और बदल सकते थे। जब भी उस चल ग्रंथालय की साइकिल की घंटी बजती, मैं बड़ा खुश हो जाता और माँ को उन्हीं

किताबों को लेने के लिए कहता, जिनमें कई सारी मजेदार कहानियाँ रहतीं। उन दिनों घर में 'धर्मयुग' आया करता था, उसका कार्टून कोना 'डब्बूजी' बहुत अच्छा लगता। माँ हमेशा उसे पढ़कर सुनाती। 'नंदन', 'चंपक' और 'चंदामामा' उन दिनों मेरे प्रिय कॉमिक्स थे।

घाटकोपर के नानाजी भी मेरे इस कॉमिक्स के शौक से परिचित थे। जो भी कोई घाटकोपर से गोंदिया आता, नानाजी उसके साथ ढेरों कॉमिक्स मेरे लिए भेजते। बचपन से शुरू हुए इस शौक की वजह से पाँचवीं कक्षा तक आते-आते मेरे पास हजार से ज्यादा कॉमिक्स का संग्रह हो चुका था। यह मेरे लिए किसी अमूल्य संपत्ति से कम न था। मैं रोज उन्हें अच्छी तरह सँवारकर रखता। एक दिन मेरे मन में यह खयाल आया कि क्यों न इन सभी कॉमिक्स को लेकर मैं भी एक वाचनालय शुरू करूँ? मैंने माँ के सामने इच्छा प्रकट की। उसने तुरंत मुझे अनुमति दे दी। घर के जिस कोने में उन किताबों को सँजोया गया था, वहीं पर वाचनालय की स्थापना हुई।

मैंने कॉमिक्स के उस पुस्तकालय को 'गायत्री वाचनालय' के नाम से शुरू किया। मेरे पिताजी माँ देवी गायत्री के उपासक थे। वे हमेशा घर में होम-हवन करते। हमारे क्वार्टर के बिल्कुल नजदीक देवी गायत्री का मंदिर भी था। इसलिए मैंने सोचा कि पुस्तकालय का नाम 'गायत्री वाचनालय' रखा जाए। बिना साधन, साहित्य के मैंने वह वाचनालय घर पर ही शुरू किया। कुछ पुराने फर्नीचर का उपयोग करके, उन पर अच्छी तरह से सजाकर मैं वे सभी कॉमिक्स रखता और उनसे जो भी थोड़े-बहुत पैसे आते, उनसे माँ के साथ गोंदिया के रेलवे स्टेशन के पास जो बुक स्टॉल थे, वहाँ से आधी कीमत पर और कॉमिक्स खरीदता। उन दिनों 'अमर चित्रकथा' के पन्ना और हाडी रानी, महाराणा प्रताप जैसे व्यक्तित्व मुझे काफी आकर्षित करते। उन सारे व्यक्तित्वों द्वारा समाज के प्रति उनके समर्पण भाव को मैं समझने की कोशिश करता। 'रामायण' के अंगद और सुग्रीव जैसे व्यक्तित्वों से एक टीम कैसे श्रीराम के लिए सहायक साबित हुई, यह समझने की कोशिश करता।

कॉमिक्स के साथ-साथ उन दिनों मुझे संगीत में भी दिलचस्पी थी। पिताजी शास्त्रीय संगीत बहुत पसंद करते थे। कंपनी के परिसर में ही जसानीजी ने अलग-अलग कार्यक्रमों के लिए अतिथि-गृह में एक बड़ा सा हॉल बनवाया था। वहाँ पर हर महीने गोंदिया के बड़े-बड़े व्यापारी, जिनका बीड़ी का कारोबार था, वे लोग संगीत का कार्यक्रम आयोजित करते। उसमें गंगूबाई हंगल, शिवप्रसाद शर्मा, हरिप्रसाद चौरसिया जैसे दिग्गजों का आना लगा रहता। उस शानदार महफिल की बात ही अलग होती। उसी के चलते संगीत का और मेरा एक अलग रिश्ता बन गया।

पिताजी को गजल सुनने का भी शौक था। बुधवार के दिन उनकी साप्ताहिक छुट्टी रहती और वे अपने टेप रिकॉर्डर पर गजल सुनते। मैं भी उनके साथ गजल सुनने का

लुत्फ उठाता। उर्दू के जो शब्द मुझे समझ में नहीं आते, उनका मतलब पिताजी से पूछता। गजल के एक शब्द से गायक कितना कुछ कहने की कोशिश करता है, यह मैं पिताजी से समझ पाता। उन दिनों अनूप जलोटा के भजन और गजल का काफी बोलबाला था। उनकी एक गजल मुझे आज भी याद आती है, "चाँद अँगड़ाई ले रहा है, चाँदनी गीत गा रही है।" यह समझ नहीं पाता कि चाँद कैसे अँगड़ाई ले सकता है? उसी तरह बेगम अख्तर की गजल, जिसमें वे कहतीं, "हम तो समझे थे कि बरसात में बरसेगी शराब, आई बरसात तो उसने दिल तोड़ दिया।" और मेरे लिए यह समझ पाना मुश्किल था कि बरसात में शराब कैसे बरसेगी? फिर मैं पिताजी से यह सब पूछता। तब वे समझाते कि गजलकार कैसे माहौल का रूप देकर अपनी बात रख रहा है। बचपन में ही शब्दों के प्रति मेरी दिलचस्पी गजल ने बढ़ा दी और मैं भी हमेशा शब्दों से खेलकर शायरी बनाने की कोशिश करने लगा। आज भी रेल, बस या हवाई जहाज के सफर में ये बंद आँखें शब्दों के महासागर से शब्दों के मोती चुनकर शायरी का रूप देने की कोशिश करती हैं।

गोंदिया में गर्मियों के दिन में बड़ी तेज धूप पड़ा करती थी और लू भी बहुत चलती थी। महेश भाई जसानीजी के छोटे बेटे जयदीप और मैं हमउम्र थे। हम दोनों अक्सर साथ-साथ खेला करते थे। एक दिन जसानीजी और पिताजी ने निर्णय लिया कि बच्चे धूप में खेलें या इधर-उधर भटकें, उससे अच्छा है कि इनको हम कुछ काम पर लगाएँ। उसी के चलते कंपनी के कार्यालय में हमें कुछ जिम्मेदारी दी जाने लगी। जयदीप तो भाग जाता, लेकिन मैं पिताजी के डर से स्कूल के बाद से शाम तक कार्यालय में उपस्थित रहता। तब मेरी उम्र 13-14 साल रही होगी। कंपनी में बहुत सारे कर्मचारी अनपढ़ होने से वे मुझे अपने साथ बैंक लेकर जाते और मैं उनको बैंक के अधिकारियों के साथ बात करने में मदद करता। उस वक्त कंपनी का खाता गोंदिया के 'बैंक ऑफ इंडिया' की शाखा में था। कंपनी के बहुत सारे फिक्स्ड डिपॉजिट के चलते बैंक कंपनी से ड्राफ्ट के ऊपर कमीशन नहीं लेता था। लेकिन कुछ नए नियमों की वजह से बैंक कंपनी से ड्राफ्ट के कमीशन की माँग करने लगा। इसके चलते फिर ऑफिस से मुझे भेजा जाता और मैं बैंक के मैनेजर से मिलता और अपनी बात रखकर उनको मनाने की कोशिश करता। यह सब मुझे बहुत अच्छा लगता कि मैं बैंक में जाकर मैनेजर से बात करता हूँ। इससे मुझे काफी आत्मविश्वास मिलता। इसके चलते जसानीजी ने कार्यालय के बहुत सारे काम मुझे सौंप दिए थे।

एक प्रसंग मुझे आज भी याद है। एक दिन मैंने ऑफिस में पेंसिल खत्म होने के कारण ऑफिस के गल्ले में से एक कर्मचारी को 20 पैसे पेंसिल खरीदने के लिए दिए थे। जब शाम के हिसाब में 20 पैसे कम आए और जब जसानीजी को पता चला कि उनकी इजाजत लिये बिना मैंने 20 पैसे खर्च कर दिए हैं, तब उन्होंने मुझे अपने केबिन

में बुलाकर बहुत डाँटा। उनका कहना था कि जो अधिकार आपको दिया ही नहीं गया, उसका आप इस्तेमाल नहीं कर सकते। मुझे लगा कि सिर्फ 20 पैसे के लिए जसानीजी मुझे डाँट रहे हैं। उस दिन शाम को घर जाने के बाद मैंने माँ से जसानीजी की शिकायत की और भविष्य में उस ऑफिस में काम करने के लिए मना कर दिया। लेकिन मेरी बातें सुनकर माँ ने मुझे समझाया कि यह सिर्फ 20 पैसे की बात नहीं है, यह बात है व्यापार में नियम और व्यवस्था बनाए रखने की। तुम्हें इस पर गुस्सा आए, इससे बेहतर है कि तुम इस बात को एक सीख के तौर पर लो। शायद बचपन की 20 पैसे की पेंसिल को खरीदने की सीख आज भी मेरे व्यापार करने के तरीके में फायदेमंद साबित हो रही है।

उस ऑफिस में काम करने के दौरान कभी-कभी मैं सीमेंट के पाइप की डिलीवरी देने ट्रक के साथ भी जाता। उस वक्त गढ़चिरौली, आलापल्ली, सिरोंचा आदि जगहों पर कंपनी के ट्रक जाते। मैं भी अपने घूमने का शौक उनसे पूरा कर लेता। अलग-अलग जगहों पर जाना और वहाँ के काम को समझना मुझे अच्छा लगता। जसानीजी की ईंटों की एक भट्टी भी हुआ करती थी। मेरा कई बार वहाँ पर भी जाना होता। मिट्टी से किस तरह ईंट बनाते हैं, मैं उसको समझने की कोशिश करता। बहुत बार बारिश होने से मिट्टी खराब होने पर उसे कैसे रिसाइकल किया जाता है, उसकी भी मैं जानकारी लेता। दृष्टि-बाधिता मेरी ऐसी किसी भी जानकारी हासिल करने में कभी आड़े नहीं आई, बल्कि मैं हमेशा काम में व्यस्त रहता। शायद मेरी माँ का प्रोत्साहन और उसके सकारात्मक विचार ही मेरे लिए वरदान साबित होते थे। उसने कभी मुझे महसूस नहीं होने दिया कि मैं देख नहीं सकता; बल्कि वह मुझे हर वह चीज करने के लिए प्रेरित करती, जो एक साधारण बच्चा कर पाता। आँखों की तकलीफ मेरे लिए आनुवंशिकता के चलते आई थी। माँ ने अपने पिता को और बड़े भाई को भी आँखों की ऐसी ही तकलीफों से त्रस्त देखा था। मेरे जन्म से पहले पिताजी का भी लिथो प्रेस में काम करते हुए एसिड जाने की वजह से आँखों का ऑपरेशन हुआ था। तो ये सारी तकलीफें माँ ने देखी थीं और मैं भी रेटिना मैकुलर डिजेनरेशन की बीमारी के साथ ही पैदा हुआ था। मगर इसके चलते माँ ने मुझे कभी कोई सहानुभूति या किसी काम में छूट नहीं दी। उसने कपड़ा धोने, बरतन माँजने से लेकर खाना पकाने तक के सारे काम सिखाकर मुझे आत्मनिर्भर बनाया। आज भी माँ की वह शिक्षा मुझे यह सिखाती है कि खुद के रोजमर्रा के काम करते हुए किसी भी प्रकार की शर्म या झिझक नहीं होनी चाहिए। काम कोई भी छोटा-बड़ा नहीं होता। हर एक काम को पूरी ईमानदारी और मेहनत से करना जरूरी है। माँ हर दो-तीन दिन के बाद स्कूल में आकर शिक्षक से मेरी पढ़ाई के बारे में समझ लेती। मुझे नोट्स के लिए बहुत सारे बच्चे मदद करते; लेकिन उसके लिए मुझे उनको रिश्वत देनी पड़ती और मैं भी जानता था कि वे कॉमिक्स के बहुत दीवाने थे, इसलिए मैं हमेशा अपने स्कूल बैग में अलग-अलग

कॉमिक्स रखता। मुझे नोट्स देने के लिए उनमें स्पर्धा होती और मेरा काम आसान हो जाता। छठी कक्षा में मुझे मॉनिटर भी बनाया गया था। कभी-कभी मुझे मॉनिटर होने की वजह से बच्चों को बारी-बारी से किताब पढ़ने के लिए कहना पड़ता था। मैं हमेशा हर एक पंक्ति में कहाँ पर कौन बैठा है, यह याद रखता और फिर उनको उसी क्रम से किताब से पढ़ने को कहता; लेकिन कभी कोई अनुपस्थित रहता और जब मैं उसका नाम पुकारता, तब गड़बड़ हो जाती और कक्षा में एक हँसी का माहौल बन जाता।

हमारे स्कूल के प्रिंसिपल राजमोहन तिवारीजी थे, जो रामकृष्ण मिशन से जुड़े थे। साढ़े छह फीट ऊँचे तिवारी सर का एक अलग सा दबदबा सारे स्कूल पर था। सारे विद्यार्थी उनसे बहुत डरते; लेकिन सभी विद्यार्थियों में वे मुझे बहुत पसंद करते थे। उन्होंने बच्चों में विवेकानंदजी के संस्कार आत्मसात् हो सकें, इसके लिए स्कूल में 'विवेक वाचन' नामक स्पर्धा शुरू की थी। हमें रामकृष्ण मिशन से एक पॉकेट बुक मिलती थी और तैयारी के लिए तीन-चार महीने का समय मिलता और उसके बाद उस किताब पर आधारित हमें एक परीक्षा देनी पड़ती थी। मुझे याद है, दसवीं कक्षा में मुझे इस 'विवेक वाचन' परीक्षा में 100 में से 91 नंबर मिले और मैं स्कूल में प्रथम आया था। रामकृष्ण मिशन ने पुरस्कार देने के लिए एक समारोह का आयोजन किया था। उसके पहले दिन लॉयंस क्लब के कुछ सदस्य हर कक्षा में जाकर हमारे स्कूल के एक विद्यार्थी के कैंसर के ऑपरेशन के लिए मदद माँगने आए थे; लेकिन मेरे पास पॉकेट मनी न होने के कारण मैं कुछ मदद नहीं कर पाया, जिसका मुझे सारी रात बहुत अफसोस हुआ। दूसरे दिन स्कूल में पुरस्कार समारोह शुरू होने के पहले तिवारीजी ने उस कैंसरग्रस्त विद्यार्थी के माता-पिता को मंच पर बुलाया और उनकी आर्थिक परिस्थिति के बारे में बताते हुए लॉयंस क्लब और रामकृष्ण मिशन की तरफ से जमा किया फंड उनको सौंप दिया और उसके बाद पुरस्कार वितरण का समारोह शुरू हुआ। मुझे पहला इनाम लेने के लिए स्टेज पर बुलाया गया। उस पुरस्कार में ट्रॉफी के साथ मुझे 101 रुपए की राशि इनाम में दी गई और प्रिंसिपल सर ने जब दो शब्द कहने के लिए मुझे माइक दिया, उस समय पता नहीं दिल से एक आवाज आई और मैंने इनाम की वह राशि उस विद्यार्थी के कैंसर के इलाज के लिए दे दी। तब अचानक ही सब तरफ सन्नाटा छा गया। मुझे लगा कि मैंने कुछ भूल कर दी है और शायद मेरी यह हरकत किसी को पसंद नहीं आई है। लेकिन कुछ क्षण के बाद सब लोगों ने उठकर जोर-जोर से तालियाँ बजानी शुरू कर दीं। स्कूल के उस दिन से मुझे प्रेरणा मिली कि काम ऐसा करूँ, जिससे मैं जरूरतमंदों की मदद कर सकूँ।

□

2

साइकिल यात्रा : गोंदिया से नेपाल

मेरे बचपन का एक लँगोटिया दोस्त था—दिनेश कारिया। हम दोनों स्कूल से लेकर कॉलेज तक एक ही क्लास में पढ़ते थे। स्कूल के समय दिनेश एकदम साधारण किस्म का विद्यार्थी था। स्कूल में उपस्थिति से ज्यादा उसकी अनुपस्थिति रहती थी। सुबह स्कूल में दिखेगा तो दोपहर को गायब होता। उसका पढ़ाई में बिल्कुल ध्यान नहीं था। उसे हमेशा घूमने में मजा आता। लेकिन सातवीं कक्षा के बाद मैंने अनुभव किया कि दिनेश ने पढ़ाई पर बहुत ध्यान देना शुरू कर दिया था और दसवीं तक वह एक होनहार छात्र के रूप में हमारे स्कूल में जाना गया। इसी दिनेश ने आगे चलकर एन.एम.डी. कॉलेज; गोंदिया से पढ़ाई करते हुए बारहवीं कक्षा में पूरे महाराष्ट्र बोर्ड की परीक्षाओं में मेरिट में पाँचवाँ स्थान प्राप्त किया। आगे चलकर उसने एन.सी.सी. में काफी अच्छा प्रदर्शन करने की वजह से गणतंत्र दिवस के शुभ अवसर पर राजपथ पर संपूर्ण भारतवर्ष की एन.सी.सी. की परेड का प्रतिनिधित्व किया। उसका इस तरह खुद को साबित करना मेरे लिए बहुत फायदेमंद रहा, क्योंकि मैं भी चाहता था कि मुझे कोई ऐसा दोस्त मिले, जो मुझे पढ़ाई में मदद करे और दिनेश के रूप में मुझे वह दोस्त मिल गया। दिन भर हमें स्कूल में जो पढ़ाया जाता, स्कूल के बाद दिनेश वे सारे नोट्स मुझे देता, ताकि घर पर माँ मेरी पढ़ाई करवा सके। दिनेश को अखबार पढ़ने की बड़ी बुरी आदत थी। हमेशा स्कूल के बाद जब हम दोनों खेल के मैदान में जाते तो वह रोज मुझे अखबार पढ़कर सुनाता और उसकी वजह से मुझे भी यह आदत लग गई।

उन दिनों एक खबर चल रही थी कि गोंदिया के कुछ नौजवान किस तरह साइकिल से वैष्णो देवी गए थे और उस वजह से सभी अखबारों में वे पूरी तरह से छाए हुए थे। दिनेश उनके बारे में पढ़ता और बताता कि कैसे पहले पन्नों में उनकी फोटो छपी है और उनकी साहसिक कथा से अखबार भरे पड़े हैं। उनकी चर्चा सारे गोंदिया में हो रही थी। हमें बहुत आश्चर्य होता कि हमारे ही गाँव के कुछ नौजवानों ने क्या कारनामा कर

दिखाया है! उनको मिल रही प्रसिद्धि मुझे व दिनेश को बहुत उत्साहित और प्रेरित कर रही थी। जब रोज-रोज उनके बारे में अखबारों में आता और दिनेश पढ़कर सुनाता तो फिर मुझे लगने लगता कि क्यों न हम भी कुछ ऐसा करें! मैंने तुरंत अपनी इच्छा दिनेश और अपने एक दोस्त पम्मी उर्फ पुरुषोत्तम नागदेव को बताई।

मैं हमेशा अपने दोस्तों के साथ साइकिल पर आसपास घूमने जाता। वे मुझे पीछे या आगे बिठाकर लेकर जाते। यदि हमारा भी साइकिल पर वैष्णो देवी जाना तय होता, जो गोंदिया से करीब 2,000 कि.मी. था। इतनी बड़ी दूरी दिनेश या पम्मी के साथ साइकिल पर पीछे बैठकर तय करना काफी मुश्किल और कठिन कार्य था। फिर मैंने सोचा, भले ही मुझे दिखाई न देने के कारण मैं साइकिल नहीं चला सकता, लेकिन पीछे बैठकर मैं दिनेश को साइकिल चलाने में मदद तो कर सकता हूँ। फिर हम अपने एक और दोस्त, जो कॉलेज में हमारे साथ पढ़ता था और जिसका साइकिल का शोरूम था, उससे जाकर मिले। उसके शोरूम के कारीगरों से हमने काफी चर्चा की और उन्होंने परिस्थितियों और हमारी जरूरतों को समझकर हमें बताया कि इस तरह की साइकिल वास्तव में बनाई जा सकती है, जिसमें पीछे बैठनेवाले को भी अगर अलग से पैडल दे दिए जाएँ तो इतनी लंबी दूरी तय करना आसान हो सकता है। यह जानकर हमारा उत्साह चरम पर था। उस दौरान हमने वैष्णो देवी गए नौजवानों से कई बार मुलाकात की और बातों-बातों में रास्ते में आनेवाली कठिनाइयों एवं अड़चनों की बारीकियों को समझने में लग गए। जिसमें उन्होंने रोज कितनी दूरी तय की? उसके लिए उन्होंने कैसी तैयारी की? उन्हें इस यात्रा के दौरान क्या-क्या दिक्कतें आईं? इस साइकिल यात्रा के लिए उन्होंने पैसों का जुगाड़ कैसे किया, इत्यादि काफी प्रश्नों का हल हम तीनों मित्रों ने उनसे समझने की कोशिश की।

इस दौरान पम्मी ने गोंदिया के लॉयंस क्लब में जाकर अपनी इस यात्रा के बारे में बताया। उस वक्त क्लब के अध्यक्ष थे—विनोद जैन, जो पेशे से चार्टर्ड अकाउंटेंट थे। उन्होंने हमारी इस साइकिल यात्रा में काफी रुचि दिखाई और भविष्य में गोंदिया लॉयंस क्लब की तरफ से जितना हो सकेगा, उतना सहयोग देने का वादा किया। सबसे पहले तो हमें कहाँ जाना है, यह तय करना था। हमने साइकिल पर वर्ल्ड टूर की पुस्तक पढ़ी थी, जिसमें आजादी के पहले मुंबई से कुछ पारसी युवकों ने पूरी पृथ्वी की परिक्रमा साइकिल पर की थी। तो हमें भी लगा कि क्यों न हम वर्ल्ड टूर पर जाएँ! लेकिन परिस्थितियाँ हमारे अनुकूल नहीं थीं।

उन दिनों सोवियत संघ टूटने के कगार पर था, जिसके चलते कई जगह गृह युद्ध का खतरा मँडरा रहा था। विनोदजी के साथ बैठकर फिर हमने पहले अफगानिस्तान, भूटान और यह सब सोचने के बाद जब रास्तों के नक्शों पर अध्ययन किया, तब जाकर

अंत में हमारा नेपाल जाना तय हुआ। हमारे कॉलेज के कुछ प्राध्यापकों और एन.एस.एस. के ऑफिसर ने भी हमें नेपाल ही जाना योग्य रहेगा, ऐसी सलाह दी; क्योंकि नेपाल ही ऐसी जगह थी, जहाँ पर हमें पासपोर्ट और वीजा की जरूरत नहीं पड़ने वाली थी। भारत और नेपाल के बीच नौ सीमाएँ हैं। कहीं से भी हम आना-जाना कर सकते थे।

इस साइकिल टूर का फायदा यह हो रहा था कि दूसरे देश में साइकिल पर जाने का रबर स्टैंप भी लगने वाला था और यह एक रिकॉर्ड भी होने वाला था। दूसरी तरफ उस वैष्णों देवी की साइकिल यात्रा से हमारी नेपाल तक की साइकिल यात्रा कई गुना बड़ी और अनोखी होने वाली थी। जिस वजह से आखिर में गोंदिया, महाराष्ट्र से नेपाल काठमांडू तक जाना और वहाँ से साइकिल पर ही वापस गोंदिया आना तय हुआ। निष्कर्ष यह निकला कि हम दीपावली के समय काठमांडू में हों। उसी को ध्यान में रखकर हमने 15 अक्तूबर, 1988 को यात्रा प्रारंभ करने की तारीख तय की। यह दिन मेरे लिए महत्त्वपूर्ण था, क्योंकि 15 अक्तूबर 'विश्व सफेद छड़ी दिन' के रूप में मनाया जाता है, जो छड़ी दृष्टि-बाधित उपयोग में लेते हैं। हमने इस तरह से मार्ग बनाए कि 100-125 कि.मी. लगभग प्रतिदिन हमें दूरी तय करनी थी। हमारी उत्सुकता ही थी, जिससे हम चाहते थे कि हर उन ऐतिहासिक व नामी जगहों तक हम इस साइकिल यात्रा के दौरान पहुँच सकें। दिल में ख्वाहिश थी कि दिल्ली से लेकर अयोध्या तक के सभी स्थान इस यात्रा में शामिल हों। आखिर में हमने कुछ दोस्तों की मदद से आने और जाने के मार्ग पर स्वीकृति की मुहर लगाई। दिनेश, पम्मी और मैंने प्रैक्टिस शुरू की। रोज गोंदिया के आस-पास में 20 से 30 कि.मी. की दूरी साइकिल से तय करना हमने शुरू किया। मैं कभी दिनेश की तो कभी पम्मी की साइकिल पर बैठता। जब वे थक जाते, वे पैर ऊपर करते और मैं पीछे से पैडल मारता।

जीवन की यह कठोर सच्चाई है कि जब-जब हम कुछ अलग, कुछ बड़ा या कुछ हटकर करने की कोशिश करते हैं, तब जिंदगी हमारे हौसले व जज्बे की पूरी-पूरी परीक्षा लेती है। और उन दिनों मेरे साथ भी ऐसा ही कुछ घटित हो रहा था; क्योंकि इसी दौरान पिताजी के जसानीजी के साथ कुछ मतभेद हो गए, जिसके चलते उन्होंने अपने काम से त्याग-पत्र दे दिया। करीब 25 साल तक रोज की उनकी दिनचर्या में अचानक से खलल पड़ने की वजह से उनकी मानसिकता पर भी प्रभाव हुआ। उनके लिए वह कंपनी ही सबकुछ थी। सुबह से लेकर शाम तक वे अपने काम में व्यस्त रहते थे। कैशियर से लेकर मैनेजर तक का काम वे ही सँभालते थे। एक तरफ तो रिश्तेदारी के चलते पिताजी ने उस कंपनी के विकास के लिए अपना खून-पसीना एक कर दिया था, जबकि दूसरी तरफ उनको मिलनेवाला वेतन इतना कम था कि घर की आर्थिक स्थिति भी ठीक नहीं रहती थी। इस बारे में जसानीजी से काफी बार चर्चा करने के बाद भी

वेतन में कोई बढ़ोतरी न होने के कारण अंत में उसने मतभेद को जन्म दिया। और माँ ने तय कर लिया कि हम तीनों को हमेशा के लिए गोंदिया से मुंबई स्थानांतरित होना है। मेरी जिंदगी में यह सब अचानक घटित हो रहा था। लगा, मानो नेपाल तक की साइकिल यात्रा जीवन भर सपना बनकर ही रह जाएगी! दूसरी ओर, एक हरे-भरे पेड़ से टूटकर, जिस तरह से टहनी सूखने लगती है, अपनों से उपेक्षित होकर पिताजी स्क्रीजोफोनिया रूपी मानसिक बीमारी के मरीज बन चुके थे।

मैंने बहुत संकोच के साथ हिम्मत जुटाकर माँ से बात की और अपनी इच्छा जताई कि पढ़ाई खत्म होने तक मैं गोंदिया में रहूँ और अपनी यह साइकिल यात्रा भी पूरी करूँ। पिताजी के चचेरे भाई थे—दिनेश व मयूर भाटिया। वे भी गोंदिया में ही रहते थे और 'अशोक वस्त्र भंडार' नामक कपड़े की बहुत बड़ी दुकान के मालिक थे। माँ ने उनसे बात करके उनके यहाँ पर रहने की मेरी व्यवस्था करवा दी। पिताजी की तबीयत खराब होने के कारण माँ ने फिर जल्दी ही मुंबई जाने का फैसला किया। आगे चलकर उस कपड़े की बड़ी दुकान में रिश्तेदारों का हाथ बँटाते हुए, कपड़ों की ठीक से घड़ी करने के साथ-साथ शोरूम की सजावट, आनेवाले ग्राहकों का आतिथ्य, उनके साथ के मधुर वार्त्तालाप और सबसे महत्त्वपूर्ण, उधार बिलों की रिकवरी करते हुए भी ग्राहकों को किस तरह से जिंदगी भर अपना बनाए रखा जा सकता है, ऐसी बहुमूल्य कला सीखने को मिली। उन दिनों मयूरजी का नेटवर्क गोंदिया में काफी अच्छा था। जब उन्हें पता चला कि मैं साइकिल यात्रा करने जा रहा हूँ, उन्होंने मुझे काफी लोगों से परिचित करवाया, ताकि उन सबसे अलग-अलग प्रकार की मदद मिल सके।

साइकिल कौन सी नक्की की जाए, यह भी हमारे सामने सवाल था। रोज का जो अंतर हमें काटना था, उसको खयाल में रखकर फिर हमने सोचा कि साधारण साइकिल न लेकर रेसर साइकिल ली जाए, जो स्पीड में चलेगी और हम प्रतिदिन ज्यादा दूरी तय कर सकेंगे। मेरे शोरूमवाले दोस्त ने सुझाव दिया कि हम, जो नई बी.एस.ए. मैकवन की साइकिल आई है, उसको खरीदें। आमतौर पर साइकिल के टायर का डायमीटर 22 इंच या 24 इंच रहता है; लेकिन उस साइकिल के टायर 26 इंच डायमीटर के और थोड़े पतले थे। वजन भी ठीक-ठीक उठा सकते थे और साइकिल की ऊँचाई भी ज्यादा थी। मैं और दिनेश दोनों ऊँचे कद के होने के कारण हमें भी ऐसी ही साइकिल की जरूरत थी। अंत में हमने दो ऐसी साइकिलें तय कीं। उनमें हीरो कंपनी के 10 गियर लगाने थे और एक साइकिल में पीछे दो ज्यादा पैडल लगाने थे, ताकि मैं पीछे बैठकर साइकिल चला सकूँ। देखते-ही-देखते पूरी योजना तय हो गई और हमने उस साइकिल स्टोरवाले मित्र को जल्दी ही कुछ रकम देने का वादा किया और उसके कारीगर यह अनोखी साइकिल बनाने के काम में जुट गए। हमें उन साइकिलों के लिए कम-से-कम 20,000

रुपयों की आवश्यकता थी। इसके अलावा हमें कपड़ों, जूतों और रास्ते में भोजन के लिए तथा कुछ आपातकालीन परिस्थितियों का सामना करने इत्यादि कारणों के चलते 20 से 25 हजार रुपयों की अलग से जरूरत थी। हम तीनों में से किसी के भी पास इतने पैसे नहीं थे। हमने इसके बारे में काफी सोचा कि कैसे फंड जमा कर सकते हैं?

हमारे कॉलेज का जनरल सेक्रेटरी था—संजय नाइक, जो हमसे तीन साल सीनियर था। सबसे पहले उसके पास जाकर हमने उसे सारा प्लान समझाया। हमने उसे यह भी समझाया कि इस यात्रा से कॉलेज के साथ-साथ उसका भी काफी नाम होगा। संजय हमारे कॉलेज में उन दिनों लोकप्रिय था। पूरे गोंदिया में उसकी हर वर्ग के लोगों के साथ काफी पहचान थी, जिसमें कुछ बड़े राजनीतिक दल के नेता भी शामिल थे। हमारी सारी बातें समझकर सबसे पहले संजय ने अपना दिमाग लगाते हुए हमारी इस साइकिल यात्रा को नाम दिया—'राष्ट्रीय एकात्मकता यात्रा'। पैसों की किल्लत को दूर करने के लिए उसी रोज रात को वह अपने एक दोस्त की प्रिंटिंग प्रेस में हमें लेकर गया और वहाँ पर उसने 3 बाई 2 इंच साइज के 3,000 डोनेशन के कार्ड छपवाए। हर कार्ड पर 10 रुपए छपवाया। उस एक रात में ही सारे कार्ड छपकर तैयार हो चुके थे। दूसरे दिन संजय हम तीनों को कॉलेज की हर क्लास में लेकर गया और हमारी इस यात्रा के बारे में बताते हुए सभी विद्यार्थियों से कम-से-कम एक कार्ड खरीदने का अनुरोध किया। उसकी धाक ऐसी थी कि सबने बढ़-चढ़कर उन डोनेशन के कार्डों को लेना शुरू किया और इस तरह से आखिरकार हमारे पास फंड इकट्ठा होना शुरू हुआ। सिर्फ 10 रुपए का कार्ड होने की वजह से हर कोई कार्ड खरीदने में समर्थ था।

संजय की पहचान पुलिस विभाग में भी थी। उसने उन्हें भी 1,000 कार्ड दिए। और इस तरह से जल्दी ही हमारे पास 30,000 रुपए जमा हो गए। हमें साइकिल के लिए 20,000 जोड़ने थे, लेकिन स्पेयर पार्ट के बदलने की वजह से 22 से 23 हजार तक का खर्चा हुआ। बाकी जो पैसे बचे थे, वे हमारे आने-जाने में लगने वाले थे। लेकिन 40-50 दिन के इस सफर में उन बचे हुए 8,000 रुपयों से हम तीनों का गुजारा होना मुमकिन नहीं था। कमजोर आर्थिक परिस्थितियों के चलते हम घर से एक पैसा भी नहीं माँग सकते थे। मयूरजी द्वारा नवरात्र महोत्सव में लोगों से अपील करने से जो मदद मिली, उससे भी 4-5 हजार रुपए जमा हो पाए। हम हर वह कोशिश कर रहे थे, जिससे हमें मदद मिल सके।

श्री प्रफुल्ल पटेलजी, जो नागरिक उड्डयन मंत्री रह चुके हैं, उन दिनों गोंदिया तहसील में एक युवा नेतृत्व के रूप में उभर रहे थे और बीड़ी के बड़े उद्योगपतियों में भी उनका काफी नाम था। हम उनके सहायक चेतन पटेलजी की मदद से श्री प्रफुल्ल पटेलजी तक आसानी से पहुँच सके। करीब आधा घंटा हमने उनसे बात की। उन्होंने

हमारी यात्रा का पूरा आयोजन समझ लिया और उनसे हमें 5,000 रुपए मदद के तौर पर मिले। हमने उन्हें ही यात्रा के उद्घाटन के लिए भी बुलाया। लेकिन सबसे अच्छा काम उन्होंने यह किया कि उनकी भारत भर में और नेपाल में भी 'सी.जे. पटेल कंपनी' की जो शाखाएँ फैली हुई थीं, उन सबसे हमें जोड़ा। हमारी साइकिल यात्रा के मार्ग में उनके जो ऑफिस थे, जैसे—सागर, दिल्ली, लखनऊ आदि उन सबके ब्रांच मैनेजर को पत्र भेजे, ताकि अगर हमें कहीं पर कोई दिक्कत आए तो वे हमारी मदद कर सकें। लॉयंस क्लब के विनोद जैनजी ने भी हमें मार्ग में जहाँ-जहाँ लॉयंस क्लब आने वाले थे, उनके प्रेसीडेंट, सेक्रेटरी के नाम और पते दिए। नागपुर के पुलिस कमिश्नर ने भी हमें पहचान व सिफारिशी पत्र दिए।

अब तक हमारी साइकिलें भी बन चुकी थीं। हमें उन साइकिलों में काम के कागजात के अलावा मेडिकल किट, पहनने के कपड़े, जिसमें 2 हाफ पैंट, 2-3 टी-शर्ट्स, चादर इत्यादि को रखने की व्यवस्था करनी थी। पम्मी के लिए जो साइकिल बनाई गई थी, उसके कॅरियर पर हम एक बैग रख सकते थे, जिसमें हमारा कुछ खाने का सामान, हवा भरने का एक छोटा-सा पंप और पंक्चर का सामान आदि सब रखा जाना था। लेकिन दूसरी साइकिल, जिसमें दिनेश के पीछे मैं बैठनेवाला था, वहाँ पर हमने जो साइकिल का आगे का त्रिकोण फ्रेम था, उसी के आकार का एक बैग बनवाया था, ताकि अपने कुछ कपड़े हम उसमें रख सकें। प्रकाश जसानीजी उसी जसानी परिवार से आते थे, जिनसे पिताजी सालों जुड़े रहे थे। प्रकाशजी बड़े ही खेल-प्रेमी थे। उन्होंने हमारी साइकिल पर सुरक्षा की दृष्टि से कई जगह पर रेडियम की पत्तियाँ चिपका दीं। इसी बीच हमने अपनी प्रैक्टिस भी शुरू कर दी थी। हफ्ते में दो बार हम गोंदिया से नागजिरा रिजर्व फॉरेस्ट, जो 50 कि.मी. की दूरी पर था, वहाँ जाया करते थे। करीब छह बार हम कान्हा केसरी होकर आए। गोंदिया से वह करीब 250 कि.मी. की दूरी पर था। 250 कि.मी. जाना और 250 कि.मी. आना। उन दिनों सब ठीक-ठीक हो रहा था। हमें भी आत्मविश्वास हो चला था कि हमारी यात्रा सफल रहेगी।

यात्रा की तय तारीख 15 अक्तूबर नजदीक आ गई थी और हमारी तैयारी भी जोरों से चल रही थी। दो दिन पहले एक प्रेस कॉन्फ्रेंस भी बुलाई गई। हम तीनों को पहली बार किसी प्रेस में बोलना था। मीडिया के सभी लोग वहाँ आए थे। उन्होंने हमसे मार्ग के बारे में जाना। उनके लिए एक अंधा व्यक्ति कैसे साइकिल यात्रा कर सकता है, इसके बारे में काफी प्रश्न थे। इसीलिए हर कोई पत्रकार मुझसे जानना चाहता था कि मेरा क्या मकसद है? इस यात्रा को लेकर सच कहूँ तो मैंने इसके बारे में कभी सोचा ही नहीं था। लेकिन मैं यह जरूर चाहता था कि मेरे जैसे युवाओं में एक संदेश जाना चाहिए कि अगर हम ठान लें तो कुछ भी नामुमकिन नहीं है। उस सारी यात्रा का मैं

मुख्य आकर्षण था। हर कोई उत्सुक था, यह समझने के लिए कि एक अंधा व्यक्ति कैसे साइकिल पर इतनी बड़ी यात्रा कर सकता है! अब तक जो भी फंड जमा किया गया था, उसमें भी मुझे ही सामने रखा गया था।

जिस घड़ी का हम तीनों दोस्त बड़ी बेसब्री से इंतजार कर रहे थे, वह आ ही गई और 15 अक्तूबर, 1988 की सुबह 6.30 बजे हम सारी तैयारी के साथ नटवरलाल माणिकलाल दयाल (एन.एम.डी.) कॉलेज के प्रांगण में पहुँचे। श्री प्रफुल्ल पटेलजी आकर हमें हरी झंडी दिखानेवाले थे। 7 बजे का समय तय किया गया था। हमें लगा था कि इतनी सुबह कोई नहीं आएगा, लेकिन कॉलेज पहुँचते ही समझ में आया कि सारा प्रांगण खचाखच भरा हुआ था। पूरा कॉलेज हमें शुभकामना देने वहाँ पहुँच चुका था। हमारे सभी दोस्त फूल की मालाएँ लेकर आए थे। हर कोई हमारी यात्रा को लेकर उत्साहित था। तभी किसी ने बताया कि प्रफुल्ल पटेलजी आ चुके हैं। हमारे कॉलेज के प्रिंसिपल, प्राध्यापकों सहित लॉयंस क्लब के लोग, मयूरजी का परिवार एवं सभी मित्र वहाँ पर उपस्थित थे। हमारे कॉलेज के प्रिंसिपल और कई मान्यवरों ने भाषण करके हमें प्रोत्साहित किया। मुझे भी दो शब्द बोलने के लिए कहा गया। जिंदगी में पहली बार इतने सारे लोगों के सामने मुझे बोलना था। आज 20-25 हजार लोगों के सामने भी मैं आसानी से बात कर लेता हूँ। लेकिन वहाँ पर दो-तीन मिनट बोलते वक्त भी निरंतर मेरे पैर काँप रहे थे। इन सबके बाद अध्यक्षीय भाषण करते हुए प्रफुल्ल पटेलजी ने अंत में हमें हरी झंडी दिखाई।

हमें लगा कि 200-300 मीटर पर जो कॉलेज का गेट आता है, वहाँ तक सब खत्म हो जाएगा। सभी दोस्त उस गेट तक तो साइकिल जैसे खींचकर ही ले गए। उनका वश चलता तो शायद वे साइकिल सहित हमें सिर पर बिठा लेते। फूल-मालाएँ पहनाने की जगह जब नहीं बची थी, तब लोगों ने साइकिल के हैंडिल पर फूल-मालाएँ बाँधनी शुरू कर दी थीं। कोई हमें छू रहा था, कोई गले मिल रहा था और कोई साइकिल की घंटी बजा रहा था। हमने कई दिन लगा दिए थे, यह सोचने में कि साइकिल पर कम-से-कम बोझ हो और यह दिन था कि फूल-मालाओं का बोझ बढ़ता ही जा रहा था; लेकिन हम किस-किस को ना कहते? कुछ समझ में नहीं आ रहा था। ऐसी आपा-धापी के माहौल के बीच सब को मिलते-मिलाते गेट पर पहुँचे। जैसे किसी अंतरिक्ष यान पर सवार हो रहे हैं, वैसे तालियों की जोरदार आवाजों के बीच हम साइकिल पर सवार हो गए। उसमें भी कितने सारे रिश्तेदार व दोस्त 'अरे, ऐसे बैठो, वैसे बैठो' कहते हुए अपनी-अपनी सलाह दे रहे थे और मैं था कि मन में अंदर-ही-अंदर हँस रहा था कि आप भले अभी सलाह दो, लेकिन आगे 40-45 दिन हर एक काम हमें ही करना है। वहाँ ऐसा माहौल था कि जैसे हम देश के जाँबाज सिपाही हों और सरहद पर लड़ाई लड़ने जा रहे हों!

तालियों की गूँज के बीच हमने कॉलेज के गेट से प्रस्थान किया।

कॉलेज के गेट से जो 5 कि.मी. पर कारंजा चेक पोस्ट है, जिसे 'फुल्चुर नाका' भी कहा जाता है, वहाँ तक हमारे करीब 400 से 500 दोस्त अपनी कार, बाइक्स व साइकिलों पर आए और हमें वहीं से विदा किया। वहाँ से हम तीनों मित्रों की यात्रा की सही अर्थों में शुरुआत हुई। फुल्चुर नाके से 45 किलोमीटर पर नेशनल हाईवे नंबर 6 पड़ता है, जहाँ से सीधे हाथ पर नागपुर जाया जा सकता है और बाएँ मुड़ते हुए हमें अपनी मंजिल की ओर आगे बढ़ना था। सबसे पहले हाईवे तक पहुँचने में ही हमें करीब 3 घंटे लगने वाले थे। जैसे ही हमने फुल्चुर नाका छोड़ा, चाय की एक टपरी पर रुके और चायवाले को हमने सब हार तोहफे में दे दिए। उसके बदले उसने हमें चाय व नाश्ता मुफ्त में करवाया और कुछ बिस्कुट के पैकेट भी उपहार में दिए।

दिन चढ़ते ही गरमी की वजह से हमारे पसीने निकलने लगे। तब समझ में आया कि यह इतना आसान नहीं है। एन.एच. 6 पर पहुँचकर बाएँ मुड़ने के बाद हमारा पहला पड़ाव आया—देवरी गाँव। वहाँ पर कुछ लोगों ने हमें रोका और वे हमें अपने घर लेकर गए और खाना खिलाया। उनसे इजाजत लेकर हम देवरी से आगे बढ़े। हम देवरी से थोड़ा ही आगे निकले थे कि एक धमाका-सा हुआ और हमारे पूरे शरीर पर कुछ चिपचिपा सा महसूस हुआ। हमें ज्ञात होते देर न लगी कि छोटे-छोटे पंक्चर से बचने के लिए जो सॉलुशन दोनों टायर की ट्यूब में दबाकर भरा हुआ था, वह आगे का टायर फटने की वजह से हम पर उड़ा था।

हमारे साइकिल के शोरूमवाले दोस्त ने एक प्रयोग के रूप में हमें यह नए प्रकार का सॉलुशन दिया था, जिससे अगर कोई बारीक पंक्चर हो जाता है तो वह अंदर ही अपनी रासायनिक क्रिया से उस पंक्चर को भर सकता था; लेकिन वह इतना बड़ा पंक्चर हुआ कि वह सॉलुशन कुछ काम न आया। वह दोस्त बेखबर था कि हम तो गोंदिया से कुछ बड़ा करने निकले थे तो पंक्चर भी हमारे बड़े-बड़े ही होने वाले थे। हमने वैसे एक छोटा सा प्लास्टिक का टब साथ में रखा था और हर जगह पानी मिल जाता था। हमारे पास कच्चा पंक्चर बनाने के स्टीकर भी थे और हमने इस यात्रा की तैयारी के चलते पंक्चर बनाने तथा साइकिल के सभी हिस्सों को खोलने व जोड़ने का इतना अभ्यास कर लिया था कि इस यात्रा के पश्चात् हम अपना एक साइकिल स्टोर तो जरूर खोल सकते थे। इस पंक्चर वाली परेशानी से पार पाते-पाते काफी वक्त लग गया और हमें देवरी व राजनाँदगाँव के बीच के एक छोटे से गाँव में अपनी यात्रा की पहली रात गुजारनी पड़ी।

दूसरे दिन मुझे याद है कि उस दिन सुबह मेरे दोनों दोस्त मुझे कुएँ पर लेकर गए और वे दोनों कुएँ से पानी खींच-खींचकर मुझ पर उड़ेल रहे थे। हम तीनों दोस्त पूरी

निडरता के साथ कुएँ पर नहाते हुए इस आजादी का भरपूर आनंद ले रहे थे। वहीं पास के किसी सद्गृहस्थ के घर चाय-नाश्ता करने के बाद हम आगे बढ़े। दूसरे दिन तक हमें समझ आ गया था कि जितना आसान हम समझ रहे थे, उतनी आसान यह यात्रा नहीं होनेवाली है। अब तक हम राजनाँदगाँव, दुर्ग, भिलाई, रायपुर होते हुए बिलासपुर तक पहुँच गए थे। जहाँ-जहाँ से हम निकलते, वहाँ हम पहले पुलिस स्टेशन में जाते। किसी अप्रिय घटना से बचने के लिए हमने एक व्यवस्था बनाई थी, जिसके तहत हमने एक फॉर्म बनाया था, जिसमें हम तीनों के नाम थे। हम उस फॉर्म पर पुलिस स्टेशन का रबर स्टैंप लगवा लेते। उनके रजिस्टर में हम लिखवा लेते कि हम कहाँ से निकले हैं और आगे कहाँ रुकने वाले हैं, जिसकी एक कॉपी पुलिस स्टेशन के रिकॉर्ड में रहती और एक हमारे पास रहती, जिससे हमारे घरवालों को भी पता चल सके कि हम कहाँ तक पहुँच गए हैं। और हमें भी सुरक्षित महसूस होता।

उन दिनों कोई मोबाइल फोन वाली सुविधा तो थी नहीं और न ही हर जगह एस.टी.डी. बूथ थे। एक ट्रंककॉल लगाना भी किसी जंग से कम न था। एक व्यवस्था हमने और भी बना ली थी कि हर तीसरे दिन हम अपनी खुशहाली का टेलीग्राम गोंदिया भिजवा दिया करते थे। बिलासपुर पहुँचने के बाद हमें लॉयंस क्लब के लोगों से भी मिलना था। उन दिनों पी.सी.ओ. ज्यादा नहीं थे, जिसकी वजह से हमारे पास टेलीफोन नंबर होने के बावजूद उन्हें फोन करना व मिलना मुश्किल था। हमने शहर में घूमकर कुछ दुकानों से जानकारी हासिल की। अक्सर लॉयंस क्लब के प्रेसीडेंट या मेंबर कोई डॉक्टर या बिजनेसमैन होते हैं। इससे आसानी यह हुई कि हम उन महानुभावों तक जल्दी से पहुँच सके। हमारे बहुत अनुरोध के बाद भी गोंदिया लॉयंस क्लब इन सभी क्लबों से हमारी इस यात्रा के बारे में पत्र-व्यवहार नहीं कर पाया था, जिसके कारण हमें अपना काफी समय हर बड़े शहर में लॉयंस क्लब के पदाधिकारियों को ढूँढ़ने, अपना परिचय देने और उनसे मदद लेने में गँवाना पड़ा। इतना सब करने के बाद भी उन लोगों का हमें मदद करने से ज्यादा दूसरे दिन पेपर में उनकी फोटो कैसे आएगी और इस यात्रा में उनका कितना सहयोग है, यह जताने में ही ध्यान रहता था। उस दिन रात को बिलासपुर में हमें लॉयंस क्लब के एक मेंबर ने उदारता दिखाकर कहा कि मेरा यहाँ पास में ही एक सिनेमा गृह है। चाहो तो वहाँ पर आज की रात गुजार सकते हो। हमने यात्रा का नियोजन ऐसा किया था कि रोज प्रात: पाँच बजे हमें आगे निकलना होता था, क्योंकि सुबह सूरज निकलने के पहले हवा भी ठंडी रहती और थोड़ा-बहुत उजाला भी रहता और उस ऊर्जामय वातावरण में दो-तीन घंटे की दूरी हम तेजी से तय कर पाते। वैसे भी, हम दोपहर का खाना तो खाते नहीं थे, क्योंकि खाने के पश्चात् धूप में साइकिल चलाना बड़ा कठिन होता था। ऐसे ही फल वगैरह कहीं से मिल गए या खरीद लिये।

दिन भर साइकिल चलाने के बाद बड़ी जोरों से भूख लगती। जब शहर या गाँव करीब में होता, जहाँ हमें रात को रुकना है, उसके थोड़ा सा पहले कहीं हम ढाबे में खाना खा लेते थे। रात को मिल गया तो दूसरी बार भी हम खाना खाने के लिए तैयार रहते थे। चूँकि पैसे कम थे और यात्रा लंबी थी, अत: अगर कोई तोहफे में खाना या नाश्ता मिल जाता तो हम स्वीकार कर लेते थे।

मुझे याद है कि किसी भी ढाबेवाले ने हमसे पैसे नहीं लिये। जो बोर्ड वगैरह हमने साइकिल पर लगाए थे, उसकी वजह से हर कोई अपना योगदान इस यात्रा को देना चाहता था। बिलासपुर में वह रात हमने सिनेमा गृह में मच्छरों के साथ लड़ाई करते गुजार दी। समय जानने के लिए हम तीनों के पास एक ही साधन था, जो घड़ी के रूप में दिनेश ने कलाई पर बाँध रखी थी। रोज सुबह उसी घड़ी के अलार्म से हम जागते थे। सिनेमा गृह में उस रात पता नहीं कि क्या हुआ, दिनेश ने मुझे व पम्मी को हड़बड़ाकर उठाया कि चलो, सुबह हो गई। मुझे कहीं ऐसा लगा कि इतनी जल्दी सुबह कैसे हो गई, अभी तो सोए थे! फिर विचार आया कि शायद सफर की थकान मुझ पर हावी हो रही है। उन्हीं विचारों के बीच मैं दोनों मित्रों के साथ जल्दी-जल्दी तैयार हुआ और आधे घंटे में तो आगे की मंजिल की ओर बढ़ने के लिए हम सड़क पर थे। हमने करीब डेढ़ घंटा साइकिल चलाई। साइकिल चलाते हुए हर सुबह की तरह न पंछियों की आवाज आ रही थी, न ही मेरे दोनों मित्रों को उजाला दिख रहा था। बात क्या है, समझ नहीं आ रही थी। वे कह रहे थे कि शायद ठंड के दिन हैं तो उजाला देर से होगा। ऐसी ही बातों के बीच हम आगे जा रहे थे। आगे एक गाँव में घर के बाहर लगे बल्ब की रोशनी में हम तीनों खड़े रहे। दिनेश ने अनायास ही अपनी घड़ी देखी और बोला, "अरे अभी तो पौने पाँच ही बज रहे हैं।" और तब जाकर पता चला कि 3 बजे को 5 बजे समझकर उसने हमें उठा दिया था। अपनी इस गलती के लिए उसने हमसे माफी भी माँगी। कुछ हलकी-फुलकी आपस में बहस भी हुई; लेकिन जल्दी ही इस नाहक (व्यर्थ) सी बहस को विराम देते हुए हम आगे बढ़ गए। इसका परिणाम यह हुआ कि उस दिन हमने बिलासपुर से अंबिकापुर की 208 कि.मी. दूरी एक ही दिन में तय कर ली। जहाँ पर हमें शाम को रुकना था, वहाँ हम दोपहर में ही पहुँच गए और अंबिकापुर, जहाँ हमें दूसरे दिन दोपहर में पहुँचना था, वहाँ हमने रात का पड़ाव डाला।

हमारे लिए यह एक अलग अनुभव था, क्योंकि हमने इतना बड़ा सफर एक ही दिन में तय कर लिया था और उससे हमारा मनोबल सातवें आसमान पर पहुँच गया था। हमें अब तक एक बात समझ आ गई थी कि कहाँ पर रुकना है, कैसे लोगों से मिलना है और किस तरह से अपने रहने-खाने का इंतजाम करना है! अगर किसी गाँव में गए तो कैसे सरपंच से जाकर मिलना है या किसी स्कूल के पास से जा रहे हैं तो

वहाँ पर बच्चों से मिलकर उनको अपनी साइकिल यात्रा के बारे में बताना है। और इसी तरह से रोज-रोज नए-नए लोगों से मिलने के चलते हम अपनी बातें बताने में भी माहिर हो गए थे। यह साइकिल यात्रा मेरे जीवन की एक बड़ी उपलब्धि साबित हुई। इस यात्रा के कारण लोगों से मिलकर अपने आप को सही तरह से प्रस्तुत करना, यह मेरे जैसे अंध व्यक्ति के लिए आसान हो गया था। आगे चलकर इसी आत्मविश्वास के कारण मैं अपने विचारों, योजनाओं और मनसूबों को लोगों तक पहुँचाने में काफी हद तक सफल रहा। आज कितने भी लोगों के सामने बात करना या कितने भी बड़े-बड़े लोगों से मिलना, इन सभी बातों का कभी डर नहीं लगता। यह शायद उसी साइकिल यात्रा का योगदान है।

अंबिकापुर से हम पटना के लिए निकले। पटना आने में थोड़ा ही समय बाकी था कि अचानक पम्मी, जो साइकिल चला रहा था, उसकी सीट के नीचे जो ज्वॉइंट वेल्डिंग था, वही निकल गया और साइकिल पूरी तरह से दब गई और उसे चलाना भी मुश्किल हो गया। हम साइकिल को घसीटते-घसीटते पटना के नजदीक एक धर्मशाला तक पहुँचे। वहीं पर हमने रात गुजार दी और दूसरे दिन सुबह होते ही सबसे पहले हमने पटना शहर में बी.एस.ए. कंपनी के शोरूम को ढूँढ़ना शुरू किया। हमें पूरा यकीन था कि इस कंपनी का शोरूम हमें पटना में मिलना मुश्किल है; लेकिन उसे ढूँढ़ने के अलावा हमारे पास दूसरा कोई चारा भी नहीं था। इसी दौरान साइकिल की एक दुकान से हमें पता चला कि एक महीना पहले ही बी.एस.ए. कंपनी का डिपो पटना में शुरू हुआ है। काफी ढूँढ़ने के बाद अंततः बी.एस.ए. के डिपो मैनेजर से मुलाकात हो ही गई। उन्होंने जब उस साइकिल की हालत देखी और हमारी पूरी यात्रा का वृत्तांत सुना तो उन्हें बहुत आश्चर्य हुआ। उन्होंने बड़े आदर के साथ हमें अपनी कंपनी के गेस्ट हाउस में ठहरवाया, हमारी पूरी खातिरदारी की। कई दिनों के बाद हमें भी पैदल घूमने क. मौका मिला। शायद सुबह से रात तक साइकिल चलाते-चलाते हम पैदल चलना ही भूल गए थे। डिपो मैनेजर के प्रयत्नों के कारण आकाशवाणी, पटना ने हमारी मुलाकात रेडियो पर प्रसारित की, जिसका हमें मानधन भी चेक के रूप में दिया गया। इन्हीं सुखद यादों को झोली में भरते हुए पूरे दो दिन के बाद हमने विदा लेनी चाही। इसी बीच डिपो मैनेजर ने हमें बताया कि हमारी साइकिल तैयार हो चुकी है। हमें लगा कि उन्होंने वेल्डिंग करके साइकिल ठीक करवा दी होगी। लेकिन इसके विपरीत, उन्होंने कहा कि मैं यह साइकिल आपको नहीं दूँगा और हमारे चेहरे के भावों को पढ़ते हुए उन्होंने खुलासा करते हुए कहा कि हमारी कंपनी ने तय किया है कि यह साइकिल हम रख लेंगे और उसके बदले आपको ऐसी ही नई साइकिल देंगे। आपकी इस साइकिल को हम बतौर एक यादगार आपकी तसवीरों के साथ इसी डिपो में सजाकर रखना चाहेंगे।

हमसे स्वीकृति लेकर वे सिर्फ हमें नई साइकिल देकर ही नहीं रुके, बल्कि उन्होंने हमें दो-दो जोड़ी लाइनर, ट्यूब और खाने के लिए ड्राई फ्रूट्स के साथ-साथ 5,000 रुपए भी दिए। जिस तरह से हमें गोंदिया से विदा किया था, उसी तरह के सम्मान के साथ हमें पटना के उस डिपो से भी विदा किया गया। पटना से निकलने के बाद मुजफ्फरपुर, मोतिहारी होते हुए हम रक्सौल बॉर्डर पहुँचे। भारत-नेपाल की उस सीमा पर सुरक्षा जवानों ने हमारा स्वागत किया, हमें चाय पिलाई और नए जूते उपहार में दिए। हम लोगों ने उस भव्य द्वार से होते हुए नेपाल की जमीन पर विजय-प्रवेश किया। कुछ ऐसा फर्क तो मालूम नहीं पड़ता था, न कोई भाषा की ही अड़चन थी, न लोगों की। सब अपने ही लग रहे थे। बीच-बीच में कुछ किस्से ऐसे भी हुए थे, जिसमें कुछ सालों पहले यूरोप से निकले साइकिल यात्री हमें नेपाल में मिले। उन्होंने अपनी यात्रा के बारे में बताया, हमने अपनी यात्रा के बारे में बताया और उन्होंने हमारी साइकिल चलाई, हमने उनकी। हमें उनसे बात करने में भाषा की दिक्कत आ गई, क्योंकि हमारी तीनों की अंग्रेजी ठीक नहीं थी। हम थोड़ा-बहुत अंग्रेजी समझ पाते थे, वे थोड़ा-बहुत हिंदी समझने लगे थे और काम चल जाता था। मैंने जब उनसे पूछा कि इतने साल घर से बाहर और इतनी दूर रहने की इजाजत आपके घरवालों ने कैसे दे दी? तब जवाब मिला कि हम 26-27 साल के हो चुके हैं। इस उम्र में घरवालों से इजाजत लेने की क्या जरूरत है? उनका जवाब सुनकर बड़ा ताज्जुब हुआ। हम यहाँ भारत में कितने ही उम्रदराज हो जाएँ, अपने बड़े-बुजुर्गों से पूछे बिना एक कदम भी नहीं बढ़ाते और यूरोप के वे दोस्त थे कि इस छोटी सी उम्र में बड़ी बेफिक्री के साथ हजारों किलोमीटर साइकिल पर घूम चुके थे! उस दिन पटना में रात को वह डिपो मैनेजर हमें यूथ हॉस्टल में भी लेकर गए, जहाँ पर काफी ऐसे ही लोग थे, जिसमें कोई माउंट एवरेस्ट वाला एक ग्रुप रुका हुआ था, जो पहली चढ़ाई में नाकाम होने के बाद अगली चढ़ाई की तैयारी के लिए वापस नेपाल जा रहा था। हमें वहाँ पर 52 लोगों का एक बाइकर ग्रुप भी मिला, जिसके सभी सदस्य राऊरकेला स्टील प्लांट के इंजीनियर थे और पटना से होते हुए काठमांडू की ओर जा रहे थे।

हमसे मिलने के बाद वे सारे आश्चर्यचकित थे कि हम साइकिल पर इतनी दूर नेपाल जाने के लिए निकले हैं। उन्होंने हमसे हमारा मार्ग पूछा, तब पता चला कि वे भी रक्सौल होकर ही काठमांडू जा रहे हैं। उन्होंने कहा कि आप साइकिल पर होने की वजह से हम जब वापस लौट रहे होंगे, तब तक शायद आप काठमांडू पहुँच भी नहीं पाएँगे। हमने कहा कि हाँ, ऐसा ही होगा, क्योंकि आप सब बाइक पर जा रहे हैं और हम साइकिल पर। लेकिन मुझे याद है कि काठमांडू पहुँचकर दूसरे दिन जब हम पशुपतिनाथ मंदिर जा रहे थे, तब हमें वही बाइकर्स का ग्रुप रास्ते में मिला तो हमें लगा कि सबकुछ

घूम-घामकर वे वापस लौट रहे होंगे। लेकिन उनसे बात करके हमें काफी आश्चर्य हुआ कि वापस लौटना तो दूर की बात थी, वे सभी तो हाल ही में काठमांडू पहुँच रहे थे। उनमें से कुछ लोगों ने अपनी आपबीती भी सुनाई कि हम इतने सारे लोग थे कि कोई किसी की सुन ही नहीं रहा था। हमारा लीडर अपनी जगह धरा-का-धरा रह गया था। दो लोग इधर जा रहे थे, दो उधर; कोई रास्ते में ही रुक गया तो कोई आगे निकल जाता था, तो कोई दारू पीकर वहीं पर मस्त है। ऐसा करके इस पूरे कुनबे को काठमांडू पहुँचाना हमारे लिए सिरदर्द बन गया था बड़ी मुश्किल से हम यहाँ तक पहुँच पाए हैं। और अब हमने तय कर लिया है कि यह यात्रा यहीं समाप्त हो जाएँ। अब जिसको जिस तरह से वापस जाना है, वह अपने-अपने हिसाब से अपनी बाइक लेकर जा सकता है। उनकी आपबीती सुनते-सुनते हम हँसी के मारे लोट-पोट हो रहे थे।

हम रक्सौल बॉर्डर से आगे बढ़ते हुए बीरगंज, वहाँ से रामानुजगंज और अंततः हतोरा गाँव में पहुँचे। वहाँ पर एक सज्जन ने उदारता दिखाते हुए हमें अपने मकान में ठहराया। उन दिनों जबरदस्त ठंड पड़ रही थी। 15 अक्तूबर को शुरू हुई यात्रा के करीब तेरहवें दिन हम हतोरा में थे। हमारे तय रास्ते के अनुसार करीब 9,000 फीट की घाटी को पार करके हमें हतोरा से काठमांडू पहुँचना था। काफी ठंड के चलते शायद हमारी यात्रा की सबसे मुश्किल दूरी हमें पार करनी थी। हमने काफी कोशिश की कि हम ऐसे रास्ते से जाएँ, जहाँ हमें ज्यादा चढ़ाई चढ़ने की जरूरत नहीं पड़े; लेकिन काठमांडू के चारों तरफ पहाड़ होने की वजह से और कोई चारा नहीं था। हतोरा से काठमांडू की दूरी लगभग 170 कि.मी. थी। एक ओर पहाड़ों की वजह से सँकरा रास्ता और दूसरी ओर 3,000 से 4,000 फीट गहरी खाइयाँ थीं। अगर सामने से कोई गाड़ी आती तो हम पहाड़ से चिपककर खड़े हो जाते और उस गाड़ी के जाने के बाद हम साइकिल खींचते-खींचते फिर रास्ते पर आते। मेरे लिए तो सब रास्ते एक समान ही थे। मुझे जो कुछ भी दिनेश बताता, उससे ही मैं हालात को समझने की कोशिश करता। चढ़ाव और उतार की वजह से हमारे ब्रेक लाइनर दो-तीन बार खराब हो गए। लेकिन पटना में डिपो मैनेजर ने जो हमें दो-दो अतिरिक्त ब्रेक लाइनर की जोड़ी दी थी, वह हमारे लिए वरदान साबित हुई। हमें एक और दिक्कत का सामना करना पड़ रहा था, जो था खराब रास्ता। ऊबड़-खाबड़ और पथरीला रास्ता होने के कारण काफी पंक्चर होते थे। हमारे पास जो ट्यूब थीं, उन्हें भी हमने काम में ले लिया था; लेकिन पंक्चर रुकने का नाम ही नहीं ले रहे थे। दोनों साइकिल के बहुत पंक्चर हो रहे थे। हमारी रेसर साइकिल होने की वजह से 26 इंच डायमीटर के ट्यूब हमारे साइकिल में लगे हुए थे और हमें ज्यादातर 24 इंच डायमीटर के ट्यूब ही दुकान में मिलते थे, फिर हम एक-डेढ़ इंच का जो फर्क पड़ता, उसे खींचकर टायर में बिठाते और अपना काम चलाते।

उसी दिन शाम को एक और परेशानी खड़ी हो गई। ठंड व कोहरे की वजह से हम उस पहाड़ी रास्ते पर भटक गए। अँधेरा हो चुका था और साइकिल न चला पाने के कारण दोनों साइकिल के डायनेमो से उजाला पाना भी संभव नहीं था। हम दिशाहीन से उस जंगलनुमा जगह पर सूखे पत्तों पर से धीरे-धीरे आगे बढ़ रहे थे, तभी पम्मी को दूर कहीं उजाला दिखाई दिया। इस बात ने हम तीनों में मानो नई जान डाल दी। जब हम करीब पहुँचे, तब पता चला कि वहाँ फॉरेस्ट गार्ड का तंबू था, जहाँ ठंड से बचने के लिए अलाव जल रहा था। सलाम-दुआ करके उस फॉरेस्ट गार्ड से हमने रात बिताने के लिए तंबू में जगह माँगी। उसने सहज स्वीकृति दे दी। रहने को तो मिल गया था, लेकिन भूख से हम बेहाल थे। पंक्चर के चलते दिन भर में कुछ भी नहीं खाया था। उस गार्ड से हमने खाने के बारे में पूछा तो उसने अपने बैग में से करीब एक किलो कच्चे चावल निकालते हुए कहा कि मैंने अपना टिफिन अभी-अभी खत्म कर दिया है, सिर्फ ये चावल हैं। कहो तो पका दूँ? लेकिन साथ में दाल या सब्जी कुछ भी नहीं है। हम थे कि भूख से मरे जा रहे थे। हमने कहा कि आज सिर्फ चावल खाकर ही पेट भर लेंगे। बाहर जल रही लकड़ियों पर उस भले आदमी ने चावल पकने के लिए रख दिए। उस दौरान हमने भी बढ़-चढ़कर अपने साहस के किस्से सुनाए। जब चावल परोसा जा रहा था, तब मैंने उस गार्ड से नमक माँगा। वह टेंट में से एक छोटी सी डिब्बी में नमक ले आया। फिर क्या था, उन गरम-गरम भाप निकलते चावल पर हम तीनों नमक छिड़ककर खा रहे थे और देखते-ही-देखते सभी चावल हमने खत्म कर दिए। एक दाना भी नहीं बचा।

उस दिन से मैंने कान पकड़े कि प्रकृति जब जो भी खाने को दे दे, उसको वरदान समझकर चुपचाप खा लेना चाहिए। मैंने बचपन में कई बार अपना पसंदीदा भोजन न मिलने पर माँ के प्रति नाराजगी व्यक्त की थी। आज उस बात का मुझे काफी पश्चात्ताप हो रहा था। उस दिन मैं समझ चुका था कि हम जीने के लिए खाएँ, न कि खाने के लिए जीएँ। ऐसी कई कठिनाइयों को पार करके 1 नवंबर को हमने काठमांडू में प्रवेश किया। वहाँ पर हमें लॉयंस क्लब के प्रेसीडेंट से मिलना था। वे नेपाल के जाने-माने उद्योगपति थे। उनसे मिलने के लिए हमें उनके कार्यालय में तीन-चार घंटे रुकना पड़ा। अंत में उनसे हुई मुलाकात रंग लाई और उन्होंने हमें अपने एक कर्मचारी के साथ पशुपति धर्मशाला पहुँचाया। जहाँ वे ट्रस्टी भी थे। धर्मशाला काफी बड़ी थी। हमें तीन दिन काठमांडू में रहना था। हमें वहाँ पर एक कमरा मुहैया कराया गया और वहीं पर जो भोजनालय था, उसमें हमारे खाने की सारी व्यवस्था कर दी गई। बस, फिर क्या था, खाने व रहने की बढ़िया व्यवस्था हो गई थी और हम चिंता-मुक्त हो अपनी साइकिलें उठाकर काठमांडू के सफर पर निकल पड़े। पशुपति मंदिर, पैगोडा ऐसी बहुत सारी जगहों पर साइकिल से घूमते हुए हमने नेपाल दर्शन का आनंद लिया।

सबकुछ ठीक चल रहा है, ऐसा लग रहा था; लेकिन यहाँ तक पहुँचते-पहुँचते हम दोस्तों में दरार आ गई थी और काफी मन-मुटाव हो गया था। उसकी वजह थी यात्री चेक। पम्मी के पास 7-8 हजार के चेक थे; लेकिन जब भी पैसे निकालने की बात आती तो वह हमेशा मना कर देता। दिनेश को और मुझे पता ही नहीं चल रहा था कि वह इतनी कंजूसी क्यों कर रहा है? एक तो दिन भर साइकिल चलाकर हमें बहुत जोरों से भूख लगती और कुछ खाने की वस्तु खरीदने की बात आती तो पम्मी मना कर देता। सभी जगह पर हमें डोनर नहीं मिलते थे या मिलते भी तो ज्यादा-से-ज्यादा वे फल या ग्लूकोज पाउडर के पैकेट दे देते थे। स्वाभाविक था कि उससे हमारी भूख नहीं मिटती और कभी-कभी तो भूखा रहने की भी नौबत आ जाती और उससे हम दोस्तों में कलह और बढ़ जाती। पम्मी चुपके से जाकर खाना खा लेता, क्योंकि सारे पैसे उसके पास होने से वह अपनी भूख आसानी से मिटा सकता था; लेकिन जब हम खाने के लिए पैसे माँगते तो वह मना कर देता। कई बार तो साइकिल उठाकर एक-दूसरे पर पटकने की नौबत आ जाती और लगता कि यह साइकिल यात्रा यहीं पर रोक दी जाए।

पशुपति धर्मशाला में दिन ठीक-ठाक कटे, क्योंकि हमें तीनों समय का भरपेट खाना मिल जाता था। काठमांडू से विदा लेकर हम पोखरा पहुँचे, जो नेपाल का एक बड़ा ही प्यारा व सुंदर शहर है। पोखरा में हम होटल नीलगिरि में रुके। जितना खाना हमें खाना चाहिए, उतना न मिलने की वजह से मैं और दिनेश अपने आप को काफी कमजोर महसूस करने लगे थे; क्योंकि इतनी देर तक साइकिल चलाने के लिए जितनी कैलोरीज व प्रोटीन की हमें जरूरत थी, उतनी नहीं मिल रही थी। जब भी किसी से मुफ्त में खाना मिल जाता तो हम ऐसे टूट पड़ते जैसे सालों से भूखे हैं। जब उस दिन नीलगिरि होटल में हम ऐसा ही प्रायोजित खाना खा रहे थे, हमें पता ही नहीं चल पा रहा था कि हम कब ना कहें, उन गरम-गरम परोसे जा रहे पराँठों को! हम थे कि खाए जा रहे थे। और एक वक्त ऐसा आया, जब उस होटल का मैनेजर आकर बोला कि अब सब पराँठे खत्म हो चुके हैं। उसकी बातें सुनकर लज्जित होने के बदले हमने बड़ी विनम्रता से उस मैनेजर से कहा कि कृपया हमें चावल परोस दिए जाएँ। चावल खाते-खाते एहसास हुआ कि हम यह क्या कर रहे हैं? भूख ने हमें निर्लज्ज बना दिया था। पम्मी के पास ही तो सब पैसे थे, वह अपने खाने-पीने का सब जुगाड़ करके पहले ही अपना काम आसान कर लेता और हम दोनों भूखे-प्यासे रह जाते।

पोखरा में हम पूरे दो दिन ठहरे। वहाँ की प्रसिद्ध झील और हर एक पैगोडा देखने के बाद दो दिनों तक साइकिलिंग करके हम नवतनवा सीमा पर पहुँचे, जिसे सोनौली सीमा भी कहते हैं। उस दिन शाम को इतनी ठंड थी कि उँगलियाँ अकड़ गई थीं। नाक और कान एकदम सुन्न हो चुके थे। ठंड के मारे हम ठीक से साँस भी नहीं ले पा रहे

थे। सीमा की जो सिक्यूरिटी केबिन थी, उसी में हमने रात बिताई। सुबह उठने के बाद चाय पीकर सीमा पार करके हम उत्तर प्रदेश में दाखिल हुए। वहाँ से 10-15 कि.मी. में नवतनवा गाँव था। वहाँ हम लॉयंस क्लब के प्रेसीडेंट, जो डॉक्टर भी थे, उनके घर पहुँचे। उन्होंने हमें चाय-नाश्ता देकर हमारा सम्मान किया। उनसे विदा लेकर हम गोरखपुर पहुँचे। वहाँ हम गीता प्रेस देखने के लिए गए। गोरखपुर से हम बस्ती के लिए निकले। उन दिनों बस्ती के लिए नया पक्का रास्ता बना था, जिस पर हमें साइकिलिंग करने में बड़ा आनंद आया। दूसरे दिन हम अयोध्या गए, जहाँ की सरयू नदी और उसमें रहनेवाले कछुए के बारे में हमने पहले ही काफी कुछ सुन रखा था और जिन्हें देखने के लिए हम आतुर थे। अयोध्या में बिरला धर्मशाला है। वहाँ पर हम रुके। एक दिन हम अयोध्या घूमे और वहाँ से लखनऊ के लिए रवाना हुए, जहाँ पहुँचकर यूथ हॉस्टल में हम रुके और बड़ा इमामबाड़ा एवं भूल-भुलैया आदि सब हम साइकिल पर घूमे। लखनऊ शहर तहजीब और अदब के लिए जाना जाता है। लेकिन शायद लखनऊ पहुँचते-पहुँचते हम अपनी तहजीब और अदब पूरी तरह से भूल चुके थे, जिसका नतीजा यह हुआ कि दिनेश ने आखिरकार पम्मी से पैसे का हिसाब माँग ही लिया और इस विषय को लेकर उन दोनों में काफी गाली-गलौज व बहस हुई। बात आपे से बाहर न हो जाए, इसके लिए मैंने किसी तरह से दोनों को शांत करवाया। इन बातों का पम्मी पर कोई खास असर नहीं दिख रहा था। उसने कहा कि यहाँ तक आते-आते सबकुछ खत्म हो चुका है। जबकि दिनेश का कहना था कि कम-से-कम उसके पास 13-14 हजार रुपए बचे होने चाहिए थे, क्योंकि यात्री चेक के अलावा रास्ते में भी कुछ लोगों ने हमारी पैसे के माध्यम से मदद की थी।

दूसरे दिन जब हम लखनऊ के बाजार में घूम रहे थे, तब पम्मी एक दुकान में हमें लेकर गया और वहाँ जाकर लखनऊ की विश्व-प्रसिद्ध चिकन कारीगरी की साड़ियाँ व सलवार-सूट खरीदने लगा। हमें ताज्जुब हो रहा था कि पम्मी पैसे इस तरह से कैसे खर्च कर सकता है? लेकिन पैसों के हिसाब को लेकर अब उससे कुछ भी पूछना व्यर्थ था। 6-7 हजार की खरीदारी करने के बाद उसने दुकानदार से वह सारा सामान गोंदिया के लिए ट्रांसपोर्ट में डलवाने को कहा। हमारी यात्रा के लिए मेहनत से हमने जो पैसे इकट्ठा किए थे, वे पम्मी ने अपने खुद के लिए खर्च कर दिए थे। हमने तो अब पम्मी पर भरोसा करना ही बंद कर दिया था।

दिनेश और मैंने तय कर लिया था कि सफर में जो लोग मिल रहे हैं, उनके ही भरोसे पर अपनी यात्रा पूरी करें और बस, एक बार सही-सलामत घर पर पहुँच जाएँ। हमने पम्मी से और ज्यादा बहस करना उचित नहीं समझा। लखनऊ से हम दिल्ली पहुँचे। वहाँ पहुँचते ही हम प्रफुल्ल पटेलजी की कंपनी के ऑफिस में गए। उनके दिए

हुए पत्र के कारण वहाँ के सभी कर्मचारियों ने हमारा गर्मजोशी से स्वागत किया। हमारे रहने-खाने की सारी व्यवस्था की गई। वे चाहते थे कि हम सिटी बस से दिल्ली घूमें; लेकिन हमने उनसे कहा कि हमारा प्रण है कि इस सफर के दौरान हम गाड़ी में नहीं बैठेंगे। हम साइकिल पर ही घूमेंगे। लाल किला से लेकर इंडिया गेट, राजघाट से लेकर कुतुबमीनार तक सब जगह हम साइकिल पर ही घूमे। दिनेश हर जगह का वर्णन करता और मुझे उस जगह का महत्त्व समझाता।

दो दिन दिल्ली घूमने के बाद उन सभी मित्रों से विदा लेकर हम मथुरा पहुँचे। मथुरा में प्रसिद्ध गायत्री शक्ति पीठ में एक रात गुजारने के बाद हम आगरा पहुँचे। वहाँ पर सिक्यूरिटी ने ही हमारी साइकिलें सँभालने का जिम्मा अपने ऊपर ले लिया, जिस वजह से बेफिक्र होकर हम ताजमहल देखने गए। मेरे लिए उस जगह को महसूस करना बड़ी बात थी। ताजमहल देख नहीं पाने से ज्यादा साइकिल पर यहाँ तक पहुँचना मेरे लिए बड़ी उपलब्धि थी। आगरा से निकलने के बाद हमें झाँसी, ग्वालियर, धौलपुर होते हुए भिंड व मुरैना, जो चंबल की घाटी कही जाती है, का रास्ता तय करते हुए सागर पहुँचना था। दिनेश कह रहा था कि यहाँ पर दूधवाले भी दो नाली बंदूक लटकाकर घूमते हैं। जब हम एक गाँव के सरपंच के घर ठहरे, तब मैंने इस बारे में पता करने की कोशिश की तो हमें बताया गया कि यहाँ पर इसे एक प्रतिष्ठा और रुतबे की निशानी के तौर पर देखा जाता है। बंदूक पीछे लटकाकर घूमना उनका एक रिवाज ही बन गया था। लेकिन जब लोग इतने अच्छे से बात करते दिखे तो कुछ घंटों में ही हमारा डर निकल गया और ऐसे ही कुछ बंदूकधारी गाँववालों ने जैसे हम बारात में आए हैं, ऐसे आग्रह करके हमें खाना खिलाया। उनकी जो आवभगत थी, वह हम जिंदगी भर नहीं भूल सकते।

आगे बढ़ते-बढ़ते हम मध्य प्रदेश में सागर पहुँचे। वहाँ पर भी हमारी सी.जे. पटेल कंपनी के गेस्ट हाउस में एक दिन रहने की व्यवस्था हुई। वहाँ रहने की अच्छी व्यवस्था होने से हम तरोताजा हुए और वहाँ से हम बालाघाट के लिए निकले। बीच में लाखदोन नामक गाँव पड़ता है। वहाँ के एक डॉक्टर ने हमें अस्पताल में रुकवाया। उस छोटे से गाँव में रात के भोजन के लिए हम एक ढाबे पर पहुँचे। वहाँ पर पम्मी ने हम तीनों के लिए दो-दो चपाती और सिर्फ एक प्लेट सब्जी मँगवाई और उसके साथ ही दिनेश ने हर बार की तरह काफी प्याज, नीबू व अचार भी मँगवाया, जो अक्सर ढाबे पर मुफ्त में मिलता था। हमने खाना शुरू ही किया था कि ढाबे का मालिक, जो एक पंजाबी था, वह हमारी टेबल के पास आया और हमारी यात्रा के बारे में पूछने लगा। शायद उसने साइकिल पर लगे उस छोटे से बोर्ड को पढ़ लिया था। हमारी बातों को सुनकर शायद ढाबे का मालिक बहुत प्रभावित हुआ, जिसका नतीजा यह हुआ कि उसने परोसनेवाले को बुलाकर कहा कि ये जितना भी खाना खाएँ, दे देना और इनसे बिल मत लेना। यह

स्वीकृति क्या मिली, मैंने अकेले ही पच्चीस से ज्यादा तंदूरी रोटियाँ खत्म कर दीं। वहाँ के परोसनेवाले से लेकर जो बनानेवाला था, वह भी आ गया देखने को कि यह क्या चल रहा है? वहाँ के आसपास के ग्राहक भी देखकर हैरान थे। गरम-गरम रोटियाँ आ रही थीं और एक-एक करके हम खत्म कर रहे थे। इतनी सारी रोटियाँ हम कब निगल गए, यह पता ही नहीं चला। एक विरोधाभास यह भी है कि इस संपूर्ण साइकिल यात्रा के दौरान संघर्ष करते-करते मैंने अपना 18 किलो वजन गँवाया था। उस रात के भोजन को जब भी याद करता हूँ, मुझे भी यकीन नहीं होता कि मैं कैसे इतना खाना खा गया था!

दूसरे दिन वहाँ से बालाघाट के लिए हम निकले, जो वहाँ से करीब ही था। शाम होते-होते हम बालाघाट पहुँचे, जिसके बाद हमें बाघ नदी का करीब आधे किमी. का पुल पार करके महाराष्ट्र में दाखिल होना था और उस पुल को पार करने के बाद रजेगाँव, रावणवाडी, कटंगी होते हुए दो घंटे में हम गोंदिया पहुँच जाते। हमने बालाघाट से एस.टी.डी.व पी.सी.ओ. से फोन लगाकर कई रिश्तेदारों एवं दोस्तों से बात की और उनको बताया कि यहाँ से हम निकल रहे हैं और रात होते-होते गोंदिया पहुँच जाएँगे।

करीब पैंतालीस दिन घर से दूर रहने के बाद जब गोंदिया कुछ घंटों की दूरी पर था, उस वक्त एक-एक मिनट बिताना मुश्किल हो रहा था। लग रहा था कि बस, अब बहुत हो गया। उस दिन अगर साइकिल को पंख लग जाते तो शायद उड़कर पलक झपकते ही घर पर पहुँचने के लिए हम तीनों व्याकुल हो रहे थे—और हो भी क्यों न, उम्र ही क्या थी उन दिनों हमारी? सिर्फ सत्रह साल। लेकिन हमारी घर पहुँचने की तीव्र इच्छा पर पानी फेरते हुए सभी दोस्तों ने आग्रहपूर्वक कहा कि आज रात हमें बालाघाट में ही रुकना है। हमने सागर से भी उन मित्रों से बात की थी और जब उन्हें पता लग गया था कि हमारा सफर सिर्फ दो-तीन दिन का ही रह गया है, तब से शायद सभी दोस्तों ने मिलकर गोंदिया में हमारे स्वागत की तैयारियाँ शुरू कर दी थीं। उसी रोज रात को करीब दस या साढ़े दस बजे 50-60 दोस्त और रिश्तेदार बालाघाट पहुँच गए। हम जिस होटल में रुके थे, वह पूरा होटल गोंदिया के लोगों से भर चुका था। क्या जबरदस्त माहौल था! किस-किस से मिलें और कितनी-कितनी बातें करें? उस रोज रात भर कोई नहीं सोया। इन सभी लोगों ने ही तो 45 दिन पहले हमें इस यात्रा के लिए विदा किया था। उस रात दोस्तों और रिश्तेदारों से गले मिलते-मिलते शायद आँखें भी बेशर्म हो चुकी थीं। आँसू थे कि रुक-रुककर बह निकलते थे; लेकिन उन आँसुओं की हर एक बूँद में हमारा साहस, पराक्रम, दृढ़ संकल्प और आत्मविश्वास झलक रहा था।

30 नवंबर, 1988 की सुबह करीब नौ बजे हमें बालाघाट लेने आए वे सभी लोग अपनी-अपनी मोटरसाइकिल व गाड़ियों पर सवार थे और उनके बीच हम तीनों साइकिल पर एक जुलूस के रूप में विजय पताका लहराते हुए गोंदिया के लिए अग्रसर हुए। जो

बालाघाट नहीं आ सके थे, वे 400-500 लोग गोंदिया से दस कि.मी. पहले इस जुलूस में शामिल हुए। मयूर भाई, प्रकाश जसानी, चेतन भाई पटेल—ये सब भी आए। सुबह बालाघाट से निकला यह जुलूस दोपहर में हमारे कॉलेज पहुँचा, जिस शहर के रास्तों पर कभी हम ऐसे ही घूमा करते थे, जहाँ हमारी कोई पहचान नहीं थी, आज उन्हीं रास्तों पर आसपास की दुकानों व घर की छतों के ऊपर से हम पर फूल बरसाए जा रहे थे। उनके द्वारा दिए जा रहे अभिनंदन के शब्द रह-रहकर मेरे कानों पर पड़ रहे थे। मैं भी अपने दोनों हाथों को हिलाकर आवाज की दिशा में अपनी कृतज्ञता और धन्यवाद व्यक्त कर रहा था। गोंदिया शहर में यह उत्साह हमारी साहसिक यात्रा के सफलता से पूरी होने का था। आखिर में जिस कॉलेज के प्रांगण से हमारी यात्रा की शुरुआत हुई थी, उसी प्रांगण में हमारा आगमन हुआ। उसी दौरान कॉलेज की बेल की लंबी आवाज मैंने सुनी और देखते-ही-देखते सारा कॉलेज हमसे मिलने के लिए इकट्ठा हो चुका था। हम थे कि खुशी के मारे फूले नहीं समा पा रहे थे। हर कोई आकर हमसे गले मिल रहा था। बहुत सारे लोग फूलों की माला लेकर आए थे। लग रहा था जैसे हम कोई सेलिब्रिटी बन गए हैं! हमें अपने आप पर गर्व हो रहा था। उस वक्त उन क्षणों की भी याद ताजा हो आई, जब इस यात्रा की तकलीफों से हारकर बीच में ही भागकर वापस गोंदिया लौट आने का कई बार मैंने मन बना लिया था, लेकिन आज उन तकलीफों से पार होकर यह सफल साइकिल यात्रा मुझे बार-बार एक ही बात याद दिला रही थी कि—

"मंजिलों को कभी यह न बताओ,
कि तुम्हारी तकलीफें कहाँ हैं,
लेकिन तकलीफों को यह जरूर बताओ
कि तुम्हारी मंजिलें कहाँ हैं!"

लॉयंस क्लब, कॉलेज का सारा स्टाफ, एन.एस.एस. व एन.सी.सी. के पदाधिकारी और बहुत बड़ी संख्या में आए पत्रकार मित्र सभी हमारी प्रशंसा कर रहे थे। लग रहा था कि इन 40-45 दिनों में हमने कोई जंग जीत ली है। इसी बीच हमें स्थानीय पुलिस स्टेशन का बुलावा आया, जहाँ पहुँचने पर एस.पी. महोदय के हाथों से हमारा सत्कार हुआ। इन सभी जगहों से होते-होते अंत में मैं रात को मयूर भाई के घर पहुँचा। वहाँ पहुँचकर सबसे पहले मुंबई फोन लगाकर माँ व पिताजी से बात की। इस साइकिल यात्रा के दौरान मैंने कई तकलीफों का सामना किया था। बीच-बीच में माँ से फोन पर बात कर लेता था। हर बार वह मेरा हौसला बढ़ाती; लेकिन उसने कभी अपनी तकलीफों का जिक्र नहीं किया था। इस संपूर्ण साइकिल यात्रा के दौरान माँ ने बताया ही नहीं था कि जितने दिन मैं साइकिल पर गोंदिया से बाहर रहा, करीब-करीब उतने ही दिन पिताजी मुंबई के भाटिया अस्पताल में भरती रहे। मेरी इस साइकिल यात्रा में किसी भी प्रकार का

खलल न पड़े, मैं पिताजी की तबीयत को लेकर चिंतित न रहूँ, इसके लिए मुझे कोई भी बात बताए बिना सारी तकलीफों का सामना माँ ने अकेले ही किया था। लेकिन अब सब ठीक हो रहा था। पिताजी की तबीयत भी अब अच्छी थी।

गोंदिया में दूसरे दिन से परिस्थिति यह थी कि जिन संस्थाओं ने इस यात्रा के लिए हमें अलग-अलग तरह से मदद की थी, वे सभी हमें बुलाकर सत्कार करना चाहती थीं। ऐसा माहौल था कि जहाँ देखो, बस हम-ही-हम थे। इस पूरी यात्रा की खासियत और हकीकत यही थी कि मुझ जैसा अंध व्यक्ति एक साइकिल पर इतनी दूरी का फासला तय कर पाया था! इसको लोग आश्चर्य के रूप में देख रहे थे। मेरे लिए तो यह सब एक साधारण व्यक्ति की तरह की ही एक यात्रा थी; क्योंकि मेरी माँ ने जिस तरह से मुझे तैयार किया था, शायद उसका ही नतीजा था कि मुझे यह साइकिल यात्रा करने में अंधापन कुछ आड़े नहीं आया। माँ की हमेशा ही यही सीख रहती कि इन तकलीफों और परेशानियों का अगर सकारात्मकता के साथ हम सामना करना चाहें तो दो चीजों से हम उनका सामना कर सकते हैं। इन तकलीफों-परेशानियों को या तो अंदाज से लड़ा जा सकता है या फिर उनको नजरअंदाज करके लड़ा जा सकता है। तो कई बार हम उसकी तरफ ध्यान न दें, उसको नजरअंदाज कर दें तो उन तकलीफों से छुटकारा पा सकते हैं। माँ के दिए हुए ये ही संस्कार काम में आते, जब साइकिल यात्रा के दौरान परेशानियाँ आकर सामने खड़ी हो जातीं और तब दिल से एक ही बात निकल आती थी—

कौन कहता है,
कौन कहता है संग दिल को अश्क नहीं होते
हमने तो चट्टानों से भी झरनों को निकलते देखा है।
और कौन कहता है, तकलीफों में खुशियाँ नहीं मिलतीं
हमने काँटों पे गुलाबों को महकते देखा है।

कौन कहता है, जिंदगी में आगे बढ़ने को
कंधा किसी का चाहिए-ही-चाहिए,
अरे, हमने तो अक्सर कंधों पे
सिर्फ जनाजों को निकलते देखा है।

और कौन कहता है मिट्टी ही जीवन का अंत है
हमने तो कई मजारों पे अनगिनत फूलों को खिलते देखा है,
फूलों को खिलते देखा है!

इस यात्रा के बाद तो हम जैसे सेलेब्रिटी बन गए थे। हर कोई हमसे दोस्ती करना

चाहता था। इस यात्रा ने आनेवाले जीवन के लिए एक नींव के पत्थर का काम किया और आनेवाले संघर्षपूर्ण भविष्य से लड़ने के लिए एक मजबूत बुनियाद रखी।

इस अनोखे अनुभव की बुनियाद इतनी मजबूत थी, जिस पर जिंदगी की ऊँची-से-ऊँची इमारत खड़ी की जा सकती थी। सोचता तो हर कोई है कि ऐसा ही कुछ अलग या हटकर करें, लेकिन उन लाखों-करोड़ों लोगों में से कुछ ही लोग ऐसे किसी कारनामे को अंजाम दे सकते हैं। और आज उन कुछ लोगों में हम भी शुमार थे। आगे चलकर हमारी इस साइकिल यात्रा को कई 'रिकॉर्ड बुक' में दर्ज किया गया।

□

3

माँ का कैंसर : एक संघर्ष

साइकिल यात्रा के बाद करीब एक महीने पीलिया (जॉण्डिस) की वजह से मैं बहुत बीमार रहा। पिताजी के स्क्रिजोफोनिया का इलाज मुंबई में सुचारु रूप से चल रहा था, जिसके काफी सकारात्मक परिणाम दिख रहे थे। इसी बीच हमारे एक परिचित, जो महाबलेश्वर में भाटिया आरोग्य भवन में मैनेजर थे, को अपनी करीब 86 वर्ष की आयु के चलते वह काम छोड़ना था और उस जगह पर कोई विश्वसनीय व्यक्ति ट्रस्ट के लिए सूचित करना था। ट्रस्ट भी कच्छी भाटिया समाज का ही था। रणछोड़दास कांजी चैरिटेबल ट्रस्ट (आर.के. वाडी) गत कई दशकों से सामाजिक कार्य में लिप्त था। कई राज्यों के धार्मिक स्थलों पर ट्रस्ट के आरोग्य भवन थे। ट्रस्ट का एक ऑफिस मुंबई में भी था। हमारे उस परिचित ने पिताजी के बारे में ट्रस्टी से बात की और पिताजी को उन्होंने साढ़े छह सौ रुपए महीने के वेतन का प्रस्ताव दिया, जो बहुत ही कम था। लेकिन ट्रस्टी का कहना था कि हम आपको रहने के लिए रूम भी दे रहे हैं। पिताजी की बीमारी ऐसी थी कि उन्हें व्यस्त रखना जरूरी था। माँ और पिताजी भी चाहते थे कि वे एक नई जिंदगी शुरू करें। उनके पास कुछ बचत भी नहीं थी, क्योंकि गोंदिया के वेतन में सिर्फ हम तीनों का ही बड़ी मुश्किल से गुजारा हो पाता था।

3 दिसंबर, 1988 को वे दोनों महाबलेश्वर आ गए। आर.के. वाडी में 17 बँगले थे। इस जगह का सन् 1942 में निर्माण किया गया था। उसी परिसर में 10 बाई 12 का एक कमरा पिताजी को रहने के लिए दिया गया। उनका सबसे महत्त्वपूर्ण काम था, जो मुंबई से बुकिंग होती थी, उसके लिए कमरे तैयार रखवाना। उनके हाथ के नीचे एक माली और एक सफाई कर्मचारी था। बँगले में रसोईघर की व्यवस्था होने से वहाँ पर आनेवाले लोग करीब पंद्रह दिन से लेकर दो महीने तक निवास करते थे। पिताजी के लिए यह काम एकदम ठीक था और कुछ ही दिनों में उन्होंने काम को अच्छी तरह से समझ लिया। इसी बीच नानाजी ने हमारी परिस्थिति के मद्देनजर एक बड़ी रकम माँ को भिजवा दी। उस रकम से माँ व

पिताजी ने महाबलेश्वर के नजदीक केशर गाँव में बारह एकड़ जमीन खरीद ली। जमीन एकदम बंजर थी; लेकिन आज नहीं तो कल अपना एक ही लड़का है, उसके कुछ काम में आ जाएगी, इसी के मद्‌देनजर उन्होंने नानाजी का दिया हुआ वह सारा पैसा जमीन खरीदने में लगा दिया। माँ नहीं चाहती थी कि नानाजी का भेजा हुआ पैसा और फिजूल के कामों में खर्च हो जाए। सब ठीक-ठीक हो रहा था। पिताजी अपनी जिम्मेदारी फिर से सँभालने लगे थे। मुझे भी महाबलेश्वर काफी आकर्षक लगा। मुझे याद है कि पाँचवीं कक्षा की अंग्रेजी की किताब में पहाड़ी इलाकों में माथेरान और महाबलेश्वर का जिक्र था और उसमें बताया गया था कि जो अमीर लोग हैं, वे हवा बदलने के लिए गरमी के मौसम में महाबलेश्वर जाते हैं। उसमें जो अमीर लोग, जैसा जिक्र था, तो मुझे लगता था कि अपने नसीब में कहाँ ? जब महाबलेश्वर आया तो मुझे बड़ा आनंद हुआ।

महाबलेश्वर, भारत के महाराष्ट्र राज्य के सातारा जिले में स्थित एक सुंदर पहाड़ी इलाका है, जो मुंबई से 300 किलोमीटर, पुणे से 120 किलोमीटर और सातारा शहर से 60 किलोमीटर की दूरी पर है। समुद्र-तल से 5,000 फीट की ऊँचाई पर बसा महाबलेश्वर का बाजार, जो करीब 1 किलोमीटर लंबे सीधे रास्ते के दोनों ओर स्थित है। बारिश के तीन महीनों को छोड़ दें तो बाकी दिनों में यह बाजार सूर्यास्त के बाद पर्यटकों से भर जाता है। महाबलेश्वर की भौगोलिक रचना ऐसी है कि जहाँ एक ओर प्रतापगढ़ किले के रूप में छत्रपति शिवाजी महाराज के वक्त का इतिहास जुड़ा हुआ है तो दूसरी ओर पांडवों के वनवास के दौरान बनाए गए 5,000 वर्ष पूर्व के शिव मंदिर और क्षेत्र महाबलेश्वर से निकलती कृष्णा नदी के दर्शन होते हैं। जंगलों और झरनों से भरा हुआ यह संपूर्ण प्रदेश कई शताब्दियों से पर्यटकों को अपनी ओर आकर्षित करता रहा है। और इस सुंदर जगह का रहवासी होने का मुझे मौका मिल रहा था तो मैं अपने आपको गौरवान्वित महसूस कर रहा था। लेकिन समय एक सा कहाँ रहता है ? तकलीफें शायद मेरा दामन छोड़ना नहीं चाहती थीं।

मेरे एम.ए. के प्रथम वर्ष में ही मुझे समझ में आ गया था कि माँ को ब्लड कैंसर हुआ है। पूरा जीवन मुझे और पिताजी को सँभालते-सँभालते उसने कभी अपने आपको समय ही नहीं दिया। मेरा अंधत्व और पिताजी की स्क्रिजोफोनिया की बीमारी, इन सबके चलते उस पर काम की काफी जिम्मेदारी पड़ती थी। पिताजी की बीमारी के चलते उनको बहुत बार रात को दौरा पड़ता। वे आधी रात को उठकर बाहर जाते। उनको लगता कि कोई आकर उनको मार डालेगा। यह डर उनको हमेशा लगा रहता। उनको नींद की गोलियाँ दी जातीं, जिसकी वजह से वे दिन भर सोए रहते। इसके चलते पिताजी का ऑफिस का काम भी माँ को सँभालना पड़ता।

माँ का इलाज मुंबई स्थित टाटा अस्पताल, जो कैंसर की बीमारी के उपचार के लिए जाना जाता है, शुरू किया गया। उन्हें हुए कैंसर का नाम नॉन हॉडकिंस लिंफोमा था। जहाँ से

हमारा ब्लड तैयार होता है, वे ग्रंथियाँ काम करना बंद कर चुकी थीं। माँ को मैं महाबलेश्वर से बस में लेकर जाता। वहाँ से हम सुबह 4 बजे एल्फिंस्टन परेल उतरकर टाटा अस्पताल जाते। सुबह जल्दी पहुँचने की वजह से मैं सिक्योरिटी से निवेदन करके अंदर लॉबी में माँ को ले जाता। पूरी रात बस में सफर करने की वजह से माँ को बहुत थकावट हो जाती थी। वहाँ पड़ी कुछ मेजों को आपस में जोड़कर माँ को उस पर आराम करने के लिए कहता और हम 9 बजने की राह देखते। अस्पताल के सामने ही हम चाय-नाश्ता कर लेते और उसके बाद डॉक्टर से मिलना होता। टाटा अस्पताल की व्यवस्था के चलते आपने फाइल कौन सी बनवाई है, यह ज्यादा मायने रखता था, जैसे कि जनरल और प्राइवेट वाली। मतलब साफ है, ज्यादा भीड़ या कम भीड़—किसमें आप इलाज करवाना चाहते हैं? आपकी फाइल के हिसाब से इलाज की फीस निर्धारित की जाती। मुझे लगा था कि कैंसर बहुत कम लोगों को होता है। लेकिन मैंने देखा कि टाटा अस्पताल में 4 साल से लेकर 80 साल तक के मरीजों की भीड़ लगी रहती थी। कोई पटना से तो कोई कलकत्ता से। हमें लगता कि मरने के बाद स्वर्ग या नरक में जाना रहता है। लेकिन यदि किसी को मरने के पहले नरक क्या होता है, यह जीते-जी देखना है तो वह टाटा अस्पताल में जाकर देखे। डॉक्टर्स कम हैं और मरीज ज्यादा हैं। अपना नंबर लगते-लगते दो-तीन घंटे प्रतीक्षा करना, फिर नंबर आना। डॉक्टर का चेक करना, उसके बाद ब्लड टेस्ट के लिए नमूना देना, उसमें अगर व्हाइट ब्लड सेल्स का काउंट 10,000 के आगे आता, तब जाकर माँ को डे केयर में दाखिल करके कीमोथेरैपी दी जाती। यह सब होने के बाद मैं रात की बस से माँ को महाबलेश्वर वापस लेकर आता। रात की ठंडी हवा के चलते उसे काफी सुकून मिलता और दूसरे दिन फिर वह आराम कर पाती। कीमो के बाद कैंसर के कीटाणु के साथ-साथ शरीर के काफी व्हाइट ब्लड सेल भी जल जाते हैं। उनकी संख्या सिर्फ 500 से 700 तक सिमटकर रह जाती। उसके कारण बाजू में किसी की छींक से भी इन्फेक्शन हो सकता था। इसलिए कीमो के बाद बहुत ध्यान रखना पड़ता। माँ ने मुझे बचपन में खाना बनाना सिखाया था। वह सब काम में आया। मैं उसको पत्ता गोभी, पालक की सब्जी, गाजर का रस—ये सब चीजें बनाकर देता, ताकि उसका व्हाइट ब्लड सेल्स का काउंट जल्द-से-जल्द बढ़े। एक-डेढ़ महीने के बाद मैं वापस उसे कीमो दिलवाने टाटा अस्पताल लेकर जाता। जब भी हम बस से निकलते, हम ईश्वर से यही प्रार्थना करते कि व्हाइट ब्लड सेल्स का काउंट बराबर आ सके, ताकि हमारा जाना व्यर्थ न हो। मुझे याद है कि अस्पताल के बाहर काफी हाथगाड़ियाँ लगी होतीं, जिनमें पाँच रुपए में एक छोटी सी प्लेट में दाल व चावल दिए जाते और उसे खाने के लिए भी हम मजबूर हो जाते, क्योंकि इलाज के दौरान पैसे ही नहीं रहते थे। टाटा अस्पताल के एक-डेढ़ साल के चक्कर में मुझे समझ आया कि गरीबी और तकलीफें क्या होती हैं!

पहले छह कीमो देने के बाद माँ को कुछ महीने ठीक लगा, लेकिन उसके बाद वापस

तबीयत बिगड़ने पर डॉक्टरों ने आगे की पैंतीस कीमो का निर्धारण और पैसों का विवरण लिखकर दिया। पहले छह कीमो 40 हजार में पूरे हुए थे और वह राशि बड़ी आसानी से जुटाई जा सकी थी। जब मेरे हाथ में डॉक्टर का दिया हुआ इलाज में लगनेवाले पैसों का नया विवरण पत्र आया, उसे मैंने वहाँ बैठे एक वार्ड ब्वॉय से पढ़वाया। उसने 4,950 रुपए में एक इंजेक्शन है, ऐसा बताया। सुनकर मैं आश्वस्त था कि जो डेढ़ से दो लाख रुपए इस नए इलाज के लिए लगेंगे, वे भी जुटाए जा सकेंगे। अस्पताल के रोज के रूखे व्यवहारों से बचने के लिए वहीं एक अकाउंट खोलकर उसके सामने एक कार्ड मुहैया कराया गया था, जिसमें 15–17 हजार रुपए मैंने जमा कर रखे थे। आज भी मुझे इतने सालों बाद उस कार्ड का नंबर याद है—बी.आर.18693। यही नंबर मरीज की फाइल का भी होता था। अस्पताल में किसी भी जगह कार्ड के पंच करते ही पैसों की जानकारी के साथ-साथ मरीज की भी पूरी जानकारी कंप्यूटर स्क्रीन पर आ जाती। उस दिन जब मैं अस्पताल के मेडिकल स्टोर में इंजेक्शन लेने गया तो उन्होंने कार्ड को पंच करके कहा कि आपको इंजेक्शन नहीं दिया जा सकता, क्योंकि आपके अकाउंट में फंड कम है। मैंने उनसे कहा कि 4,950 के हिसाब से तीन इंजेक्शन आ सकते हैं। और आप कैसे कह रहे हैं कि फंड नहीं है ? तब उस मेडिकल स्टोर की खिड़की के अंदर खड़े व्यक्ति ने मुझे बताया कि यह एक इंजेक्शन 4,950 रुपए का नहीं, बल्कि 49,500 का है। यह सुनकर मेरे पैरों तले जैसे जमीन ही खिसक गई। तब समझ में आया कि वह वार्ड ब्वॉय एक शून्य पढ़ना ही भूल गया था। एक इंजेक्शन इतना महँगा है तो 35 इंजेक्शन के लिए कैसे पैसे जुटाए जाएँगे ? और सिर्फ 35 इंजेक्शन तक बात नहीं थी। इसके अलावा महाबलेश्वर से मुंबई आना-जाना, ब्लड टेस्ट, अस्पताल के डे केयर का भाड़ा और इन सबके साथ-साथ महँगी-महँगी दवाइयाँ—इतना सारा पैसा कहाँ से लेकर आएँगे ? फिर मैंने ननिहाल में मामा को फोन करके जो पैसे उस दिन के इंजेक्शन के लिए कम पड़ रहे थे, वे मँगवाए। माँ के चचेरे भाई टैक्सी से जितनी हो सके, उतनी शीघ्रता से टाटा अस्पताल में पैसे लेकर पहुँचे और उस दिन की कीमो का इंतजाम हो पाया। लेकिन जब दूसरी बार इंजेक्शन खरीदने की बात आई तो फिर पता चला कि दोस्त या रिश्तेदार क्या होते हैं! इनमें से ज्यादातर कुछ-न-कुछ बहाना बनाकर अपना पीछा छुड़ाना चाहते थे। इसमें जिनको लगता कि मैं उनसे उधार लेना चाहता हूँ, तब वे बताते कि अरे, छोड़ न, हम प्रधानमंत्री को खत लिखेंगे, मंत्री को लिखेंगे। कोई बोलता कि शिरडी के ट्रस्ट के पास जाएँगे। हर कोई अपने आप को बचाना चाहता। उनके ये झूठे आश्वासन और बहाने सुनकर मुझे बहुत परेशानी होती।

आखिर मैंने पिताजी को सारी बात बताई। पहले छह कीमो तक माँ को कैंसर है, यह भी नहीं बताया था; क्योंकि मैं जानता था कि अगर उनकी तबीयत वापस खराब हो गई तो उन्हें कैसे सँभालूँगा ? पहले से ही वे मानसिक तौर पर बहुत परेशान थे और उनको माँ के

कैंसर की बीमारी और इन पैसों के अभाव के बारे में बताकर मैं और परेशान नहीं करना चाहता था। लेकिन मेरे पास दूसरा कोई चारा नहीं था। मैंने पिताजी को विस्तार से बताया कि परिस्थिति क्या है ? और उनसे सलाह माँगी और कुछ रास्ता निकालने को कहा। उन्होंने ट्रस्टी को भी टटोला; लेकिन ट्रस्ट ने भी पैसे देने से इनकार कर दिया। आखिर मैंने और पिताजी ने निर्णय लिया कि जो जगह उन्होंने खरीदी थी, उस जगह को बेच दिया जाए। शीघ्र ही औने-पौने दामों में बेचते हुए एक लाख रुपए एकड़ के हिसाब से उस संपूर्ण जगह के बारह लाख रुपए हमने तत्काल जमा किए। उस वक्त माँ को बचाना ही हमारी सबसे बड़ी प्राथमिकता थी। मैं तो अपनी किडनी तक बेचने के लिए उस वक्त तैयार था। जमीन बेचकर जो पैसे आए, उससे कुछ कीमो आगे बढ़े। सिर्फ कीमो के इंजेक्शन का खर्च 50,000 रुपए लगता था और उसके साथ कुछ दवाइयाँ भी खरीदनी पड़ती थीं और उसके साथ आने-जाने का खर्चा, खाने का खर्चा—यह सब मिलाकर एक कीमो का खर्चा लगभग 60 से 65 हजार रुपए तक जाता था।

किसी की सलाह मानकर मैं दक्षिण मुंबई में काला घोड़ा परिसर के पास स्थित बॉम्बे डाइंग ट्रस्ट के कार्यालय में इंजेक्शन के खर्चे के लिए आर्थिक मदद माँगने पहुँच गया। उस समय मेरी मानसिकता ऐसी थी कि एक-एक इंजेक्शन जुटाने के लिए मैं जमीन-आसमान एक कर सकता था। बॉम्बे डाइंग ट्रस्ट को जो कागजात चाहिए थे, वे सभी मेरे पास थे; जैसे वार्षिक आमदनी से लेकर टाटा अस्पताल के विवरण प्रमाण-पत्र और समाज-सेवक का सिफारिशी पत्र। हर एक कागज वहाँ पर लेकर गया। बहुत बड़ी फाइल होने के कारण कुछ कागजों को मैं फाइल में नहीं लगा पाया था। मेरी यह भूल शायद सामने बैठे ट्रस्टी महोदय को गवारा न थी और उन्होंने मेरे मुँह पर पूरी फाइल फेंक दी और मुझे डाँटने लगे कि तुम्हें इतना भी नहीं समझ में आता कि कागजों को फाइल में कैसे लगाना है ? पूरे केबिन में वे कागज फैल गए। मैं झुककर हाथों से टटोलते हुए बिखरे कागज बटोरने की नाकाम कोशिश करने लगा। तब शायद उनको अंदाजा हुआ कि मुझे दिखता नहीं है। वे उठकर मेरे साथ सब कागज बटोरने लगे। शायद खुद को अपराधी महसूस कर रहे थे और मेरे कंधों पर हाथ रखकर उन्होंने कहा, "दिकरा बाँधी ने लइ आवानु, आम केम चालें।" उन्होंने वापस उस फाइल को खोलकर देखा और मुझसे कहा कि वे अस्पताल के खाते में एक इंजेक्शन के पैसे जमा करवा देंगे।

मेरी आँखों में आँसू आ गए। पता नहीं वे दु:ख के आँसू थे या खुशी के ? वहाँ से विदा लेकर मैं अस्पताल आ गया और दूसरे दिन ही अकाउंट में एक इंजेक्शन के पैसे आ चुके थे। साईं बाबा मंदिर ट्रस्ट से भी किसी ने जोड़ा। वहाँ से एक इंजेक्शन के पैसे आए थे। सिद्धि विनायक ट्रस्ट के पास से भी एक इंजेक्शन के पैसे आए थे। ऐसे करके अब तक 22-23 कीमोथेरैपी पूरी हो चुकी थीं। 12 से 13 कीमो इंजेक्शन जब बाकी थे, तब मेरा एक दोस्त मुझे अँधेरी मुंबई में स्थित जर्मन रेमेडीज कंपनी के कार्यालय में ले गया। यह

कंपनी माँ को लगनेवाले इंजेक्शन का डिस्ट्रीब्यूशन करती थी। मेरी हालत देखकर कंपनी के अधिकारी ने कहा कि मैं आपको 30,000 रुपए में यह इंजेक्शन दूँगा। एक रुपया भी मुझे इसमें मुनाफा नहीं कमाना है। इसका फायदा यह हुआ कि आगे के जो इंजेक्शन बचे थे—करीब तेरह इंजेक्शन—वे मुझे 30,000 रुपए में उनसे मिले। अब हर कीमो 65,000 रुपए के बदले करीब 50,000 में हो जाता था। फिर भी, दोस्तों और रिश्तेदारों का लाखों का कर्ज मुझ पर हो चुका था; लेकिन मुझे खुशी इस बात की थी कि माँ की पूरी 35 की 35 कीमो थैरैपी बिना रुके हो पाई।

हर 15 दिन के बाद एक कीमो होता था। बाद में 3-3 कीमो एक साथ दिए जाते थे। माँ की तबीयत दिन-ब-दिन खराब हो रही थी। उसने खाना भी बंद कर दिया था। मैं उसको बाहर धूप में बिठाता, उससे बातें करता, उसको गाजर का रस पिलाता। उस समय मैं हर एक कोशिश कर रहा था कि माँ ठीक हो जाए। करीब एक से डेढ़ साल तक यह इलाज चला। डॉ. रीना नायर मेरी माँ का इलाज कर रही थीं। जब हम पहली बार टाटा अस्पताल में माँ को लेकर गए थे, तब डॉक्टर ने कहा था कि थर्ड स्टेज पार हो चुकी है और ज्यादा-से-ज्यादा छह से आठ महीने ही बहुत हैं। लेकिन लोगों की आत्मीयता और माँ ने जिनको-जिनको जोड़ रखा था, जिसमें माँ की बचपन की सहेलियाँ भी थीं, वे सब बारी-बारी से महाबलेश्वर उससे मिलने आतीं और इस वजह से जो खुशी और अपनेपन का माहौल बनता, उससे माँ को काफी अच्छा लगता, जिसके चलते करीब तीन-साढ़े तीन साल उसने यह बीमारी सहन करते हुए निकाल दिए। लेकिन उसको मैंने कभी दुःख में नहीं देखा। इसके विपरीत, वह हर बार मुझे हिम्मत देती रहती। उसको पता था कि मुझे बहुत तकलीफ हो रही है। पैसों की दिक्कत हो या उसको लेकर मुंबई में अस्पताल जाना—इस सब के कारण उसे लगता कि मेरी बहुत भाग-दौड़ हो रही है। इसलिए शायद वह अपना दुःख मुझसे छुपाने की कोशिश कर रही थी। जब भी वह कीमो थैरैपी लेने अस्पताल में डे केयर में दाखिल रहती, मुझे हमेशा आसपास के मरीजों की चीख-पुकार सुनाई देती, जिसके विपरीत माँ बड़ी शांति से कीमो थैरैपी का दर्द बरदाश्त कर जाती। जब भी मैं उसको गाजर का रस पिलाता या कभी पत्ता गोभी की सब्जी बनाता तो वह बड़े चाव से खाती। 20 फरवरी, 1994 के दिन सुबह 5.30 बजे माँ ने मुझे जोर से पुकारा। मैं भागते-भागते उसके पास गया। लेकिन समय आ चुका था। उसने मेरा हाथ कसकर पकड़ा और अपनी अंतिम साँस ली। तब लगा कि मेरे लिए एक युग ही खत्म हो गया। मैं अकेला पड़ गया था। शायद भगवान् ने मुझे आँखें नहीं दी थीं; लेकिन मेरी माँ ही मेरे लिए सबकुछ थी। उसके कारण मुझे आँखें न होने का इतना दुःख कभी नहीं हुआ; लेकिन जब वह मुझे छोड़ गई, शायद तब मुझे एहसास हुआ कि सच्चे अर्थ में अब मैं अंधा हो चुका हूँ।

□

4

एन.ए.बी. इंडिया : एक नई सुबह

माँ के देहांत के बाद जैसे पूरी दुनिया खो गई है, ऐसा लगता था। मैं एकदम गुमसुम-सा रहने लगा। घर पर काफी दोस्तों-रिश्तेदारों का ताँता लगा रहता। करीबी रिश्तेदार सांत्वना देने महाबलेश्वर तक आए। एक प्रार्थना सभा मुंबई में ननिहाल की तरफ से आयोजित की गई, क्योंकि ननिहाल इतना बड़ा था कि 300 से 350 लोग घर के ही हो जाते थे। एक तरफ प्रार्थना सभा और दूसरी तरफ सब कर्मकांड व तर्पण के लिए नाशिक जाना। यह सब होते-होते तेरह-चौदह दिन ऐसे ही निकल गए। कुछ दिन माँ की याद में ऐसे ही बीत गए। पैसों का कर्ज और पिताजी की बीमारी के चलते समझ नहीं आ रहा था कि आगे क्या करें? माँ के कैंसर के इलाज के दौरान मानो मुझे एक लक्ष्य मिल गया था, जीवन का एक उद्‌देश्य मिल गया था। भले दुनिया इधर-की-उधर हो जाए, माँ को किसी भी हाल में बचाना है। माँ के अचानक जाने से जीवन में जो एक लक्ष्य था, माँ के साथ वह भी खत्म हो गया। अब सच्चे अर्थ में भविष्य लक्ष्यहीन और अंधकारमय लगने लगा था। माँ हर बार कहती कि चलना ही जिंदगी है। रुक जाना, ठहर जाना मौत के बराबर है। माँ की इन बातों से प्रेरणा लेकर मैंने जिंदगी को आगे बढ़ाने की फिर से एक नई कोशिश प्रारंभ कर दी। महाबलेश्वर पर्यटन स्थल होने की वजह से कंपनी या कोई ऑफिस न होने के कारण मुझे काम मिलने में बहुत दिक्कतों का सामना करना पड़ा। महाबलेश्वर में होटल ही ऐसी जगह थी, जहाँ पर मुझे कुछ काम मिल सकता था। मैं अलग-अलग होटलों में जाता, वहाँ पर मैनेजर से मिलता। लेकिन मेरे अंधत्व के कारण वे मुझे काम दें भी तो क्या दें? बहुत कोशिश करने के बाद रीगल होटल में मुझे टेलीफोन ऑपरेटर की जॉब मिली। मुझे लगा था कि आठ-दस घंटे का जॉब रहेगा और उसके बाद मैं पिताजी को उनके काम में मदद कर सकूँगा। लेकिन होटल में ही मुझे 18-20 घंटे काम करना पड़ता था। कई बार तो ऐसा होता कि सुबह 8 बजे काम में लगता तो तीसरे दिन रात को 12 बजे मेरी छुट्टी होती। 36-36 घंटे मैं काम में लगा रहता।

महाबलेश्वर में पर्यटक सीजन के समय में तो बिल्कुल राहत ही नहीं थी। बँधुआ मजदूर जैसी मेरी परिस्थिति हो गई थी। होटल के मालिक को पता था कि इसको कोई नौकरी पर रखनेवाला नहीं है। तो उन्होंने मुझे नौकरी पर रखा, यानी एक बड़ा उपकार किया, ऐसी समझ होने से मुझसे ज्यादा-से-ज्यादा काम निकाला जाता। मैं सिर्फ नाम का टेलीफोन ऑपरेटर था, बाकी वहाँ पर फ्रंट ऑफिस में मुझे बैठकर सब काम करने पड़ते। मेरी याददाश्त अच्छी होने की वजह से मैंने होटल व्यवसाय का काफी काम सीख लिया था। हर बार आनेवाले ग्राहक और पूरे स्टाफ को सिर्फ उनकी आवाज से ही मैं पहचान लेता। सभी ग्राहकों, ट्रैवल एजेंट और होटल से जुड़े हुए हर एक का टेलीफोन नंबर मुझे बखूबी याद रहता। इन हजारों नंबरों को याद रखने की क्षमता के कारण मैं एक चलती-फिरती डायरेक्टरी ही बनकर रह गया था। होटल के मालिक से लेकर जब भी कोई स्टाफ किसी को कोई नंबर लगाता था तो अपनी डायरी देखने का कष्ट नहीं करता था। मुझे फोन लगाते और नंबर पूछ लेते।

ऐसे ही काफी महीने बीत गए। लगता था कि इस जाल से और इस पिंजरे से निकलूँ और खुले आसमान में एक आजाद पंछी की तरह उड़ना शुरू करूँ। इसी बीच एक दिन मेरा दोस्त घर पर आया और कहने लगा कि हरिद्वार में बाबा रामदेव के बारे में बहुत सुना है और आयुर्वेद में उनके पास ऐसी-ऐसी दवाइयाँ हैं कि वे कोई भी बीमारी ठीक कर देते हैं। चल, मैं तुझे उनके पास लेकर चलता हूँ। मुझे पक्का विश्वास है कि तेरी आँखों का इलाज वहाँ पर जरूर होगा। मैंने उससे कहा कि देख, वहाँ कोने में फाइलों के ढेर लगे हैं। इन फाइलों के ढेर का एक अलग सा कारण भी था; क्योंकि एलोपैथी, होमियोपैथी, आयुर्वेदिक सारे इलाज मैं करा चुका था। किसी ने सलाह दी नहीं कि मैं वहाँ पहुँच जाता था। लोग इतने प्यार से और भरोसे के साथ कहते कि चलो, कुछ-न-कुछ जरूर अच्छा होगा और मैं सबकुछ छोड़कर उसके साथ चला जाता। आज नहीं तो कल मेरी आँखें ठीक होंगी, यह आशा हमेशा बनी रहती।

मुझे आज भी याद है कि होमियोपैथी की गोल्ड मेडलिस्ट डॉक्टर श्रीमती बेस्ता, जो काफी मशहूर थीं, का क्लीनिक प्रिंसेस स्ट्रीट, मुंबई में था। जब मैं वहाँ पर पहुँचा, तब पहले से ही एक लंबी कतार लगी थी। करीब चार-पाँच घंटे के बाद डॉक्टर आने वाली थीं। उनका पहले माले पर क्लीनिक था, पर वह कतार उनके क्लीनिक से लेकर बाहर फुटपाथ तक लगती थी। मिलना सिर्फ पाँच मिनट का था, लेकिन इतनी भीड़ थी। ऐसी कतारों में खड़े रहकर डॉक्टर के प्रति लोगों का भरोसा समझ में आता था। उस दिन जब मेरा नंबर आया तो डॉक्टर बेस्ता ने कहा कि होमियोपैथी में आपकी आँखों के लिए हमारे पास कोई दवा नहीं है। ऐसे कितने अनुभव मेरे पास थे, जिसकी वजह से मैं आँखों के इलाज के नाम पर थक चुका था। मैं नहीं चाहता था कि हर बार एक आशा जगे और

बाद में निराश होकर मैं अपने अंधत्व के बारे में सोचकर अपने आप को कोसता रहूँ। इसीलिए मैंने उस दोस्त से कहा कि मैं सब कुछ तो कर चुका हूँ, इन आँखों के इलाज के लिए, नीबू-मिर्च से लेकर धागे-ताबीज तक। अब न मेरे पास वक्त है, न पैसा है। अब मैं नहीं चाहता कि मैं अपना वक्त फिजूल की इन बातों में बर्बाद करूँ। लेकिन मेरा दोस्त था कि अपनी जिद छोड़ने को तैयार नहीं था। वह मेरी आर्थिक परिस्थिति से भलीभाँति परिचित था। उसने खुद ही हरिद्वार का टिकट निकाला और कहने लगा कि चार-पाँच दिन की तो बात है। हम बाबाजी से मिलकर आते हैं। यह हम आखिरी प्रयास करके देखेंगे।

अपने दोस्त को नाराज करना मैंने ठीक नहीं समझा। वैसे भी, उस होटल के दिन-रात के कामों से मैं बाहर निकलकर खुली हवा में साँस लेना चाहता था और अंत में हम दोनों हरिद्वार जाने के लिए निकल पड़े। प्रवास में मेरा दोस्त मुझे बाबा रामदेव के ऐसे-ऐसे चमत्कार के बारे में बता रहा था, जिसे सुनकर मैं इतना आश्वस्त हो गया कि वहाँ से लौटेंगे तो आँखें लेकर ही लौटेंगे! उस समय मुझे मेरी माँ की बताई हुई एक कहानी भी याद आ रही थी। उस कहानी में एक बच्चा था, जो अपने पिताजी के साथ ट्रेन में सफर कर रहा था। बच्चा इतना खुश था कि ट्रेन के डिब्बे की खिड़की से बाहर का नजारा देखकर जोर-जोर से अपने पिता को संबोधित कर रहा था कि देखो, कितने सारे पेड़, तालाब, पक्षी हैं। शुरू-शुरू में लोगों ने कुछ नहीं कहा, लेकिन आसपास के लोगों ने फिर उसके पिताजी से शिकायत की कि आप इसको शांत रखिए। पिताजी ने कोशिश भी की, लेकिन बच्चा इतना खुश था कि अपनी खुशी बरदाश्त नहीं कर पा रहा था। फिर एक आदमी ने चिल्लाकर कहा कि अगर इसे कोई मानसिक या दिमागी बीमारी है तो आपको किसी और तरीके से जाना चाहिए था। आपके बच्चे के ऐसे बरताव से सब परेशान हो गए हैं। तब पिताजी ने विनम्रता से कहा कि मेरा बच्चा कोई पागल नहीं है, न ही उसे कोई मानसिक बीमारी है। लेकिन आपको जानकर आश्चर्य होगा कि जन्म से ही यह देख नहीं पाता था और चार दिन पहले ही इलाज के चलते जिंदगी में पहली बार अब यह आँखों से देख पा रहा है। उस खुशी की वजह से ही यह इस तरह का बरताव कर रहा है।

उस वक्त यही कहानी बार-बार मेरे दिमाग में चल रही थी। मुझे लग रहा था कि हरिद्वार से जब मैं लौटूँगा तो शायद उसी बच्चे की तरह मैं भी आँखें लेकर ही लौटूँगा। यह सोचते-सोचते हम हरिद्वार कब पहुँचे, यह पता भी नहीं चला। हरिद्वार उतरने के बाद हम बाबा रामदेव के आश्रम में गए। हमारे पास सिफारिशी पत्र होने की वजह से काम आसान हो गया। आयुर्वेदिक डॉक्टरों की पूरी टीम ने मेरे केस को समझ लिया। मेरी आँखों को चेक किया गया। एक फाइल बनाकर उन्होंने अपना निष्कर्ष उसमें दर्ज किया और फाइल मेरे दोस्त को सौंपते हुए उन्होंने कहा कि आयुर्वेद में भी इनकी आँखों का इलाज नहीं हो सकता; लेकिन आप एक बार शाम को बाबा रामदेवजी से मिल लीजिए। काफी

प्रयत्नों के बाद हम उस दिन शाम को बाबा से मिल सके। मेरे लिए तो उनसे मिलना भी एक बड़ी बात थी।

उनसे मिलने पर मुझे एक अलग प्रकार की ऊर्जा महसूस हो रही थी। जिनका इतना नाम सुना था, उनके सामने मैं खड़ा था। उनके पैर छू पाया, उनसे प्रत्यक्ष मिल पाया, यही मेरे लिए बहुत खुशी की बात थी। उनके बताए गए प्राणायाम पर, जिसमें खासतौर पर अनुलोम-विलोम और कपालभाति पर मैं काफी विश्वास रखता था। मुझे काफी अच्छा भी लगता था उन सब क्रियाओं को करके। बाबाजी ने मुझसे कहा कि 'बेटा, आप एक सकारात्मक सोच के साथ आगे बढ़ो। हम आज नहीं तो कल आयुर्वेद में कुछ-न-कुछ दवाइयाँ जरूर ढूँढ़ लेंगे, जिससे आप जैसों को फायदा होगा।' बाबा ने आगे कहा कि 'हरिद्वार आए हो तो कल से जो हफ्ते भर चलनेवाला योग शिविर शुरू होने वाला है, आप उसमें भाग लेकर जाओ।'

बाबा की बातें सुनकर मैं कहीं अंदर से टूट-सा गया था और मन-ही-मन अपने आप को कोस रहा था कि नाहक ही वक्त बर्बाद करके इतनी दूर आया। लेकिन बाबा के आदेश को हम टाल न सके और इच्छा न होते हुए भी दूसरे दिन सुबह 5:30 बजे हम शिविर में पहुँच गए। बहुत बड़ी संख्या में लोग वहाँ पर पहले से ही उपस्थित थे। बाबाजी आए। उन्होंने मंत्रोच्चार से शिविर की शुरुआत की। उन्होंने ध्यान का महत्त्व बताकर सबको अपनी आँखें बंद करने को कहा। वे सबसे कहने लगे कि आप अपने भीतर झाँककर मन एकाग्र करके ध्यान में जाने की कोशिश करें। उन्होंने ध्यान के अलग-अलग प्रकार भी बताए और सबको आज्ञा दी कि सब अपनी आँखें दस मिनट बंद रखें। शिविर के चलते हर 25-30 लोगों के बीच स्वयंसेवक घूम रहे थे और वे सभी से कह रहे थे कि जिस तरह से बाबा बता रहे हैं, उसी तरह से करो। अपनी आँखें बंद रखो। इधर-उधर मत देखो। ऊपर मंच से बाबा और नीचे स्वयंसेवक लगातार 'आँखें बंद करो, आँखें बंद करो' यह सबसे कह रहे थे और मैं सोच रहा था कि कब इस वातावरण से निकलकर महाबलेश्वर जाऊँ, ताकि अपनी टेलीफोन ऑपरेटर की नौकरी को चालू रख सकूँ। जब यह लगातार 'आँखें बंद करो, बंद करो' चल रहा था, तब अचानक मेरे दिल की गहराई से एक ऐसी अद्भुत आवाज आई, जिसकी वजह से शायद मेरे सोचने की प्रक्रिया ही बदल गई। बाबा की सकारात्मक ऊर्जा का ही परिणाम था कि इस तरह से सोचने के लिए मैं प्रेरित हो सका। मेरे दिल से आवाज आ रही थी कि मैं कितना भाग्यवान् हूँ, क्योंकि यहाँ उपस्थित हजारों लोग इतने प्रयत्नों के बाद भी कुछ मिनटों के लिए अपनी आँखें बंद नहीं कर पा रहे हैं, और मुझे ईश्वर ने क्या खूब बनाया है कि आँखें खोलने और बंद करने के झंझट से ही मुक्त कर दिया है! मैं तो शायद ध्यान की इस प्रक्रिया में इन हजारों लोगों से एक कदम आगे हूँ और उस दिन समझ में आया कि आँखें न होना मेरी कमजोरी से ज्यादा शायद

मेरी ताकत है। इस ताकत को लेकर ही अब जीवन में आगे बढ़ना है। इस विचार से मेरे जीवन का एक नया और अद्‍भुत मोड़ शुरू हो पाया; क्योंकि इस सकारात्मक सोच से मैं एक अलग ऊर्जा महसूस करने लगा था, जैसे मुझे एक लक्ष्य मिल गया था कि जीवन में अब इस अंधत्व को हराकर सिर्फ और सिर्फ आगे बढ़ना है।

मैंने मन-ही-मन बाबा रामदेवजी को धन्यवाद दिया और बगल में बैठे अपने दोस्त को हिलाते हुए कहा कि 'चलो, अपना इलाज हो गया।' मेरे शब्दों के भावार्थ को समझने में उसे काफी वक्त लगा। उस दिन जो पहली ट्रेन मिली, उसी से हम मुंबई आ गए और वहाँ से महाबलेश्वर पहुँचे। आने के एक-दो दिन बाद से ही मैं बड़े धर्म-संकट में था। एक ओर मेरी सोच बन गई थी कि मुझे कुछ अलग करना है। दूसरी ओर, अगर मैं ऐसे ही टेलीफोन ऑपरेटर का काम करता रहा तो शायद जीवन व्यर्थ हो जाएगा। उन्हीं दिनों किसी ने मुझे मुंबई में 'नेशनल एसोसिएशन फॉर द ब्लाइंड' (एन.ए.बी.) के बारे में बताया था, जहाँ पर अंध व्यक्तियों के लिए प्रशिक्षण (ट्रेनिंग) के अलग-अलग कार्यक्रम चलते थे। जब मुझे इसकी जानकारी मिली तो मैंने पक्का निर्णय किया कि प्रशिक्षण लेने मुंबई मुझे जाना ही है। और इसके चलते मैंने टेलीफोन ऑपरेटर का काम छोड़ दिया। मुझे सिर्फ चिंता थी कि पिताजी को कैसे अकेले छोड़कर जाऊँ? माँ के इलाज के चलते पैसे भी मेरे पास नहीं थे। अतः मैंने सोचा कि कुछ पैसे इकट्‍ठे करूँ, ताकि पिताजी को उसका सहारा हो सके। जो दोस्त-रिश्तेदारों से मैंने माँ के उपचार के चलते कर्जा ले रखा था, वे मुझे पास में खड़ा भी नहीं करते थे। उन्हें लगता था कि मैं उनसे और पैसे माँगूँगा। माँ के जाने के बाद शादी या त्योहार में भी मुझे रिश्तेदारों ने बुलाना बंद कर दिया था। मैं वापस सारे रिश्तेदारों से मिला। हाथ जोड़कर मैंने सबसे पैसे माँगना शुरू किया कि मुझे पिताजी को दस हजार रुपए देकर प्रशिक्षण पर जाना है। इसलिए आप मुझे पाँच सौ-हजार, जो भी हो सके, दे दें। आप मुझ पर विश्वास रखिए, मैं आपकी पाई-पाई लौटा दूँगा। यह कहकर मैंने कैसे भी करके दस हजार रुपए इकट्‍ठा किए और पिताजी के हाथ पर रखकर कहा कि मैं एन.ए.बी. में एक साल रहकर कुछ सीखकर आता हूँ, फिर वापस नई जिंदगी की शुरुआत करते हैं।

1 जनवरी, 1995 मैं महाबलेश्वर से मुंबई के लिए निकल पड़ा। एन.ए.बी.के. वरली सी फेस के पुनर्वसन केंद्र में मुझे दाखिला लेना था। यह पूरे भारत का मुख्यालय है, जहाँ पर करीब 200 लोग काम करते थे। वहाँ पर ब्रेल प्रेस, ऑडियो लाइब्रेरी, जिसमें करीब पाँच लाख से ज्यादा किताबें ऑडियो में उपलब्ध हैं। वहाँ पर ही रोजगार कार्यालय का ऑफिस भी था। एन.ए.बी. के मुंबई में काफी जगह पुनर्वास केंद्र भी हैं। जैसे पासपोर्ट ऑफिस के सामने एक शाखा है, जिसमें प्रशिक्षण वर्कशॉप चलते हैं। ब्रश बनाना, हैंगर बनाना, मोटर वाइंडिंग—यह सब सिखाया जाता है। कमला मेहता पुनर्वास केंद्र रे रोड,

जहाँ पर विशेषत: अंध बहनों को हार तोरण बनाना सिखाया जाता है। लेकिन ब्रेल लिपि, मोबिलिटी ओरिएंटेशन और काफी वोकेशनल ट्रेड का प्रशिक्षण महालक्ष्मी स्थित पुनर्वास केंद्र में दिया जाता है, जो 'किंग जॉर्ज अस्पताल कंपाउंड' नाम से भी जाना जाता है। उस कंपाउंड में काफी अलग-अलग संस्था के ऑफिस हैं। किंग जॉर्ज ब्रिटिशकालीन अस्पताल होने की वजह से इसमें 1,000-1,500 वर्गफीट के बड़े-बड़े बैरक हैं। उसमें से एन.ए.बी. को तीन बैरक मिले थे, जहाँ पर पुनर्वास केंद्र था। उसमें चार महीने का प्रशिक्षण दिया जाता था। एक बैरक में फिजियोथैरेपी विभाग था, जिसमें एक रूम में कैंडल वर्कशॉप था। बीच का जो बैरक था, वहाँ पर ऑफिस था, जिसमें योगा शिक्षक का एक केबिन था।

ब्रेल सीखने के लिए एक बैरक और उसी में भोजन का क्षेत्र भी था और आखिरी बैरक में करीब 100 अंध प्रशिक्षार्थियों के रहने की व्यवस्था थी। जिनकी उम्र 18 वर्ष से ज्यादा रहती, उनको प्रशिक्षण दिया जाता। जब मुझे पता चला कि कैंडल बनाने का भी प्रशिक्षण दिया जाता है तो मैं बहुत खुश था कि जो बचपन से मैंने सपना देखा था कि कैंडल कैसे बनती है, मैं यह सीखूँ; क्योंकि मेरा चचेरा भाई जयदीप, जो अपने ननिहाल मस्कट (ओमान) से अलग-अलग कैंडल लेकर आता और मुझे छूकर बताता कि कैसे कैंडल के अलग-अलग आकार व प्रकार बनाए जाते हैं। इसीलिए मैंने बचपन में ही ठान लिया था कि मैं कैंडल बनाना जरूर सीखूँगा। उस माध्यम से मेरी सर्जनशीलता की जो प्यास थी, वह भी पूरी हो सकती थी। जैसे ही मैं प्रिंसिपल से मिला, मैंने विनती की कि मुझे यहाँ पर कैंडल बनाने का प्रशिक्षण लेना है। लेकिन उन्होंने कहा कि कैंडल का प्रशिक्षण, जो पार्शियली दृष्टि-बाधित हैं, उनको ही दिया जाता है। और आप पूर्णतया दृष्टि-बाधित हैं, इसलिए आप यह प्रशिक्षण नहीं ले सकते। जिस कैंडल का उजाला आप समझ नहीं सकते, उसको आप कैसे बना पाएँगे? यह सुनकर मुझे बहुत दु:ख हुआ कि जो समाज दृष्टि-बाधित लोगों को समझ नहीं सकता, वह इस तरह की बातें करे तो ठीक है; लेकिन जो संस्था दावा करती है कि हम दुनिया भर के दृष्टि-बाधित लोगों के हित में काम करते हैं, वह अगर इस तरह की बात करें तो मेरे जैसे दृष्टि-बाधित आखिर जाएँ तो जाएँ कहाँ? क्योंकि मैंने बहुत उम्मीदें उस पुनर्वास केंद्र से बाँध रखी थीं, शायद उनकी कोई गलती भी नहीं थी, शायद मैं ही कुछ ज्यादा अपेक्षाओं के साथ यहाँ आया था। कितने सारे उदाहरण लेकर मैं वहाँ गया था, जिसमें रवींद्र जैनजी, जो पूर्णतया दृष्टि-बाधित हैं, आज उन्होंने संगीत के क्षेत्र में कितना बड़ा काम किया है। उन दिनों पद्मश्री निरंजन भाई का भी उदाहरण मेरे दिमाग में चल रहा था, जो पुणे में एच.बी. देसाई नामक आँखों का बड़ा अस्पताल चलाते हैं। उसी तरह दादर में आज भी प्रैक्टिस कर रहे एम.बी.बी.एस. डॉक्टर पंड्या और एन.ए.बी. में अध्यक्ष रहे डॉ. राजेंद्र व्यास, उसी तरह पुनर्वास केंद्र के डायरेक्टर हेमंत पाटिलजी भी पूर्णतया दृष्टि-बाधित थे। केतन कोठारीजी भी पूर्णतया

दृष्टि-बाधित होने के बावजूद ब्रेल प्रेस सँभाल रहे थे। मेरे लिए फिर समाज और संस्था में क्या फर्क रह गया ? जो संस्था दृष्टि-बाधितों के पुनर्वास का काम करती है, वही तो मेरे जैसे दृष्टि-बाधित व्यक्तियों के लिए आखिरी उम्मीद की किरण थी।

मेरी मायूसी को देखकर उन्होंने कहा कि एक काम हो सकता है। संस्था बॉडी मसाज और फूट रिफ्लेक्सोलॉजी का नया कोर्स शुरू कर रही है। आप कहें तो आपका नाम उसमें डाल देते हैं। बाकी ब्रेल लिपि और चलने-फिरने के बारे में आपको जो थोड़ा-बहुत सीखना है, उसे संस्था जरूर सिखाएगी; लेकिन आपका छह-सवा छह फीट का कद और आप जिस तरह से हट्टे-कट्टे हैं, आप अगर मसाज सीख लेते हैं तो अपने साथ-साथ संस्था का नाम भी जरूर रोशन करेंगे। मेरे लिए दुविधा यह थी कि अगर मैं महाबलेश्वर वापस लौटूँगा तो पिताजी को क्या जवाब दूँगा ? क्योंकि मैंने उनको वचन दिया था कि अगर एन.ए.बी. में जाऊँगा तो कुछ सीखकर ही आऊँगा। अगर मैं मसाज के प्रशिक्षण को ना कहता तो अपना क्या मुँह लेकर मैं वापस महाबलेश्वर जाता ? और अंत में न चाहते हुए भी मैंने मसाज का प्रशिक्षण लेना तय किया।

उसी दिन उस पुनर्वास केंद्र में मैं पहली बार श्री दिनुभाई गांधी से मिला, जो एन.ए.बी. इंडिया के ऑनरेरी सेक्रेटरी थे। मेरी पीठ थपथपाते हुए, मुझे हिम्मत देते हुए उन्होंने कहा कि मन लगाकर सीखो, तुम जरूर आगे बढ़ोगे और मैं भी नई उम्मीदों के साथ वहाँ रुक गया। प्रशिक्षण का पहला दिन, जिसमें कहाँ किचन है, हाथ-मुँह धोने की जगह कहाँ है, स्नानगृह व भोजनालय कहाँ है ? और अलग-अलग शिक्षकों से परिचय करने में ही बीत गया। मेरी जिज्ञासा के चलते काफी सवाल मेरे दिमाग में चल रहे थे। मेरे साथ मेरी तरह के काफी दृष्टि-बाधित लोग प्रशिक्षण लेने आए हुए थे। एक था—शशि चौरे, जो चंद्रपुर महाराष्ट्र से आया था। उसके पिताजी इलाहाबाद बैंक में काम करते थे। एक गोविंद ठुबे था, जो नगर से आया था और बहुत ही अच्छा वक्ता था। लक्ष्मण देशपांडे, जो औरंगाबाद से आया था और पढ़ा-लिखा नहीं था, लेकिन वह अंग्रेजी बहुत अच्छी बोल लेता था और उसकी स्मरण-शक्ति एकदम कंप्यूटर जैसी थी। वह हर बात को याद रख लेता था। कोंकण से भी काफी लोग आए थे और हमारे बैच में करीब 20 लोग ऐसे भी थे, जिनका घर मुंबई में ही था, जिस वजह से उनको हॉस्टल नहीं मिला था। वे रोज आना-जाना करते थे। हम सब को 15 दिन का सामान्य प्रशिक्षण दिया गया, जिसमें हमें ब्रेल लिपि और चलना-फिरना सीखने के बाद आगे के विशेष कोर्स के लिए अग्रसर होना था। हमें महालक्ष्मी स्टेशन तक सफेद छड़ी के सहारे चलकर एक शास्त्रोक्त पद्धति से मोबिलिटी का प्रशिक्षण दिया जाता था। ओरिएंटेशन में जैसे कि खुशबू से कहाँ पेट्रोल पंप है, होटल है, आवाज की दिशा पहचानना आदि प्रशिक्षण देकर हमें स्वतंत्र बनाने की कोशिश कर रही थी, ताकि हम अकेले भी पूरी दुनिया का सफर कर सकें, जिसके साथ-साथ करेंसी

पहचानना, सिक्के पहचानना — ये सब बातें, जो इतने वर्षों में मुझे समझ में नहीं आई थीं, वह सब प्रशिक्षण के दौरान मैं सीख रहा था।

उस पुनर्वास केंद्र में एक मौसी सब के लिए खाना बनाती थी। बचपन से जिस तरह मुझे रसोईघर में मदद करने की आदत पड़ गई थी, उसी तरह से मैं वहाँ पर मौसी की मदद करता। मौसी के रसोईघर में मदद करने का फायदा मुझे यह हुआ कि दो बार अलग से चाय मिलने लगी। लेकिन इसके पीछे मुझे बलिदान भी देना पड़ता। बाकी दोस्त प्रशिक्षण के बाद हँसी-मजाक में अपना वक्त बिताते और मुझे मौसी के रसोईघर में आटा गूँधना, सब्जी काटना, बरतन धोना और साफ-सफाई के कामों में व्यस्त रहना पड़ता। हर हफ्ते मौसी ब्रेड का उपमा बनाती। उपमा बनाने के एक दिन पहले शाम को मौसी कैशियर से ब्रेड के लिए पैसे ले लेती। किंग जॉर्ज अस्पताल के बाहर ही जहाँ फेमस स्टूडियो के लिए बाईं ओर मुड़ते हैं, वहाँ पर एक बड़ा फुटपाथ है, जिस पर खाने के काफी ठेले लगते थे। हमारे काफी पार्शिअली दृष्टि-बाधित मित्र, जिनके पास पैसे थे, वहाँ पर अक्सर खाने जाते। एक दिन उन्होंने मौसी को सैंडविच के एक ठेले के पास खड़ा देखा, जहाँ सैंडविच बनाते समय, जो साइड का हिस्सा अलग कर दिया जाता है, उसे वह एक बैग में भरकर ले जा रही थी और उन्हें समझते देर न लगी कि ब्रेड का उपमा किस ब्रेड से बनाया जाता है। मौसी ब्रेड के लिए कैशियर से पैसा ले लेती और ब्रेड का चूरा उसको मुफ्त में मिल जाता। हमें यह सब पता होने के बावजूद उस उपमा का टेस्ट इतना अच्छा था कि हमने उस राज को राज ही रखा।

दिन बीतते जा रहे थे। मैं अपने प्रशिक्षण में जितना हो सके, उतना सीखने की कोशिश में लगा था। हर बुधवार और शनिवार को जो पार्शिअल और टोटली दृष्टि-बाधित थे और यहाँ प्रशिक्षण लेकर उन्होंने जिंदगी में अलग-अलग मुकाम हासिल किए थे, उनको अतिथि व्याख्यान के लिए बुलाया जाता था। उनके वे व्याख्यान मुझे बहुत अच्छे लगते थे। क्योंकि मैं पूरा टूटा हुआ था, मेरा आत्मविश्वास भी कम था और जब ऐसे लोग आते, अपने बारे में बताते और अपना पूरा जीवन प्रवास समझाते कि कैसे-कैसे अलग-अलग समस्याओं को पराजित करके उन्होंने ये मुकाम हासिल किए हैं, उससे मुझे बड़ी प्रेरणा मिलती। कोई लिक्विड सोप बनानेवाला, कोई अगरबत्ती बनानेवाला और कोई सी.ए., एम.बी.ए. भी थे, जो आकर हर बुधवार और शनिवार को हमारे साथ बातचीत करते। उनमें से हरि राघवन, जो बेंगलुरु से थे और मेरे बहुत अच्छे दोस्त बन चुके थे। उन्होंने एम.बी.ए. किया था और मुंबई में एक कंपनी की मार्केटिंग सँभालते थे। वे हमें हर रविवार सुबह मार्केटिंग सिखाने आते थे।

हम भी रविवार की राह देखते। एक दिन उन्होंने हमें कुछ ग्रुप में बाँटते हुए एक प्रोजेक्ट दिया। हमें अपने-अपने साधनों के हिसाब से कुछ प्रोडक्ट बनाकर अगले

रविवार को राघवनजी के सामने प्रस्तुत करने थे। मैंने कुछ अलग सोचते हुए मेरी टीम में जो पार्शिअली दृष्टि-बाधित थे, उनसे कुछ अगरबत्तियाँ और माचिस की एक डिबिया मँगवाई। मैंने माचिस की तिल्ली को अलग करते हुए सिर्फ गंधक वाला भाग अगरबत्ती के ऊपर वाले छोर पर चिपका दिया। ऐसी मैंने कुल छह अगरबत्तियाँ तैयार कीं। उन अगरबत्तियों को एक पैकेट में रखकर उस पैकेट पर माचिस की डिब्बी का घिसनेवाला भाग चिपका दिया। प्रेजेंटेशन के दिन एन.ए.बी. इंडिया के सेक्रेटरी जनरल भी आए थे। जब हमारी टीम की बारी आई, तब मैंने उनको अगरबत्ती दिखाई और बिना माचिस की मदद के कैसे अगरबत्ती जल सकती है, यह दिखाया। यह देखने के बाद उन्होंने सवाल किया कि ऐसी अगरबत्ती को लोग क्यों खरीदना चाहेंगे? मेरे पास जवाब तैयार था। मैंने उनको तुरंत कहा कि अगरबत्ती एक पवित्र कारण के लिए जलाई जाती है। बहुत बार जिस माचिस का उपयोग आप सिगरेट या बीड़ी जलाने के लिए करते हैं, उसी माचिस से आप अगरबत्ती भी जलाते हैं, जिससे पवित्रता नष्ट हो जाती है। ऐसा नहीं होना चाहिए और इसी भावना से प्रेरित होकर हमने इस तरह की अगरबत्ती बनाई है और कई बार वक्त पर माचिस मिलना भी एक परेशानी है। इस तरह से मैंने अपने प्रोडक्ट का महत्त्व बताया। शायद मेरी इस अलग तरह की सोच ने ही मेरी टीम को पहला इनाम प्राप्त करा दिया। इनाम मायने नहीं रखता था; लेकिन कुछ अलग करके अपने आपको साबित कर सका, इसकी खुशी ज्यादा थी।

उस दिन के बाद मानो हरि राघवनजी से मेरी घनिष्ठता एक मित्र से हटकर सगे भाई-सी हो गई थी। लेकिन मुझे उस पुनर्वास केंद्र में रहना था तो मसाज भी सीखनी ही थी। हमारे प्रशिक्षण केंद्र के पास जो फेमस स्टूडियो था, उसका और एन.ए.बी. का अनुबंध था। वहाँ पर जो कलाकार आते थे, वे ग्राहक के रूप में हमें मिलते थे। जो कुछ मसाज में हम नया सीखते थे, हमें उनके ऊपर प्रयोग करने का मौका मिलता था। हमारा जो रहने का बैरक था, वह दोपहर के बाद प्रयोगशाला बन जाता और जो मसाज हमने सीखी थी, उसे हम अन्य अंध मित्रों पर आजमाते और इस तरह से मसाज की प्रैक्टिस हम करते थे। हमें शरीर रचना के ऊपर भी प्रशिक्षण दिया गया था। कई सारे डॉक्टर आते, जो हमें शरीर की जानकारी देते। लेकिन मेरा लक्ष्य बिल्कुल स्पष्ट था। जहाँ पर मेरा मसाज का प्रशिक्षण चलता था, उसके सामने ही कैंडल का वर्कशॉप था। दो-चार बार मुझे डाइज को छूने का भी मौका मिला था; लेकिन सिर्फ डाइज को छूकर मैं कैंडल्स बनाना नहीं सीख सकता था। मुझे कैसे भी करके कैंडल का प्रशिक्षण लेना ही था, नहीं तो एन.ए.बी. में आने का मेरा उद्देश्य सफल नहीं होता। जो शिक्षक मोबिलिटी का प्रशिक्षण देते थे, वे कैंडल के भी शिक्षक थे। जब उनको पता चला कि मैं कैंडल का प्रशिक्षण लेने के लिए बहुत उत्सुक हूँ, तो उन्होंने मुझे एक दिन अपने केबिन में बुलाया और कहा कि

तुम्हें तो पता है, इन सब संस्थाओं में वेतन क्या होता है। मैंने कहा कि मैं समझ सकता हूँ कि काफी कम रहती होगी। उन्होंने कहा कि तुम्हें मेरी एक मदद करनी पड़ेगी, फिर मैं तुम्हारी मदद करूँगा। यहाँ पर पाँच बजे सब स्टाफ जाने की शुरुआत करते हैं और करीब–करीब छह बजे के बाद यह वर्कशॉप की चाबी मैं तुम्हें दे सकता हूँ और मैं तुम्हें जल्द ही कैंडल बनाना सिखा दूँगा। इसके लिए मैं तुम्हें संस्था का न देते हुए बाहर से मोम लाकर दूँगा और उस मोम से तुम मुझे कैंडल बनाकर दोगे।

मैं आश्वस्त था कि इससे संस्था का कुछ नुकसान होने वाला नहीं था। मुझे बस मौका मिल रहा था कैंडल सीखने का और मैं इस मौके को गँवाना नहीं चाहता था। उन दिनों धर्मगुरु अनिरुद्ध बापू की संस्था ने एक योजना चलाई थी कि दूर–दराज के गाँवों में, जहाँ पर बिजली नहीं है, उनके अनुयायी अलग–अलग संस्था से कैंडल खरीदकर वहाँ गाँव में छात्रों को देते थे, ताकि उनकी पढ़ाई हो सके। उन दिनों दस रुपए की एक सौ ग्राम की कैंडल बनती थी, जो बारह से पंद्रह घंटे चलती थी। उसके तीन डाइज संस्था के पास थे, जिससे छह–छह करके अठारह कैंडल एक साथ बन सकती थीं और मुझे सिखाया गया था कि जल्दी बनानी हैं तो गरम मोम भरे हुए डाइज को पानी की बालटी में डुबोकर रखो। इस तरह से कम समय में ज्यादा उत्पादन की तरकीब मैं सीख गया था। उन्होंने मुझे कैसे धागा बाँधना है, कितने डायमीटर के लिए कितना मोटा धागा लेना है, ये सब बारीक–बारीक चीजें समझा दीं। शाम 6 बजे सब चले जाते। उसके बाद मैं वर्कशॉप में दाखिल हो जाता। अंदर से ताला लगाकर अपने काम में लग जाता।

मेरे बाकी के दोस्त शाम का वक्त खाने–पीने और घूमने में बिताते थे; लेकिन मैं था कि बस छह बजे की राह देखता और अपना काम करना शुरू कर देता। कई बार मेरे दोस्त भी मेरे साथ वर्कशॉप में आते; लेकिन जब उनको पता चलता कि यह बहुत मेहनत का काम है तो फिर एक–दो दिन के बाद हर कोई कन्नी काट लेता। मैं रात के एक–एक, दो–दो बजे तक काम को खींचता और ज्यादा–से–ज्यादा कैंडल की थप्पी बनाकर सुबह शिक्षक को आश्चर्य में डाल देता। वह 20 बाई 20 फीट का वर्कशॉप था। वहाँ पर सन् 1978 के बाद कभी झाड़ू भी नहीं लगी थी, ऐसा प्रतीत होता था। वहाँ पर डाइज की अलमारी को हाथ लगाने से पता चलता कि यहाँ पर कितनी गंदगी है। पूरा फ्लोर मोम से भर चुका था। जहाँ देखो, वहाँ पर मोम गिरा था। काफी सुतली, धागे और प्लास्टिक उस मोम के साथ चिपक गए थे, जिसकी वजह से करीब तीन–चार इंच मोटी परत फर्श पर जम चुकी थी। जब डाइज को भरकर मैं सूखने के लिए रखता, उस खाली समय में छेनी–हथौड़े की मदद से फर्श के ऊपर जमे मोम को साफ करने की कोशिश करता। मेरे कमरे में जो नहाने की लोहे की बालटी थी, उसमें यह सारा निकला हुआ कचरा भरकर बाहर सीमेंट का कचरा जलाने का एक कुंड था, उसमें डाल देता। यहाँ पर

मुझे मेरी माँ की दी हुई स्वच्छता की शिक्षा उपयोग में आ गई। धीरे-धीरे उस वर्कशॉप का रूप बदलने लगा और मैं उस चिपके हुए मोम के कचरे के नीचे के टाइल्स तक पहुँच गया। यह सब करते-करते मुझे याद है कि जब मेरा प्रशिक्षण पूरा हुआ, तब तक पूरा वर्कशॉप चकाचक हो गया था।

एन.ए.बी. में प्रशिक्षण के साथ-साथ खेल-कूद, योग आदि को भी बढ़ावा दिया जाता था। बाबा रामदेवजी के अनुयायी, आर्ट ऑफ लिविंग के लोग और ब्रह्मकुमारी से काफी लोग वहाँ पर आकर अध्यात्म का प्रशिक्षण देते, जिसमें प्राणायाम से लेकर ध्यान तक की विधियाँ सिखाई जातीं। हमारे खेल-कूद के जो शिक्षक थे, वे हमें गोला, थाली और भाला फेंक आदि का प्रशिक्षण देते, जो बचपन से मेरे प्रिय खेल भी थे। प्रशिक्षण के आखिर में हमारी स्पर्धाएँ भी थीं और वर्ष 1978 से चल रहे इस पुनर्वास विभाग में मैं अकेला छात्र बना, जिसको तीनों श्रेणियों में सर्वश्रेष्ठ विद्यार्थी के पुरस्कार दिए गए, जिसमें बेस्ट वोकेशनल ट्रेड का जैकब मेमोरियल पुरस्कार, आदर्श विद्यार्थी का छत्रपति शिवाजी पुरस्कार और खेल-कूद की चैंपियनशिप ट्रॉफी भी प्रदान की गई। वहाँ के नियम के अनुसार अगर आप तीन खेल-कूद में प्रथम आते हैं तो आप 'चैंपियन' कहलाते हैं; लेकिन वहाँ पर उन 1200 छात्रों में करीब अठारह खेल-कूद हुए और अठारह के अठारह खेल-कूद में मैंने पहला स्थान प्राप्त किया।

इस प्रशिक्षण में शिक्षक हों या स्टाफ, सबका मन मैं जीत चुका था। एक बेस्ट मसाजिस्ट का 'ए प्लस' का प्रमाण-पत्र मुझे दिया गया। कैंडल की अनधिकृत ही सही, लेकिन मैंने उसमें भी निपुणता प्राप्त कर ली थी। प्रशिक्षण समाप्त हो चुका था। अब बिछड़ने का वक्त करीब था। मेरे काफी दोस्त ऐसे थे, जिनके पास वापस जाने के लिए भी पैसे नहीं थे। मैंने अपनी इनामी राशि उन्हें वापसी के किराए के लिए दे दी। जाते-जाते इतनी संतुष्टि जरूर थी कि जो पैसे इनाम के रूप में आए, उनका इस तरह से सदुपयोग हो सका। मुझे उसी दिन शाम को महाबलेश्वर के लिए जाना था, क्योंकि बहुत दिन हो गए थे। पिताजी के अकेले होने से उनके प्रति मेरी चिंता बढ़ गई थी।

□

5

सनराइज कैंडल : रोशनी की ओर

जनवरी 1995 में शुरू हुआ एन.ए.बी. का प्रशिक्षण चार महीने चला। 30 अप्रैल मेरे प्रशिक्षण का आखिरी दिन था। उसी रात को मुंबई से निकलकर दूसरे दिन सुबह मैं महाबलेश्वर पहुँच गया। काफी दिनों के बाद पिताजी से मिल सका। वे भी अपने आर.के. वाडी के काम से खुश थे। अब मुझे अपना फर्ज निभाना था, जिसके लिए सबसे पहले मुझे अपने पैरों पर खड़ा होना बहुत जरूरी था। आर.के. वाडी के पास में इंडियन ऑयल का गेस्ट हाउस, गौतम होटल और आर्य होटल हैं। वहाँ पर मैंने मसाजिस्ट के रूप में अपनी सेवाएँ देनी शुरू कर दीं और शुरुआत में मैंने कुछ विजिटिंग काड्‌र्स भी छपवाए, ताकि ज्यादा-से-ज्यादा लोगों तक मैं पहुँच सकूँ। महाबलेश्वर पर्यटन स्थल होने की वजह से मुझे मसाजिस्ट के रूप में काम मिलना आसान था। मेरे मसाज के शिक्षक ने सिखाया था कि आपको ग्राहक के पास मसाजिस्ट नहीं, बल्कि डॉक्टर बनकर जाना है; क्योंकि आप सामनेवाले का दर्द कम कर रहे हैं। मैंने उनकी इस बात को भलीभाँति समझा था और उसका परिणाम यह हुआ कि एक अनुभवी मसाजिस्ट के तौर पर मुझे काफी काम मिलने लगा था। मैंने जो मसाज, फुट रिफ्लेक्सोलॉजी और एक्यूप्रेशर का प्रशिक्षण लिया था, उसका पूरा-पूरा फायदा मुझे अपने काम में हो रहा था। कई और मसाजिस्ट के साथ मेरे संबंध बढ़े। उनसे भी काफी कुछ मैंने सीखा। एक सफल मसाजिस्ट के रूप में उभरते हुए मैं स्वयं-रोजगार की दिशा में आगे बढ़ रहा था। जिन लोगों ने मुझसे मसाज करवाई, उन्होंने मेरी इस कला को बहुत सराहा और जब-जब उनके दोस्त या रिश्तेदार महाबलेश्वर आते तो वे हर बार उनसे मेरी सिफारिश करते। इस तरह छह महीने में ही मेरे काफी ग्राहक बन गए थे।

इंडियन ऑयल कंपनी में जो शिव सेना की यूनियन थी, उस यूनियन के काफी पदाधिकारी मिलकर हर साल मई महीने के आखिर में महाबलेश्वर के गेस्ट हाउस में कुछ दिन के लिए आया करते थे। मसाज का काम शुरू करने के कुछ दिनों बाद ही

मेरा जुड़ाव उन पदाधिकारियों से हो गया। वे सभी मेरी मसाज से इतने प्रभावित हुए कि वे जितने भी दिन रुके, मुझे रोज उन सभी की तरफ से मसाज का बहुत काम मिला। सुबह से ही गेस्ट हाउस के सभी छह कमरों में मेरा मसाज का काम जोर-शोर से चलता। मुझे कई बार ऐसा महसूस होता कि शायद वे सभी मुझे आर्थिक मदद करने के लिए ही मुझसे मसाज करवा रहे हैं। कई वर्षों से उन्होंने मुझे व पिताजी को पड़ोस में देखा था। सिर्फ पैसा देकर वे मेरी खुद्दारी को ठेस पहुँचाना नहीं चाहते थे, जिस वजह से शिव सेना के उन यूनियन लीडरों का संपूर्ण ग्रुप मुझे ज्यादा-से-ज्यादा मसाज का काम देने की कोशिश करता। मेरी उन सभी से थोड़े ही दिनों में इतनी गहरी दोस्ती हो गई कि सुबह नाश्ते से लेकर दोपहर के खाने तक मैं उन्हीं के साथ रहता। आगे चलकर इस आत्मीयता का फायदा यह हुआ कि जब इंडियन ऑयल कंपनी से मोम खरीदने की बात आई, तब उन सभी पदाधिकारियों ने मेरी काफी मदद की और एक अच्छे दर पर मोम दिलवाने में सहायक हुए। 2007 में शिव सेना के इन्हीं यूनियन लीडरों ने मुंबई में हर साल जो शिव सेना अपंग सहाय केंद्र की तरफ से निर्धार पुरस्कार दिया जाता है, उस पुरस्कार के लिए मेरा नाम मनोनीत किया और जिनको मैं आज भी पूजता हूँ, वे बालासाहेब ठाकरेजी और महाराष्ट्र के मुख्यमंत्री रहे मनोहर जोशीजी के हाथों माहिम (मुंबई) में यशवंतराव चव्हाण सभागृह में उपस्थित कई बड़े-बड़े महानुभावों के बीच मुझे इस प्रतिष्ठित पुरस्कार से नवाजा गया। एक अंध उद्योजक की हैसियत से मुझे मिलनेवाला यह पहला बड़ा पुरस्कार था।

कई महीनों तक मैं मसाज का काम करता गया, लेकिन मेरा लक्ष्य कैंडल बनाना था और उसके लिए मुझे सबसे पहले पैसे जोड़ना जरूरी था। मैंने कैंडल बनाने के अधूरे सपनों को टटोलना शुरू किया। मुझे कहीं से महालक्ष्मी सोसाइटी, कोल्हापुर (महाराष्ट्र) का पता मिला, जहाँ से मुझे मोम और डाई के बारे में जानकारी मिल सकती थी। जब मैं वहाँ पर गया तो कुछ काम नहीं बना। लाल कुआँ (दिल्ली) का भी पता मुझे मिला था। वहाँ पर भी मैंने कुछ पत्र डलवाए, लेकिन वहाँ से भी कोई जवाब नहीं आया था। फिर दीपावली के कुछ दिन पहले मैं समय निकालकर फिर से मुंबई गया और एन.ए.बी. में कैंडल प्रशिक्षण के शिक्षक से जाकर मिला। उनसे पूछताछ करने के बाद उन्होंने मसजिद बंदर सैमुअल स्ट्रीट का पता दिया, जहाँ पर मोम मिलता था। वहाँ पर पहुँचने के बाद ईसाभाई वली मोहम्मद एंड कंपनी, जिसके मालिक अब्दुल भाई नामक एक गृहस्थ थे, जो यह दुकान चलाते थे। कच्छी होने की वजह से जब उनके साथ मैंने कच्छी में बात की तो वे बहुत खुश हुए। मुझे उनसे एक जगह का पता मिला, जहाँ पर एल्युमिनियम कास्टिंग की डाई मिलती थी।

मैं उस दिन देर शाम तक बहुत ढूँढ़ते-ढूँढ़ते अंततः बोरीवली में कास्टिंग की डाई

बनानेवाले तक पहुँचा। बड़ी खुशी हुई कि आखिरकार मंजिल मिल ही गई। जेब में करीब 5,000 रुपए थे, जो मैंने मसाज करके कड़ी मेहनत के बाद जमा किए थे और उस सज्जन के पास जो मोमबत्तियाँ बनाने की डाइज थीं, उनमें एक डाई की कीमत ही 3,200 रुपए थी। उस एक डाई के साथ कुछ धागे उन्होंने मुफ्त में दे दिए। इन सब चीजों के साथ मैं अब्दुल भाई की दुकान पर वापस गया और 20 किलो मोम मैंने उनके पास से खरीदा। उन दिनों 50 रुपए किलो मोम था। आज यह 120–130 रुपए किलो है। यह सब लेकर मैं महाबलेश्वर के लिए निकला। इतना सारा सामान लेकर मुंबई से महाबलेश्वर जाना वैसे तो मेरे लिए थोड़ा दिक्कत वाला काम था, लेकिन मेरी मोबिलिटी अच्छी थी और एन.ए.बी. के प्रशिक्षण के बाद मैं अपने आपको बहुत मजबूत पाता था और मुझमें एक नया आत्मविश्वास भी आ चुका था। उस एक डाई के साथ मैंने आर.के. वाडी के उस कमरे में ही कैंडल बनानी शुरू कर दी। जब पैसे खत्म हो जाते तो मैं दिन–रात मसाज कर वापस पैसे कमाता और कच्चा माल अब्दुल भाई से लेकर आता। उनसे भी जान–पहचान बनने लगी थी। लेकिन जब तक मैं उन बनाई हुई कैंडल्स को बेचूँ नहीं, तब तक मुझे मसाज का काम भी चालू रखना था। अब होता ऐसा था कि कैंडल को डाई में से निकालने के बाद मुझे काफी कार्विंग और फिनिशिंग वगैरह करनी पड़ती थी। तो उसके लिए मुझे चाकू को हाथ में लेकर उँगलियों को अंदर की ओर मोड़कर फिनिशिंग व कार्विंग का काम करना होता था और मसाज के लिए इसके विपरीत उँगलियों को बाहर की ओर मोड़ना होता था। ये दोनों बातें अपने आप में विरुद्ध थीं। अब मसाज के लिए बाहर की ओर, जबकि कार्विंग के लिए भीतर की ओर उँगलियाँ मोड़ते–मोड़ते असह्य वेदना का सामना करना पड़ता।

माँ के प्रशिक्षण की वजह से बचपन से ही मैं हर प्रकार की सब्जियाँ ठीक से काट सकता था। ककड़ी व आलू के ऊपर के छिलके भी उस छोटे से कटर से निकाल सकता था। एन.ए.बी. में मैं दोस्तों के साथ शर्त भी लगाता कि सबको एक–एक आलू लेकर ऊपर का छिलका बीच से तोड़े बिना पूरा–का–पूरा निकालना है। वहाँ कोई भी मुझसे जीत नहीं पाता था। मेरा हाथ इस तरह से बैठ चुका था कि एक ही बार में मैं उस बड़े से आलू का छिलका निकाल देता था। स्पर्श ज्ञान से पता चल जाता कि कहाँ छिलका रह गया है। आज स्पर्श ज्ञान शिक्षण ने मुझे कैंडल की कार्विंग और फिनिशिंग करना सिखा दिया था।

आर.के. वाडी के इस छोटे से कमरे में ही कैंडल को बनाना और प्रदर्शित करना होता था। जहाँ से टूटी–फूटी अलमारियाँ या शोकेस मिल जाते, उनको मैं खरीद लाता। बाद में तो ऐसा हो गया था कि उस 10 बाई 12 के कमरे में दीवार पर कहीं भी आलमारी लगाने की जगह नहीं बची थी। एक ही जगह पर तैयार माल व कच्चा माल पड़ा रहता।

वहीं एक कोने में रसोईघर था। लेकिन जब तक मेरे पास कोई दूसरा विकल्प नहीं था, तब तक उसी कमरे में मैंने कैंडल बनाना जारी रखा। अब मुझे मसाज और कैंडल दोनों एक साथ करना मुश्किल हो रहा था। आखिरकार मैंने मसाज को हमेशा के लिए अलविदा कहा और अब परिस्थिति यह थी कि जब तक कैंडल को ज्यादा-से-ज्यादा बेचूँ नहीं, तब तक कहाँ से घर चलाने के लिए और कच्चे माल को खरीदने के लिए पैसे जुटाऊँ? क्योंकि पिताजी की सिर्फ 700 रुपए की नौकरी में क्या हो पाता? जिन दोस्तों-रिश्तेदारों से मैं कर्जा ले चुका था, वे इतने दिन तो चुप रहे, लेकिन उन्होंने भी अब अपने पैसे माँगने शुरू कर दिए थे। उनका भी धीरज और संयम खत्म हो चुका था। उनकी सहन-शक्ति जवाब दे चुकी थी और वे सभी अब अपना पैसा वापस चाहते थे। उन्होंने मुझसे साफ-साफ कह दिया था कि हमें ब्याज नहीं चाहिए; लेकिन हमारी मूल राशि तुम्हें लौटानी ही होगी। मेरे लिए यह एक चुनौती थी कि इतना बड़ा कर्जा मैं कैसे चुकाऊँगा? मैं कैसे भी करके उनको टाल रहा था। वैसे तो कोई खुलेआम कॉलर पकड़कर पैसा नहीं माँगता था, कोई पठानी वसूली नहीं होती थी; लेकिन वे जता देते थे कि मुझे उनका पैसा देना-ही-देना है। मैं उनका कर्जदार हूँ, यह वे जरूर किसी-न-किसी समारोह में मिलने पर मुझे याद दिला दिया करते थे।

पिताजी की स्क्रिजोफोनिक अवस्था में उनको सँभालना और साथ में कैंडल बनाना व बेचना, ये सब परिस्थितियाँ मेरे लिए बहुत कष्टदायक थीं। जब तक माँ थी, पिताजी को सँभाल लेती थी; लेकिन उसके जाने के बाद अब पिताजी को मुझे ही सँभालना था। मेरा एक दोस्त था भरत। वह इंडियन ऑयल के गेस्ट हाउस का मैनेजर था। उसके पिताजी भिखूभाई पटेल, जो गुजरात के उदवाड़ा से आए थे, वे भी काफी साल महाबलेश्वर के उसी गेस्ट हाउस के मैनेजर के पद पर थे। उनके रिटायर्ड होने के बाद इंडियन ऑयल किसी और को लेना नहीं चाहती थी; लेकिन अपनी मैनेजरी और वहाँ के रसोईघर के इंचार्ज के चलते उन्होंने काफी ऑफिसर्स को सालों तक खाना मुफ्त में मुहैया कराया था। उसका नतीजा यह हुआ कि भरत को इंडियन ऑयल में एक स्थायी काम मिल गया था। मैं जब महाबलेश्वर पहली बार आया, तभी से भरत मेरा दोस्त बन चुका था। वह मेरी काफी मदद करता रहता था। मैंने उसके सामने अपनी बात रखी कि मुझे महाबलेश्वर के मार्केट में कैंडल बेचनी है, जिसमें वह मेरी मदद करे। हम दोनों ने काफी दुकान वगैरह, जो भाड़े पर उपलब्ध थीं, उनकी जानकारी हासिल की। महाबलेश्वर एक पर्यटन स्थल होने के कारण उन दिनों लाख-लाख, डेढ़-डेढ़ लाख रुपए महीने का भाड़ा लिया जाता था। एक छोटी सी टपरी का भी वहाँ पर बहुत भाड़ा रहता, क्योंकि निजी ट्रैवल्सवाले, जो बहुत बड़ी संख्या में थे, एक छोटी सी टेबल पर ही अपनी दुकान लगा लेते और दुकान मालिक को मुँहमाँगा भाड़ा दे दिया करते थे, जिस वजह से उस मार्केट में हमें

दुकान मिलने से रही। तब मैंने रास्ते पर ही हाथगाड़ी लगाकर कैंडल बेचने का निर्णय लिया। अब प्रश्न था कि हाथगाड़ी कहाँ से मिले?

आर.के. वाडी के पास में ही यूसुफ पटेल नामक व्यक्ति की जमीन थी। वहाँ का माली अपने परिवार के साथ वहीं एक झोंपड़े में रहता था। उनका जो बड़ा लड़का था इरफान, वह मेरा पसंदीदा व्यक्ति था; क्योंकि वह इन परिस्थितियों में रहकर भी सुबह 4 बजे उठकर अपने पिताजी के साथ विल्सन पॉइंट, जो सूर्योदय पॉइंट है और महाबलेश्वर की सबसे ऊँचाई पर है, वहाँ पर चाय की हाथगाड़ी लगाता था। बाप-बेटे अपनी उस हाथगाड़ी को, जिस पर पानी की टंकी, स्टोव और सब सामान लदा रहता, धकेलते-धकेलते उस दस मिनट के रास्ते को करीब एक घंटे में पूरा करते हुए विल्सन पॉइंट पहुँचते। वहाँ से वापस लौटकर इरफान अपनी बी.एस-सी. की पढ़ाई के चलते 30 किलोमीटर का बस का सफर तय करके 'वाई' गाँव जाता। यह उसका नित्य क्रम था। इरफान के साथ में जो मेरी दोस्ती थी, वह काम आ गई। सुबह की चाय की बिक्री के बाद उसकी हाथगाड़ी दिन भर व्यर्थ पड़ी रहती थी। वह मैंने भाड़े पर लेने की सोची। रोज का भाड़ा 50 रुपए तय हुआ। उस भाड़े के अंतर्गत इरफान मुझे हाथगाड़ी के साथ-साथ मार्केट तक छोड़ने और लेने भी आने वाला था। मेरा काम शुरू हो गया। रोज मैं हाथगाड़ी को साफ करके, उसके ऊपर एक चादर डालकर, जो दिन भर बनाई हुई कैंडल्स थीं, उनको एक बॉक्स में रखता और करीब चार-पाँच बजे आर.के. वाडी से हम मार्केट के लिए निकल पड़ते।

महाबलेश्वर ऐसी जगह है, जहाँ पर आपको कोई भी रास्ता सीधा नहीं दिखाई देगा। सब उतार-चढ़ाव का रास्ता होने से हमें मार्केट पहुँचने में करीब आधा घंटा लग जाता। उस गाड़ी में दो ऐसे हैंडल भी थे, जिनको पकड़कर गाड़ी धकेली या रोकी जा सकती थी। आर.के. वाडी ऊँचाई पर होने से मार्केट तक उतार रहता था। इरफान साथ में रहता, इसीलिए मार्केट तक पहुँच पाता, नहीं तो मेरे जैसे व्यक्ति के लिए महाबलेश्वर में हाथगाड़ी लेकर चलना असंभव था। इरफान की मदद से मैं मार्केट में गाड़ी लगाने के लिए जगह ढूँढ़ लेता और वह गाड़ी सजाने में भी मेरी मदद कर दिया करता था और वापस मुझे रात को 9 बजे लेने आ जाता। रात के वक्त वापस घर जाते समय पूरा चढ़ाव होने की वजह से हम दोनों को बहुत जोर लगाना पड़ता। इरफान द्वारा की गई इस कड़ी मेहनत के 50 रुपए तो बनते-ही-बनते थे। शुरुआत में तो सिर्फ सप्ताह के अंत में मैं स्टॉल लगाने जाता था; लेकिन समझ में आया कि अगर पहचान बनानी है तो सिर्फ सप्ताह के अंत में जाकर नहीं चलेगा। हमें रोज जाना जरूरी था और जगह पकड़ने के लिए लड़ाइयाँ होतीं। पता नहीं कहा से नए-नए फेरीवाले आ जाते। अब ऐसा था कि महाबलेश्वर पर्यटन स्थल होने के वजह से काफी दुकानें सिर्फ जूतों और चप्पलों की

ही हुआ करती थीं। सालों पहले महाबलेश्वर में बनाई जानेवाली चप्पलें काफी प्रसिद्ध थीं। तो इसी प्रसिद्धि का फायदा उठाकर कई फेरीवाले वजन पर मुंबई की फैक्टरियों से चप्पलें मँगवा लेते थे, जो उन्हें दस-बीस-पच्चीस रुपए में मिलतीं और यहाँ पर उन्हीं चप्पलों को सौ-डेढ़ सौ रुपए की मनमानी कीमतों पर बेचते। महाबलेश्वर की चप्पल की माँग होने की वजह से रास्ते में जहाँ जगह मिलती, वहीं पर एक चादर डालकर फेरीवाले उन चप्पलों को बेचने बैठ जाते और अच्छा व्यापार कर लेते थे, जिस वजह से उस मार्केट में खुले रास्ते की जमीन की भी इतनी माँग थी कि उस 4 बाई 3 की हाथगाड़ी को लगाना बहुत ही टेढ़ी खीर थी। इसलिए रोज वाली जगह पर कब्जा रखना है तो हर दिन मार्केट में स्टॉल लगाना बहुत ही जरूरी था। धंधा हुआ या नहीं हुआ, लेकिन हाथगाड़ी लेकर मार्केट गए तो 50 रुपए तो इरफान को देने-ही-देने थे और यह 1,500 रुपए महीने का अतिरिक्त बोझ मेरे ऊपर जरूर था। लेकिन मैं समझता था कि मैंने कोई जगह किराए पर भी ले ली होती, फिर भी इतनी सारी तैयार मोमबत्ती को मार्केट तक पहुँचाने के लिए किसी-न-किसी को पैसे देने ही पड़ते। इरफान की मदद से मैं महाबलेश्वर की मार्केट में मारुति मंदिर के बाहर हाथगाड़ी लगाता, ताकि ज्यादा-से-ज्यादा लोगों की नजर कैंडल्स पर पड़े। लेकिन शनिवार को जब मंदिर में ज्यादा भीड़ रहती, तब नारियल, तेल, हार बेचनेवाले आ जाते और जगह मिलने में बहुत दिक्कत होती; लेकिन मुझे जो माँ से सीख मिली थी कि हर किसी को आप अपना दोस्त बना लो। वह सलाह यहाँ पर बहुत काम आती। दादा, काका, मामा कहते हुए मैं सबको अपना दोस्त बना लेता और अपना काम चला लेता। वैसे तो काफी बड़ी कंपनियों और ब्रांड की कैंडल्स महाबलेश्वर की हर दुकान में भी मिलती थीं। मैंने जब उस महाबलेश्वर की मार्केट में घूमकर किस-किस प्रकार की कैंडल मिलती हैं, इस बारे में जानकारी इकट्ठा की, तब मुझे लगा कि इस क्षेत्र में नयापन लाने की जरूरत है। मेरा जो सृजनशील दिमाग था, उसका मैंने इस्तेमाल करना शुरू किया। सफेद कैंडल के ऊपर विविध रंगों के जिलेटिन घुमाने से लेकर अलग-अलग रंगों के कैंडल्स के पैकेट बनाने तक की काफी अलग कोशिशें मैंने कीं। कुछ ही महीनों में थोड़ी और हिम्मत जुटाकर कुछ और अलग-अलग प्रकार की डाई खरीदनी शुरू की। लेकिन अबतक मुझे महाबलेश्वर तक कच्चा माल भेजनेवाला सप्लायर नहीं मिल पाया था।

छह-सात महीनों तक तो यही परिस्थिति थी। एक धागा भी खत्म हो जाता तो मुझे मुंबई जाना पड़ता था। फिर धीरे-धीरे सप्लायर जुड़ते गए। मैं उनका विश्वास प्राप्त करता गया और मैं उनके लिए पिताजी से कहकर बैंक ड्राफ्ट भिजवाता, क्योंकि उन दिनों ऑनलाइन वाली कोई व्यवस्था थी नहीं, अतः ड्राफ्ट से ही काम चलाना पड़ता। और फिर मुंबई से ट्रांसपोर्ट में माल आ जाता। इस तरह से काम आगे बढ़ने लगा। अब काम

में विभिन्नता और विविधता आए कैसे ? इस पर मेरा विचार चक्र शुरू हो गया था। आगे दीपावली का त्योहार था। उसके लिए जो पतरे का दीया, जिसमें मोम भरा जाता है, वह अब्दुल भाई के पास किलो के हिसाब से मिलता था। उसके अंदर डालने के लिए धागा भी तैयार मिलता था, जिस वजह से चार-पाँच प्रकार के अलग-अलग पतरे के दीये बनने शुरू हुए। कुछ अलग करने की चाह में इन्हीं पतरों के दीयों को छह या बारह की श्रेणी में पहले से अलग-अलग आकार में काटे गए पुट्ठों पर सजाता, ऊपर से विविध रंगों के जिलेटिन पेपर चिपकाकर प्यारा-सा गिफ्ट पैक बना लेता, जो हाथोहाथ बिक जाते। लेकिन पैकेजिंग के काम में काफी वक्त लगता। उन दिनों कहीं से मुझे पता चला कि इसके लिए तो हॉट गन और वैक्यूम पैकिंग की मशीनें भी मार्केट में मिलती हैं। आगे चलकर एक-डेढ़ साल में मैंने वे मशीनें भी खरीद ली थीं।

इरफान कई बार मुझे सुबह-सुबह अपने साथ सूर्योदय पॉइंट पर ले जाता। सैकड़ों की संख्या में पर्यटक वहाँ उपस्थित रहते। मैं उस सूर्योदय को भले नहीं देख पाता, लेकिन उसकी ऊर्जा बिल्कुल महसूस कर सकता था। जब से मैंने कैंडल बनाने का यह छोटा सा उपक्रम शुरू किया था, पता नहीं क्यों मैं अपने अंदर एक जबरदस्त सकारात्मक ऊर्जा महसूस करने लगा था, जैसे मेरे भीतर भी कोई सूर्योदय हो रहा हो! मुझे अब भीतर के व बाहर के सूर्योदय में काफी समानता लगने लगी थी, जिसका सबसे सुंदर परिणाम यह हुआ कि मैंने अपनी कैंडल्स को 'सनराइज' नाम से जोड़ा और अनायास ही 'सनराइज कैंडल्स' ब्रांड का जन्म हुआ। हमारे महाबलेश्वर टेलीफोन एक्सचेंज में एक सज्जन काम करते थे, जो अच्छे पेंटर भी थे। उन्होंने मुझे कपड़े का एक बैनर 'सनराइज कैंडल्स' नाम लिखकर बना दिया था। उस बैनर को रोज मैं उस हाथगाड़ी पर बाँध देता। नाम के साथ-साथ उस बैनर पर उन्होंने सूर्योदय का एक चित्र भी बना दिया था, जो आगे चलकर सनराइज कैंडल्स का 'लोगो' बन गया।

महाबलेश्वर में बरसात बहुत होती थी, जिस वजह से रोज स्टॉल पर जाते वक्त एक प्लास्टिक का कागज रखता, ताकि स्टॉल को ढँक पाऊँ। कुछ पुराने प्लाईवुड से सीढ़ीनुमा एक स्टैंड बनाया था, जिस वजह से हाथगाड़ी पर कैंडल रखने की तथा सजाने की क्षमता काफी बढ़ चुकी थी। हाथगाड़ी मेरे लिए एक ऐसा प्लेटफॉर्म था, जिसके जरिए मैं अपने धंधे में रोज कुछ-न-कुछ नया सीख रहा था। एक दिन शाम को महाबलेश्वर के उस मार्केट में एक छोटी लड़की अपनी माँ के साथ जब मेरे स्टॉल पर आई, तब उस लड़की ने अपनी माँ से आग्रह करना शुरू किया कि हम अंकल से कैंडल खरीदें। उस समय हाथगाड़ी पर लगभग 700 रुपए की कैंडल्स थीं, जो उस माँ-बेटी ने पूरी-की-पूरी खरीद लीं। जब मैंने उनको 'थैंक यू' कहा, तब उस छोटी लड़की ने मुझसे कहा, "अंकल, डोंट से थैंक यू। हमें थैंक यू मत कहिए, बल्कि हम आपको थैंक

यू कहना चाहते हैं, आपके इस प्यारे काम के लिए।" उस दिन मुझे समझ में आया कि मैं जो काम कर रहा हूँ, वह कोई साधारण काम नहीं है। उस प्यारी सी बच्ची की इस बात ने मुझे एक नई ऊर्जा दी।

कई बार ऐसा भी होता की ग्राहक आते तो कहते "आप के पास अरोमा कैंडल हैं क्या?" और वे लोग खुशबू लेने की भी कोशिश करते, जिससे ऐसी आवाज आती मानो वे कैंडल सूँघ रहे हैं। मुझे समझ में नहीं आता कि वे क्या कर रहे हैं? अरोमा पूछ रहे हैं और खुशबू भी ले रहे हैं। तब सुनाई देता कि आपकी कैंडल में से तो अरोमा की खुशबू ही नहीं आ रही है? तब समझ में आया कि अरोमा कैंडल मतलब खुशबू वाली कैंडल! मैंने तुरंत एन.ए.बी. में मेरे जो शिक्षक थे, उनको लैंडलाइन पर फोन लगाया। उनसे पता चला कि अरोमा वाली कैंडल भी होती हैं। फिर कैसे बनाई जाए, यह प्रश्न था। अगरबत्ती का प्रशिक्षण मेरे जिन दोस्तों को दिया गया था, उनको कुछ अरोमा ऑयल बेचनेवालों के पते और फोन नंबर दिए गए थे। मैं वापस मुंबई भागा। मसजिद बंदर, प्रिंसेस स्ट्रीट और लोहार चॉल के पास में अरोमा ऑइल की काफी दुकानें थीं, जिसमें केलकर व श्री जी अरोमा की दुकानें प्रमुख थीं। मैं उनसे मिला और दस-दस, बीस-बीस ग्राम के मोगरा, चंदन इत्यादि के अरोमा ऑयल खरीदे। श्री जी अरोमा के जो मालिक थे, उनका नाम भी भावेश था। तो फिर क्या था, उनसे बातों-बातों में दोस्ती हो गई और उन्होंने भी उचित दामों पर मुझे अरोमा ऑयल देते हुए कितनी मात्रा में क्या मोम के साथ मिलाना है, वह भी मुझे समझाया। उन्होंने यह भी बताया कि सिर्फ अरोमा मत डालो, रंग भी डालना शुरू करो। एन.ए.बी. में मुझे ब्रेल का प्रशिक्षण मिल चुका था, जिसका उपयोग करके रंगों को पहचानना आसान था। अब्दुल भाई के पास से मैंने विभिन्न रंगों के पचास-पचास ग्राम के पैकेट भी खरीदे और हर पैकेट के साथ ब्रेल में लिखकर कागज रख दिया, जिससे आगे गड़बड़ न हो। अब्दुल भाई से कितना रंग डालना है, यह मैं नहीं पूछ पाया था। पहली बार में रंगों की मात्रा ज्यादा हो जाने की वजह से पिताजी ने कहा कि बड़े काले से कलर दिख रहे हैं। फिर समझ में आया कि कलर ज्यादा पड़ गया था। बाद में तो एक किलो मोम के बरतन में मैंने सिर्फ सुई की नोक भर कलर भी डाल दिया तो बहुत हो जाता था।

उस आर.के. वाडी के एक कमरे में जमीन पर ही कैंडल बनानी पड़ती। मेरी ऊँचाई ज्यादा होने के कारण हर बार जब जमीन पर झुकना पड़ता तो बहुत दिक्कत होती थी। मैंने एक टूटी-फूटी कुर्सी पर डाई रखकर भरना शुरू किया। उसी कमरे में एक कोने में रसोईघर था। वहाँ मोम पिघलाकर, रंग और खुशबू मिलाकर अंत में कुर्सी पर रखे डाई को भरता, और एक बात समझ में आ गई थी कि मोम जब गरम होता है, तब फैलता है और जब ठंडा होता है, तब सिकुड़ता है, जिसके कारण डाई को तीन-चार बार फिर

से भरना पड़ता। कई बार डाई पूरा भरने के चक्कर में मोम बहकर पहले कुर्सी पर और फिर फर्श पर फैल जाता। इस तरह से काफी नुकसान भी होता। तब मैंने समझा कि इस गिरे हुए मोम को रिसाइक्लिंग भी किया जा सकता है। इस प्रकार काम ही काम को सिखाता गया और अरोमावाली, रंगोंवाली एवं पैकिंगवाली—ऐसे करते-करते शायद साल भर में ही मेरे पास विविध आकार-प्रकार की पचास से साठ कैंडल्स बनने लगी थीं, जिसके चलते घर का खर्चा आसानी से निकल जाता था और जो थोड़े-बहुत पैसे बच जाते, उसे मैं इस इंडस्ट्री को और बड़ा बनाने में लगा देता।

मेरे पिताजी के चचेरे भाई तुषार भाई भाटिया की एक बहुत बड़ी केमिकल फैक्टरी वापी, गुजरात में थी। वे चाहते थे कि एक ट्रस्ट बना दें और उसमें कुछ लाख रुपए जमाकर दिए जाएँ और उसमें से जो ब्याज आएगा, उससे मेरा जिंदगी भर गुजारा चलेगा। लेकिन मैंने कहा कि यह तो खुदकुशी करनेवाली बात हो जाएगी। मैं जिंदगी भर के लिए सच्चे अर्थों में अपाहिज बनकर रह जाऊँगा। वे किसी भी प्रकार से मेरी मदद करना चाहते थे और इसका रास्ता निकालते हुए अंततः उन्होंने 50 किलो मोम के दस बैग मुझे तोहफे के रूप में भेज दिए।

सितंबर '95 से जो शुरुआत हुई थी, मई '96 तक आते-आते मैं करीब इस तरह से अपने आपको ढाल चुका था कि पचास से ज्यादा डिजाइन बनाने लग गया था। चंद महीनों में ही मेरे जीवन में एक बड़ा सा बदलाव आ चुका था। जिस होटल में कभी टेलीफोन ऑपरेटर के रूप में मैं काम करता था, वहाँ हमारे होटल की तरफ से ऑफिस स्टाफ को सूट-बूट वाली यूनिफॉर्म दी जाती थी और हमारे जो मैनेजर थे, उनका बहुत आग्रह रहता था कि यहाँ का हर एक स्टाफ होटल का प्रतिनिधित्व करता है। अतः जब भी वे मार्केट जाएँ या होटल की गाड़ी में किसी भी काम से बाहर जाएँ तो इसी तरह की यूनिफॉर्म पहनकर जाएँ। उस यूनिफॉर्म पर होटल का नाम भी लिखा होता था। होटल की एक अच्छी छवि पर्यटकों के सामने बने, इसको ध्यान में रखते हुए यह सूचना सभी ऑफिस स्टाफ को दी गई थी और बड़ी सख्ती से उसका पालन हम सबसे करवाया जाता। गरमी के दिनों में भी वही सूट-बूट पहनकर मार्केट जाना पड़ता था। आज इसके विपरीत पैरों में टूटी-फूटी स्लीपर्स पहनकर एवं हाथगाड़ी पर उसी मार्केट में कैंडल बेचते हुए शुरुआत में लगता था कि क्या अपनी किस्मत है! क्योंकि इसी मार्केट में मैं कभी सूट-बूट पहनकर होटल की गाड़ी में आया करता था और आज क्या दुर्दशा है! लेकिन जल्द ही मुझे एहसास हो गया कि वह सब दिखावा था। होटल के उस काम से मेरा कोई भला नहीं होना था। इन सब चकाचौंध से सिर्फ और सिर्फ होटल के मालिक का ही भला होना था। लेकिन यह जो कैंडल बनाने और बेचने का काम था, यह सिर्फ मेरे लिए था, मेरी प्रगति के लिए था, मेरे विकास के लिए था। वहाँ होटल में अठारह-बीस

घंटे काम करके भी मुझे 600 रुपए की ही तनख्वाह मिलने वाली थी। लेकिन यहाँ जो भी नफा-नुकसान होने वाला था, उसका एकमेव मालिक मैं खुद अकेला था। उन दिनों मेरी उस होटल की महीने की जो तनख्वाह 600 रुपए थी, उसके विपरीत इस हाथगाड़ी पर आजादी से काम करते हुए दिन के 600, घंटे के 600 या फिर मिनट के 600 रुपए कमाने के बारे में सोचने लगा था। आजादी के इन पलों में ऐसा लगता था कि—

सच्चे अर्थ में बाज की असली उड़ान तो अभी बाकी है,
अब तक तो सिर्फ समंदर ही मापे,
अभी तो सारा आसमान बाकी है!

□

6

उड़ान

महाबलेश्वर के मार्केट की भौगोलिक व्यवस्था ऐसी है कि उस एक किलोमीटर का लगभग जो मार्केट है, उसमें ही अपने प्रोडक्ट बेच सकते हैं। जो भी कुछ आपको बेचना है, उस मार्केट में ही बेचना है। पीढ़ी-दर-पीढ़ी मार्केट की दुकानों पर जिनका मालिकाना हक है, वे तो अपनी दुकान के सामने खड़े भी नहीं रहने देते; लेकिन मुझे तो अपनी हाथगाड़ी लगानी-ही-लगानी थी और उस मार्केट में वे जो चप्पलवाले थे या जो फेरीवाले थे, उनके साथ मेरी रोज लड़ाई हो जाती; क्योंकि वे नहीं चाहते थे कि मेरी हाथगाड़ी उस मार्केट में लगे। आज भी समाज को ऐसा ही लगता है कि अंध-अपंग लोगों को सिर्फ भिक्षा माँगनी चाहिए या ज्यादा-से-ज्यादा कहीं खड़े रहकर पॉपकॉर्न या लॉटरी का टिकट बेचना चाहिए। तब तक तो ठीक है, लेकिन जब कोई कहता है कि मैं हाथगाड़ी पर दुकान लगाऊँगा और कैंडल्स बेचूँगा, यह बात आज भी समाज को गँवारा नहीं है।

पैसा और नोट पहचानने से लेकर मोबिलिटी तक एन.ए.बी. ने मुझे पूरी तरह से तैयार कर दिया था। इसके साथ-साथ हरि राघवनजी की मार्केटिंग की कक्षाओं ने मुझे इस तरह से मार्केटिंग में कुशल बना दिया था कि ग्राहकों से बात करते समय मेरे अंदर का डर व झिझक पूरी तरह से निकल चुकी थी, जिसका परिणाम यह हुआ कि मैं बड़ी कुशलता से अपनी बनाई हुई कैंडल्स बेच पाता था। जो भी ग्राहक सामने होता, उसको अपनी कैंडल के गुण-धर्मों के बारे में बताने में मुझे काफी हद तक महारत हासिल हो चुकी थी। लेकिन रास्ते पर फेरीवाले के तौर पर कैंडल्स बेचने में दिक्कत बहुत थी; क्योंकि इस दौरान और फेरीवालों से काफी गाली-गलौज सुनने को मिलती थी। आसपास के फेरीवाले थे, जो ज्यादातर पढ़े-लिखे नहीं थे, जिनकी जिंदगी शायद उस रास्ते पर ही कटनी थी। वे बहुत परेशान करते थे। शुरुआत के दो-तीन महीनों में उन फेरीवालों के द्वारा कई बार मेरी हाथगाड़ी गटर में पलट दी गई थी, क्योंकि वे नहीं चाहते थे कि

मैं वहाँ पर आकर हाथगाड़ी लगाऊँ। शायद उनकी सोच होगी कि मैं मार्केट की उस छोटी सी जगह पर हमेशा के लिए कब्जा कर लूँगा और यह बात उनके रोज के बरताव से साफ जाहिर होती थी।

कई स्ट्रॉबेरीवाले भी यह चाहते कि वे अपने खेत से लाई हुई स्ट्रॉबेरी वहाँ पर बेचें। खुलेआम वे मुझसे कहते कि "तेरे पास तो सबसे बड़ा हथियार है कि तू अंधा है। यहाँ मारुति के मंदिर के सामने खड़े रहकर तू भिक्षा क्यों नहीं माँगता? यह नाहक की मेहनत करना छोड़ दे। भिक्षा माँगकर इस हाथगाड़ी से कई गुना ज्यादा तू कमा लेगा।" ऐसी घटिया स्तर की बातें रोज उस मार्केट में मुझे बार-बार सुननी पड़तीं। मैं भी अपनी सहनशक्ति को परखते हुए और अपनी मर्यादा में रहकर इन सभी फिजूल की बातों को नजरअंदाज करते हुए अपने काम पर ध्यान देता। इन रोज की परेशानियों और जली-कटी बातों ने पता नहीं क्यों मुझे हताश व दु:खी करने के बदले और ज्यादा दृढ़ संकल्पित बनाया! मैं जब पहले दो-तीन दिन दुकान लगाता था, तब धीरे-धीरे समझ में आ गया था कि अगर फेरीवाला बनकर इस जगह पर कब्जा रखना है तो रोज शाम को दुकान लगानी होगी, भले धंधा हो या न हो; क्योंकि जो फेरीवाला जहाँ पर रोज दुकान लगा लेता, उस जगह पर और कोई फेरीवाला दावा नहीं करता। ये सब बातें सभी फेरीवालों के आपसी समझौते व तालमेल पर निर्भर होतीं। तो मैंने भी फिर उसी तरह से रोज स्टॉल लगाना शुरू किया। मारुति मंदिर के सामने ही आप्पा कुंभारदरे की दुकान थी, जहाँ से मैं किराना लिया करता था। वे और उनके पुत्र प्रभाकर मेरा बड़ा ध्यान रखते। पास में ही 'सपना होटल' है, जिसके मालिक राजेश कुंभारदरे शिव सेना के उन दिनों शाखा प्रमुख हुआ करते थे। अपने निडर व्यक्तित्व के चलते उनका उस पूरे इलाके में बड़ा दबदबा था। उनके साथ-साथ पास ही के अनुपम होटल के मालिक विजय नायडू, जो एक कट्टर शिव सैनिक हैं और गोपाल वाघदरे, जो उन दिनों शिव सेना के जिला प्रमुख हुआ करते थे, जब इन सभी महानुभावों ने बड़े भाइयों की तरह मेरे सिर पर हाथ रख दिया, तब और फेरीवालों को समझ में आ गया कि इस अंधे व्यक्ति से ज्यादा उलझना ठीक नहीं है। कभी लेने के देने भी पड़ सकते हैं। फिर भी, कई बार ऐसा होता कि वहाँ पर कुछ लोग मुझे परेशान करने से अपने आप को रोक नहीं पाते और इसी के चलते मेरी हाथगाड़ी गटर में धकेल दी जाती। उस वक्त आसपास में घूम रहे पर्यटक मदद का हाथ बढ़ाते और मेरी हाथगाड़ी वापस खड़ी कर देते। वे कैंडल्स जो पीछे के सूखे हुए खुले गटर में बिखरी पड़ी रहतीं, गंदी नहीं होतीं। उन्हें उठाकर मुझे दे देते, लेकिन काफी टूट-फूट जाती थीं। यह बहुत ही परेशानी और नुकसानदायक दिन होता।

मैंने मारुति मंदिर के ट्रस्टियों से भी जाकर शिकायत की थी। थोड़ा उनकी तरफ से भी आश्वासन मिला और उन्होंने सब फेरीवालों को डाँट-फटकार लगाई कि अगर

आपको मंदिर के सामने स्टॉल लगाना है तो आप भावेश को परेशान नहीं कर सकते। कई बार इसके चलते मुझे पुलिस स्टेशन में भी शिकायत करनी पड़ती थी। वहाँ से कोई कांस्टेबल आकर सभी फेरीवालों को डाँट-फटकार लगाता और चेतावनी देकर जाता कि इस अंधे व्यक्ति को आप लोग परेशान ना किया करें। बगल में एक गांधी फोटो स्टूडियो भी था, जिसके मालिक श्री शिरीष भाई और उनका संपूर्ण परिवार उन दिनों से ही मुझे काफी मदद करते थे। शिरीषजी रोटरी क्लब, महाबलेश्वर के अध्यक्ष भी थे। वे खासतौर पर अपनी दुकान पर आए हुए पर्यटकों को मेरी हाथगाड़ी पर ले आते। लेकिन रोज का एक नया विवाद फेरी लगाने के चलते रहता। मैं भी अब आदी हो चुका था कि ठीक है, जिसको जो कहना है, कहे; लेकिन मुझे रोज शाम के पाँच घंटे इस बाजार में बिताने-ही-बिताने हैं।

काफी दोस्त-रिश्तेदार भी मुंबई से आते। उन्हें भी मुझे इस हाथगाड़ी वाली हालत में देखना ठीक नहीं लगता था। वे चाहकर भी मेरी मदद नहीं कर सकते थे, क्योंकि उन सभी से माँ की बीमारी के वक्त मैं इतना कर्जा ले चुका था कि न वे मेरी कुछ मदद करने के लिए तैयार थे और न ही मैं उनसे कोई मदद लेना चाहता था। इस कर्ज के बोझ के कारण मेरे दिल में अंदर-ही-अंदर एक अपराध-भावना पनप चुकी थी और सभी की पाई-पाई चुकाने के लिए मैं दिन-रात मेहनत करके ज्यादा-से-ज्यादा पैसे कमाना चाहता था।

मैंने अपनी मेहनत कई गुना बढ़ा दी थी और कई बार सप्ताह के अंत में और टूरिस्ट सीजन में जब अच्छा व्यापार होता तो उस एक हफ्ते में ही मेरा पूरा कच्चा माल खत्म हो जाता। बढ़ी हुई आमदनी का ज्यादा-से-ज्यादा उपयोग मैंने कैंडल्स की नई-नई डिजाइन तैयार करने में किया। बोरीवली गोराई रोड पर जो मेरा डाई मेकर था, उससे मेरी अच्छी पहचान हो गई थी और उससे मैंने जितनी ज्यादा-से-ज्यादा डाई मिल सकती थी, उतनी खरीदने की कोशिश की। दस-बारह डाई इकट्ठा लेने पर उस डाई मेकर के साथ मोल-भाव करना संभव हो पाता। आगे चलकर मैंने सीजनल कैंडल्स की डाई के ऊपर ध्यान देना शुरू किया और अब्दुल भाई, जिन्होंने मेरी इसमें काफी मदद की, उनका कहना था कि सिर्फ कास्टिंग की डाई पर ही निर्भर न रहते हुए क्यों न पतरे, एल्युमीनियम या रबड़ की डाई के ऊपर काम किया जाए? मैंने जल्द ही ऐसे डाई मेकर को ढूँढ़ लिया।

मुंबई में हीरा पन्ना मार्केट में 'महालक्ष्मी डाई' नामक एक बहुत बड़ी दुकान थी, जो डाई पर काम करने का प्रशिक्षण भी दिया करती थी। उनके मालिक के साथ जब मेरा जुड़ाव हुआ, तब मुझे पता चला कि उनको पैर में कुछ तकलीफ है। वे दिनभर दुकान में बैठे-बैठे काफी दर्द महसूस करते थे। मेरा फुट रिफ्लेक्सोलॉजी प्रशिक्षण यहाँ पर

काम आ गया। मैंने उनके पैर के कुछ ऐसे पॉइंट्स दबाए, जिससे उनको काफी आराम मिला। फिर तो जब-जब मैं उनकी दुकान पर जाता, पहले उनके पैरों का इलाज करता, जिस वजह से वे मेरे बहुत अच्छे दोस्त बन गए थे। इसका फायदा यह हुआ कि मुझे उनसे काफी कम कीमत में डाई मिलने लगी। रबड़ की डाई का फायदा यह होता था कि जटिल-से-जटिल आकार भी बनाए जा सकते थे। उन दिनों मेरा पूरा ध्यान सीजनल कैंडल्स पर ही था। बचपन में जयदीप के साथ वाली बात फिर से ताजा हो गई। वह भी इसी तरह की सांता क्लॉज, गणपति बप्पा, टेडी बीयर और क्रिसमस ट्री आदि के आकार की कैंडल्स लाया करता था। मैंने भी इसी तरह की डाई को ढूँढ़ना शुरू किया था, जिसमें महालक्ष्मी डाई ने मेरी काफी मदद की थी, जिस कारण पाँच-छह महीने में ही मैं सीजनल डिजाइन बनाने में सक्षम हो गया। बुनियादी जानकारी मुझे समझ में आ गई थी कि किस तरह से रबड़ की डाई को लुब्रिकेंट करना है? कौन सा धागा किस डायमीटर के लिए इस्तेमाल करना है? किस तरह से मोम में रंगों और अरोमा को मिक्स करना है? किस तापमान में मोम को भरना है, सील करना है, पैकिंग करना है आदि जटिल बातें मेरे लिए अब आसान होने लगी थीं। शुरुआत के दिनों में कैंडल्स पर किसी भी प्रकार की पैकिंग नहीं करता था। वे सभी खुशबू वाली कैंडल्स मैं ऐसे ही खुली-की-खुली बेच देता था। खुशबू वाली सौ-दो सौ कैंडल्स जब उस छोटी सी हाथगाड़ी पर ऐसे ही खुली रहतीं और शाम को जब मार्केट में जबरदस्त भीड़ होती तो कैंडल्स की खुशबू अपना काम कर देती थी। इतनी सारी खुशबू वाली कैंडल्स जब खुली पड़ी रहतीं तो उनमें से पूरी खुशबू आसपास के वातावरण में फैलने लगती, मानो हजार-दो हजार अगरबत्तियों को एक साथ जला दिया गया हो! उन कैंडल्स की खुशबू चारों ओर फैलने से पर्यटक खुशबू ढूँढ़ते-ढूँढ़ते एक ग्राहक के रूप में मेरे कैंडल के स्टॉल तक आ जाते और मेरी बिक्री को चार चाँद लग जाते। इससे आसपास के फेरीवालों को बहुत परेशानी होती थी और वही फिर झगड़े का कारण बनता और आखिर में इसका परिणाम मुझे ही भुगतना पड़ता। उन दिनों रह-रहकर मुझे एक शायरी याद आ जाती थी कि—

"माँझी तेरी कश्ती के तरफदार बहुत हैं,
इस पार भले कम हों लेकिन उस पार बहुत हैं।
हमने तो वहाँ जाकर लगा दी अपनी काँच की दुकान,
जिस शहर में पत्थर के खरीदार बहुत हैं!"

एक ओर तकलीफों के चलते लोगों के प्रति मेरी सोच इस तरह पनप रही थी; लेकिन दुनिया में अच्छे लोग ज्यादा हैं और उन्हीं दिनों महाबलेश्वर मार्केट के एक ओर स्थित होली क्रॉस चर्च के ट्रस्टी रिचर्ड डायस से मेरी मुलाकात हुई। वे और उनके दोनों भाई बड़े ही सेवाभावी थे। जब उन्हें मारुति मंदिर के बाहर स्टॉल पर होनेवाली मेरी

परेशानियों के बारे में पता चला, तब उन्होंने मुझे चर्च के बाहर स्टॉल लगाने के लिए जगह उपलब्ध करवा दी। जहाँ मुझे स्टॉल लगाना था, वहाँ पीछे एक खुला गटर बहता था। मैं उसमें गिर न जाऊँ, इसके लिए मि. रिचर्ड ने सीमेंट का स्लैब बनवाकर गटर को ऊपर से ढकवा दिया। इसका फायदा यह हुआ कि उस स्लैब के ऊपर काफी बड़ी जगह मुझे स्टॉल लगाने के लिए मिल गई। वह होली क्रॉस चर्च वर्ष 1831 का बना हुआ था। उस चर्च के ऐतिहासिक महत्त्व के कारण काफी पर्यटक खासतौर पर चर्च को देखने आते। एक रोज ऐसे ही रात को चर्च का स्टॉल बंद करने के वक्त एक बड़ा सा ग्रुप मुझसे मिलने आया। उनमें से सिर्फ एक आवाज मेरी परिचित थी और वे थे शिरीष भाई गांधी। मैं उनसे कुछ बातें कर पाता, उसके पहले ही एक और रोबदार आवाज सुनाई दी, "भावेश भाई को पांडू हवलदार का नमस्कार।" मैं कुछ समझ सकूँ, उसके पहले ही शिरीष भाई ने मुझे संबोधित करते हुए कहा, "भावेश भाई, आपके सामने महाराष्ट्र के माजी डायरेक्टर जनरल ऑफ पुलिस श्री अरविंद इनामदार खड़े हैं और उनके बैच के ही काफी आई.पी.एस. ऑफिसर आपसे मिलने आए हैं।"

मैंने भी बड़ी विनम्रता और गर्मजोशी से उन सभी महानुभावों का स्वागत किया। वे सभी शिरीष भाई के साथ आए तो थे चर्च देखने, लेकिन मेरा अनायास ही उनके साथ जिंदगी भर का जुड़ाव हो गया। मेरे इस चर्च के स्टॉल के नजदीक ही टैक्सी स्टैंड था। हर टैक्सी चलानेवाले मित्र उनसे जुड़े पर्यटकों को मेरे कैंडल्स के स्टॉल पर लाने की कोशिश करते, जिसका सकारात्मक परिणाम मेरे कैंडल्स की बिक्री पर होता। चर्च के पादरी व बिशप ने भी समय-समय पर मेरी काफी मदद की। चर्च के पास ही जो 'होटल नेल्स' था, उसके मालिक नलिनो डिक्रूज जल्द ही मेरे बहुत अच्छे मित्र बन गए। श्री नलिनो खुद हॉकी के राष्ट्रीय खिलाड़ी रह चुके थे। अपने होटल में आए हुए हर अतिथि को वे मेरे स्टॉल पर भेजते। उनकी कोशिश यही रहती कि मैं ज्यादा-से-ज्यादा कैंडल्स बेच सकूँ।

एम.ए. इकोनॉमिक्स के दो वर्षों के दौरान मेरे प्रोफेसर यह जान पाए थे कि मैं कच्छी गुजराती परिवार से हूँ और इन कच्छी गुजराती या सिंधी परिवारों की ऐसी छाप पड़ी हुई है कि वे व्यापार का गुण जन्मजात लेकर आते हैं। कॉलेज में प्रोफेसर हर बार मुझे यह समझाया करते थे कि "देखो भावेश, तुम कुछ ज्यादा ही भावनाशील हो। हमने देखा है कि तुम बहुत सी बातें दिल पर ले लेते हो। अगर तुम पढ़ाई के बाद व्यापार की ओर बढ़ना चाहोगे तो यह मानसिकता नहीं चलेगी। तुम्हें व्यापार करना है तो तटस्थ होना पड़ेगा। तुम्हारा दिमाग से काम करना ज्यादा उपयुक्त है, न कि दिल से।" कॉलेज छोड़े आज कितने ही साल हो गए, लेकिन आज तक मैं उन गुरुजनों की बातों को समझ नहीं पाया। मैं इतने सालों में एक ही बात समझा हूँ कि आप व्यापार करना चाहते हैं तो

दिमाग ठीक है; लेकिन अगर उसमें सफल होना है तो दिमाग से ज्यादा दिल लगाना जरूरी है। मैं दावे के साथ कह सकता हूँ कि दिमाग भले ईश्वर ने सबसे ऊपर की मंजिल पर दे दिया, लेकिन कई बार परिस्थिलीवश वह पैर से नीचे की बातें सोचने के लिए भी मजबूर हो जाता है। लेकिन दिल भले प्रकृति ने लेफ्ट में दिया हो, लेकिन वह सोचता हर वक्त राइट बातें है। इसलिए मैं दिमाग से कई गुना ज्यादा दिल पर भरोसा करता हूँ। मैं जो कुछ हासिल कर सका, वह सिर्फ दिल से लोगों को जोड़ने का नतीजा है। उस छोटी सी हाथगाड़ी पर भी शाम को जब मैं कैंडल्स बेचता, तब भी मैंने इस दिल से दिल तक के रिश्ते पर ज्यादा भरोसा किया। जो सामने ग्राहक आते, पर्यटक आते, उनको मैंने हृदय से जोड़ने की कोशिश की। उनको मैंने सनराइज कैंडल्स का ब्रांड एंबेसडर बनाने की कोशिश की।

उन दिनों ब्रांड एंबेसडर वगैरह बातें मेरे लिए नई थीं, क्योंकि मैंने अपनी पढ़ाई के दौरान जरूर ये सब चीजें सीखी थीं; लेकिन उनको किस तरह से हकीकत में ढालना है, यह कौशल मैंने कैंडल्स की उस छोटी सी हाथगाड़ी पर सीखा। ब्रांड एंबेसडर बनाना, मतलब कि उनको जिंदगी भर अपने साथ जोड़ना और जब वे ही लोग दूसरे ग्राहक के रूप में अपने रिश्तेदार व दोस्तों को मेरे स्टॉल तक भेजते या अगली बार जब वे खुद आते तो भले पहली बार दो लोग आए थे, लेकिन दूसरी बार छह की संख्या में आते। उसके बाद यही संख्या बढ़कर बारह हो जाती। जब भी वे लोग मुझसे मिलने आते तो कैंडल्स जरूर खरीदते और उस दिन मेरी हाथगाड़ी पर रखी हुई सभी कैंडल्स खत्म हो जातीं। यह मुझे बहुत खुशी देता था कि मैं जिस मार्ग पर आगे बढ़ रहा हूँ, जिस तरह से यह दिल से दिल का जुड़ाव हो रहा है, यह मेरे उस छोटे से कैंडल के व्यापार के लिए एक मजबूत बुनियाद बना रहा है। कई बार शाम को जब मैं स्टॉल पर खड़ा रहता तो अपने इस मार्केटिंग के कौशल को और पैना बनाने की कोशिश करता। आसपास के सब स्टॉलवाले पहले 500 रुपए कीमत की बात करते और बाद में 50 रुपए में भी अपनी वस्तुओं को बेच देते। यही बात मेरे साथ भी होती। हर ग्राहक समझता था कि जो सौ रुपए की कैंडल टेबल पर पड़ी है, शायद बीस रुपए में उन्हें मिल जाएगी। वे सभी मोल-भाव करने की बहुत कोशिश करते। मैं शुरुआत में तो उन्हें साफ-साफ कह देता था कि यहाँ फिक्स भाव है; लेकिन जल्दी ही मैंने समझ लिया कि जब मैं यह फिक्स भाव कहता हूँ तो लोग आगे बढ़ना शुरू कर देते हैं। उस वक्त मैं उन्हें अलग तरह से समझाने की हर एक कोशिश करता कि ये सभी कैंडल्स मैं खुद बनाता हूँ। ये कैंडल्स प्रदूषण रहित हैं, ज्यादा देर तक चलनेवाली और ड्रीप्लेस हैं। इन सब बातों के चलते अंत में सामने खड़े ग्राहक सौ-डेढ़ सौ रुपए की कैंडल खरीद ही लेते। फिर भी, उन्हें आशा रहती कि मेरी तरफ से कुछ दाम कम किए जाएँ। उस दौरान दस या पंद्रह

प्रतिशत जितना भी उनको डिस्काउंट दिया जा सकता था, लेकिन मैं डिस्काउंट कट न करते हुए उसके बदले उसी कीमत की कोई छोटी कैंडल उनके साथ में जो छोटे बच्चे रहते, उन्हें तोहफे के रूप में दे देता और मैं उनकी तरफ सामने से हाथ बढ़ाते हुए 'फिर हेलो, हाय, क्या नाम है' आदि बातें करते हुए दोस्ती करने की कोशिश करता। यह जो मुफ्त में मिलनेवाली बात थी, यह बहुत प्रभाव डाल जाती। इसका नतीजा यह होता कि जब छह महीने, साल या दो साल के बाद जब भी वह परिवार वापस महाबलेश्वर आता तो शाम को मुझसे मार्केट में आकर मिलने की कोशिश जरूर करता। स्टॉल पर जब मुलाकात होती, तब वे कहते कि देखो, हमारा बच्चा उस बार दूसरी कक्षा में था, अब चौथी कक्षा में आ गया। आपने उसको तोहफे में गुलाब के आकार की जो कैंडल दी थी, आज भी उसने सँभालकर रखी हुई है। तब मुझे एहसास होने लगा था कि यह जो हर बिक्री के साथ मुफ्त में तोहफा दिया जाता है, यह योजना बहुत काम करने लगी है। फिर मैंने डिस्काउंट के बदले एक तरकीब आजमाई कि कुछ लोग मोल-तोल नहीं भी करते, लेकिन जो दो सौ-पाँच सौ रुपए की कैंडल्स खरीदते, उनके प्रति अपनी कृतज्ञता व्यक्त करते हुए मैं कुछ कैंडल्स, जो मेरे बजट में बैठतीं, वे उन्हें तोहफे में दे देता। कोशिश यही रहती कि उस परिवार में जो बड़े बुजुर्ग या सबसे छोटा बच्चा होता, आवाज के माध्यम से पहचानकर उन्हीं के हाथ में उस तोहफे को दिया जाए। इससे यह होता कि उन सभी को बहुत खुशी होती। कैंडल्स खरीदने का एक अलग आनंद भी मिलता; लेकिन सबसे महत्त्वपूर्ण बात यह होती कि उनका मेरे साथ जिंदगी भर का एक प्यारा सा जुड़ाव हो जाता।

इस तरह से काम आगे बढ़ने लगा और जब भी मुझे उस स्टॉल पर कुछ खाली समय मिलता, इसी तरह की ज्यादा-से-ज्यादा बातों को सोचते हुए उन पर काम करने की कोशिश करता। मेरी समझ में आने लगा था कि छोटे बच्चों को या महिलाओं को विश्वास में लिया जाए तो काम काफी आसान हो जाता है। मैं उन पर ज्यादा ध्यान देता। अक्सर ऐसा भी होता कि कई बार स्कूल की बड़ी-बड़ी ट्रिप महाबलेश्वर में आई होती। मार्केट के मेरे उस स्टॉल पर अक्सर वे रुकते। उनमें से मैं पहचानने की कोशिश करता कि उनकी शिक्षिका कौन है ? और उन्हें अपने प्रोजेक्ट के बारे में संक्षेप में बताते हुए तोहफे के रूप में एक कैंडल देने की कोशिश करता। उस एक शिक्षिका के कारण पूरे जो पचास-साठ, सौ-दो सौ बच्चे साथ आए हुए होते, वे सभी मेरी कैंडल खरीदना चाहते और उस एक तोहफे की वजह से मेरा पूरा स्टॉल खाली हो जाता।

वीक डेज में कई बार ऐसा भी होता कि जब सामने ग्राहक नहीं होते, उस खाली वक्त को मैंने आसपास के स्ट्रीट हॉकर्स से गप्पें लड़ाने में और फिजूल की बातों में न गँवाते हुए अपनी मार्केटिंग की स्किल को विकसित करने में लगाया। मैं काफी नए-नए

प्रयोग और नई-नई कोशिश करता कि किस तरह से इस व्यवसाय को और अच्छी तरह से आगे बढ़ाया जाए और ज्यादा-से-ज्यादा लोगों को इसमें जोड़ा जाए। उस संदर्भ में मैं काफी रिसर्च करता। जो ग्राहक सामने होते, उनकी आवाज और व्यवहार से अंदाजा लगाने की कोशिश करता कि वे लोग मेरी कैंडल्स लेंगे या नहीं लेंगे। इन सब बातों पर मैं बहुत बारीकी से मन की आँखों से देखने की और समझने की कोशिश करता। कई बार ऐसा भी होता कि स्टॉल के सामने काफी कंगन व चूड़ियों की आवाजें आने लगतीं और उस महिला के साथ आया हुआ पुरुष, जो शायद उसका पति होता, के बड़े जोरदार आग्रह वाली आवाज सुनाई देती, जो अपनी पत्नी से कह रहा होता कि देखो, कितनी खूबसूरत कैंडल्स हैं! क्यों न तुम्हारे···मम्मी-पापा, भाई, बहन और सब रिश्तेदारों के लिए तोहफे के रूप में इन्हें खरीद लिया जाए। उनकी यह बात मेरी समझ से परे होती, क्योंकि पत्नी के द्वारा खरीदने में पति का शामिल होना और पति की तरफ से खरीदने के लिए अपनी पत्नी को प्रोत्साहित और आग्रह करना, यह आमतौर पर नहीं देखा जाता। अक्सर पतिदेव अपनी पत्नी द्वारा की जानेवाली ऐसी खरीदारी के खिलाफ ही होते हैं। लेकिन जब बार-बार मैं ये बातें उन महाशय को दोहराते सुनता, तब पक्का यकीन हो जाता कि सामने खड़ा यह बंदा नया-नया शहीद हुआ लगता है और बेचारे को अभी तक शादीशुदा जिंदगी का कोई तजुरबा भी नहीं है। महाबलेश्वर हनीमून डेस्टिनेशन होने की वजह से ऐसे नए शादीशुदा कई दंपतियों से मुलाकात होती। कुछ चार-पाँच साल वाले शादीशुदा जोड़े भी स्टॉल पर आते और मुझे उनको पहचानने में जरा भी देर नहीं लगती; क्योंकि पति अपनी पत्नी से कहता, "अरे, देखो, कितनी प्यारी कैंडल्स हैं! चलो, एक-आधी ले ही लेते हैं।"

कुछ दंपती ऐसे भी आते, जो कैंडल की तारीफ तो करते, लेकिन साथ में पति महाशय की आवाज भी सुनाई पड़ती कि अपने शहर में भी कैंडल्स मिलती हैं। क्यों नाहक यहाँ से बोझ उठाकर ले जाएँ? और तब मुझे तुरंत समझ में आ जाता कि सामने खड़े दंपती कम-से-कम चौदह-पंद्रह सालवाले लगते हैं। और वहीं पच्चीस, तीस, पैंतीस साल वाले जोड़े आते तो वे साथ में आते ही कहाँ थे? यहाँ पतिदेव स्टॉल पर खड़े होते और वहाँ लगभग बीस-पच्चीस मीटर दूर से बेचारी पत्नी की आवाज सुनाई पड़ती, जो पीछे से धीरे-धीरे आ रही होती। ऐसे दंपती साथ में चलते ही नहीं थे और मुझे इन तीसरी और चौथी श्रेणी के दंपतियों को कैंडल्स बेचने में बहुत मजा आता। उनको मैं एक मार्केटिंग के चैलेंज के रूप में लेता और जब तक मैं उन्हें पाँच सौ-हजार रुपए के कैंडल्स नहीं बेच देता, तब तक मुझे शांति व सुकून नहीं मिलता और मेरे उस अकेलेपन के दौर में स्टॉल पर कई बार ऐसे बड़े मजेदार किस्से हो जाते।

एक बार तो ऐसे ही कंगन और चूड़ियों की आवाज, वही चिर-परिचित अंदाज

वाला आग्रह और अपनी पत्नी को शॉपिंग के लिए दिया जा रहा प्रोत्साहन सुनाई दिया। उनकी बातें सुनकर मुझसे रहा नहीं गया और मेरे पूछने पर पता चला कि हफ्ता भर पहले ही दोनों की शादी हुई है। वे अपनी कैंडल्स खरीदने में व्यस्त थे। उस समय मेरे दिल में न जाने क्या आया और मैंने स्टॉल पर रखे एक प्यारे से 60 रुपए वाले सुगंधित फ्लोटिंग फ्लॉवर को उठाकर उन्हें शादी के तोहफे के रूप में देना चाहा। उसे स्वीकार करने में वे दोनों काफी हिचकिचाए; लेकिन मेरे आग्रह का मान रखते हुए आखिर में उन्होंने वह तोहफा स्वीकार कर ही लिया। उन्होंने दूसरी जो मोमबत्तियाँ खरीदी थीं, उनके दाम चुकाए और धन्यवाद देकर चले गए।

पंद्रह दिनों के बाद मुझे आर.के. वाडी के ऑफिस में एक फोन आया। सामने से कोई प्रसाद नामक व्यक्ति बोल रहा था। उन दिनों मेरा प्रसाद नामक किसी भी व्यक्ति से परिचय था नहीं, जिस वजह से मुझे भी आश्चर्य हुआ कि ये कौन प्रसाद हैं? मैं अभी मन-ही-मन सोच ही रहा था कि सामने से आवाज आई, "मिस्टर भाटिया, मैं उस दिन अपना कार्ड देना भूल गया; लेकिन अच्छा हुआ कि मैंने आपका फोन नंबर ले रखा था। आपको याद है, आपने उस दिन शाम को हमें शादी के तोहफे के रूप में एक सुंदर सी कैंडल दी थी।"

मुझे पूरा दृश्य याद आ गया। मैंने कहा, "हाँ-हाँ, कहिए-कहिए, क्या कर सकता हूँ मैं आपके लिए?"

उन्होंने कहा, "पुणे, हिंजेवाडी में जो इन्फोसिस कंपनी है, उसमें मैं एक बहुत बड़े पद पर कार्यरत हूँ और चालीस दिनों के बाद जो महाराष्ट्रीयन नया साल 'गुढ़ीपाड़वा' आ रहा है, उस दौरान कंपनी में एक बहुत बड़ा कार्यक्रम आयोजित किया गया है। इन्फोसिस के फेज-1 और फेज-2 को मिलाकर करीब-करीब 20,000 से ज्यादा लोग कार्यरत हैं। मैंने आपसे बिना पूछे आपके लिए दोनों जगह स्टॉल रखवा दिए हैं। आपके रहने व खाने की सब व्यवस्था कंपनी के गेस्ट हाउस में हो जाएगी। बस, आप जितनी ला सकें, उतनी कैंडल्स ले आएँ। आपके पास चालीस दिन हैं।"

मैंने उनको बहुत धन्यवाद कहा। यह एक बहुत बड़ा अवसर था; क्योंकि इतनी बड़ी कंपनी में इतने सारे लोगों के सामने मुझे स्टॉल लगाने का मौका जो मिल रहा था। मैंने सारे दोस्तों से बात की। वे भी बहुत खुश थे। पैंतीस-चालीस दिनों तक मैंने महाबलेश्वर की मार्केट का स्टॉल बंद रखा और दिन-रात बस, इन्फोसिस कंपनी के उस स्टॉल के लिए अलग-अलग आकार-प्रकार की खुशबूदार कैंडल्स बनानी शुरू कर दीं। उन चालीस दिनों में मैंने काफी कैंडल्स तैयार कर लीं। कुछ पहले का भी स्टॉक पड़ा था। निश्चित दिन कुछ दोस्तों को मदद के लिए लेकर, दो गाड़ियों में सभी कैंडल्स भरकर हम पुणे इन्फोसिस पहुँच गए। प्रसादजी ने जो वादा किया था, उसके अनुरूप उन्होंने हम सबके

लिए रहने-खाने की सब व्यवस्था कर रखी थी और एक बहुत ही अच्छा काम उन्होंने यह किया था कि हर एक कर्मचारी को मेल करके पहले ही मेरे पूरे प्रोजेक्ट के बारे में बता दिया था। उस दिन वहाँ पर और भी काफी संस्थाओं के स्टॉल थे, लेकिन प्रसादजी ने सभी कर्मचारी से यह आग्रह किया था कि उन्हें मेरे स्टॉल पर आना-ही-आना है। और उनकी इस विनती का मान रखते हुए, जो 20,000 से ज्यादा कर्मचारी थे, उन्होंने मेरे स्टॉल पर विजिट की। वह कार्यक्रम पूरे तीन दिन का था, लेकिन प्रसादजी के प्रयासों ने ऐसा कमाल दिखाया कि तीसरे दिन की शुरुआत में ही ग्यारह-साढ़े ग्यारह बजे तक हमारी सब कैंडल्स बिक चुकी थीं। उस साठ रुपए वाली एक कैंडल, जो मैंने कभी प्रसादजी और उनकी धर्मपत्नी को तोहफे के रूप में दी थी, उसने क्या कमाल दिखाया कि जब हम वहाँ से लौटे तो साढ़े छह लाख रुपए का बिजनेस करके।

इन ढाई दिनों के दौरान प्रसादजी कई बार स्टॉल पर आए। उन्होंने जब स्टॉल पर कई नए प्रोडक्ट देखे, तब उन्होंने कहा कि "अरे, ये तो उस दिन महाबलेश्वर के स्टॉल पर नहीं थे! इतनी सारी सुंदर डिजाइन वाली कैंडल्स आप बना लेते हैं तो क्यों न आप इन्फोसिस सरीखी और भी हजारों कंपनियाँ हैं, वहाँ जाकर स्टॉल लगाएँ? आप उनके एच.आर. डिपार्टमेंट तक पहुँच गए तो हर व्रत-त्योहार पर उनके यहाँ स्टॉल लगा सकते हैं।" बाद में उन्होंने ही मुझे अलग-अलग कंपनियों के एच.आर. डिपार्टमेंट के नंबर भी दिए।

जिस तरह से उस छोटे से स्टॉल ने प्रसादजी व संपूर्ण इन्फोसिस कंपनी से पहचान करवाई, ऐसे ही एक दिन ग्राहकों के साथ जुड़ाव के चलते नीरज चंदन और उनकी धर्मपत्नी से मेरी जान-पहचान हो गई। जब मेरा विजिटिंग कार्ड उन्होंने देखा तो मुझसे सवाल किया कि कार्ड पर मेरी वेबसाइट का उल्लेख क्यों नहीं है? मैंने बिना संकोच के नीरजजी से कहा कि मेरे पास इन सभी बातों के लिए पर्याप्त धन नहीं रहता। मेरी बातों को गंभीरता से लेते हुए नीरजजी ने मुझे बताया कि सोशल मीडिया किस तरह से पूरी दुनिया को मेरे इस कैंडल्स के साथ जोड़ सकता है! नीरजजी खुद एक वेब डिजाइनर थे। उन्होंने तुरंत मेरे हर एक प्रोडक्ट के फोटो खींचे। दूसरे दिन घर आकर और भी जानकारिया इकट्ठा कीं और हफ्ते-दस दिन में तो बड़ी प्यारी सी 'सनराइज कैंडल. इन' वेबसाइट बना डाली। जब मैंने उन्हें पैसे देने चाहे, तब उनका जवाब था कि दोस्तों से पैसे नहीं लिये जाते हैं। यह तो एक माध्यम है, जो मुझे और मेरे परिवार को आपके और सनराइज कैंडल्स के साथ जिंदगी भर जोड़े रखेगा।

यह सब वास्तविक अर्थ में जो ग्राहकों के साथ दिल से दिल का जुड़ाव होता है, हृदय से हृदय का जुड़ाव होता है, तभी संभव हो सकता है। प्रसादजी व नीरजजी को क्या पड़ी थी? उनको क्या जरूरत थी कि वे मेरे लिए इतनी सब तकलीफें उठाते? वे

दोनों भी महाबलेश्वर में बस, एक पर्यटक के रूप में ही तो आए थे। घूमते, कैंडल लेते और चले जाते! वह जो हृदय से हृदय का जुड़ाव हुआ, वह जो दोस्ती हुई, वह जिंदगी भर की दोस्ती थी। वह तोहफा लेना-देना कोई मायने नहीं रखता था। लेकिन उसके पीछे जो भावनाएँ थीं, वे काम कर गईं। वह आत्मीयता काम कर गई। ऐसे कई अच्छे दोस्त मेरे साथ जुड़े, जिन्होंने बहुत अलग-अलग तरह से मदद की और 'सनराइज कैंडल्स' को आगे बढ़ाने में काफी योगदान दिया। मैं इतने सारे इन्फोसिस के लोगों से जुड़ा और जब-जब वे अपने परिवार एवं दोस्तों-रिश्तेदारों के साथ महाबलेश्वर आए और जब स्टॉल पर मुलाकात हुई, इसके चलते उनकी तरफ से जो बिजनेस मिला, वह एक बोनस के रूप में था।

□

7
जब मैं जिंदगी से मिला

"हाँ, हेलो, सुनो, यह मोमबत्ती कितने की है?" एक मीठी, लेकिन रोबदार आवाज मेरे कानों में पड़ी और मुझे यह भी अंदाजा लग गया कि सामने खड़ी युवती शायद अकेली है। उस चार फीट लंबी और तीन फीट चौड़ी, बिना छप्परवाली हाथगाड़ी पर मोमबत्तियाँ बेचते-बेचते दो वर्ष से ज्यादा का समय गुजर चुका था। पिछले दो वर्षों में ग्राहक की मानसिकता, धंधे की ऊँच-नीच व आसपास के माहौल को मैंने उस छोटी सी हाथगाड़ी के साथ खड़े-खड़े भलीभाँति भाँपना सीख लिया था। क्षण भर में ही मैंने यह भी अंदाजा लगा लिया कि सामने खड़ी युवती 23-24 वर्ष की होनी चाहिए। और आवाज में जो रोब था, वह उसके किसी संपन्न परिवार का सदस्य होने की पुष्टि कर रहा था। ऐसा नहीं है कि सामने से किसी युवती की आवाज आई, इसलिए मैंने ये धारणाएँ बनानी शुरू कर दी थीं, बल्कि जो काम आँखें पूरा कर लेती हैं, वह काम शायद एक दृष्टि-बाधित व्यक्ति के लिए उसकी अन्य इंद्रियाँ कर देती हैं। उस छोटी सी दुकान पर दिन भर में कितनी ही बार होनेवाली प्रक्रियाओं में से यह भी एक सहज प्रक्रिया थी।

मैंने एक क्षण का भी विलंब किए बिना तुरंत जवाब दिया, "जी मैडम, आपको कौन सी मोमबत्ती चाहिए? देखिए, यहाँ जितनी भी फूल के आकार की मोमबत्तियाँ हैं, सभी पानी में तैरने वाली हैं, बर्थडे कैंडल्स हैं, स्पाइरल कैंडल्स हैं और टेबल कैंडल्स के साथ-साथ जेल कैंडल्स भी हैं।" मैंने अपने जवाब में जितनी हो सके, उतनी मिठास और नम्रता लाने की कोशिश की। मैंने अपनी मोमबत्तियों का जितना हो सके, उतने गुणों का वर्णन सामने खड़े ग्राहक से करना शुरू किया—"मैडम, ये सभी कैंडल्स धूम्र-रहित हैं, पर्यावरण के अनुकूल हैं, प्रदूषण-मुक्त होने के साथ-साथ ज्यादा देर तक चलनेवाली भी हैं।" मोमबत्तियों को छूने से जो आवाज हो रही थी, उससे मुझे यकीन हो गया कि सामने खड़ी युवती मोमबत्तियों को परखकर देख रही है।

"कहाँ से लाते हो ये सभी कैंडल्स?" उसने फिर प्रश्न किया।

"मैं खुद बनाता हूँ। यहाँ से एक किलोमीटर दूर ही मैं रहता हूँ और वहीं सुबह से शाम तक ये कैंडल्स तैयार करके शाम को यहाँ ठेला लगाता हूँ।" मैंने उसके प्रश्न का उत्तर दिया।

उसने फिर आश्चर्यचकित होकर पूछा, "तुम बनाते हो! कैसे संभव है? तुम्हें तो दिखता भी नहीं है। एक अंधा व्यक्ति इतनी प्यारी कैंडल्स कैसे बना सकता है?"

मैंने बड़ी विनम्रता के साथ जवाब दिया, "मैडम, ईश्वर ने भले मुझे दो आँखें नहीं दीं, लेकिन मेरे दो हाथों की उँगलियों के रूप में पाँच और पाँच दस आँखें मिली हैं। और इन्हीं दस आँखों की मदद से मैं विभिन्न आकार-प्रकार की कैंडल्स तैयार करता हूँ।"

"लेकिन अलग-अलग रंगों का जो उपयोग इसमें हुआ है, वह तो कोई देखनेवाला व्यक्ति ही कर सकता है।" तीर के रूप में मैडम की ओर से एक और प्रश्न मेरी तरफ बढ़ चला।

"आपने ब्रेल लिपि का नाम सुना है?" मैंने पूछा।

"हाँ, सुना है। स्कूल में एक बार हम वरली सीफेस पर स्थित एन.ए.बी. इंडिया की ब्रेल प्रेस की मुलाकात पर गए थे।" उस युवती ने जवाब दिया।

"हाँ-हाँ, मैडम, उसी ब्रेल लिपि की मदद से मैं रंगों की पहचान कर लेता हूँ।" मैंने उतनी ही सहजता से जवाब दिया।

शायद उस युवती के पास और कोई प्रश्न न थे। उसने अपनी खरीदी हुई कैंडल्स के दाम चुकाए और चली गई। दूसरे दिन शाम को जब मैं महाबलेश्वर के उस छोटे से बाजार में दुकान लगाने पहुँचा, मेरी रोज की जगह पर छह से आठ लोगों की बातें करने की आवाज आ रही थी। उस दिन जब मैं और इरफान हाथगाड़ी को धकेलते हुए अपने स्थान पर पहुँचे, तब हमें वहाँ पहले से खड़े बात कर रहे व्यक्तियों से विनती करते हुए थोड़ा हटकर खड़े रहने के लिए कहना पड़ा; क्योंकि और फेरीवालों के चलते सबकी जगह निर्धारित थी। मैंने अभी दुकान लगाई ही थी कि उन व्यक्तियों में से एक युवती की आवाज सुनाई दी। वह आवाज मैंने पहले सुनी थी। फिर तो यकीन हो गया कि यह आवाज किसी और की नहीं, बल्कि उसी युवती की है, जो कल दुकान पर आई थी।

मैंने पूरी विनम्रता से "गुड ईवनिंग, मैडम" कहते हुए अपना आदर-भाव व्यक्त किया।

"अच्छा हुआ, तुम आ गए। हम काफी देर से तुम्हारा ही इंतजार कर रहे थे। आज मेरे साथ कुछ रिश्तेदार भी आपसे कैंडल्स खरीदना चाहते हैं।" उस युवती ने कहा और मैं अपनी कैंडल्स के बारे में जानकारियाँ देना शुरू करूँ, उससे पहले उस युवती ने अपने रिश्तेदारों को सभी कैंडल्स की अलग-अलग खासियतों के बारे में बताना शुरू किया।

लग रहा था मानो वह इन कैंडल्स के बारे में मुझसे ज्यादा जानती है! करीब दो से तीन हजार की कैंडल्स खरीदने के बाद शाबाशी के कुछ शब्द कहते हुए उस संपूर्ण परिवार ने विदा लेनी चाही। मेरे लिए भी वह बहुत सुखद पल था, क्योंकि पिछले दो वर्षों में दो-चार

दिन ही ऐसे रहे होंगे, जब मैं एक ही दिन में इतनी बड़ी मात्रा में कैंडल्स बेच पाया था। मैंने उन सभी लोगों को फिर से धन्यवाद कहा। उस समय एक और प्रश्न उस युवती की तरफ से आया, "आप कोई सहायक क्यों नहीं रख लेते? कोई साथ में रहेगा तो आपको बहुत मदद होगी।" सामने खड़े सभी की आपसी बातचीत के चलते मैं उस युवती का नाम जान गया था, इसलिए मैंने भी अपने जवाब में मैडम के पहले 'नीता' लगाना उपयुक्त समझा। मैंने कहा, "नीता मैडम, आप ठीक कह रही हैं; लेकिन कैंडल्स बेचकर मैं अपने और अपने पिता का बड़ी मुश्किल से खर्च चलाता हूँ। सहायक को वेतन कहाँ से दूँगा?"

"हम लोग और 20 दिन यहाँ रुके हुए हैं। एक बड़ा सा बँगला किराए पर लिया हुआ है। कितने ही वर्षों से हम हर साल गर्मियों में महाबलेश्वर आते हैं, इसलिए साइट सीन या किसी पॉइंट पर घूमने जाने की बजाय हम सभी परिवार के सदस्य ऐसे ही किसी बँगले में इकट्ठा समय बिताना ज्यादा पसंद करते हैं। मैं आपका नाम पूछना भूल गई।"

"जी, भावेश भाटिया।" मैंने तुरंत जवाब दिया।

"हाँ, तो मिस्टर भावेश, आप चाहें तो मैं शाम के वक्त आपकी मदद करने आ सकती हूँ और डरो मत, मुझे कोई वेतन नहीं चाहिए। बस, मुझे आपकी मदद करके खुशी मिलेगी।"

नीता ने शायद उसी वक्त अपनी माँ से इस बारे में इजाजत लेनी चाही। मैंने महसूस किया, उसे वहाँ मौन स्वीकृति मिल चुकी है; क्योंकि जाते-जाते नीता के शब्द मेरे कानों में पड़े, "अच्छा मिस्टर भाटिया, कल मिलते हैं।" उसके इन शब्दों में एक अंध व्यक्ति को मदद पहुँचाने का संतोष और निःस्वार्थ सहानुभूति की छाप मैं स्पष्ट महसूस कर सका।

अगले दिन जब शाम को मैं बाजार में पहुँचा, मेरी निर्धारित जगह के 15-20 फीट पहले ही एक चिर-परिचित परफ्यूम ने मुझे शायद किन्हीं विचारों से बाहर निकाल दिया। पिछले दो दिन से मैं इसी खुशबू को अपनी दुकान पर महसूस कर रहा था। मैं कुछ और सोचूँ, उससे पहले ही उस मीठी आवाज ने मेरा ध्यान अपनी ओर आकर्षित किया। "हेलो मिस्टर भाटिया, लाओ, मुझे दो मैं आपको हाथगाड़ी धकेलने में मदद करूँ।"

मैं और इरफान कुछ समझ पाएँ, उसके पहले ही नीता ने मुझसे यह इजाजत ले ली कि आज अलग-अलग बक्सों में से कैंडल्स निकालकर वह खुद कैंडल्स सजाएगी। करीब 8 बजे तक नीता साथ रही। उसके वहाँ रहने से मुझे वाकई में काफी मदद मिली। शायद शनिवार का दिन था, जिसके चलते पर्यटक भी काफी थे। नीता की मदद से उस दिन काफी बिक्री हुई। देर शाम जब उसके परिवार के सदस्य मार्केट में टहलने आए, तब नीता उनके साथ चल दी। मुझे समझ नहीं आ रहा था किन शब्दों में नीता और उसके परिवार का धन्यवाद करूँ! मैं एक कच्छी गुजराती परिवार का हिस्सा होने के कारण हिंदी, मराठी, अंग्रेजी के साथ-साथ कच्छी व गुजराती में बहुत ही सहजता से बात कर सकता था। सामने जिस भाषा में भी बोलनेवाला ग्राहक होता, मैं उसी भाषा में उससे बातें करने

लगता, जिससे एक आत्मीयता हो जाती। कल नीता जब अपने परिवार के साथ आई थी, तब मैं समझ गया था कि नीता भी एक कच्छी गुजराती परिवार की सदस्या है। उसके लिए भी उपर्युक्त पाँच भाषाएँ बहुत सहज थीं और यह भी पता चला कि बचपन में पूर्वी अफ्रीका, सोमालिया में रहने के कारण उसने सोमाली के साथ-साथ अपने पिता से कुछ हद तक इटालियन व फ्रेंच भी सीखी है।

मैं एम.ए. इकोनॉमिक्स और नीता वाणिज्य की ग्रेजुएट थी। इन डिग्रियों के साथ हम उस हाथगाड़ी पर जब कैंडल बेच रहे थे, तब एक विचार जरूर मेरे मन में आया कि बड़ी-बड़ी डिग्रियाँ लेने के बाद हम नौकरी न मिलने के चलते पूरे समाज तथा संपूर्ण सामाजिक व्यवस्था को कोसना शुरू कर देते हैं और आर्थिक तंगी के बावजूद कोई छोटा-मोटा काम करने के बदले अपने बूढ़े माँ-बाप की खून-पसीने की कमाई की मुफ्त की रोटी तोड़ते हुए शायद सरकार से भी बेरोजगारी भत्ते की आस लगाए रहते हैं। जो संपन्न हैं, उनके लिए कोई फर्क नहीं पड़ता; लेकिन जो एक गरीब परिवार से हैं, वे सभी मेरे मित्र डिग्रियाँ लेने के बाद ऐसे छोटे-मोटे काम क्यों नहीं करना चाहते? स्वयं-रोजगार के चलते बेरोजगारी की कितनी बड़ी समस्या का समाधान हो सकता है।

उस शाम कैंडल्स बेचने के लिए तीन घंटे लगातार नीता ने मेरी जो मदद की, उसका परिणाम यह हुआ कि मेरी अब तक की एक दिन की कैंडल्स की बिक्री का आज का दिन सबसे भाग्यशाली था; क्योंकि पिछले दो वर्षों में आज बिक्री का एक नया रिकॉर्ड बना था। नीता जब विदा लेकर जाने लगी, तब मेरे काले चश्मे के भीतर उन दोनों निर्जीव सूखी आँखों के कोने से कृतज्ञता व खुशी की भावनाओं के साथ-साथ कुछ आँसू उस काले चश्मे की सरहदों को लाँघकर मेरे गालों को भिगोने लगे थे। सभी को तो आजमाया जा चुका था, अपने सभी पराए हो चुके थे; क्योंकि उन्हें भी डर था कि न जाने मैं उनसे कब क्या माँग लूँ और आज पराए ने अपनेपन की एक ऐसी मिसाल प्रस्तुत कर दी थी, जिसका मैं आदी नहीं था। उन तीन घंटों ने मुझे समझा दिया था कि नीता जैसे अच्छे लोग भी इस दुनिया में हैं।

तीसरे दिन शाम को जब मैं घर से मार्केट के लिए इरफान के साथ हाथगाड़ी धकेलते हुए रवाना हुआ, पूरे रास्ते में दिमाग में कल की सारी घटनाएँ घूम रही थीं। इरफान कुछ मुद्दों पर शायद मेरे साथ बात करना भी चाह रहा था; लेकिन उसको सिर्फ 'हूँ-हाँ' कहकर टाल रहा था। मैं कल की बातों में इतना खो चुका था कि कब मार्केट पहुँच गए, पता ही नहीं चला। वही मीठी आवाज कानों में पड़ी, तब जाकर, अपने विचारों की नींद से जागा।

"हेलो-मिस्टर भाटिया! आइए इधर। आपको दिक्कत न हो तो मैं आज भी अपने हिसाब से इस स्टॉल को सजाना चाहती हूँ।"

मुझे भला क्या दिक्कत हो सकती थी! मैंने शायद बिना कुछ कहे स्वीकृति में अपना

सिर हिलाया। कुछ ही मिनटों में उस हाथगाड़ी को एक नई चादर से ढककर मेरी बनाई हुई भिन्न-भिन्न आकार की मोमबत्तियों से सजा दिया गया। नीता ने मेरा हाथ लेकर वहाँ रखी हर मोमबत्ती से स्पर्श कराया और कौन सी मोमबत्ती कहाँ रखी है तथा किस तरह से प्रदर्शित की गई है, उससे मुझे अवगत कराने के बाद उसने कहा, "मिस्टर भाटिया, आपका स्टॉल तो आज बहुत प्यारा लग रहा है। लेकिन हम एक काम और करें, ये जो फूल के आकार की खुशबू वाली फ्लोटिंग कैंडल्स के अलग-अलग डिजाइन आपने बनाए हैं, उसमें से एक डिजाइन हम यहाँ पानी का एक छोटा सा बाउल भरकर उसमें जलाकर रखें। मुझे पूरा यकीन है, इसका बहुत सकारात्मक प्रभाव ग्राहकों पर पड़ेगा। रुकिए, मैं यहीं मार्केट में कहीं काँच का बाउल ढूँढ़ती हूँ, शायद मिल जाए।"

कुछ देर बाद जब नीता लौटी तो उसने मेरे हाथ में एक प्यारा सा काँच का बरतन रखा। करीब एक फीट के व्यास वाले और छह इंच की गहराई वाले उस बरतन में नीता कहीं से पानी भरकर ले आई। आते-आते वह एक माचिस की डिबिया भी साथ ले आई थी। उसने एक गुलाब के आकार की कैंडल लेकर, उसे उस बाउल में जलाकर रखने की मुझसे इजाजत ली और जल्दी ही उसे अंजाम देकर शायद अपने साथ लाए कैमरे से स्टॉल की फोटो खींचने लगी। कैमरे की क्लिक-क्लिक की आवाज के साथ-साथ नीता की भी आवाज सुनाई दी, "भावेशजी, आप इस कैंडल को हाथ में पकड़कर यहाँ इस स्टॉल पर खड़े रहें। आपका और इस स्टॉल का इकट्ठा फोटो ले लेते हैं।" उस फोटो सेशन के बाद मैंने उसके द्वारा लाए गए उस काँच के बरतन के दाम चुकाने चाहे। मेरे पास पाँच सौ रुपए थे, जो छुट्टे पैसे लेन-देन के लिए मैंने घर से आते समय लिये थे। मैंने नीता के सामने बढ़ा दिए।

"अरे, क्या भावेशजी, इतने से क्या होगा ? अभी तो मुझे आपसे वेतन भी लेना है।" मेरा स्वभाव किसी से भी इस तरह की कोई मदद लेने के हक में न था; लेकिन नीता के आग्रह के सामने मैं विवश था। उस छोटे से काँच के बरतन और प्रदर्शन ने चमत्कार-सा कर दिया। गुलाब का जो फूल नीता ने जलाकर पानी में रखा था, उस डिजाइन के सभी फूल हाथोहाथ बिक गए। शायद उस प्रदर्शन के चलते फ्लोटिंग कैंडल्स की सुंदरता हम ग्राहक को समझा पा रहे थे। उस बात को आज कितने ही साल हो गए। बहुत से ग्राहकों ने उस काँच के बरतन को खरीदना चाहा; लेकिन उसे आज तक मैंने सँभालकर रखा है। शायद उस दिन की यादों के प्रतिबिंब के रूप में।

महाबलेश्वर में उन दिनों पर्यटक सीजन उफान पर था और उसमें सोने पर सुहागा यह हुआ कि रोज शाम को कैंडल्स बेचने के लिए मुझे एक प्यारा सहायक मिल चुका था। नीता वक्त की इतनी पाबंद थी कि रोज शाम को 5 बजे वह स्टॉल लगाने आ जाती। यह बात एक-दो दिन के लिए ठीक थी, मैंने उससे कहना भी चाहा कि वह अपनी

छुट्टियों की शाम इस तरह जाया न करे। यह बात मैंने उसे कई बार कहनी चाही, लेकिन उसका एक ही उत्तर रहता, "भावेशजी, मुझे शायद यहाँ आकर ज्यादा प्रसन्नता मिलती है। महाबलेश्वर की वेन्ना लेक के किनारे शाम को आइसक्रीम खाने से ज्यादा आनंद मुझे आपकी मोम की बनाई आइसक्रीम कैंडल बेचने में आता है। आप मुझे इन खुशियों से क्यों वंचित रखना चाहते हैं?"

मैं मौन हो जाता। उसकी इन बातों के बाद मैं कहूँ भी तो क्या कहूँ? जब ग्राहक न होते तो इधर-उधर की कई बातें उसने मुझे बतानी शुरू कीं। अपने स्कूल-कॉलेज की बातों के साथ-साथ उसने अपने घर-परिवार, परिवार के सदस्यों, अपने शौक और अपने जीवन के लक्ष्यों के बारे में भी बताना शुरू किया। एक बड़े अमीर परिवार की वह इकलौती वारिस थी। बातों-बातों में मेरे जीवन के बारे में भी उसने काफी कुछ पूछ लिया। कई बार शाम को उसके परिवार के और सदस्य भी हमारे साथ ग्राहकों को सँभालने में लग जाते थे। उसके कुछ चचेरे भाई-बहनों ने तो मार्केटिंग का नया ही रास्ता मुझे सिखाया। जब भी वे लोग स्टॉल पर आते, दूसरे ग्राहकों को वहाँ पाकर मेरी मोमबत्तियों की तारीफ करना शुरू कर देते। कई बार तो उन्होंने ऐसा भी कहा कि हमने तो पुणे-मुंबई की बड़ी-बड़ी दुकानों और मॉल्स में भी ऐसी कैंडल्स नहीं देखी हैं। इसका परिणाम यह होता कि उन सामने खड़े ग्राहकों को मोमबत्तियाँ खरीदने के लिए विवश कर दिया जाता। यह अलग बात है कि मैं सर्वोत्तम गुणवत्ता के साथ ही अपनी कैंडल्स बेचना चाहता था मैं नहीं चाहता था कि मैंने बनाई हैं या एक अंध व्यक्ति ने बनाई हैं, इसलिए ये कैंडल्स बिकें। लेकिन इन सब बातों के चलते मेरी और नीता की दोस्ती धीरे-धीरे और गहरी होती जा रही थी।

नीता ने स्टॉल पर आना शुरू किया, उसको शायद 17-18 दिन हो चुके थे। शायद उस दिन शाम को जब कोई ग्राहक नहीं थे, तब अचानक नीता ने कहा, "मिस्टर भाटिया, आपसे एक बात करनी है।"

मैंने कहा, "जी मैडम, कहिए।"

उसने कहा, "देखो, बात पसंद न आए तो नाराज मत होना।"

मैंने कहा, "प्लीज, कहिए, आप क्या बात करना चाहती हैं।" मुझे लगा शायद वे लोग वापस मुंबई जाने वाले होंगे, शायद कल और परसों से नीता मदद करने न आ सके, यही कुछ कहना चाह रही होगी। मैंने फिर से कहा, "आप बेझिझक कहिए, मुझे कोई नाराजगी नहीं होगी।"

नीता ने कहा, "मिस्टर भाटिया, पिछले दो-तीन दिनों से दिन-रात मैं एक ही बात सोच रही हूँ। देखो, आपको अच्छी ना लगे तो न कह देना, मुझे बुरा नहीं लगेगा।"

मैं कुछ कहूँ, उसके पहले उसने फिर से कहना शुरू किया, "मिस्टर भाटिया, मैंने तो तय कर लिया है, अब बस आपकी राय लेना चाहती हूँ। क्या आप मुझसे शादी करोगे?"

नीता की बात सुनकर मैं एक पत्थर-सा सुन्न वहाँ खड़ा था। स्टॉल के पीछे ही नगरपालिका का एक गटर भी था। मैं उसमें गिरते-गिरते रह गया। नीता के शब्द अब भी मेरे कानों में गूँज रहे थे। कहाँ वह, कहाँ मैं? कहाँ राजा भोज, कहाँ गंगू तेली? कहाँ मैं फुटपाथ पर हाथगाड़ी लगानेवाला, एक साधारण अंध व्यक्ति, जिसका कोई भविष्य नहीं और दूसरी तरफ नीता—एक सुखी व संपन्न परिवार की इकलौती संतान, जिसके लिए शायद घर पर पानी माँगने पर दूध हाजिर होता होगा। नीता ऐसा क्यों सोचने लगी होगी? उस दिन नीता में मुझे कुछ ज्यादा ही बचपना-सा लगा। इस पुरुष-प्रधान समाज का मैं भी एक हिस्सा हूँ, अंधा हुआ तो क्या हुआ? उस दिन को याद करके मजाक के तौर पर ही सही, मैं इतना जरूर कहना चाहूँगा कि मैं भी उन दिनों काफी खूबसूरत हुआ करता था। नीता की बातों से सुन्न पड़ गए मन-मस्तिष्क को उस झटके से उबरने में थोड़ा वक्त लगा।

मैंने लंबी साँस ली और धीरे से कहा, "देखिए नीताजी, अक्सर लोगों को इन अंध-अपंग लोगों से सहानुभूति हो ही जाती है। हम घर में कुत्ता-बिल्ली भी पाल लें तो उससे लगाव हो जाता है। जल्दी ही आपको आपकी इस सोच पर पछतावा होने लगेगा। आप इस अंधकार से दूर भागने की कोशिश करोगी, क्योंकि मेरे पास आपको इस अँधेरे से ज्यादा देने के लिए और कुछ भी नहीं है।"

हालाँकि उसे मैं नीता का बचपना समझ रहा था, लेकिन जब उसने फिर से कहना शुरू किया, उसने अपनी बातों व विचारों से अच्छे-अच्छे विद्वानों और पंडितों को पीछे छोड़ दिया। वह कह रही थी, "मैंने इन तीन दिनों में बहुत सोचा, बहुत अच्छे-बुरे के विचार किए; लेकिन मैं इस नतीजे पर पहुँची हूँ कि मैं बिल्कुल सही हूँ। मिस्टर भाटिया, मेरे माता-पिता कहीं-न-कहीं तो मेरी शादी करेंगे ही। अक्सर यह समझा जाता है कि लड़कियों की शादी अपनी हैसियत से बड़े घरों में की जाए और मेरे साथ भी यही होगा। मैंने बचपन से पैसों के सिवा कुछ भी नहीं देखा। शादी के बाद बड़ा खानदान मतलब और ज्यादा पैसा। लेकिन ऐसी शादी और ऐसे संसार में मुझे अपने जीवन का कोई मकसद नहीं दिख रहा। किसी भी प्रकार के उद्‌देश्य या लक्ष्य के बिना जिंदगी जीना मुझे फिजूल लगता है। आपसे मिलने से पहले शायद मैं ऐसे ही किसी उद्‌देश्य को खोज रही थी। अब जाकर मुझे मेरे जीवन का लक्ष्य स्पष्ट रूप से दिख रहा है। आप जिस अँधेरे की बात कर रहे हैं, वह शायद अच्छे-अच्छे उजालों को पीछे छोड़ दे। आप क्यों नहीं समझते, आपके पास जो कला है, वह किसी अंध व्यक्ति में मैंने आज तक नहीं देखी? मुंबई में कितने ही दृष्टि-बाधित लोगों को मैं रोज देखती हूँ। वे सब सिर्फ भिक्षा माँगकर अपनी-अपनी जिंदगी जी रहे हैं। वे लोग जिस अंधकार से जूझ रहे हैं, हम दोनों मिलकर उन सभी के जीवन से उस अंधकार को दूर करने की कोशिश कर सकते हैं। हम दोनों हमारे इन सभी अंध मित्रों के लिए कुछ करें। मुझे पूरा यकीन है, भावेशजी, आपका साथ रहा तो हम आसमान की

बुलंदियों को हासिल कर लेंगे। अंध जगत् में हम एक क्रांति ला सकते हैं। और आज भले रास्ते पर कैंडल्स बेच रहे हैं, लेकिन आप में, मैं एक उद्यमी के सभी गुण देख रही हूँ। और जो सरल हृदय आपने पाया है, आपको इस दुनिया की भीड़ से अलग कर देता है। आप एकदम अलग हैं खास हैं।"

नीता के रुकने के बाद मेरे चारों ओर मानो सन्नाटा-सा छा गया था। कुछ देर के लिए मैं तो यह भी भूल गया था कि मैं खड़ा कहाँ हूँ! नीता की बातें मुझे कई जन्मों के पुण्यों के फल के रूप में सुनाई दे रही थीं; लेकिन उस वक्त मेरे हृदय में एक विचार, एक शंका जन्म ले रही थी। उसको शब्दों का रूप देते हुए मैंने कहा, "आप अच्छी तरह जानती हैं कि मेरी आर्थिक परिस्थिति कैसी है। ऐसा न हो कि आपके परिवार की संपन्नता मेरी खुद्दारी को कहीं नजरअंदाज कर दे। आप कहती हैं तो इस तरह से हम आगे भी बढ़ना शुरू करें; किंतु मेरी एक शर्त आपको माननी पड़ेगी।" शायद वह मेरी ओर बड़ी बेसब्री से देख रही थी। मैंने कहा, "नीताजी, इतनी ही शर्त है, बस, आप अपने मायके से एक रुपया भी न लाएँ।" उसने मेरी इस बात को सहज स्वीकार किया। तभी मेरे कानों में उसके परिवार के सदस्यों की आवाज पड़ी। उन आवाजों को मैं भलीभाँति पहचानने लगा था। हम जिस विषय पर बात कर रहे थे और इन आवाजों का इतना करीब सुनाई देना, मुझे एहसास हुआ, मानो हमारी चोरी पकड़ी गई हो। शायद नीता भी ऐसी ही मानसिकता में है, ऐसा मुझे प्रतीत हुआ।

दूसरे दिन सुबह करीब 10 बजे मैंने अपने घर के दरवाजे पर जब उन्हीं चिर-परिचित आवाजों को सुना, तब मुझे समझते देर न लगी कि नीता ने अपने परिवार के सामने कल शाम की बातें बयान कर दी हैं। कार में बिठाकर जब मुझे उन सबकी ठहरने वाली जगह पर ले जाया गया, तब मैंने वातावरण में उमंग से ज्यादा नाराजगी महसूस की। शायद परिवार के अधिकतर सदस्य मेरे और नीता के इरादों से इत्तफाक नहीं रखते थे। कुछ रिश्तेदार आपस में जोरों से यह बात भी कर रहे थे कि आज तक हमने किसी अंधे व्यक्ति की शादी होते नहीं देखी और जब बार-बार इन्हीं बातों को दोहराया जा रहा था, तब कहने को मन हुआ कि एक बार वापस महाभारत पढ़ लो और इतना जरूर बताना कि कौरव कहाँ से आए थे? यह बात मेरे दिल से निकलकर गले तक आकर रुक गई, जबान पर न आ सकी। मेरे संस्कार शायद मुझे ऐसी ओछी बातें करने की इजाजत नहीं दे रहे थे। लेकिन मुझे आश्चर्य तब हुआ, जब नीता की माताजी अकेले हमारे साथ खड़े रहने की कोशिश कर रही थीं और थोड़े ही समय में उनकी कोशिशों ने रंग लाना शुरू कर दिया था और मैं था कि अवाक्-सा, भौचक्का-सा, आश्चर्यचकित होकर इन सब वार्त्तालाप को सुनते-सुनते नीता और मेरे बीच के अंतर को और कम, और कम, और कम होता अनुभव करने लगा था। फिर क्या था, शादी की शहनाइयों की गूँज दूर से आती सुनाई देने लगी थी। जैसा आम

तौर पर होता है, वैसे हमारी भी सगाई हुई और एक गुजराती परिवार होने के कारण चट मंगनी, पट ब्याह न होकर करीब आठ महीने के बाद शादी का मुहूर्त निकाला गया। शायद नीता के घरवालों के दिमाग में यह बात भी चल रही होगी कि इन आठ महीनों में लड़की के सिर से समाज-सेवा का भूत उतर जाएगा और हम दोनों को जिंदगी भर के लिए वे अलग रखने में सफल हो जाएँगे। ऐसी कई आशंकाएँ मेरे दिमाग में उत्पन्न हो रही थीं; लेकिन मुझे खुद से ज्यादा अब नीता पर भरोसा हो चला था।

सगाई के बाद कुछ और परिवर्तन मुझमें आया हो या न आया हो, बस इतना जरूर हो गया था कि कैंडल्स में लगनेवाला कच्चा माल, जो छह से आठ महीने चल जाता था, अब हफ्ते भर में ही खत्म होने लगा। ऐसा नहीं था कि शादी के लिए पैसा जमा करने हेतु मैंने ज्यादा मेहनत करनी शुरू कर दी थी, बल्कि अपने सभी दोस्तों से यही कहकर मैं मुंबई जाने लगा कि कच्चा माल खत्म हो चुका है, उसे लेने मुंबई जा रहा हूँ। हर हफ्ते दस दिन में मैं मुंबई जाकर नीता से मिलता, क्योंकि अंदर-ही-अंदर एक डर-सा था, कहीं वह अपने विचार न बदल दे! कम-से-कम खर्च में मुंबई जा सकूँ और बचे हुए पैसों से नीता के लिए कोई तोहफा खरीद सकूँ, इसके लिए महाराष्ट्र राज्य परिवहन की लाल बस से मुझे मिलनेवाली एक-चौथाई की सुविधा के साथ जाना पसंद करता।

उन दिनों महाबलेश्वर से मुंबई बस द्वारा पहुँचने में आठ-नौ घंटे लग जाते थे। उस सफर के दौरान दिल की हर धड़कन से सिर्फ और सिर्फ एक ही बात निकलती थी कि—

"रास्ते भर रो-रोकर पूछा,
हमसे पैर के छालों ने।
अरे, बस्ती इतनी दूर क्यों बसा ली,
दिल में बसने वालों ने।"

मुंबई पहुँचने से पहले हर बार बस में बैठे-बैठे नीता के लिए क्या तोहफा खरीदूँ, इसके बारे में सोचता। अंत में गुलाब के फूलों पर जाकर बात रुक जाती। इच्छा होती, नीता को फूल अच्छे लगते हैं। तो क्यों न गुलाब के ढेरों फूल उसके लिए तोहफे के रूप में ले जाऊँ! सगाई के बाद कई बार मैं नीता से मिलने मुंबई गया था, लेकिन एक भी बार उसके लिए फूल न खरीद सका; क्योंकि जब-जब मैंने उसके लिए फूल खरीदने चाहे, दिल से एक ही बात निकली थी कि—

"वह इतनी हँसीं है।
कि मेरी खुशी का क्या जवाब दूँ,
खूबसूरती के पन्नों से
उसको क्या खिताब दूँ?
कोई फूल होता तो जरूर

माली से मँगवा लेता,
जो खुद एक गुलाब है
उसको क्या गुलाब दूँ॥"

और मुंबई पहुँचकर किसी बगीचे में पेड़ के नीचे या किसी समंदर के किनारे नीता का हाथ जब अनायास ही मेरे हाथ में आता, तब मानो मेरा रोम-रोम कह उठता है कि—

"फिर हथेली पर
लकीरों का समंदर देखूँ,
ला तेरा हाथ,
मैं उसमें अपना मुकद्दर देखूँ।"

आठ महीने पलक झपकते ही गुजर गए और फिर वह दिन भी आ गया, जिस दिन का मैं और नीता मानो सदियों से इंतजार कर रहे थे। सिर्फ नीता ने ही नहीं, उसके परिवार के लोगों ने भी मेरी शर्त मानी और एक स्कूल के क्लास रूम में कुछ दोस्तों व रिश्तेदारों को चाय पिलाकर यह अभूतपूर्व शादी संपन्न हुई। न वहाँ बड़े-बड़े स्पीकर लगे थे शहनाइयों के सुर पूरे वातावरण में फैलाने के लिए, न ही बाहर ढोल-नगाड़े और शहनाइयाँ लेकर कोई एजेंसी ताल-से-ताल मिलाकर संगीत की धुनें छेड़ रही थी। लेकिन ऐसा प्रतीत हो रहा था कि समग्र धरती, समग्र आसमान, चाँद, सूरज, सितारे सभी अपने दोनों हाथों में फूलों की टोकरियाँ लिये मानो हम दोनों के सुखद भविष्य की कामना करते हुए आशीर्वाद दे रहे थे। मैं बहुत खुश था और नीता के बारे में उस समय यही सोच रहा था, मानो कोई धावक चूने की लकीर के पास 42 किलोमीटर की थका देनेवाली मैराथन दौड़ने के लिए तैयार खड़ा है। उस धावक के लिए तो साफ-सुथरा रास्ता रहता है, लेकिन मैं जानता था—नीता का रास्ता साफ-सुथरा न होकर पथरीला और काँटों भरा होने वाला है। उस वक्त नीता मुझे रानी लक्ष्मीबाई सरीखी कोई वीरांगना लग रही थी, जिसे मैं जितना प्यार करता था, उससे कई गुना ज्यादा उसकी पूजा करने लगा था।

अक्सर लोग कहते हैं कि उनको शादी की थकान महसूस हो रही है और अब आराम करने की जरूरत है। हमें ऐसी कोई थकान थी नहीं, क्योंकि न खरीदारी के लिए हमने वक्त जाया किया था, न पत्रिकाएँ बाँटने के लिए वक्त जाया किया था, न कोई भोजन समारोह, न कोई शादी का हॉल बुक करना। इन सब बातों से हम कोसों दूर थे। दूसरे-तीसरे दिन जो मेहमान महाबलेश्वर में होटल या गेस्ट हाउस में रुके हुए थे, उन लोगों ने भी विदा ले ली थी। आखिर में हमने नीता के माता-पिता को विदा किया। अक्सर ऐसा होता है कि लड़की को उसके घर से विदा किया जाता है। यहाँ पर उलटी गंगा या यूँ कहें, हर चीज ही उलटी बह रही थी। महाबलेश्वर में हम उस कार के बाहर खड़े थे, जिसमें बैठकर नीता के

माता-पिता व बड़े भाई मुंबई के लिए विदा हो रहे थे। और एक बात कहूँ तो शादी के बाद नव दंपती, अक्सर हनीमून या घूमने के लिए बाहर जाया करते हैं, मुंबई-पुणे के कई ऐसे नवदंपती, जिनके पास ज्यादा वक्त या ज्यादा पैसा नहीं है, वे हनीमून के लिए महाबलेश्वर आना ज्यादा पसंद करते हैं। लेकिन हम तो थे ही महाबलेश्वर में। यहाँ से हम कहाँ जाते? महाबलेश्वर में ही आर.के. वाडी का वह एक प्यारा सा, छोटा सा कमरा, कमरे के बाहर पिताजी का छोटा सा कार्यालय और उसके बाहर एक प्यारा सा आँगन और उसकी गोद में बरसों से अपनी छाँव बिखेरते बड़े-बड़े जामुन के पेड़ और उन पेड़-पौधों से गिलहरियों व पक्षियों की आती मधुर आवाजें और इन्हीं सब के संयोग से जो सुंदर वातावरण बना था, वह अपने आप में कश्मीर की वादियों से कम न था। वह जो एक छोटा सा कमरा था, जिसमें कैंडल्स की फैक्टरी भी थी, हमारा रसोईघर भी था, हमारी बैठक भी थी और हमारा शयनकक्ष भी था। नीता मानो उसी के लिए बनी हो! उसने उस छोटे से कमरे को एक आलीशान महल बनाने में जरा भी विलंब नहीं किया। उसने सब तरह से अपने आपको ढाल लिया, जिस कारण से हमारी गृहस्थी बहुत आनंद से आगे बढ़ने लगी। शादी के तीसरे-चौथे दिन के बाद से ही मैंने फिर से स्टॉल लगाना शुरू कर दिया था। नीता ने रसोईघर सँभाल लिया था तो मैं ज्यादा वक्त अपनी मैन्युफैक्चरिंग को दे पाता और शाम को नीता मेरे और इरफान भाई के साथ स्टॉल पर आने में जरा भी संकोच या शर्म महसूस नहीं करती थी। पहले तो वह एक मददगार के रूप में आया करती थी, लेकिन जब शादी के बाद पहली बार वह स्टॉल पर चली तो मुझे लगा कि मेरा बॉस मेरे साथ में उस स्टॉल पर चल रहा है। और मैं मानो एक आज्ञाकारी कर्मचारी की तरह उसके अधीन होकर चल रहा था। लेकिन उस पहले दिन ही नीता ने कहा, "ठीक है, इरफान भाई को जरूरत है तो हम कुछ और तरह से उनकी मदद करने की कोशिश करेंगे। लेकिन ये रोज पचास रुपए खर्च करने के बाद भी और शाम को रोज इतना धकेलकर उस हाथगाड़ी को वापस घर पर पहुँचाने में इतनी तकलीफ होती है। इरफान भाई के घर पर जो महिलाएँ हैं, उनको हम कैंडल्स की पैकिंग वगैरह का काम देना शुरू करें और इस तरह से हम उनकी आमदनी बढ़ाने में मदद करें और यह हाथगाड़ी न लेते हुए मार्केट में आपके इतने सारे जो दोस्त हैं, उन्हीं में से किसी की दुकान पर हाथगाड़ी के माप का ही एक फोल्डिंग टेबल लेकर रखना शुरू करें।" नीता की ये बातें सुनकर मुझे बहुत आश्चर्य हुआ कि ये बातें मेरे दिमाग में पहले क्यों नहीं आईं? और तब मुझे नीता में कहीं-न-कहीं एक बिजनेस वूमन के दर्शन होने शुरू हो गए। यह बहुत अच्छी बात थी कि एक बार में ही दो सौ-तीन सौ रुपए का एक पुराना टेबल कहीं से ढूँढ़कर इन रोज के पचास रुपए को बचाया जा सकता था। अत: हमने तुरंत उस पर काम किया। एक टेबल मिल भी गई उसी तरह की और वहीं एक मित्र की दुकान पर हमने उसे रखना शुरू कर दिया। रोज शाम को जाकर उस दुकान से हम

अपनी टेबल ले लेते और रही बात कैंडल्स की, उन्हें घर से थैलों में भरकर खुद उठाकर ही उस एक किलोमीटर का सफर पैदल तय करके हम मार्केट पहुँच जाते।

रोज के इन वजनी थैलों को उठाकर मार्केट में ले जाने में जो श्रम लगता था, उस पर भी नीता ने सोचना शुरू किया कि काश, एक टू-व्हीलर मैं चला पाती! लेकिन समस्या यह थी कि न वह टू-व्हीलर चलाना जानती थी, न साइकिल चलाना। तो सबसे पहले उसने एक साइकिल स्टोर से भाड़े की साइकिल लेकर सीखना शुरू किया। वह पैडल लगाकर साइकिल सीखने की कोशिश करती और मैं पीछे से साइकिल पकड़कर उसे सहारा देने की कोशिश करता। वैसे भी, साइकिल बचपन से ही मेरी पसंदीदा चीज थी और नीता जब साइकिल सीख रही थी तो मैं अपने आप में बहुत खुश था। वह धीरे-धीरे साइकिल चलाने में माहिर भी हो रही थी। लेकिन महाबलेश्वर में चढ़ाव-उतार इतना है कि आमतौर पर इस तरह से साइकिल डबल सीट चलाना या चीजें लेकर, वजन लेकर चलना, बिल्कुल ही संभव नहीं था। उसके लिए एक टू-व्हीलर की ही जरूरत थी। काफी खोजबीन के बाद मेरे दोस्त के पास से एक पुरानी स्कूटी हमें टू-व्हीलर के रूप में उपलब्ध हो गई, वह भी सिर्फ 4,000 रुपए में, जिसके भुगतान के रूप में 2,000 उसको हमने पहले दिए और 2,000 रुपए उस वर्ष के पर्यटक सीजन खत्म होने के बाद। वह स्कूटी हमें क्या मिली, रोज का काम बहुत आसान हो गया। नीता उस स्कूटी को बड़ी आसानी से चला लेती; क्योंकि वह बगैर गियर की गाड़ी थी, जिस वजह से नीता के लिए ज्यादा दिक्कत नहीं थी। स्कूटी के पीछे दोनों हाथों में कैंडल्स से भरे थैले लेकर हम दोनों उस टेबल पर स्टॉल लगाने जाते। बीच में कभी कुछ कैंडल्स कम पड़ जातीं, तो झट से स्कूटी पर जाकर पंद्रह-बीस मिनट में ही नीता उन्हें घर से ले आती। इस तरह से यह एक नया सिलसिला शुरू हुआ। स्कूटी पुरानी थी तो उसी तरह से चलती थी। बिजनेस कुछ ठीक चल रहा था तो फिर नीता ने बजाज कंपनी की एक फॉर स्ट्रोक एम-80 लेनी पसंद की, क्योंकि उसकी एवरेज अच्छी थी और पावर भी ज्यादा थी। बिजनेस की भाग-दौड़ भी नीता ने बड़ी खूबी से सँभाल ली थी। लेकिन मैं जानता था कि नीता मेरे लिए अपनी हर खुशी से समझौता करेगी और मैं नहीं चाहता था कि ऐसा हो। हर औरत चाहती है कि एक दिन वह माँ बने। जब पता चला कि नीता गर्भवती है तो हमारे लिए खुशी का ठिकाना नहीं था। नीता के माता-पिता ने हमारी हर बात मानी थी, लेकिन उन्होंने विनती की थी कि डिलीवरी के लिए नीता अपने मायके मुंबई में आए। आखिरी के तीन-चार महीने नीता ने मुंबई जाना ही ठीक समझा, क्योंकि महाबलेश्वर में वैसे भी अस्पतालों की हालत ठीक नहीं थी।

18 नवंबर की शाम को मैंने नीता को फोन लगाया। वह टैरेस पर चक्कर लगा रही थी। उससे बात करते समय सब ठीक-ठाक था, अत: मैं भी चैन से सो गया। सुबह चार बजे फोन की घंटी से मेरी नींद खुली। मैंने फोन उठाया। दूसरी ओर नीता की माताजी

थीं। उन्होंने मुझे ढेरों बधाइयाँ देते हुए कुणाल के आगमन का शुभ समाचार दिया। मैंने भी उन्हें नानी बनने पर अपनी ओर से बधाई दी। मैं सुबह की पहली बस से मुंबई भागा और बोरिवली के हिंगलेकर अस्पताल पहुँचा। एक नॉर्मल डिलीवरी के साथ नीता और कुणाल दोनों स्वस्थ थे। जब कुणाल को पहली बार मेरी गोद में दिया गया तो मुझे लगा कि इस पूरी धरती पर अगर कोई सबसे खुशकिस्मत है, सबसे अमीर है, तो वह मैं ही हूँ। इससे ज्यादा खुशी और मुझे क्या हो सकती थी कि एक स्वस्थ बच्चे ने हमारे घर जन्म लिया है! क्योंकि कई बार ऐसा सुना था कि माता-पिता में से अगर कोई भी अंध-अपंग है तो आनुवंशिकता के चलते उनके यहाँ संतान भी अंध-अपंग पैदा होती है। लेकिन कुणाल को देखकर डॉ. हिंगलेकर, जो बड़े मशहूर डॉक्टर थे, ने कहा कि ऐसे कुछ भी चिह्न नजर नहीं आ रहे हैं, वह पूरी तरह से स्वस्थ लग रहा है। 19 नवंबर, 1998 को कुणाल का जन्म हुआ और उसके करीब तीन महीने बाद वसंत पंचमी को नीता व कुणाल को लेने मैं मुंबई पहुँचा। वसंत पंचमी का दिन मैंने इसलिए तय किया था, क्योंकि पिताजी का जन्म भी उसी दिन हुआ था और माँ एवं पिताजी की शादी की सालगिरह भी वही थी और हमारी सगाई की तारीख भी वही थी। नीता का बड़ा आग्रह था कि कुणाल और वह उसी दिन वापस महाबलेश्वर आना चाहेंगे। इस बीच पिताजी भी तीन बार जाकर कुणाल और नीता से मिल आए थे। वह भी बहुत उत्सुक थे कि कुणाल और नीता जल्द-से-जल्द महाबलेश्वर लौटें और इन्हीं नई जिम्मेदारियों के साथ हमने वापस इस सुंदर जीवन में कदम रखा।

नीता पूरी तरह से कुणाल में व्यस्त हो चुकी थी, जिससे उन दिनों भरत और इरफान ने मुझे स्टॉल को चलाने में काफी मदद की। सब काम सुचारु रूप से चल रहा था और नीता का आधार तो था ही। निस्संदेह जिम्मेदारियाँ काफी बढ़ गई थीं; लेकिन मैं बहुत खुश और संतुष्ट था। कई और नए सपने हम देखने लगे थे कि अब कुणाल को बड़ा करना है, उसको पढ़ाना है और अच्छा इन्सान बनाना है। धीरे-धीरे हम उस ओर अग्रसर होने लगे। कुछ दिनों के बाद जब कुणाल थोड़ा बड़ा हुआ तो नीता उसे पिताजी के पास छोड़कर स्टॉल पर मेरी मदद करने आने लगी थी। कुणाल के साथ-साथ बिजनेस भी धीरे-धीरे बड़ा होने लगा था।

नीता मैन्युफैक्चरिंग में मेरा साथ इतना नहीं दे पाती थी, लेकिन वह कोशिश करती कि वह मुझे मार्केट में आ रही कैंडल्स की नई-नई डिजाइन के बारे में अवगत कराए। इसके चलते जब भी पुणे-मुंबई जाने का मौका मिलता, वह अक्सर बड़े-बड़े मॉल्स वगैरह में मुझे लेकर जाती। यह उसने एक बहुत अद्‌भुत रास्ता निकाला था। वहाँ पर जाकर वह ढूँढ़ती कि कैंडल्स का विभाग कहाँ है। हम एक खरीदार की तरह वहाँ जाते, जहाँ पर दुनिया भर की अलग-अलग शेप की इंपोर्टेड कैंडल्स रखी होतीं। उन सभी कैंडल्स को वह मुझे छूकर बताने की कोशिश करती। मेरे रचनात्मक दिमाग में उन सभी आकारों को डालने की

कोशिश करती। वह मुझे समझाने की कोशिश करती कि देखो, किस तरह की पैकिंग और आकार में ये कैंडल्स बनाई गई हैं। कुछ कैंडल्स अगर हमारे बजट में होतीं तो नीता उन्हें खरीद भी लेती, ताकि महाबलेश्वर जाकर हम उसके ऊपर रिसर्च कर सकें। नीता अक्सर कैंडल्स की जानकारी देनेवाले लेख संगृहीत करती, मुझे पढ़कर सुनाती, उसमें छपे कैंडल्स की फोटो के बारे में समझाती कि ऐसी भी कैंडल्स हो सकती हैं। हमें भी कैंडल की इस मार्केट में अगर अपना स्थान बनाना है तो हमारे प्रोडक्ट को हमारी पैकेजिंग में समय के हिसाब से बदलाव करना ही पड़ेगा। वह कभी भी मेरे बनाए हुए किसी भी कैंडल्स से पूरी तरह से खुश या संतुष्ट नहीं होती। मुझे लगता कि वह मेरी पीठ थपथपाए, लेकिन वह हर बार कुछ-न-कुछ कमी निकालकर उसको और ज्यादा अच्छी बनाने के लिए मुझे प्रेरित करती और यह कई बार मेरे लिए चुनौती हो जाती। लेकिन नीता की इच्छा होती कि मैं इस तरह से सक्षम हो जाऊँ कि पूरी दुनिया में सबसे अच्छी कैंडल्स मैं बना सकूँ। इसके चलते वह मुझसे हर बार और ज्यादा अपेक्षाएँ रखती। उसका आग्रह रहता कि अच्छी गुणवत्ता और पैकेजिंग के साथ कैंडल्स को डिजाइन किया जाए।

नीता की सोच यही बनी रहती कि 'सनराइज कैंडल्स' का दायरा कैसे बढ़े?

जब-जब हम स्टॉल पर होते तो दूर-दराज से आए हुए पर्यटकों से मुलाकात होती, जिसमें कई संस्थाओं व संगठनों के प्रतिनिधि होते। उनकी इच्छा होती कि उनके शहरों में होनेवाली प्रदर्शनी में हम हिस्सा लें। हम सहज ही उनका निमंत्रण स्वीकार कर लेते। अब कोई गाड़ी वगैरह तो हमारे पास थी नहीं और न ही उन दिनों हम किराए की गाड़ी भी ले जा सकें, ऐसी परिस्थिति थी। तब हम महाबलेश्वर का स्टॉल बंद रखकर कार्डबोर्ड के बक्सों में सब कैंडल्स वगैरह भरकर राज्य परिवहन की बसों में कम-से-कम किराए में सफर करते। हर बार एस.टी. में ही आना-जाना पड़ता था। कंडक्टर और ड्राइवर को दादा-मामा कहते हुए कहीं सीट के नीचे, कहीं इंजन के पास में सब बक्से रखने की हम कोशिश करते। नीता हर सफर में मुझसे कहती कि हमें तकलीफ जरूर हो रही है, लेकिन हमें यह सब जिंदगी भर करने की जरूरत नहीं पड़ेगी; क्योंकि अगर 'सनराइज' को ज्यादा-से-ज्यादा लोगों से जोड़ना है तो यह एक-दो साल हमें कड़ी मेहनत करनी ही है; क्योंकि हर एक प्रदर्शनी हमें कम-से-कम पाँच से दस हजार नए लोगों से जोड़ेगी।

प्रदर्शनी में होता ऐसा था कि वहाँ पर आए हुए हर व्यक्ति से हमारी बातें होतीं। उसमें सिर्फ खरीदार ही नहीं होते, बल्कि काफी सप्लायर भी होते। कोई मोम के काम में जुड़ा हुआ होता, कोई धागा बनाता होता, कोई पैकेजिंग के काम में होता और ये सब बातें आगे चलकर बहुत काम में आतीं। जब पहले 'सनराइज कैंडल्स' की शुरुआत हुई थी तो शायद हम रिटेलर से कच्चा माल लेते थे। बाद में कुछ होलसेलर से भी जुड़े। लेकिन जब से नीता ने मुझे अलग-अलग शहरों में उन प्रदर्शनियों में हिस्सा लेना शुरू करवाया,

तब उसका एक बड़ा फायदा यह हुआ कि हमें लगनेवाले काफी विविध कच्चे माल बनानेवाले लोगों तक सीधे पहुँचने का मौका मिला। इस वजह से हुआ यह कि हमारी जो मैन्युफैक्चरिंग की लागत थी, वह कम-से-कम होने लगी और इसका पूरा-पूरा श्रेय मैं नीता के विचारों को और प्रयासों को देना चाहूँगा। कैंडल इंडस्ट्री में लगनेवाले सभी प्रकार के कच्चे माल के हर एक मैन्युफैक्चरर को नीता ने ढूँढ़ निकाला। आज 'सनराइज कैंडल' में लगनेवाला टनों धागा सीधा चेन्नई से आता है। हमने वैक्स पिछले कई सालों से इंडियन ऑयल की रिफाइनरीज से उठाना शुरू कर दिया है। कलर, पैकेजिंग और अरोमा सीधे हम मैन्युफैक्चरर से लेने लगे हैं। अब कच्चे माल की पूरी खरीदी की संपूर्ण जवाबदारी नीता ने अपने कंधे पर ले ली है।

नीता का कॉमर्स ग्रेजुएशन बहुत काम में आया, जिसके चलते 'सनराइज कैंडल्स' का बैंकिंग व अकाउंट का पूरा काम उसने बखूबी सँभाल लिया है। इसके अलावा मेरा, कुणाल का और पिताजी का ध्यान रखना, रसोईघर सँभालना, पता नहीं कौन-कौन सी भूमिका नीता निभा रही है। और मुझे बहुत ताज्जुब होता कि कभी उसने एक शिकायत भी नहीं की। आज नीता कोई भी फोर-व्हीलर कार बहुत सहजता से चला लेती है। मुंबई-पुणे कार लेकर जाना उसके लिए मानो बाएँ हाथ का खेल है। वैसे भी, मैंने अपनी जिंदगी की स्टीयरिंग तो पहले ही उसके हाथों में सौंप रखी थी, अब गाड़ी की स्टीयरिंग भी उसने सँभाल ली है। कहते हैं—पति-पत्नी का साथ सात जन्मों का होता है। लेकिन अगर नीता को कोई एतराज न हो तो उस सात के साथ मैं एक और शून्य जोड़ना चाहूँगा। आज मुझे गर्व इस बात का है कि कभी नीता के मायके के लोगों ने दूरी बनाते हुए उसको यह तक कह दिया था कि एक अंध व्यक्ति से शादी करके वह खुदकुशी कर रही है। सबने मिलकर नीता के इस कदम को पागलपन बताया था। आज वे सभी रिश्तेदार जब भी नीता और मुझसे मिलते हैं, एक बात कहना नहीं भूलते कि शादियाँ तो हमारे भी बच्चों की हुईं, लेकिन नीता तुझे हम सब सलाम करते हैं। हमारे सभी बच्चों में अगर कोई सबसे खुश या सुखी है तो नीता, वह तुम हो। बस, एक अफसोस मुझे जिंदगी भर रहेगा कि मेरी और नीता की इन तमाम खुशियों में माँ और नीता के माता-पिता शामिल नहीं हैं। अगर आज वे सभी इस दुनिया में होते तो कितने खुश होते! लेकिन मुझे पूरा यकीन है कि उन अनगिनत सितारों में कहीं से आज भी वे नीता और मुझे आशीर्वाद देते हुए अपने प्यार व वात्सल्य का अमृत हम पर बरसा रहे हैं।

□

8

तिलक स्मारक : एक मुहिम

महाबलेश्वर के अब तक के इतिहास में एक ही बार 'महाबलेश्वर फेस्टिवल' आयोजित किया गया था, जिसमें बड़ी-बड़ी कंपनियाँ अपने-अपने स्टॉल लगाने वाली थीं और काफी सेलिब्रिटीज भी आने वाले थे। फेस्टिवल का निश्चित दिन करीब आते-आते पूरे महाबलेश्वर में कौतूहल बढ़ता जा रहा था और ऐसा लगता था कि मुझे भी उसमें एक स्टॉल मिले। लेकिन तीन दिन के स्टॉल का 20 हजार रुपए भाड़ा था, जो मेरी सामर्थ्य से परे था और मुझे समझ नहीं आ रहा था कि कैसे स्टॉल हासिल किया जाए? इस बीच एक दिन मुझे लॉयंस क्लब, महाबलेश्वर से एक फोन आया। सामने उसकी अध्यक्ष महोदया फोन पर थीं, जो मुझसे व नीता से भलीभाँति परिचित थीं। उन्होंने कहा कि "भावेश भाई, महाबलेश्वर फेस्टिवल के आयोजकों की तरफ से हमारे क्लब को एक स्टॉल मिला है और आप जानते ही हैं कि हमारे पास उस स्टॉल के लिए कोई प्रोडक्ट तो है नहीं। हम सिर्फ टेबल रखकर अपने क्लब को प्रमोट करना नहीं चाहते। क्यों न हम ऐसा करें कि उस स्टॉल पर बैनर हमारे क्लब का और प्रोडक्ट आपके रहें? इस तरह से हम पार्टनर बनते हैं। हमें भी आपकी कैंडल्स को प्रमोट करके खुशी मिलेगी।"

मुझे जो चाहिए था, वह खुद चलकर सामने से आ गया था, अतः मैंने तुरंत उनको 'हाँ' कह दी। उसी दिन शाम को मैं और नीता उनसे मिलने गए और सब तय हो गया। मैंने भी जोर-शोर से तैयारियाँ शुरू कर दीं। फेस्टिवल में एक बड़ा सा स्टॉल लॉयंस क्लब को दिया गया था। उन्होंने अपना बैनर जरूर लगाया था, लेकिन उस पूरे स्टॉल पर मेरी बनाई कैंडल्स बेचने के लिए सजाई गईं। यह अपने आप में बड़ा ही अद्‌भुत अनुभव था, क्योंकि इतने बड़े फेस्टिवल में स्टॉल लगाने का मौका मिला था। महाबलेश्वर हिल स्टेशन के आसपास के शहरों, जैसे वाई, पंचगनी, सातारा आदि तक के लोगों को मेरे प्रोक्डस के बारे में जानकारी मिल सकी। कैंडल्स की इतनी डिजाइनें आज तक किसी ने नहीं देखी थीं, जिस वजह से उस फेस्टिवल में मेरा स्टॉल आकर्षण का एक केंद्र बन चुका था।

हमारे सभी नगर सेवक, नगर अध्यक्ष, सभी पत्रकार और खासतौर पर संजय दस्तुरे, जो 'लोकमत' ग्रुप के पत्रकार थे, उन्होंने आनेवाले सभी प्रतिष्ठित व्यक्तियों से मुझे जोड़ा। उस फेस्टिवल की 'मुलाकात' पर जितने भी लोग आए थे, जैसे शेफ संजीव कपूर, आशा भोंसले, गायिका वैशाली सामंत और ऐसे ही कई नामी व्यक्तियों को खासतौर पर हमारे स्टॉल पर लेकर आने में उन लोगों ने भरपूर मदद की, जिसका लाभ इन सबसे पहचान बढ़ाने में हुआ। उस फेस्टिवल में स्टॉल लगाने कई राज्यों से अलग-अलग प्रोडक्ट लेकर जो लोग आए थे, उनसे भी मिलना हुआ।

इस फेस्टिवल में एक ऐसी खास बात हुई, जिसने मुझे मीलों दूर छलाँग लगाने में मदद की। शायद तीसरे दिन शाम को महाबलेश्वर बस स्टॉप से सात किलोमीटर दूर, जो आनंद वन भुवन होटल है, उस होटल की मालिक श्रीमती रोहिणी वैद्य स्टॉल पर पधारीं, जो इनरव्हिल क्लब की डिस्ट्रिक्ट गवर्नर रह चुकी थीं। उनका होटल अपने आप में एक अलग महाबलेश्वर है; क्योंकि करीब 50 एकड़ क्षेत्र में संपूर्ण होटल फैला हुआ है, जो अपनी भौगोलिक संरचना के कारण पर्यटकों की पहली पसंद हुआ करता है। उस दिन रोहिणी मैडम के साथ उनकी बहू साहिली मैडम, पोती अन्विता व मैनेजर आकाश पवार भी थे। उन्हें मेरी कैंडल्स बहुत पसंद आईं। बातों-बातों में ही मेरा व नीता का उन सबसे जैसे एक गहरा नाता हो गया। विदा लेने से पहले उन्होंने इच्छा व्यक्त की कि क्यों न इन कैंडल्स का एक स्थायी स्टॉल होटल आनंद वन भुवन में लगाया जाए! साथ में उन्होंने जोड़ा कि इस स्टॉल के लिए उन्हें किसी भी प्रकार का न कोई किराया चाहिए, न कोई कमीशन। बस, वे इस तरह से हमारी मददगार होना चाहती थीं। फेस्टिवल खत्म होने के बाद हमने हफ्ते भर में ही होटल आनंद वन भुवन में अपना स्टॉल शुरू कर दिया। यह अप्रैल-मई 2005 की बात है और जो मदद होटल आनंद वन भुवन के स्टॉल को मिली, उसकी वजह से पूरे वैद्य परिवार से हमारी घनिष्ठता भी बढ़ने लगी। श्रीमती रोहिणी वैद्यजी के सुपुत्र सचिनजी होटल का पुणे का कार्यालय सँभालते थे। उनका रहना भी पुणे में होने के कारण मेरी और सचिनजी की मुलाकात हो नहीं पा रही थी। मुझे ज्ञात हुआ कि सचिन भाई का भी जन्मदिन मेरे बेटे कुणाल के साथ 19 नवंबर को ही आता है। यह बात मुझे याद रही और मैंने 19 नवंबर को फोन करके उन्हें जन्मदिन की बधाइयाँ दीं। उसके बाद अक्सर फोन पर हमारी बातें हो जाया करती थीं। एक दिन शाम को अचानक वे मेरे चर्च के स्टॉल पर आए। उस दिन कुणाल भी मेरे साथ था। कुणाल के लिए वे अपने साथ चॉकलेट्स वगैरह भी लाए थे। यह सचिन भाई के साथ मेरी पहली मुलाकात थी। फिर तो ऐसी मित्रता हुई कि सचिनजी और उनकी धर्मपत्नी कई बार हमारे घर आया करते। हम पुणे गए तो उनके घर जरूर जाना होता और दिसंबर 2005 आते-आते उन्होंने मुझे पुणे में अपने घर पर एक कार्यक्रम में भी बुलाया, जहाँ काफी लेखक और फिल्म प्रोडक्शन

हाउस से जुड़े हुए लोग आए हुए थे। उन सभी से सचिन भाई ने मेरा परिचय कराया और बातों-बातों में तय हुआ कि ये जो इतनी खूबसूरत कैंडल्स मैं बनाता हूँ, वे सिर्फ महाबलेश्वर तक सीमित न रहें और उनको बड़े पैमाने पर महाबलेश्वर से बाहर निकालना जरूरी है।

उस दिन शाम को इस बारे में काफी चर्चा हुई और वे जो लेखक और प्रोडक्शन हाउस वाले मित्र वहाँ उपस्थित थे, उन्होंने कहा कि चलो, हम कुछ अलग करते हैं, कुछ बहुत बड़ा करते हैं। और इन बातों के चलते ऐसी ऊर्जा फैली कि तय हुआ कि पुणे में मेरी बनाई हुई कैंडल्स की बहुत बड़ी प्रदर्शनी एक बड़े से हॉल में लगाई जाए। लेकिन यह काम तुरंत करना संभव नहीं था। इतने बड़े आयोजन के लिए एक-डेढ़ साल कैंडल्स बनाने में ही लग जाते, जिसके चलते 20, 21, 22 जुलाई, 2007 की तारीख तय की गई। इसके पहले मैंने व नीता ने अलग-अलग शहरों में काफी प्रदर्शनियों में भाग लिया था, लेकिन वहाँ हम एक टेबल तक ही सीमित थे। उन बड़ी-बड़ी प्रदर्शनियों में हम एक टेबल से आगे कभी बढ़ ही नहीं पाए; लेकिन यहाँ बात पूरे हॉल की हो रही थी।

वर्ष 2006 शुरू हो चुका था और मैं उन बातों को तब तक मजाक के रूप में ही ले रहा था। मुझे लगा था, वे लोग इन बातों को भूल चुके होंगे; लेकिन मैं गलत था, क्योंकि सचिन भाई व साहिली भाभी ने उस प्रदर्शनी वाली बात को बहुत गंभीरता से लिया था। 2006 फरवरी आते-आते मुझे बाकायदा एक पूरी लिस्ट दे दी गई थी कि अगर मैं बना सकता हूँ तो इस लिस्ट के अनुरूप कैंडल्स बनाना शुरू करूँ। उन दिनों जो प्रोडक्ट मैं 10-20 या 50 बना लेता था, वे ही प्रोडक्ट मुझे हजार-हजार, दो-दो हजार बनाने के लिए कहे गए। पूना में एस.पी. कॉलेज के पास में ही 'तिलक स्मारक' नाम का बहुत बड़ा हॉल है और सचिन भाई की उस हॉल के मुख्य ट्रस्टी दीपक तिलकजी, जो लोकमान्य तिलकजी के वंशज हैं, उनसे अच्छी पहचान थी। जिस वजह से हमारी 2007 की तय तारीखों पर वह संपूर्ण 'तिलक स्मारक हॉल' हमें बारह हजार रुपए एक दिन के भाड़े के हिसाब से उपलब्ध हो चुका था। सचिन भाई की पहचान का यह फायदा हुआ कि 19 जुलाई का दिन उस तीन दिन की प्रदर्शनी को सजाने के लिए मुफ्त में दिया गया। यह सब तो ठीक था, लेकिन इतने सारे प्रोडक्ट बनाने के लिए फंड कहाँ से लाया जाए? करीब-करीब 4 से 5 ट्रक कैंडल्स बनानी थीं। इस डेढ़ साल में इतना फंड हम कहाँ से लाते? सचिन भाई मेरी इस आर्थिक परिस्थिति से भलीभाँति परिचित थे। उनकी तरफ से बात आई कि अगर आपको जरूरत है तो वे कच्चे माल के लिए जो भी फंड लगेगा, उसकी पूरी-पूरी व्यवस्था करवा देंगे; लेकिन यह प्रदर्शनी तो होकर ही रहेगी। सचिन भाई से घनिष्ठता ऐसी हो गई थी कि बिल्कुल एक सगे भाई की तरह वे हमारे साथ जुड़े थे। इस प्रदर्शनी को करवाकर उनको भला क्या फायदा होनेवाला था? बस वे तो निःस्वार्थ भाव से 'सनराइज कैंडल्स' और मुझे प्रमोट करना चाहते थे।

कच्चे माल के लिए करीब 10 लाख रुपयों की जरूरत थी, अत: हमने बिना देर किए जो भी बचत थी, सब दाँव पर लगा दी। जितना हो सका, उधार या नकद, उतना कच्चा माल हमने मार्केट से उठाना शुरू किया। मेरी और नीता की सोच यह भी थी कि अगर इतनी सारी कैंडल्स नहीं भी बिकती हैं तो आनेवाले दिनों में ऐसा नहीं है कि उनकी माँग कम हो जाती हैं ये कैंडल्स आज नहीं तो कल बिकेंगी-ही-बिकेंगी। तब उन परिस्थितियों में इन सभी कैंडल्स को किसी बड़े गोदाम में सँजोकर रखेंगे और बाद में सिर्फ उन्हें बेचने का काम करेंगे, जिससे इस रोज के बनाने और बेचनेवाले झंझट से भी हम बच जाएँगे। ज्यादा-से-ज्यादा गोदाम के भाड़े के रूप में एक जवाबदारी बढ़नी थी। यह सब सोचकर मैंने अपना प्रोडक्शन चालू कर दिया।

नीता का काफी सहयोग मिल रहा था। लिस्ट हमारे सामने थी ही कि हमें क्या बनाना है। लेकिन उस एक कमरे के मैन्युफैक्चरिंग यूनिट पर इतना स्टॉक रखें कहाँ और कैसे; क्योंकि अधिकांश कमरा कच्चे माल से ही भरा पड़ा था। सचिन भाई ने बहुत सरल तरीके से इस मसले को सुलझाया। होटल आनंद वन भुवन में पुणे से ही ज्यादा अतिथि आते थे और आनंद वन के आतिथ्य के चलते वे सभी होटल के ग्राहक कम, उनके दोस्त ज्यादा बन चुके थे। उन्होंने जो इतने सारे लोगों को जोड़कर रखा था, उसके चलते तय यह हुआ कि जो भी अतिथि या दोस्त महाबलेश्वर आएँगे, उनसे यह विनती की जाएगी कि उनकी कार में कैंडल के जो भी दो-तीन बॉक्स रखने की जगह हो, वे वापसी में पूना जाते समय मेरे पास से उन बक्सों को अपने साथ ले जाएँ।

सचिन भाई ने 'तिलक स्मारक हॉल' के पास ही भाड़े पर एक बड़ी जगह ले ली थी, जहाँ पर हमने ये सारी कैंडल्स रखनी शुरू कर दीं। एक लिस्ट उनके पास रहती और एक लिस्ट मेरे पास। बॉक्स के ऊपर हम प्रोडक्ट का नाम व संख्या डाल देते। इस तरह से यह पूरा काम शुरू हुआ। फिर तो बॉक्स पुणे ले जाने के चलते होटल आनंद वन भुवन के जो भी अतिथि आते, वे सभी हमारे भी दोस्त बन गए और आगे चलकर इसका पूरा-पूरा लाभ तिलक स्मारक प्रदर्शनी में वॉलंटियर की जो जरूरत थी, उसको पूरा करने में हुआ। जो लिस्ट हमें दी गई थी, उससे कहीं ज्यादा कैंडल्स हमने बनाईं। उस प्रदर्शनी को सफल बनाने के लिए हमने अपना सबकुछ दाँव पर लगा दिया था। मैंने और नीता ने अपनी जिंदगी के डेढ़ साल उस प्रदर्शनी की कैंडल्स तैयार करने में लगा दिए। मैंने दिन-रात एक कर दिए। उन दिनों मैं 18 से 20 घंटे कैंडल्स बनाता। उस एक कमरे में काम करते-करते धूप क्या होती है, नींद क्या होती है, सब भूल चुका था। नीता इस बात का पूरा ध्यान रखती कि मुझे कच्चा माल कभी कम न पड़ने पाए। मार्केट का स्टॉल, कुणाल की पढ़ाई, पिताजी का स्वास्थ्य और घर के बाकी सभी काम उसने बड़ी कुशलता के साथ सँभाल लिये थे। रात को मोम के बक्सों पर ही हम बिस्तर डालकर सो जाते।

सचिन भाई ने मुझे बताया था कि जब श्री दीपक तिलक से हॉल भाड़े पर माँगा गया था, तब उन्हें भी बड़ा आश्चर्य हुआ कि हम पूरे हॉल में सिर्फ कैंडल्स का प्रदर्शनी लगा रहे हैं! उन्होंने सचिन भाई से कहा भी था कि कैंडल्स का एकाध स्टॉल लगाने की बात समझ में आती भी है। उन्होंने कहा था कि आप एक बार सोच लीजिए, यह हॉल बहुत बड़ा है। अगर आप चाहोगे तो किसी और प्रदर्शनी में चैरिटी के रूप में एक-दो टेबल हम उस अंध व्यक्ति को दे देंगे। मगर उन्हें नहीं पता था कि हम तो आसमान छूने का ख्वाब देख रहे थे। बड़ी मुश्किल से सचिन भाई उनको समझा पाए थे। सचिन भाई तीन दिन के भाड़े के रूप में 36,000 रुपए हॉल के कार्यालय में जमा करवा चुके थे। वादे के अनुरूप दीपक तिलकजी ने 19 जुलाई का किराया माफ कर दिया, जो उस समय हमारे लिए बहुत बड़ी राहत थी।

वहाँ के जो मैनेजर थे, वे तो सचिन भाई पर हँस रहे थे। उन्होंने सचिन भाई से यहाँ तक कह दिया कि आपका तो कुछ जाना नहीं है, लेकिन जिस अंध व्यक्ति के लिए आप यह प्रदर्शनी लगवा रहे हैं, वह जरूर बर्बाद हो जाएगा, क्योंकि हम कितने सालों से तिलक स्मारक में नौकरी कर रहे हैं। कैंडल्स की ऐसी कोई प्रदर्शनी अपनी पूरी जिंदगी में आज तक न सुनी, न देखी। और आप कह रहे हैं कि पूरे हॉल में आप कैंडल्स लगवाना चाहते हैं तो इन कैंडल्स को लेगा कौन? ऐसे खरीदार आप लाएँगे कहाँ से? आप नहीं जानते क्या कि पुणे के लोग वैसे ही काफी रूढ़िवादी हैं। और उनके सामने आप इन कैंडल्स को बेचना चाहते हैं? उस पर जुलाई का महीना, मतलब बरसात का महीना है और अगर उन दिनों जोरों से बारिश रही तो यह प्रदर्शनी एकदम असफल हो जाएगी। आपको कुछ भी हासिल नहीं होगा। किंतु इन सब बातों को सुनने के बाद भी हम आश्वस्त थे। हमें भरोसा था ईश्वर पर और पुणे के नागरिकों पर, जो कला की कद्र करना बखूबी जानते हैं, जिस वजह से हमने उन सभी बातों को नजरअंदाज करना ही बेहतर समझा।

वर्ष 2007 आते-आते मैंने और सचिन भाई ने कुछ और क्षेत्र में काम करना शुरू किया, क्योंकि उस प्रदर्शनी का विज्ञापन और प्रमोशन करना बहुत जरूरी था। सचिन भाई चाहते थे कि मुझ पर एक प्यारी सी डॉक्यूमेंट्री बनाई जाए। इस सिलसिले में वे पुणे में प्रदीप गिरीजी जो बहुत बड़े आर्किटेक्ट हैं, उनकी धर्मपत्नी श्रीमती पूजा गिरी से मिले, जो खुद बहुत बड़ी कलाकार हैं और कई डॉक्यूमेंट्री के लिए अपनी आवाज दे चुकी थीं और उन्हीं के एक सह कलाकार संजय डोरे से भी मिले, जो बी.एस.एन.एल. पूना में कार्यरत थे और साथ-साथ स्क्रिप्ट राइटर तथा ऐसी ही डॉक्यूमेंट्री बनाने में काफी दक्ष थे। सचिन भाई ने उनके सामने यह डॉक्यूमेंट्री वाला प्रस्ताव रखा था। उन दिनों ही महाबलेश्वर के रोटरी क्लब की तरफ से उन दोनों कलाकारों का एक कार्यक्रम भी रखा गया था। वहाँ पर मुझे अतिथि के रूप में बुलाया गया था, जहाँ सचिन भाई ने उन दोनों से मेरा परिचय

करवाया, फिर बाद में कुछ फोटोग्राफर मित्रों को जोड़कर 10 मिनट की एक फिल्म हमने शूट की। जिस कमरे में कैंडल्स बनते थे, वहाँ पर बड़े-बड़े कैमरों को ले जाकर फिल्म शूट करना संभव नहीं था। इसके चलते यह तय हुआ कि उस छोटी सी फैक्टरी को एक टेंपो में डालकर आनंद वन के 2000 स्क्वेयर फीट के उस विशाल कॉन्फ्रेंस हॉल में शिफ्ट किया जाए। वहाँ फिर से एक फैक्टरी जैसा दृश्य तैयार किया गया और कैमरा वगैरह लगाकर डॉक्यूमेंट्री तैयार की गई। आखिरकार इतने प्रयत्नों के बाद बहुत सुंदर डॉक्यूमेंट्री तैयार हो पाई। सभी फोटोग्राफर्स, स्क्रिप्ट राइटर्स व वॉइस ओवर आर्टिस्ट्स ने सारा काम मुफ्त में किया था।

उन दिनों पुणे के मशहूर व्यंग्य चित्रकार व कार्टूनिस्ट श्री मंगेश तेंदुलकर महाबलेश्वर आनंद वन भुवन में आए हुए थे। वे हमारे फैक्टरीनुमा घर पर पधारे और उन्होंने भी आश्वासन दिया कि वे इस पूरी प्रदर्शनी में हमारा पूरा-पूरा साथ देंगे। उन्होंने 27 जून को, जो डॉ. हेलेन केलर का जन्मदिन भी होता है, उसके उपलक्ष्य में अंधत्व और मेरे व 'सनराइज कैंडल्स' पर एक बड़ा जबरदस्त लेख लिखा, जिसमें अगले महीने तिलक स्मारक में आयोजित होनेवाले हमारे अभूतपूर्व कैंडल्स प्रदर्शनी का भी जिक्र किया गया था, जो समाचार-पत्र 'सामना' के फ्रंट पेज पर छपा। उसका काफी फायदा लोगों तक 'सनराइज कैंडल्स' और तिलक स्मारक वाले प्रदर्शनी के काम की जानकारी पहुँचाने में हुआ। उस लेख का एक और भी यह फायदा हुआ कि कई और समाचार-पत्रों ने हमारे इस प्रदर्शनी में रुचि दिखाई। जब इलेक्ट्रॉनिक मीडिया और महाराष्ट्र के मराठी चैनलों तक पहुँचने की बात आई, उन दिनों पुणे बाल मुद्रा के श्री श्रीकृष्ण परांजपे हमारे साथ जुड़े और अपना बड़ा सा फोटो स्टूडियो उन सभी चैनलवालों के लिए उपलब्ध करवाया, जहाँ मैंने एक बार फिर से फैक्टरी का दृश्य तैयार करके उन टी.वी. चैनल्स के सामने कुछ कैंडल्स बनाकर दिखाईं।

श्रीकृष्णजी के पुत्र श्रेयस मराठी फिल्मों में एक प्रसिद्ध बाल कलाकार हैं, जिसके कारण उनकी टी.वी. चैनलों से काफी जान-पहचान थी। उनकी यह पहचान रंग लाई और जिस वजह से हम सभी, जो उस प्रदर्शनी से जुड़े थे, महाराष्ट्र के घर-घर तक पहुँच सके। प्रदर्शनी के विज्ञापन के चलते हैंडबिल्स छापने के बाद जब उन्हें वितरित करने की बात आई, तब समझ में आया कि इस पर तो काफी पैसा लगेगा, क्योंकि 50 हजार से ज्यादा हैंडबिल्स छापे गए थे और इतने सारे हैंडबिल्स को समाचार-पत्रों में डालकर वितरित करवाना एक कठिन कार्य था। हम उन समाचार-पत्रों का वितरण करनेवाले संगठन के अध्यक्ष से मिले और उनसे इस प्रोजेक्ट के बारे में बात की। हमारी सारी बात सुनकर उन्होंने जो कहा, उसने हमें आश्चर्य में डाल दिया। वे कह रहे थे कि एक ही शर्त पर यह हैंडबिल्स बँटेंगे कि आपको किसी को एक रुपया भी नहीं देना है।

उन्होंने पुणे के सभी प्रमुख क्षेत्रों के समाचार-पत्र बाँटनेवालों को बुलाया और यह तय हुआ कि वे हैंडबिल्स की तरह नहीं बाँटेंगे, लेकिन जो-जो मित्र इन समाचार-पत्रों को बाँटते हैं, उनको इस तरह से खास निर्देश दिए गए कि आपको हर ग्राहक को कहना है कि और कुछ पढ़ो, न पढ़ो, लेकिन इस हैंडबिल को जरूर पढ़ना। ये सभी बातें विश्वास के परे थीं। उन दिनों मुझे ओशो की एक बात बार-बार याद आ रही थी कि "अगर आपको अपने मकसद पर यकीन हो तो पूरा अस्तित्व, पूरा ब्रह्मांड, पूरा विश्व आपके साथ उस मकसद को पूरा करने में जुट जाता है।" हमारे साथ भी ऐसा ही हो रहा था। जो जुड़ रहा था, वह मानो जैसे जिंदगी भर के लिए जुड़ रहा था। हर कोई मानो तिलक स्मारक की उस प्रदर्शनी को सफल बनाने के लिए अपनी कमर कस चुका था। जून के आखिर में सचिन भाई ने एक प्रेस नोट बनाकर अखबारवालों के पास भेज दिया और जुलाई के पहले सप्ताह में एक प्रेस कॉन्फ्रेंस रखी गई। इसका परिणाम यह हुआ कि हिंदी, मराठी और अंग्रेजी के काफी प्रसिद्ध समाचार-पत्रों ने मेरी और मेरी बनाई हुई कैंडल्स की तस्वीरों के साथ इस प्रदर्शनी के बारे में छापा।

जब मैंने इस प्रदर्शनी के लिए कैंडल्स बनाने की शुरुआत की थी, तब सचिन भाई और साहिली भाभी की राय थी कि कुछ प्रोडक्ट ऐसे बनाए जाएँ, जो बेचने के लिए न हों, लेकिन वे प्रदर्शनी का मुख्य आकर्षण बनें। इसके चलते मैंने चार फीट बाई चार फीट के 80-80 किलो के दो मोम के चेस बोर्ड बनाए, 200 किलो का मोम का एक बड़ा सा किला बनाया था और छह-छह फीट की 150-150 किलो की दो बड़ी कैंडल्स मैंने प्रवेश द्वार के लिए बनाई थीं, जिनको ओढ़नी वगैरह डालकर दुलहन की तरह सजाना था। फिनोलेक्स पाइप्स कंपनी से हमने उन बड़ी कैंडल्स के लिए खास डाई तैयार करवाई थी। उन अलग सी कैंडल्स को सोचने और बनाने में ही मुझे दो महीने लग गए थे। अब तो प्रिंट मीडिया व इलेक्ट्रॉनिक मीडिया के माध्यम से यह खबर आग की तरह फैल गई थी कि एक दृष्टि-बाधित द्वारा बनाई हुई कैंडल्स की एक अनोखी प्रदर्शनी पुणे में होने वाली है। तब काफी फोन आने लगे, काफी लोग मिलने आने लगे और हर कोई हमसे जुड़ना चाहता था, अपनी तरफ से कुछ-न-कुछ योगदान देना चाहता था। हमने उनसे यही विनती की कि आप हर एक मित्र कम-से-कम 100 लोगों तक इस प्रदर्शनी की खबर को पहुँचाने की कोशिश करें।

एक दिन बड़ा सा एक ग्रुप हमसे मिलने के लिए आया। वे सभी पुणे फिल्म सिटी के स्टूडेंट थे, जो अलग-अलग देशों से वहाँ पढ़ाई करने के लिए आए थे, जिनमें कोई प्रोडक्शन का काम सीख रहा था, कोई स्क्रिप्ट राइटिंग का। सब अलग-अलग फील्ड से थे। उनके साथ उनके प्रोफेसर भी आए थे। वे सभी लोग हमारी इस प्रदर्शनी के साथ जुड़ना चाहते थे और अंत में उन्होंने इस पूरी प्रदर्शनी को सजाने की जिम्मेदारी उठा ली। पहले उन्होंने तिलक स्मारक जाकर देखा। उसके साथ-साथ उन्होंने प्रोडक्ट समझे कि

हम क्या-क्या बना रहे हैं; जैसे बीयर मग, वाइन बॉटल्स, कार्टून्स, फ्लावर्स, दीया आदि। तब उन्होंने पूछा कि क्या आप बर्फ के टुकड़े बना सकते हैं, मैंने कहा, "हाँ, मैं हू-ब-हू बर्फ के टुकड़े बना सकता हूँ।" उन दिनों मेरा आत्मविश्वास सातवें आसमान पर था। उन्होंने उस हॉल के एक कोने में बारह-बाई-बारह फीट का बड़ा सा बार सेक्शन बनाया। उन्होंने उसको अलग-अलग रंगों की लाइट्स का पूरा प्रभाव देते हुए उस सेक्शन के सामने गोल घूमने वाले कुछ स्टूल भी रखे। इस बार सेक्शन पर बीयर मग, वाइन बॉटल और बर्फ के टुकड़े, जो मैंने खासतौर पर बनाए थे, ऐसी सभी मोम की कलाकृतियाँ, जो उस बार सेक्शन से जुड़ती थीं, बड़ी खूबसूरती से सजाई गईं। दूसरे कोने में मोम के किले के साथ-साथ मैंने जो तुलसी वृंदावन, दीया एवं श्री गणेशजी की मूर्ति, मोदक और कई देवी-देवताओं की मूर्तियों को मोम में ढाला था, उन सभी को 'संस्कृति' नाम से बड़े आकर्षक ढंग से सजाया गया। जो फ्लावर्स फ्लोटिंग कैंडल्स थीं, उनके लिए उन्होंने लकड़ी के बुरादे वगैरह से एक बगीचे का दृश्य तैयार किया। 'फ्रेंडशिप डे' नजदीक ही था, अतः उसके थीम पर एक पूरा कोना सजाया गया। बच्चों के लिए जो कार्टून शेप के प्रोडक्ट थे, उन सभी को थर्मोकोल के सेट बनाकर बड़े सुंदर ढंग से सजाया गया। करीब 6 फीट डायमीटर का सीमेंट का एक बड़ा सा टब उन्होंने हॉल के बीचोबीच रखकर उसमें पानी भरकर काफी फ्लोटिंग कैंडल्स को उस पर तैरते हुए रख दिया था, जिसे बाद में जलाना भी था। इस सजावट के सामान के चलते करीब तीन, साढ़े तीन लाख रुपए उन्होंने अपनी जेब से डाल दिए। उन्होंने कहा कि अगर आपकी प्रदर्शनी सफल होती है तो आप सिर्फ मुद्दल का पैसा हमें दे दीजिएगा। उस फिल्म सिटी के प्रशिक्षण के अंतर्गत एक प्रोजेक्ट के रूप में उन्होंने इस प्रदर्शनी को लिया था। मंगेश तेंदुलकरजी की बेटी का पुणे में बहुत बड़ा प्रिंटिंग प्रेस है। उन्होंने वादा किया था कि तिलक स्मारक के लिए जितने आमंत्रण कार्ड छपेंगे, वे सभी कार्ड उनकी तरफ से मुफ्त में छापे जाएँगे। उन्होंने कैंडल के आकार का हू-ब-हू कार्ड तैयार किया था, जो दो भागों में खोला भी जा सकता था। उस कार्ड के अंदर इस प्रदर्शनी के बारे में पूरी जानकारी छापी गई थी।

प्रदर्शनी सिर पर थी। 18 जुलाई तक जो कैंडल्स महाबलेश्वर में रह गई थीं, जिनसे पूरा कमरा भरा पड़ा था, उन सभी बची हुई कैंडल्स को टाटा 407 टेंपो में भरकर हम उसी दिन शाम को पुणे पहुँच गए। 19 तारीख की सुबह को दो टेंपो लगाए गए, जिनमें भरकर उस गोदाम में रखे सभी बॉक्स हॉल तक पहुँचाए जा सके। सचिन भाई के पुणे में काफी बड़े-बड़े और नामी बिल्डर्स, ज्वेलर्स और व्यापारी मित्र थे, जिनमें आपटेकानडे ज्वेलर्स, काका हलवाई, शैलेश नगरकर, राजू मोरे इत्यादि मित्र, जिन्होंने शायद कभी अपने घर पर पानी का गिलास भी खुद नहीं भरा होगा, वे सभी-के-सभी मित्र सिर्फ मुझे मदद करने के लिए उस गोदाम पर बॉक्स उठाने पहुँच गए। एक बड़ा ग्रुप तिलक स्मारक पर पहले से

ही मौजूद था। उन्होंने वे सारे बॉक्स ऊपर के लेबल के अनुरूप अलग-अलग जगह पर रखने शुरू किए। थर्मोकोल की शीट्स बनाने के लिए फिल्म सिटी की एक टीम वहाँ पर सुबह से लग चुकी थी। उसके साथ-साथ बीच में वे बॉक्स लाकर रख दिए गए, ताकि किसी को परेशानी न हो। तिलक स्मारक हॉल के मैनेजर भी वहाँ उपस्थित थे और शायद बेमन से ही सही, वे अपने कर्मचारियों से पूरे हॉल में गलीचे बिछवा रहे थे। दोपहर तक जाकर कहीं हम सारे बॉक्स तिलक स्मारक में पहुँचा सके। सब पसीना-पसीना हो चुके थे; लेकिन हर किसी के सिर पर कुछ अलग करने की एक धुन-सी सवार थी। जितने भी वॉलंटियर्स जुड़े थे, वे सब बॉक्स खोलकर सचिन भाई, साहिली भाभी और रोहिणी मैडम के निर्देशन में उन सभी कैंडल्स को उनके तय स्थानों पर सजाने में लगे हुए थे। फिल्म सिटी के सभी विद्यार्थी और इन सभी वॉलंटियर्स के बीच का आपसी तालमेल काफी अच्छा था। इन्हीं में से एक दोस्त कौशिक बाम ऐसा भी था, जिसका कैटरिंग का काम था। उसने उसी दिन ऐलान कर दिया था कि 19 से लेकर 23 तारीख तक कोई भी वॉलंटियर खाना खाने या चाय पीने अपने घर पर नहीं जाएगा। सुबह के नाश्ते से लेकर रात के खाने तक का सारा इंतजाम मेरा रहेगा। सिर्फ सोने के लिए ही सब अपने-अपने घर जाएँ। सचिन भाई ने भी पास में ही एक होटल में 15 कमरे किराए पर ले रखे थे, क्योंकि उनका तो पूरा घर ही मेहमानों से भर गया था और इस तरह से बहुत वॉलंटियर हमारे पास हो गए थे। आनंद वन होटल के नियमित ग्राहक व सप्लायर भी इस प्रदर्शनी से जुड़ चुके थे, जिसके कारण एक बहुत बड़ी टीम बन चुकी थी; क्योंकि पूरे तिलक स्मारक हॉल में कैंडल्स के इतने सारे काउंटर थे कि उनको सँभालने के लिए 60 से 70 लोगों की तो जरूरत पड़ने-ही-पड़ने वाली थी। 19 तारीख की आधी रात तक पूरे हॉल को सजाया जा चुका था। श्री मंगेश तेंदुलकरजी ने इस प्रदर्शनी को एक थीम के रूप में लेते हुए उसके ऊपर कुछ कार्टून्स बनाए, जो हमने दीवारों पर लगाए थे। सचिन भाई ने एक बड़ी सी स्क्रीन हॉल में लगवा दी थी, जिस पर जो डॉक्यूमेंट्री बनाई गई थी, उसे दिखाया जाना था, जिससे लोगों को इस प्रोजेक्ट के बारे में पूरी जानकारी मिल सके। 19 तारीख की रात को बड़ी मुश्किल से सब लोग हॉल से निकले, क्योंकि सुबह जल्दी वापस आना था। रात करीब 1.30 बजे सचिन भाई ने उस होटल पर मुझे, नीता, कुणाल और पिताजी को छोड़ा। उस समय शायद पूरा पुणे शहर गहरी नींद में सो रहा था। लेकिन मुझे नींद कहाँ ? मैं इतना उत्साहित था, जैसे कल सुबह मुझे कोई नोबेल पुरस्कार मिलने वाला हो ! रात भर मैं सो नहीं पाया। मुझे पूरा पता था कि चार दिन मुझे चैन की नींद नहीं मिलने वाली है। नीता ने भी दो-तीन बार उठकर कहा कि आप दो घंटा सो लें। आपको कल दिन भर बहुत काम हैं। लेकिन मैं था कि उस आधी रात में जागकर सपना देख रहा था।

इस संबंध में एक विशेष बात जरूर कहना चाहूँगा कि पास में ही एस.पी. कॉलेज

था, जिसके कम-से-कम 4-5 हजार छात्र थे और उन सबको आकर्षित करने के लिए सचिन भाई ने एक बहुत प्यारी तरकीब सोच रखी थी। डॉ. सलिल कुलकर्णी और श्री संदीप खरे, जो बड़े ही प्रसिद्ध गायक, संगीतकार व कवि हैं, जो आनंद वन भुवन के नियमित ग्राहक भी थे, सचिनजी और उनकी अच्छी पहचान थी। सचिनजी ने उनके सहायक से बात की और उनको न्योता भेजा। तय यह हुआ था कि ये दोनों महानुभाव मुख्य अतिथि रहेंगे और उनके हाथों रिबन काटकर प्रदर्शनी का शुभारंभ किया जाएगा।

लेकिन इसमें दिक्कत यह आ गई थी कि उनके सहायक का कहना था कि दोनों को 11-11 हजार रुपए फीस के तौर पर देने पड़ेंगे, क्योंकि ये लोग सेलिब्रिटी हैं। ऐसे मुफ्त में कहीं नहीं जाते। सचिन भाई ने उनको आश्वासन दिया कि हम उनकी फीस दे देंगे। सचिन भाई जानते थे कि मेरे पास पैसे नहीं थे। मेरे ऊपर कुछ कर्ज भी हो चुका था। कच्चे माल वालों को मुझे काफी पैसे चुकाने थे। मैंने उनको आश्वस्त किया था कि इस प्रदर्शनी के बाद मैं उनके सब पैसे चुका दूँगा। सचिन भाई की दूरदृष्टि पर मुझे बड़ा गर्व हुआ, जब मैंने यह जाना कि उन्होंने काका हलवाई, आपटे कानडे ज्वेलर्स, महाराष्ट्र बैंक, डी.एस.के. बिल्डर आदि से प्रदर्शनी के स्पॉन्सरशिप के रूप में 70-80 हजार रुपए पहले ही इकट्ठा कर लिये थे। जो परिवहन व्यय, हॉल का भाड़ा, खाने के खर्चों के साथ-साथ और बाकी के जो भी छोटे-मोटे खर्चे थे, वे सभी इसी स्पॉन्सरशिप राशि में से चुकाए जाने थे। मुझे तो इन बातों का कुछ पता भी नहीं था। सचिन भाई ने जानबूझकर मुझे इन परेशानियों से दूर रखा था, ताकि मैं सिर्फ और सिर्फ कैंडल्स बनाने के ऊपर ध्यान केंद्रित कर सकूँ। मुझे खुशी है, सचिन भाई ने मुझ पर जो विश्वास दिखाया, उस पर मैं खरा उतर सका।

20 जुलाई! जिस दिन का मैं बेसब्री से इंतजार कर रहा था, वह दिन आ गया।

उद्घाटन के लिए 10 बजे का समय तय किया गया था। बैनर्स, हैंडबिल्स, न्यूज चैनल और समाचार-पत्रों ने बखूबी अपना काम कर दिया था। भीड़ जमा होनी शुरू हो चुकी थी और हम सभी उन दोनों सेलिब्रिटीज की राह देख रहे थे। सचिन भाई की तरकीब काम कर गई थी और उन सेलिब्रिटीज के चलते एस.पी. कॉलेज के अधिकांश छात्रों ने सुबह से ही अपनी मौजूदगी दर्ज करानी शुरू कर दी थी। 10 बजते-बजते पूरा तिलक स्मारक प्रांगण लोगों से खचाखच भर चुका था। और अंत में वह लम्हा आ ही गया, जब करीब 10.30 बजे सलिलजी व संदीपजी का आगमन हुआ। फिर रिबन काटकर इस प्रदर्शनी का विधिवत् उद्घाटन हुआ। एक तरफ छोटा सा मंच भी बनाया गया था, जहाँ उद्घाटन भाषण की शुरुआत में ही डॉ. सलिल कुलकर्णी ने कहा कि पहले तो मैं भावेश व सचिन से माफी चाहता हूँ, क्योंकि इस नेक काम के लिए मेरे स्टाफ द्वारा कुछ फीस माँगी गई थी, किंतु अब भावेश व सचिन से यही विनती है कि इस सुंदर प्रदर्शनी में हमें मौका दिया जाए, ताकि हम सबसे पहले यहाँ से कम-से-कम 11-11 हजार

रुपए की कैंडल्स खरीद सकें। मंगेश तेंदुलकरजी का बड़ा प्यारा भाषण हुआ और मोम के ऊपर कार्विंग करने के लिए कुछ उपकरणों का एक बॉक्स उन्होंने मुझे भेंट में दिया। संदीपजी ने अपने भाषण में कुछ कविताएँ सुनाकर सबको मंत्रमुग्ध कर दिया। सचिन भाई व रोहिणी मैडम ने भी कुछ आशीर्वाद रूपी शब्द कहे। मुझे भी इन सब महानुभावों के साथ मंच साझा करने और दो मिनट बोलने का अवसर प्राप्त हुआ। इस पूरे उद्घाटन को कवर करने के लिए 'टाइम्स ऑफ इंडिया' से लेकर 'इंडियन एक्सप्रेस' तक सभी पत्रकार उपस्थित थे। उद्घाटन कार्यक्रम खत्म हुआ नहीं कि लोगों की भीड़ कैंडल को देखने और खरीदने के लिए टूट पड़ी।

वैसे तो 19 तारीख को जब स्टॉल सजाए जा रहे थे, उस दौरान काफी लोग कौतूहलवश हॉल के अंदर आ गए थे और उन्होंने कैंडल्स खरीदने की इच्छा व्यक्त की थी। उस दिन करीब छह ट्रक माल हमारे पास था, इसलिए हमने तय किया कि अभी सामने ग्राहक हैं तो ना क्यों कहना? उद्घाटन तो उद्घाटन के वक्त होता ही रहेगा। अतः हमने उसी दिन कैंडल्स बेचना शुरू कर दिया था। 10 से 12 वॉलंटियर कैंडल्स बेचने के लिए लग गए। इस घटना से सब आश्वस्त हो चुके थे कि प्रदर्शनी को सफल बनाने में अब कोई दिक्कत नहीं होगी। सचिन भाई की माताजी श्रीमती रोहिणी वैद्य ने पैसों के लेन-देन की पूरी व्यवस्था अपने हाथ में ले ली थी। 20 तारीख को इस कदर जोरों से शुरुआत हुई कि खाने का वक्त भी किसी के पास नहीं था। सचिन भाई की चार साल की छोटी सी बेटी अन्विता तो इतनी उत्साहित थी। इस प्रदर्शनी को लेकर कि उस हॉल में स्टॉल पर खड़े सभी वॉलंटियर तक नाश्ते के पैकेट, कैरी बैग इत्यादि छोटी-छोटी चीजें पहुँचाने का काम उसने अपने ही हमउम्र दोस्तों के साथ बखूबी सँभाल लिया था। हमारे उन नन्हे वॉलंटियर्स के लिए अपने उन छोटे-छोटे नन्हे पैरों से तिलक स्मारक के बड़े से हॉल में भाग-दौड़ करना शायद थका देने वाला था। लेकिन उन नन्हे फरिश्तों की ऊर्जा कभी कम नहीं हुई। उस रोज, रात कब हो गई, 9 कब बज गए, शटर डाउन करने का वक्त कब आ गया, पता भी नहीं चला। वहीं पर हॉल के बीचोबीच उस कारपेट के ऊपर सब लोगों ने एक राउंड बनाया और सबने भोजन किया। भोजन के बाद जो दस से बारह के अलग-अलग ग्रुप में सभी स्टॉल्स को बाँटा गया था, उन सभी ने दिन भर हुई बिक्री की राशि रोहिणी मैडम के पास जमा कराई थी। मुझे तो रकम सुनकर ही ताज्जुब हो रहा था, क्योंकि किसी ग्रुप की 75 हजार की बिक्री थी तो किसी की 80 हजार की और सभी ग्रुप्स ने अपने-अपने स्टॉल का इतनी अच्छी तरह से हिसाब रखा था कि पाई-पाई की रकम कागज पर दर्ज थी। मुझे इन सब कामों से अलग रखा गया था। प्रवेश द्वार के एक तरफ मुझे बिठाकर मेरे सामने पाँच बड़ी-बड़ी टेबल और कुर्सियाँ रख दी गई थीं, ताकि मैं लोगों से बात कर सकूँ। मुझे बड़ा आश्चर्य हो रहा था कि यह सब क्या हो

रहा है? एक सपना-सा लग रहा था और लोग आकर शाबाशी व आशीर्वाद की बारिश कर रहे थे। हर कोई यही कह रहा था कि एक अंधा व्यक्ति भी क्या कमाल कर सकता है! लेकिन मेरा मन कह रहा था कि सारा कमाल तो सचिन भाई, साहिली भाभी, रोहिणी मैडम, नीता और इन सभी वॉलंटियर्स ने किया है। आनेवाला हर व्यक्ति मेरे इस प्रोजेक्ट को समझना चाहता था। अलग-अलग कितने ही प्रकार की कैंडल्स यहाँ पर रखी गई थीं, जिसमें छह-छह फीट के कैंडल्स से लेकर चेस बोर्ड, किला और वह प्यारी सी 6-7 मिनट की डॉक्यूमेंट्री—इन सब बातों के चलते हॉल के अंदर जो भी आता, कम-से-कम डेढ़-दो घंटे सहज ही बिता जाता।

पहले दिन ही बाल कल्याण गृह के साथ-साथ दृष्टि-बाधित, मूक-बधिर व मतिमंद लोगों के लिए काम करनेवाली संस्थाओं के प्रतिनिधि हमसे मिले, जो अपने तमाम लाभार्थियों को इस प्रदर्शनी में लाना चाहते थे। दूसरे और तीसरे दिन दोपहर का समय सचिन भाई ने मेरे उन तमाम स्पेशल मित्रों के लिए सुनिश्चित कर दिया, जो अंध और मूक बधिर दोस्तों का ग्रुप आया था। उनके लिए तो बाकायदा वार्त्तालाप का आधे घंटे का सत्र आयोजित किया गया, जिसमें खासतौर पर मूक-बधिर बच्चों के लिए मैं जो भी बात करता, उसे उनके शिक्षक सांकेतिक भाषा में अनुवाद करके बताते। जो अंध मित्रों का समूह आया, उन्हें हर कैंडल छूकर बताने की खास व्यवस्था की गई। इन सभी मित्रों के आगमन से महसूस हुआ कि हमारी इस प्रदर्शनी को लगाने का मकसद सार्थक हो गया। इन दो दिनों में ऐसे सैकड़ों विशेष मित्रों ने अपनी-अपनी संस्था के शिक्षकों के साथ आकर प्रदर्शनी का आनंद लिया। मैं, सचिन भाई और हमारी पूरी टीम इन दोस्तों के आगमन से बड़े खुश थे; क्योंकि सब चाहते थे कि वे सभी मित्र तिलक स्मारक हॉल से कुछ-न-कुछ प्रेरणा लेकर जिंदगी में आगे बढ़ें।

तीसरे दिन की सुबह सभी वॉलंटियर्स ने कमर कस ली थी, क्योंकि उस दिन रविवार के साथ-साथ प्रदर्शनी का आखिरी दिन भी था, अतः इस पार या उस पार वाली बात थी। दोपहर होते-होते तिलक स्मारक हॉल में दाखिल होने के लिए बाहर लंबी-लंबी लाइन लगने लगीं। लोग अंदर आने के लिए बेकाबू हो रहे थे। एक ओर ट्रैफिक पुलिस ट्रैफिक जाम से निपट रही थी तो दूसरी ओर इस बेकाबू हो रही भीड़ को सँभालने के लिए और पुलिस बुलानी पड़ी। हॉल के अंदर भी जितने पुरुष वॉलंटियर थे, वे सभी सचिन भाई के साथ इस भीड़ को नियंत्रित करने में लगे थे। अंदर रह गईं महिला वॉलंटियर्स ने बड़ी अच्छी तरह से सभी स्टॉल पर अपना मोर्चा सँभाल लिया था। अंदर कैंडल्स खत्म होने के कगार पर थीं, लेकिन बाहर भीड़ खत्म होने का नाम नहीं ले रही थी। रात 9 बजे तक काफी लोग अंदर आने से वंचित रह गए थे, जिसके चलते हमें हॉल प्रबंधन से एक घंटा और माँगना पड़ा। प्रदर्शनी खत्म होते-होते सारी कैंडल्स बिक चुकी थीं। अंत में नौबत

यह आ गई कि सजावट का सामान, जो फिल्म सिटी के विद्यार्थियों ने बनाया था, लोग उसकी भी माँग करने लगे।

उस तीन दिन की प्रदर्शनी में एक बात मेरे साथ ऐसी भी हुई, जिसे मैं जिंदगी भर नहीं भुला पाऊँगा। वैसे तो पूरी तिलक स्मारक प्रदर्शनी ही जिंदगी का एक यादगार पड़ाव बनकर रहेगी, लेकिन वह एक घटना मेरे दिल-दिमाग पर अमिट छाप छोड़ गई। तीसरे दिन दोपहर को मैं अपनी उसी जगह पर बैठा था, जहाँ अभिप्राय देने और लिखने लोग आ-जा रहे थे। इतने सारे लोगों से मिलना एक चमत्कार-सा था। मेरे लिए ऐसा लग रहा था कि रातोरात हम सेलिब्रिटी बन चुके हैं, हवा में उड़ने लगे हैं! इतनी पहचान हो चुकी थी। कई रेडियो व टी.वी. चैनल्स ने इस प्रदर्शनी की बहुत तारीफ की थी।

ऐसे माहौल में दिन भर लोगों की शाबाशी लेते-लेते दिल की किसी गहराई से एक धीमी आवाज जरूर सुनाई दे रही थी, मानो मेरा अक्स ही मुझसे कह रहा था—भावेश, इस जबरदस्त मिलनेवाली शोहरत के चलते हवा में उड़ना शुरू मत कर देना! एक बार उन पेड़ों को जरूर याद कर लेना, जो फल लगने के बाद झुकना शुरू कर देते हैं। आज तुझ पर भी प्रसिद्धि के फल लगने शुरू हो रहे हैं, बस अपने पैर जमीन से जोड़े रखना। अक्सर ऐसा देखा जाता है कि कोई छोटी सफलता हाथ लगी नहीं कि हम लगे हवा में उड़ने! इस मानसिकता पर मेरा मन यही बात कहना चाहता है कि—

पहाड़ों, मत करो गुरूर अपने पे इतना,
हमने आसमान से भी परे मंजिलों को तलाशना सीख लिया है।
बहारों, मत करो गुरूर अपने पे इतना,
हमने भी तकलीफों में खुशियाँ मनाना सीख लिया है।
घटाओं, मत करो गुरूर अपने पे इतना,
हमने भी आँखों के पानी को सीने में छुपाना सीख लिया है।
फिजाओं, मत करो गुरूर अपने पे इतना!
हमने फूलों को चमन में नहीं, अपने दिलों में उगाना सीख लिया है।
और हवाओं, मत करो गुरूर अपने पे इतना,
हमने पंखों से नहीं, अपितू हौसलों से उड़ना सीख लिया है।

दोपहर के करीब 3 बजे सामने से एक महिला की आवाज आई कि "मिस्टर भाटिया, आपसे बात करनी है।" मुझे लगा कि वे कुछ अभिप्राय देने के लिए आई होंगी। वे कह रही थीं कि "मैं डेढ़-दो घंटे से इस प्रदर्शनी में घूम रही हूँ और जो डॉक्यूमेंट्री बनाई गई है, वह मैंने बार-बार देखी, बहुत प्यारी लगी। आपके हर एक प्रोडक्ट को मैंने छूकर देखा, बहुत अच्छे लगे।" मैंने उनको धन्यवाद कहा। "मिस्टर भाटिया, मैं कुछ और बात भी करना चाहती हूँ। इन तीन दिनों में काफी लोग अलग-अलग बिजनेस के प्रस्ताव लेकर

आए थे। अत: मुझे लगा, ऐसा ही कुछ होगा। इन तीन दिनों में मुझे सुबह से शाम तक सैकड़ों लोग मिल चुके थे। मेरी इन्हीं अपेक्षाओं के विपरीत उन्होंने कहना शुरू किया कि डॉक्टर कहते हैं कि मुझे चौथे स्टेज का कैंसर है और मेरी जिंदगी का थोड़ा ही समय बचा है। ज्यादा-से-ज्यादा मैं एक-सवा साल जी पाऊँगी, उससे ज्यादा नहीं। लेकिन मैं इतनी हताश, इतनी डिप्रेशन में थी कि मुझे ऐसा लग रहा था कि मैं तीन-चार महीने भी नहीं जी पाऊँगी। लेकिन कई अखबारों में इस प्रदर्शनी को लेकर लिखे गए लेख पढ़े। आपके कुछ हैंडबिल्स हाथ में आए, तो मुझसे रहा नहीं गया और मैं यहाँ खिंची चली आई। इस पूरे माहौल में दो घंटे बिताने के बाद मिस्टर भाटिया, मैं बस आज आपको यह कहने आई हूँ कि कुछ भी हो जाए, बस, मैं अब इस कैंसर से नहीं मरने वाली। मुझे यहाँ आकर इतनी ऊर्जा मिल चुकी है कि मुझे लगता है, मेरे अंदर इतनी ताकत आ चुकी है कि अब मैं इस कैंसर से लड़ूँगी, जैसे आप इस अंधत्व से लड़े हैं।" मैंने उनको बहुत शुभकामनाएँ दीं और नीता को कहकर उनका फोन नंबर व पता लिखवाया। वे बहुत खुशी-खुशी वहाँ से विदा हुईं।

22 जुलाई, 2007 को उनसे जुड़ना हुआ। एक तरफ तो कहा कि डॉक्टर कह रहे थे कि वे सिर्फ एक-सवा साल जिएँगी। लेकिन दूसरी तरफ उनके मनोबल से ऐसा चमत्कार हुआ कि उन सभी डॉक्टरों की बात गलत साबित हुई। वर्ष 2015 तक वे बड़े आनंद से जीवित रहीं। उनसे जुड़ाव ऐसा हुआ कि वे एक बड़ी बहन की तरह मुझसे जुड़ चुकी थीं। हर साल रक्षाबंधन के दिन मैं पुणे नहीं जा पाया, लेकिन उनकी राखी समय पर आ जाती। आज भी जब तिलक स्मारक प्रदर्शनी के बारे में सोचता हूँ कि उस प्रदर्शनी ने क्या बिजनेस दिया? कितना हम आगे बढ़े, कितनी बड़ी छलाँग हमने लगाई, कितना पैसा कमाया, कितने लोग जुड़े, कितना नाम हुआ! इन सब बातों से ज्यादा यह घटना मेरे दिल के सबसे ज्यादा करीब है। उस घटना को जब-जब याद करता हूँ, तब यही सोचता हूँ कि काश, माँ जब ब्लड कैंसर से जूझ रही थी, तब ऐसी कोई प्रदर्शनी उसकी भी जिंदगी में आ जाती और शायद माँ आज हमारे बीच में रहती! मगर अब वह संभव नहीं था।

23 तारीख का दिन भी बड़ा व्यस्ततापूर्ण था। हॉल खाली करने के साथ-साथ काफी हिसाब-किताब भी निपटाने थे। इन सब कामों से पार पाकर शाम को हम लोग सचिन भाई के घर पर पहुँचे, जहाँ सचिन भाई ने महाबलेश्वर जाने के लिए हमारे लिए गाड़ी की व्यवस्था कर रखी थी। मेरे हाथ में उन्होंने एक ब्रीफकेस रखते हुए कहा कि "इसमें सब लिखकर पूरा हिसाब रखा हुआ है। घर तक इसे सँभालकर ले जाना और महाबलेश्वर पहुँचकर आराम से चेक कर लेना" उस ब्रीफकेस में सचिन भाई व रोहिणी मैडम ने प्रदर्शनी की बिक्री की सारी रकम सँजोकर रख दी थी। ब्रीफकेस नीचे रखकर मैं सचिन भाई से गले मिला। कोई सगा भाई भी होता तो शायद वह मेरे लिए इतनी मेहनत नहीं करता। सचिन भाई ने अपने नाम या फायदे की दूर-दूर तक कोई कामना नहीं की

थी। बस, वे चाहते थे कि यह प्रदर्शनी सफल हो। वहाँ उपस्थित मैं, सचिन भाई, नीता, साहिली भाभी और रोहिणी मैडम की आँखों में आँसू थे—मेरी और नीता की आँखों में कृतज्ञता के और उन तीनों की आँखों में संतुष्टि के। हमने उनसे विदा ली और जिंदगी भर के लिए ऋणी होकर बहुत भारी मन से हम पुणे से महाबलेश्वर के लिए रवाना हो गए।

इन चार दिनों में जिंदगी बदल चुकी थी। मैं, जिसे कोई पूछता नहीं था, आज ऐसा लग रहा था मानो सारी दुनिया मेरे साथ-साथ चल रही है। मैं जैसे सारे जमाने से दोस्ती करके तिलक स्मारक से लौटा था। करीब-करीब सप्ताह भर तिलक स्मारक प्रदर्शनी से संबंधित लेख समाचार-पत्रों में आते रहे। सचिन भाई ने मुझे वे सभी लेख और रिकॉर्डिंग्स उपलब्ध करवा दी थीं। थोड़े दिनों के बाद सचिन भाई का फोन आया कि हर कोई आपसे फिर मिलना चाहता है। और क्यों न हम इस सफलता का जश्न मनाएँ? करीब 20 दिन बाद हमने पुणे में एक हॉल बुक किया और वहाँ पर तिलक स्मारक से जुड़े सारे मित्रों को बुलाया। तिलक स्मारक से जुड़ा हुआ एक छोटे बच्चे से लेकर बड़े-बुजुर्ग तक हर कोई वहाँ पर हाजिर था। करीब 200-250 लोग हो चुके थे। उन सब के लिए सचिन भाई ने रात के खाने की सुंदर व्यवस्था की थी। उस दिन हर किसी ने एक-एक, दो-दो मिनटों में उन तीन दिनों के अपने-अपने अनुभवों को साझा किया। जो तोहफे और धन्यवाद के पत्र हमने तैयार किए थे, वे हमने उन सभी को मंगेश तेंदुलकरजी के हाथों दिलवाए। उस दिन सब यही कह रहे थे कि अगर एक बार सकारात्मकता के साथ कोई काम करने का मन में ठान लें तो कुछ भी संभव हो सकता है। हर कोई जल्दी ही वापस ऐसी कुछ प्रदर्शनी आयोजित करने के लिए उत्सुक था। वह प्रदर्शनी नहीं थी, वह एक मिशन था। हर कोई चाहता था कि भावेश और 'सनराइज कैंडल्स' को समाज की मुख्यधारा में अब लाना-ही-लाना है। उन सब मित्रों के प्रयासों का यह कमाल हुआ कि उस प्रदर्शनी के बाद हमारे पास इतने ऑर्डर आए कि आनेवाले कई महीने हमें उन ऑर्डर को पूरा करने में लग गए।

उन दिनों ऐसा लग रहा था मानो—

क्या बताएँ दुनिया की यह अजब दास्तान,
कि रोते-रोते हमें हँसी आ गई,
हमें तो खबर न थी खुशबू की
और हमारे घर फूलों की पालकी आ गई।
अब न अँधेरे से कोई आशा है,
न उजाले से कोई उम्मीद है,
हमने तो जलाई नहीं कभी छोटी सी शमाँ,
हमारे घर जमाने भर की रोशनी आ गई।

□

9

गोताखोर

मैं कई बार सोचता कि मैं तो अपने पैरों पर खड़ा हो गया हूँ। सचिनजी सरीखे अच्छे दोस्त मिले, नीता का साथ था और सबकुछ ठीक ही चल रहा था। लेकिन एक अपराध-बोध की भावना, एक संकोच की भावना जरूर दिल में थी; क्योंकि जिस मिशन के लिए मैं और नीता जुड़े थे कि और भी बहुत सारे दृष्टि-बाधित दोस्तों के लिए हमें काम करना है, वह मिशन कहीं भी पूरा होता हुआ नहीं दिख रहा था। हर बार की तरह जब पर्यटक सीजन अपने चरम पर होता, मैं और नीता अपनी जिम्मेदारियाँ सँभालते हुए मार्केट के अपने स्टॉल पर लगे होते, जहाँ पर मेरा अपराध-बोध ताजा हो जाता। उस मार्केट में बहुत सारे दृष्टि-बाधित दोस्त, जो दूर-दराज के गाँवों से आए होते, जिन्हें हम पहचानते भी नहीं थे, अपनी लकड़ियाँ पटकते हुए, भिक्षा माँगते हुए हमारे सामने से निकल जाते। एक ओर हम यहाँ उस छोटी सी टेबल पर खुद्दारी व स्वाभिमान की बड़ी-बड़ी बातें करते, लेकिन दूसरी ओर मेरे उन अंध मित्रों द्वारा भिक्षा माँगने का वह काम बड़ा ही विरोधाभासी था और यही दृश्य दो अंध जिंदगियों के अलग-अलग नजरिए को परिभाषित करता था। हर बार मुझे लगता कि इनको रोकना चाहिए; और एक दिन तो मुझसे रहा ही नहीं गया, जब ऐसे ही मेरे तीन-चार दृष्टि-बाधित दोस्त लकड़ियाँ पटकते हुए निकले। नीता ने भी कहा कि आपके दोस्त आ रहे हैं। मैंने उनको रोकते हुए अपनी टेबल पर जितनी कैंडल्स मैंने सजाकर रखी थीं, सब स्पर्श करवाईं। मैंने उनसे कहा कि दोस्तो, मैं भी तुम्हारी ही बिरादरी का हूँ। मैं भी दृष्टि-बाधित हूँ। यह मेरी धर्मपत्नी है—नीता," और यह कहते हुए मैंने आगे उन सभी से पूछ ही लिया कि यह तो बताओ कि एक दिन में कितना कमा लेते हो? सब चुप रहे। किसी ने जवाब नहीं दिया। लेकिन मैंने बार-बार पूछना जारी रखा। मैंने कहा, "देखो, मैं भी तुम्हारी बिरादरी का हूँ" और मैंने जब यह दो-तीन बार कहा कि मैं भी दृष्टि-बाधित हूँ, मैं भी तुम्हारी बिरादरी का हूँ, तब उन्होंने मुझे टालना शुरू किया कि अब इस धंधे में कहाँ कुछ रह गया है, वगैरह-वगैरह।

भारत के तत्कालीन राष्ट्रपति श्री प्रणब मुखर्जी द्वारा दिसंबर 2014 में भावेश बेस्ट ब्लाइंड सेल्फ एंप्लॉयमेंट (Self Employment) का पुरस्कार प्राप्त करते हुए।

भारत के तत्कालीन राष्ट्रपति श्री प्रणब मुखर्जी द्वारा दिसंबर 2016 में नीता भाटिया सनराइज कैंडल्स की तरफ से बेस्ट एंप्लॉयर का पुरस्कार प्राप्त करते हुए।

रिलायंस समूह से भावेश को बेस्ट ब्लाइंड उद्योजक का अवार्ड 2008 में दिया गया। उस समय श्री मुकेश अंबानी व श्रीमती नीता अंबानी से मुलाकात का क्षण।

महाराष्ट्र के राज्यपाल श्री विद्यासागर रावजी सनराइज कैंडल के वैक्स म्यूजियम का दौरा करते हुए।

तिलक स्मारक के उद्‌घाटन के अवसर पर प्रसिद्ध गायक डॉ. सलिल कुलकर्णी, श्री संदीप खरे व विख्यात व्यंग्य चित्रकार श्री मंगेश तेंदुलकर।

महाराष्ट्र के मुख्यमंत्री श्री देवेंद्र फडणवीस के हाथों दिव्यांग भूषण उद्योजकता पुरस्कार लेते हुए भावेश और नीता।

पूजनीय स्वामी रामदेवजी व काल सिद्देश्वर महाराज (कन्हेरी मठ, कोल्हापुर) के हाथों पुरस्कार प्राप्त करते भावेश।

भावेश अपने जिम में कसरत करते हुए।

गोला फेंक की प्रैक्टिस करते हुए।

सनराइज कैंडल्स व ओशोनिक विजन महाराष्ट्र, महाबलेश्वर के मोरेश्वर की यूनिट।

भावेश और नीता अपनी टीम के सदस्यों के साथ।

सामाजिक कार्यकर्ता श्री प्रकाश आमटेजी के हाथों
भरारी पुरस्कार प्राप्त करते भावेश।

भावेश अपने पिता श्री चंदुभाई, पत्नी नीता व बेटा कुणाल के साथ।

सुप्रीम कोर्ट के न्यायाधीश माननीय श्री धनंजय चंद्रचूडजी सनराइज कैंडल की टीम के साथ।

निपमैन फाउंडेशन की तरफ से भावेश को उनके कार्य के लिए सम्मानित करते हुए, श्री जय पांडा (सांसद, लोकसभा), श्री निपुण मल्होत्रा (सी.ई.ओ, निपमैन फाउंडेशन) व पत्रकार श्री शेखर गुप्ता।

ब्रह्मकुमारी गुलजार दादीजी की सनराइज कैंडल्स, मोरेश्वर यूनिट को सदिच्छा भेंट के समय भावेश और नीता।

मेरी बातों से शायद उनको ऐसा लगा कि मैं कैंडल्स का व्यवसाय बंद करके उनके इस भिक्षा माँगने के ऐतिहासिक काम में शामिल होना चाहता हूँ। उनके अपने धंधे में प्रतियोगिता बढ़ने के डर से उन्होंने मुझे टालने की कोशिश की। मुझे भी यह समझते देर नहीं लगी कि उनके दिमाग में क्या चल रहा है। मैंने उनसे कहा कि "आप गलत समझ रहे हैं। मैं आपके साथ जुड़ना नहीं चाहता, आप लोगों को अपने साथ जोड़ना चाहता हूँ।" इसी बीच नीता ने उनके लिए चाय भी मँगवाई और दोस्ती कुछ आगे बढ़ी। नीता ने भी उनसे काफी सहानुभूति से बात की, जिसका नतीजा यह हुआ कि आखिर में एक ने कहा कि लगभग अस्सी-सौ रुपए दिन के हम जोड़ ही लेते हैं। उन्हें इस जिल्लत वाले काम से छुटकारा दिलाने के लिए मैं उन सभी दोस्तों को रोज के इतने पैसे दे सकूँ, उन दिनों उतनी मेरी हैसियत नहीं थी। फिर भी, मैंने कहा कि "दोस्तो, यह काम बंद कर दो, चलो, हम सब घर चलते हैं। हम इकट्ठा होकर कुछ करते हैं।" तब उन सभी अंध मित्रों का प्रश्न था कि हमारा गुजारा कैसे होगा? अपने इस चालू रोजगार को बंद करके हम तुम्हारे साथ नहीं आ सकते।

पर पता नहीं, शायद ईश्वर ही मुझसे यह बात कहलवाना चाहता था कि तुम भले रोज के सौ रुपए कमा लेते हो, मैं तुम्हें रोज के दो सौ दूँगा। उन्होंने फिर भी भरोसा नहीं किया। उनको लगा कि शायद उनके साथ कुछ धोखा होने जा रहा है। मैंने कहा कि "मुझ पर विश्वास रखो, ये दो सौ रुपए मैं रोज के आपको दे दूँगा और रहने-खाने की भी आपके लिए मैं मुफ्त में व्यवस्था करता हूँ। बस, यह जो एक बहिष्कृत काम है, एक घटिया काम आप कर रहे हैं, उसको छोड़ दें," और तब जाकर उनको बात समझ में आई और उस दिन शाम को हमने स्टॉल आधा घंटा जल्दी बंद कर दिया और मैं व नीता उन सभी अंध मित्रों को लेकर घर पर पहुँचे। पिताजी भी परेशान थे कि इतने सारे लोग एक कमरे में कैसे रह पाएँगे? दूसरे दिन से ही हमने भाड़े की जगह ढूँढ़नी शुरू की और तीसरे दिन ही संदीप ढेबे नामक व्यक्ति, जो आर.के. वाडी में दूध देने आता था, वह महाबलेश्वर से सातारा जानेवाले रास्ते पर छह किलोमीटर दूर सिंदोड़ा नामक गाँव में रहता था। उसके पास छह कमरे थे, जो वह भाड़े पर देने के लिए तैयार हो गया। 4,000 रुपए महीने के भाड़े पर हमने वे कमरे ले लिये। हमारे घर में जो कैंडल्स बनती थीं, उस प्रोजेक्ट को भी हमने हिम्मत करके सिंदोड़ा में ले जाना ठीक समझा। वहाँ जाकर दो कमरों में कैंडल्स का वर्कशॉप और नए अंध मित्रों को प्रशिक्षण देने का काम शुरू हुआ। दो कमरे हमने अंध भाइयों के लिए रख दिए और बचे हुए दो कमरे नीता ने अंध बहनों के लिए आरक्षित करवा दिए। बाहर एक बरामदा था, जहाँ खाना पकाने और सभी अंध मित्रों को परोसने का काम बड़ी आसानी से हो जाता था।

वह वर्कशॉप शिफ्ट करने के पीछे भी एक बड़ी घटना है, क्योंकि जो रतन भाई

मर्चेंट और उसके बाद जो प्रकाश भाई मर्चेंट और चेतन भाई मर्चेंट आर.के. वाडी के ट्रस्टी बने, वे सब मेरे इस कैंडल वाले काम से खुश थे। मैं उन्हीं की आर.के. वाडी में रहकर अब तक कैंडल्स बनाता था। वे सभी मेरे इस प्रोजेक्ट को एक गर्व के रूप में देखते थे कि हमारा जो मैनेजर है, उसका लड़का आज खुद्दारी से हमारी कोई मदद न माँगते हुए स्वतंत्रता से अपना काम कर रहा है, जिस कारण वे मुझसे बहुत अच्छी तरह से पेश आते। लेकिन मालती बेन, जो प्रकाश भाई की धर्मपत्नी थीं, वह नहीं चाहती थीं कि यह काम आर.के. वाडी में चले। मैं जब इन अंध दोस्तों को लेकर आर.के. वाडी में आया था, उसी दिन अचानक देर रात वे मुंबई से महाबलेश्वर आए थे। मेरे साथ अंध मित्रों को देख उन्होंने मुझे साफ-साफ शब्दों में कह दिया था कि मैं एक महीने में अपनी यह वर्कशॉप कहीं और शिफ्ट कर दूँ। उस समय मुझे बहुत दुःख हुआ कि अपने ही लोग, अपने ही समाज के लोग इस तरह से पेश आते हैं; जबकि उनकी कोई चीज मैं इस्तेमाल नहीं करता था, बस, उस छोटे से कमरे की एक टेबल पर मेरी सभी कैंडल्स बनती थीं, जिससे मेरा गुजारा हो जाता था। मैं भी आर.के. वाडी में आनेवाले हर ग्राहक को उनकी इस उदारता के बारे में बताता। उनकी इन उदारता और अच्छाइयों के बारे में बताकर उनके नाम को और बड़ा करने की लगातार कोशिश करता। लेकिन श्रीमती मर्चेंट का बरताव कुछ अलग था। लेकिन मेरा जो स्वाभिमानी व्यक्तित्व था, उसे यह सहन नहीं हो रहा था। मैंने दोस्तों से वर्कशॉप के लिए जगह ढूँढ़ने के लिए पहले ही कह दिया था और जब ये अंध दोस्त आए तो मेरी उस खोज को और पंख लगे। इसलिए मैंने जल्द-से-जल्द अपनी खोज शुरू की और तीसरे-चौथे दिन ही हमें संदीप के जरिए छह कमरे मिल गए।

उन दिनों वर्कशॉप की जगह बदलने के समय काफी विचार भी आए कि कैसे इतनी सारी चीजों को हम वहाँ पर शिफ्ट कर पाएँगे? इस उधेड़बुन से मैं पार पाने का रास्ता खोजते हुए अपने आपको मानसिक तौर पर इस शिफ्टिंग के लिए तैयार कर रहा था। इसी बीच रेडियो पर मैंने टाटा मोटर्स के बारे में एक जबरदस्त खबर सुनी थी। खबर यह थी कि किसान आंदोलन के चलते रतन टाटाजी को अपनी नैनो कार के सैकड़ों एकड़ में फैली प्लांट को रातोरात प. बंगाल से उठाकर सानंद, गुजरात में शिफ्ट करना पड़ा। रतन टाटाजी के इस साहसिक कदम ने मुझे बड़ी प्रेरणा दी। मैंने अपने आप से कहा कि अगर वे अपना इतना बड़ा प्रोजेक्ट इतनी दूर ले जा सकते हैं तो मैं अपने इस छोटे से वर्कशॉप को सिंदोड़ा क्यों नहीं ले जा सकता? इस नए जोश व हिम्मत से सब सकुशल हो गया। और इस तरह से हमने एक नई जिंदगी शुरू कर दी।

हमारी इस दृष्टि-बाधित बिरादरी का नेटवर्क इतना जल्दी काम करता है कि जब लोगों और दृष्टि-बाधित मित्रों तक यह खबर फैल गई कि महाबलेश्वर में एक कंपनी ऐसी भी है, जो रोज के दो सौ रुपए और खाना व रहना देती है और बदले में गाने सुनते

हुए छाँव में बैठकर कैंडल्स सीखना है और बनाना है तो इससे एक होड़-सी लग गई और ज्यादा-से-ज्यादा दृष्टि-बाधित मित्र हमसे जुड़ने लगे।

जब पाँच के पच्चीस हुए, तब समझ में आया कि यह तो बहुत टेढ़ी खीर है। कई दृष्टि-बाधित मित्र ऐसे भी जुड़े, जो 30-40 कि.मी. दूर गाँव से आते थे। सिंदोड़ा के वर्कशॉप में काम करने की और सीखने की कोई सीमा नहीं थी, लेकिन जगह की सीमा जरूर थी। मैंने और नीता ने जो बेघर थे, ऐसे दोस्तों की सिंदोड़ा में रहने व खाने की व्यवस्था कर दी, बाकी दोस्तों के लिए उनके गाँवों से रोज आने-जाने का इंतजाम करवा दिया। लेकिन दिक्कत यह थी कि यह स्किल सिखाते-सिखाते हर दृष्टि-बाधित साथी कैंडल्स बनाने में बहुत निपुण हो चुका था। काफी कैंडल्स बन जातीं; लेकिन बेचने के लिए वही एकमात्र स्टॉल था, जिसके फलस्वरूप तैयार कैंडल्स के ढेर लग जाते। लेकिन हम इतनी सारी कैंडल्स को बेच नहीं पाते थे और कई बार मैं अपने आपको बहुत कमजोर पाता कि मैं इतने सारे लोगों का गुजारा कैसे कर पाऊँगा? और ऐसा लगता कि यह समाज-सेवा, जो मैंने शुरू की है, वह शायद ज्यादा दिन नहीं चलेगी।

उन दिनों बड़े-बुजुर्गों की एक बात मेरे दिमाग में निरंतर चल रही थी। जो बच्चे एक गरीब परिवार या सामान्य परिवार से आते हैं, उन्हें भी एक बात बार-बार अपने बड़े-बुजुर्गों से जरूर सुननी पड़ती है कि तुम्हारी जितनी चादर है, उतने पैर पसारना सीखो। मुझे भी यही बात लगातार याद आ रही थी कि काश, मैंने भी अपनी चादर, अपनी हैसियत के हिसाब से पैर पसारे होते! तब दिल की गहराई से एक अलग ही बात बाहर आई कि यह क्या बात हो गई—जितनी बड़ी चादर है, उतने पैर पसारना सीखो? अरे!, उस एक निर्जीव चादर के लिए हम अपने सजीव व जीवंत पैरों को क्यों तकलीफ दें? हमारे पैर जितने बड़े हैं, लंबे हैं, उतनी बड़ी चादर बनाने की हम कोशिश क्यों नहीं कर सकते? इस एक विचार ने मुझमें जैसे नई चेतना का संचार कर दिया और मैं अपनी कमजोरी एवं परेशानियों में से बाहर निकलने के लिए रास्ते तलाशने लगा। हम सभी दृष्टि-बाधित दोस्तों का एक अच्छा दोस्त रेडियो भी होता है। उस वर्कशॉप पर भी दिन भर रेडियो बजता रहता और जब मैं उपर्युक्त मानसिकता से ग्रस्त था, तभी एक दिन मैंने रेडियो पर डॉ. ए.पी.जे अब्दुल कलाम साहब के भाषण में कुछ बड़ी प्यारी पंक्तियाँ सुनीं कि—

"इंतजार करनेवालों के हाथ में उतना ही आता है, जितना कोशिश करनेवाले छोड़ दिया करते हैं।"

इन पंक्तियों से मैं उस दिन इतना प्रभावित हुआ कि मैंने इन्हें अपना गुरुमंत्र बनाते हुए जिन दिक्कतों का उन दिनों मैं सामना कर रहा था, उनके उपाय ढूँढ़ने शुरू किए। मुझे कलाम साहब की यह बात बहुत अच्छी लगी। उसमें कितना बड़ा एक संदेश था कि बचा-खुचा हम क्यों बटोरें? हम खुद कोशिश क्यों न करें? हम खुद प्रयत्न क्यों न

करें? क्यों हम राह देखते हुए कहीं पास में बैठे रहें? उन दिनों मुझे बचपन की मेरी हिंदी की पाठ्य-पुस्तक की एक कविता की पंक्तियाँ भी बार-बार याद आ जाती थीं कि—

"मैं गोताखोर मुझे गहरे जाना होगा,
तुम तट पर बैठे लहरों की बातें किया करो।"

अगर हमें तैरना सीखना है तो बड़े-से-बड़ा गोता लगाना ही पड़ेगा और मैं जानता था कि अगर इस कैंडल इंडस्ट्री को सही मायने में सफल बनाना है। इतने सारे दोस्तों को लेकर, तो अब हमें गियर बदलने की जरूरत है और बड़ा गोता लगाने की जरूरत है।

वैसे भी, तिलक स्मारक प्रदर्शनी के रूप में हम एक ऐसा ही गोता लगा चुके थे, जिसके बाद 'सनराइज कैंडल्स' भी एक पौधे से पेड़ बनने की ओर धीरे-धीरे अग्रसर हो रही थी। कई बड़े होटलों और रिसोर्ट के यूटिलिटी शॉप में किराया देकर हमने अपने स्टॉल लगवाए, जिससे कि बनाने और बेचनेवाले सभी मेरे दृष्टि-बाधित दोस्तों को ज्यादा-से-ज्यादा काम मिल सके। कोई संस्था या एन.जी.ओ. या दान या सरकारी निजी अनुदान वाली बात तो थी नहीं। सिंदोड़ा के वर्कशॉप में सभी दृष्टि-बाधित दोस्त मेहनत करके अपना हिस्सा पा लेते थे। जिस तरह जिसका योगदान रहता था, उस तरह से उन्हें प्रतिफल ठीक-ठीक मिल जाता था। सब सुचारु रूप से चल रहा था और काफी दूर-दूर तक 'सनराइज कैंडल्स' की प्रसिद्धि बढ़ रही थी। सोशल मीडिया, प्रिंट और इलेक्ट्रॉनिक मीडिया में आए दिन 'सनराइज कैंडल्स' के बारे में कुछ-न-कुछ उल्लेख हो जाया करता था, उसकी वजह से हमारी गुडविल बढ़ने लगी थी। महाराष्ट्र के आसपास के राज्यों जैसे कर्नाटक, गोवा, गुजरात, मध्य प्रदेश से पूछताछ शुरू हो चुकी थी। वहाँ के बेरोजगार दृष्टि-बाधित मित्र 'सनराइज कैंडल्स' से जुड़ने के लिए बहुत उत्सुक थे। वे भी कैंडल बनाना सीखना चाहते थे, टेक्नोलॉजी से अवगत होना चाहते थे। और हम भी तो उन्हें सिखाना चाहते थे। हम वास्तव में जैसा चाह रहे थे, बिल्कुल वैसा ही हो रहा था। तिलक स्मारक की तैयारियों के दौरान जब एक शाम मैं अपने चर्च के स्टॉल पर नीता के साथ खड़ा था, उस दिन एक सज्जन ने मुझे अपनी सरल व हृदयस्पर्शी बातों से बड़ा ही प्रभावित किया। आर.के. वाडी में पिछले कई वर्षों से अशोक भाई भिमानी का परिवार अक्सर आया करता था। उन्हीं का लड़का योगीन उन सज्जन एवं उनकी धर्मपत्नी को लेकर स्टॉल पर आया था। उस सज्जन के बड़े दामाद और अशोक भाई मुंबई में किसी कंपनी में पार्टनर थे। कुछ 7 कि.मी. दूर ही उनके मकान का काम चल रहा था। उस सज्जन ने अपना नाम फूलचंद बागमार बताया, लेकिन उसके साथ-साथ 'स्वामी सत्य निरंजन' नाम का भी उल्लेख हुआ। दूसरी ओर योगीन उन्हें 'भावसा' कहकर संबोधित कर रहा था। नामों को लेकर मेरे अंदर जो दुविधा चल रही थी, पता नहीं कैसे उन्होंने यह भाँप लिया और बड़ी सरल भाषा में इसका खुलासा करते हुए बताया कि 'स्वामी सत्य

निरंजन' ओशो का दिया हुआ नाम है। और मेरा पूरा परिवार मुझे 'भावसा' के नाम से संबोधित करता है। आप भी चाहें तो मुझे 'भावसा' के नाम से बुला सकते हैं। दूसरे दिन सुबह मैं घर पर तिलक स्मारक की तैयारी में व्यस्त था, तभी एक जानी-पहचानी आवाज सुनाई दी, "क्या मैं अंदर आ सकता हूँ?"

मैंने तुरंत उस आवाज को पहचानते हुए कहा, "अरे, भावसा आप! आइए, आइए।" भावसा अपने पूरे परिवार के साथ मुझे मिलने आए थे और उस दिन से भावसा और उनके परिवार से मैं क्या मिला, मैं भी उनके परिवार का एक सदस्य बनकर रह गया। भावसा की धर्मपत्नी कुसुम माँ जाते-जाते नीता से कह रही थीं कि मेरी दो बेटियाँ हैं, बड़ी बेटी—सुजाता, जो डॉक्टर हैं, और छोटी बेटी सुषमा, जो सी.ए. हैं; लेकिन आज से तुम मेरी तीसरी बेटी बन चुकी हो। भावसा के तीन पुत्र भी थे—अभय भाई, जो सी.ए. थे और तुषार भाई, जो ऑटोमोबाइल के कामों से जुड़े थे और राहुल भाई, जो बिल्डर थे। इसके अलावा भावसा के परिवार में अभय भाई की धर्मपत्नी जैस्मिन भाभीजी और पोता आत्मन भी था। चर्च के उस स्टॉल का मैं जीवन भर ऋणी रहूँगा, क्योंकि उस स्टॉल पर अनायास ही ऐसे महापुरुषों से मुलाकात हो गई, जिन्होंने मुझे आगे बढ़ाने में अपना बहुमूल्य मार्गदर्शन दिया।

इन्हीं महापुरुषों में एक नाम बड़े आदर से लेने को मन करता है, जो हैं—श्री कृष्णकांत भाई जेठा और उनकी धर्मपत्नी अनुराधा बेन। वर्षों पहले आर.के. वाडी में मुंबई स्थित भाटिया बैंक के संचालकों की मीटिंग रखी गई थी। उस मीटिंग में कृष्णकांत भाई भी आए हुए थे।

एन.ए.बी. के दिनु भाई गांधी और कृष्णकांत भाई बहुत घनिष्ठ मित्र थे। उन्होंने ही मेरी पहचान जेठा दंपती से करवाई। कृष्णकांत भाई दक्षिण मुंबई में स्थित मूलजी जेठा मार्केट के चेयरमैन थे। एक जमाने में यह मार्केट संपूर्ण एशिया में कपड़ों की सबसे बड़ी मार्केट हुआ करती थी। 900 मुख्य दुकानों के साथ करीब 3,000 छोटी दुकानें उस मार्केट में हुआ करती थीं। जब तक मुंबई में कपड़ों की मिलें रहीं, तब तक इस मार्केट का संपूर्ण वस्त्र बाजार पर बड़ा दबदबा बना रहा। कृष्णकांत भाई का महाबलेश्वर में 'स्प्रिंगफील्ड' नामक बहुत बड़ा और प्यारा सा बँगला है। उनका हमेशा महाबलेश्वर आना-जाना लगा रहता है। उन्होंने जब मेरे आर.के. वाडी में चल रहे छोटे से प्रोजेक्ट को देखा, तब वे बड़े प्रसन्न हुए। जब भी उनका महाबलेश्वर आना होता, वे मुझसे स्टॉल पर मिलने अवश्य आते। किसी बीमारी के चलते उनकी स्वर-ग्रंथि निकाल दी गई थी, जिससे वे बोल नहीं सकते थे। अनुराधा बेन जब उनके साथ में रहतीं, तब वे कृष्णकांत भाई के हाव-भाव से समझ जाती थीं कि वे क्या कहना चाहते हैं और उनकी बात मुझ तक पहुँचातीं। लेकिन कृष्णकांत भाई जब अकेले मुझे स्टॉल पर मिलने आते तो अपने ड्राइवर को वे साथ में

लेकर आते। फिर वे लिखते, ड्राइवर पढ़ता और मैं सुनता—इस तरह से हमारा वार्त्तालाप होता। उस दस एकड़ के बँगले को छोड़कर फुटपाथ के मेरे उस स्टॉल पर आते और वहाँ एक कुर्सी पर बैठकर देर तक बातें करते।

ऐसे ही एक दिन शाम के वक्त कृष्णकांत भाई और अनुराधा बेन मुझसे मिलने आए थे। स्टॉल पर आ-जा रहे पर्यटकों से बातें करते-करते मैं उनसे भी वार्त्तालाप कर रहा था। इसी बीच भावसा व कुसुम माँ की आवाज भी सुनाई दी। मैंने भावसा को प्रणाम करते हुए, उनकी पहचान कृष्णकांत भाई से कराई। वे दोनों भी बड़ी गर्मजोशी से मिले। दोनों महिलाएँ भी आपस में मिलीं और फिर तो मेरा वह छोटा सा स्टॉल रोज शाम को इन महानुभावों के मिलने की जगह बन गया। आत्मीयता कुछ ही दिनों में इस कदर बढ़ गई कि कभी भावसा मुझे लेकर स्प्रिंगफील्ड बँगलो पहुँचते तो कभी हम सब भावसा के नए मकान पर मिलते और कभी-कभी तो सिंदोड़ा के उस वर्कशॉप में भी सभी का एक साथ मिलना हो जाता।

कृष्णकांत भाई और भावसा जितने खुश मेरे काम से थे, उतने ही नाराज मेरे उस किराए के वर्कशॉप और हॉस्टल से थे। उन दिनों हम सब जब कहीं पर भी इकट्ठा होते तो एक मुद्दा जरूर चर्चा का विषय बनता कि अब किसी भी तरह से हम खुद की फैक्टरी, वर्कशॉप और अपने दृष्टि-बाधित दोस्तों के हॉस्टल के बारे में सोचें; लेकिन अड़चन यह थी कि महाबलेश्वर एक पहाड़ी इलाका है। वहाँ पर फैक्टरी के लिए जगह और खाली प्लॉट मिलना दिक्कत वाली बात थी। एक-एक इंच के लिए मारा-मारी थी। हर कोई अपना होटल व रिसॉर्ट बनाना चाहता था। सारे बड़े-बड़े उद्योगपति, नेता, अभिनेता इसी होड़ में लगे हुए थे। मेरी तो कोई औकात ही नहीं थी कि मैं कोई जगह खरीद सकूँ। महाबलेश्वर में जमीन के भाव हमेशा आसमान छूते हैं। मैन्युफैक्चरिंग यूनिट डालने के लिए जगह भी बहुत लगने वाली थी अत: इतने लाखों-करोड़ों रुपए कहाँ से जुटाए जाएँ?

भावसा, जो काफी सालों से ओशो से जुड़े हुए थे, जब भी हम मिलते, उनकी तरफ से ओशो का कोई-न-कोई प्रसंग जरूर सुनने को मिलता। ओशो के इन प्रसंगों में भावसा अक्सर 'अस्तित्व' व 'ख्वाहिश', इन दो शब्दों का कई बार जिक्र करते। उन्होंने मेरे जन्मदिन पर कोहलो पाउलो द्वारा लिखित 'अलकेमिस्ट' किताब भी भेंट में दी थी, जो नीता ने मुझे दो बार पढ़कर सुनाई थी। लेकिन मैं शायद साधनों के अभाव में अपनी ख्वाहिशों का जिक्र करने से भी डरता था। यह भावसा के व्यक्तित्व का प्रभाव था या कोई और बात थी, मुझे पता नहीं, लेकिन मैन्युफैक्चरिंग यूनिट और अपने दृष्टि-बाधित मित्रों के नए हॉस्टल की जो ख्वाहिश मैं मन में पाल रहा था, उन्हें रात को मैं सोने से पहले ही सुला दिया करता था। लेकिन यह ख्वाहिश थी कि सुबह मेरे उठने के पहले जाग जाया करती थी। इसके साथ-साथ कलाम साहब की एक और बात भी मुझे प्रेरित कर रही

थी—"सपने वो नहीं, जो नींद में देखे जाएँ; सपने वो हैं, जो नींद आने ही न दें।" मैं भी नए हॉस्टल एवं वर्कशॉप के सपने और ख्वाहिश के चलते नींद व चैन भुलाकर उसे पूरा करने के लिए दिन-रात कोशिश करने लगा। 'सनराइज कैंडल्स' को इस मुकाम तक लाने के लिए मेहनत तो मैंने बहुत की थी, लेकिन अब इस मेहनत में एक पागलपन, एक जुनून भी जुड़ चुका था। वैसे मेहनत का कोई पर्यायवाची शब्द नहीं हो सकता, मेहनत सिर्फ मेहनत है और इस पर मैं इतना जरूर कहना चाहता हूँ कि—

समाँ भी हवा में रोशन हो सकती है,
कश्ती तूफानों से निकल साहिल से जुड़ सकती है,
आज जो छोटी टहनी है, कल लंबी पतवार बन सकती है।
आग की छोटी चिनगारी कल आग की ऊँची दीवार बन सकती है,
मिट्टी जो रौंदी गई पैरों तले, वह कल ऊँची मीनार बन सकती है,
बस, तू एक बार मेहनत कर ले मेरे दोस्त,
तेरी भी किस्मत बदल सकती है।

□

10

रिलायंस : एक टर्निंग पॉइंट

तिलक स्मारक प्रदर्शनी में मैंने हमारे समस्त भाटिया परिवार संगठन के प्रेसीडेंट किशोर भाई संपत को भी आमंत्रित किया था। उनकी ग्लास बनाने की इंडस्ट्री थी और हमें भी कुछ कैंडल्स बनाने के लिए अलग-अलग आकार के काँच के जो गिलास लगते थे, उन्हें हमने हाल ही में उनसे खरीदना शुरू किया था। उनके भी काफी पैसे मुझ पर बकाया थे। प्रदर्शनी के लिए उन्होंने उधार में ग्लास दिए थे। मैंने वादा किया था कि इस प्रदर्शनी के बाद मैं आपको सब पैसे लौटा दूँगा। लेकिन ऐसा लग रहा था कि उन्हें मुझ पर भरोसा नहीं था कि पैसे डूब तो नहीं जाएँगे ? इसीलिए वे मुंबई से पुणे खास प्रदर्शनी देखने आए थे और देखकर काफी हैरान हुए। किशोर भाई को लगा कि मैं और सचिन भाई शायद कोई रिश्तेदार हैं; लेकिन जब उनको पता चला कि यह सिर्फ एक छोटी सी पहचान और एक छोटी सी दोस्ती है, जिसने इतने सारे लोगों को एक सूत्र में बाँध दिया है, तब उन्होंने मुझसे विदा लेने से पहले कहा कि मुझे बुरा इस बात का लग रहा है कि हम एक समाज के होते हुए भी आपके लिए कुछ नहीं कर रहे हैं। और ये सब लोग तो सिर्फ आपके दोस्त हैं और अपना काम-धंधा सबकुछ छोड़कर आपकी मदद करने हेतु यहाँ दिन-रात लगे हुए हैं। अब मेरी आँखें खुल चुकी हैं। हम समाज के माध्यम से आपके काम को बढ़ावा देंगे। हर साल की तरह उस साल भी नवंबर में मुंबई के बोरीवली इलाके में पूरे भारतवर्ष के भाटिया समाज की 50 से ज्यादा सामूहिक शादियाँ आयोजित की गई थीं। किशोर भाई ने उस भव्य पंडाल में मेरे लिए एक बहुत बड़े से स्टॉल की खास व्यवस्था करवाई थी। किशोर भाई के साथ वहाँ जो 'जन्मभूमि प्रवासी' और 'मुंबई समाचार' नाम के प्रसिद्ध गुजराती समाचार-पत्र हैं, उनके पत्रकार भी मौजूद थे। ये दोनों समाचार-पत्र खासतौर पर पूरी मुंबई के बिजनेस समुदाय तक पहुँचते हैं। उस स्टॉल का फायदा यह हुआ कि मैं गुजराती समाज के काफी व्यापारियों से जुड़ा। बोरीवली के उस स्टॉल पर काफी अरसे के बाद श्री दिनु भाई गांधी से मेरी मुलाकात हुई थी, जो उस वक्त भी एन.ए.बी. इंडिया

के ऑनरेरी सेक्रेटरी थे। उन दिनों दिनु भाई गांधी ने एन.ए.बी. और रिलायंस इंडस्ट्रीज को मजबूती से जोड़ रखा था। दिनु भाई गांधी के प्रयत्नों के चलते रिलायंस इंडस्ट्रीज हर साल एन.ए.बी. इंडिया को 5 करोड़ रुपए डोनेशन देती थी। एन.ए.बी. इंडिया के कई पुनर्वास केंद्रों में जो मेरे अंध मित्र अलग-अलग प्रोडक्ट बनाते थे, उन्हें बड़ी मात्रा में रिलायंस इंडस्ट्रीज को बेचा जाता था। जब दिनु भाई ने बोरीवली के उस स्टॉल पर मेरी कैंडल्स पहली बार देखीं, तभी उन्हें यह विचार आया कि ये सभी प्रोडक्ट रिलायंस इंडस्ट्रीज काफी पसंद करेगी और फिर क्या था, शुरुआत में उन्होंने 60 रुपए वाले 200 फ्लावर कैंडल्स मुझसे मँगवाए, जो रिलायंस इंडस्ट्रीज में भेजे जाने वाले थे। रिलायंस इंडस्ट्रीज के पदाधिकारियों को वे सभी फ्लावर इतने पसंद आए कि हमें वैसे और 9,000 फ्लावर्स बनाने का ऑर्डर दिया गया।

मार्च 2008 में मुझे दिनु भाई गांधी का फोन आया कि मुझे रिलायंस इंडस्ट्रीज की तरफ से अंध उद्यमी का एक राष्ट्रीय पुरस्कार दिया जा रहा है, जिसे स्वीकार करने के लिए मुझे और नीता को मुंबई जाना था। 'धीरूभाई अंबानी अंतरराष्ट्रीय स्कूल' में श्री मुकेश अंबानी के हाथों से मुझे यह पुरस्कार दिया जाने वाला था। एन.ए.बी. इंडिया ने अपने गेस्ट हाउस में हमें रुकवाया। हम साथ में काफी अलग-अलग प्रकार की कैंडल्स भी लेकर गए थे, क्योंकि हमें कहा गया था, वहाँ पर एक स्टॉल भी लगाना है। स्कूल के उस परिसर में करीब तीस एन.जी.ओ. के स्टॉल लगे हुए थे। उनके साथ हमारा भी एक स्टॉल था। श्री मुकेश अंबानी के हाथों उस शाम मुझे वह पुरस्कार दिया गया। पुरस्कार वितरण के बाद श्री मुकेश अंबानी एवं श्रीमती नीता अंबानीजी हमारी विनती का मान रखते हुए स्टॉल पर भी आए। बस, मैं इतना ही चाहता था कि वे दोनों एक बार मेरी बनाई हुई कैंडल्स को देखें। अलग-अलग प्रकार की इतनी सारी कैंडल्स देखकर मुकेश अंबानीजी ने शाबाशी देते हुए मुझे कहा कि "आप तो वाकई में सभी गुजरातियों की शान हैं।" हम आप के साथ जिंदगी भर जुड़े रहेंगे, ऐसा उनकी तरफ से आश्वासन भी मिला। उनके साथ सचिन तेंदुलकर भी थे, उन्होंने भी मेरे काम को बहुत सराहा।

इन महानुभावों के जाने के तुरंत बाद रिलायंस इंडस्ट्रीज के वाइस प्रेसीडेंट स्टॉल पर आए और मेरे हाथ में एक लिफाफा देते हुए बोले कि यह आपके लिए है। मैंने कौतूहलवश पूछ लिया कि "सर, इसमें क्या है ?" उन्होंने मेरे सवाल का जवाब देते हुए कहा कि "मिस्टर भाटिया, हमारी अवॉर्ड कमेटी के कुछ लोग आपके पास महाबलेश्वर आए थे, जो आपको याद ही होगा। उन्होंने आपके घर व छोटी सी फैक्टरी की सब व्यवस्था के बारे में हमें अपनी रिपोर्ट दी थी। हम चाहते हैं कि आपके आर्ट को बढ़ावा मिले। इस लिफाफे में 51 लाख रुपए का चेक रिलायंस इंडस्ट्रीज की तरफ से आपको दिया जा रहा है, जिसका उपयोग करके आप एक बड़ी फैक्टरी शुरू करें। हमारे दूसरे

पदाधिकारी आपसे जुड़े रहेंगे और फैक्टरी बनाने में भी आपकी मदद करेंगे। अगर यह फंड कम पड़ गया तो और पैसों की व्यवस्था हम करवा देंगे। इस पुरस्कार के बाद अब रिलायंस इंडस्ट्रीज जिंदगी भर आपसे जुड़ी रहेगी।"

एक क्षण लगा कि इस लिफाफे में चेक नहीं, मेरा सुनहरा भविष्य है; लेकिन दूसरे ही क्षण ऐसा लगा मानो माँ की सीख व संस्कार मुझे उस बड़े से फंड को लेने से रोक रहे थे। वह इतनी बड़ी रकम थी कि मेरी पूरी जिंदगी सँवर सकती थी। लेकिन मैंने उनसे विनती की कि "सर, मुझे फंड की या पैसों की नहीं, बल्कि काम की आवश्यकता है।" मैंने आगे कहा कि "सर, आपकी इतनी बड़ी कंपनी और उसके साथ और कितनी ही बड़ी–बड़ी कंपनियाँ जुड़ी हुई हैं। कितने गुलदस्ते, कितनी मिठाइयों के बक्से और कितने ही अलग–अलग प्रकार के गिफ्ट आइटम आप तोहफे के रूप में बाँटते होंगे, तो क्यों न आप उन गिफ्ट आइटम में मेरी बनाई हुई कैंडल्स का इस्तेमाल करें? इन सभी कैंडल्स में खुशबू है, उजाला है और अगर आपसे काम मिलने लगा तो और ज्यादा–से–ज्यादा अंध मित्रों को रोजगार दिया जा सकेगा।"

मेरी यह बात उन्हें बहुत अच्छी लगी। उन्होंने कहा कि "अक्सर मैंने ऐसा अनुभव किया है कि रिलायंस के पास लोग सिर्फ डोनेशन माँगने के लिए ही आते हैं। लेकिन आप की बात और आपकी खुद्दारी मुझे बहुत अच्छी लगी। हम जरूर इसके बारे में सोचेंगे। वहाँ से जब हम महाबलेश्वर के लिए निकले, तब रास्ते में नीता ने मुझसे कहा कि "आज मुझे जितनी खुशी आपको यह पुरस्कार मिलने की है, उससे कई गुना ज्यादा खुशी आप ने जो चेक लौटाया, उसकी है। आपकी पत्नी होने का मुझे आज अभिमान हो रहा है।"

जुलाई 2008 की बात थी। एक दिन मुझे अचानक श्री संजय मसंद का फोन आया। उन दिनों वे रिलायंस फाउंडेशन के प्रोजेक्ट 'दृष्टि' के प्रमुख अधिकारियों में से एक थे। उन्होंने मुझे मुंबई बुलवाया था। मैं और नीता दक्षिण मुंबई में नरीमन पॉइंट एरिया में पहुँचे, जहाँ मेकर चेंबर के चौथे माले पर हमें उनके वाइस प्रेसीडेंट से मिलना था। उनके पास विदेश से आई एक मोमबत्ती थी, जिसकी एक विशिष्ट सुगंध थी। उनका कहना था कि हम इसी तरह की कैंडल का सैंपल बनाकर दें। हमारे लिए उस आकार की कैंडल बनाना तो ज्यादा मुश्किल नहीं था, लेकिन सबसे बड़ी दिक्कत थी उस तरह की सुगंध को ढूँढ़ना! हमने जो हमारे सुगंध एवं अरोमा ऑयल व पाउडर के सप्लायर थे, उनके साथ बैठकर उस सुगंध पर काम करना शुरू किया और काफी मेहनत के बाद आखिरकार हम हू–ब–हू वैसी ही सुगंध बनाने में सफल हो गए। वे जो प्रोडक्ट चाहते थे, उसे तैयार करने के लिए हमें चार से पाँच अलग–अलग प्रकार के वैक्स को मिलाना पड़ा, जिसमें एक मधुमक्खी के छत्तों से मिलनेवाला प्राकृतिक वैक्स भी था। उसमें वे जो खुशबू चाहते थे, उसका मिश्रण करके बिल्कुल वैसी ही कैंडल तैयार की, जैसी हमें दिखाई गई थी और

उसे हमने रिलायंस तक भिजवाने की व्यवस्था की। सैंपल पाकर वे काफी संतुष्ट हुए और 20,000 कैंडल्स बनाने का हमें ऑर्डर दिया गया। वह एक कैंडल करीब 200 रुपए की पड़ रही थी। सबसे बड़ी बात यह थी कि हम रिलायंस जैसे कॉरपोरेट से जुड़ रहे थे।

सिंदोड़ा के वर्कशॉप के लिए मिलनेवाला यह सबसे बड़ा ऑर्डर था। हमारी पूरी टीम ने कड़ी मेहनत करके इस ऑर्डर को तय समय पर पूरा किया और हम रिलायंस के सामने अपनी एक अच्छी छवि बना पाए। इसका नतीजा यह हुआ कि वर्ष 2008 से लेकर आज तक हर साल हमें रिलायंस की तरफ से निरंतर कैंडल बनाने का ऑर्डर मिल रहा है। और हर बार कुछ नएपन के साथ कैंडल्स बनाई जाती हैं। 20,000 की संख्या से जो ऑर्डर मिलना शुरू हुआ था, वह आज करीब 1.5 से 2 लाख की संख्या तक पहुँच गया है। जैसे–जैसे इस प्रकार के ऑर्डर मिलने लगे, मेरे दृष्टि–बाधित दोस्तों की टीम भी बढ़ने लगी। ज्यादा–से–ज्यादा हाथों को रोजगार दिलाने में रिलायंस फाउंडेशन 'दृष्टि', रिलायंस इंडस्ट्रीज, श्री मुकेश अंबानी, श्रीमती नीता अंबानी तथा सभी पदाधिकारियों की, 'सनराइज कैंडल्स', जीवन भर आभारी रहेगी।

पिछले 10 वर्षों से निरंतर हमें रिलायंस फाउंडेशन 'दृष्टि' व रिलायंस इंडस्ट्रीज की तरफ से काम मिल रहा है। इस एक ऑर्डर से ही करीब–करीब साढ़े तीन से चार हजार मेरे दृष्टि–बाधित मित्रों को तीन से चार महीने तक रोजगार मिल जाता है। इतने सालों में रिलायंस के साथ तालमेल ऐसा बना हुआ है कि ऑर्डर मिलने के बाद कच्चे माल के लिए आधा भुगतान हमें पहले ही मिल जाता है और ऑर्डर की अंतिम खेप पहुँचते–पहुँचते बकाया राशि का भुगतान कर दिया जाता है। रिलायंस का पर्चेस ऑर्डर क्या मिला और कई कंपनियों ने 'सनराइज कैंडल्स' को इसी तरह के गिफ्ट आइटम बनाने का काम देना शुरू किया। यह जो कॉरपोरेट से जुड़ने का सिलसिला वर्ष 2008 में शुरू हुआ, वह अलग–अलग लोगों के माध्यम से आज भी जारी है।

मुझे याद है, एक दिन जब हम महाबलेश्वर की मार्केट का स्टॉल बंद कर रहे थे, तब एक दंपती वहाँ पर आया और उन्होंने बक्सों में रखी कैंडल्स देखने की इच्छा जताई। हम करीब–करीब पूरा स्टॉल बंद कर चुके थे, इसलिए हमने अगले दिन आने की विनती की। लेकिन उन्हें दूसरे दिन सुबह ही अहमदाबाद वापस जाना था। ग्राहक को ना कैसे कहते, इसलिए मैंने और नीता ने वापस बॉक्स खोले। स्ट्रीट लाइट के नीचे ही उन्होंने कैंडल्स खरीदीं, मेरा कार्ड वगैरह लिया और धन्यवाद कहते हुए विदा ली।

मुझे पंद्रह दिनों के बाद एक पत्र आया, जिसके साथ एक कार्ड भी था—एडवोकेट सत्येन भाई ठक्कर के नाम से, जो गुजरात हाई कोर्ट में प्रैक्टिस करते थे। उन्होंने मुझे 1,500 रुपए का ड्राफ्ट भी भेजा था और पत्र के अनुसार मुझे इतनी ही रकम की कैंडल्स लिखे गए पते पर मुंबई पहुँचानी थीं। पता आशापुरा इंडस्ट्री का था, जो माइनिंग में बहुत

बड़ा काम करती है। सत्येन भाई ठक्कर उस कंपनी के कानूनी सलाहकार थे। 1,500 रुपए की कैंडल्स पहुँचने के बाद 5,000 रुपए का ड्राफ्ट आया, ऐसा करते-करते हर बार यह रकम बढ़ने लगी। वर्ष 2008 में एक दिन सत्येन भाई का मुझे फोन आया। उन्होंने कहा कि आप को एक सीमेंट मैन्युफैक्चरर्स के लिए काम करना है, जो मेरे क्लाइंट भी हैं और मित्र भी। उस सीमेंट कंपनी का नाम 'सांघी सीमेंट' था। सत्येन भाई ने उस कंपनी के पर्चेस ऑफिसर से मेरी बात करवाई और 100 रुपए के एक कैंडल के बॉक्स के हिसाब से 15,000 बॉक्स का ऑर्डर दिलवाया। सबसे बड़ी परेशानी मेरे सामने थी कि यह ऑर्डर मुझे एक महीने में पूरा करना था। एक बॉक्स में गुलाब के फूल के आकार की चार कैंडल्स रखनी थीं। जिस वजह से सबसे पहले मुझे 60,000 कैंडल्स भी बनानी थीं, फिर बॉक्स पैकिंग और फिर अहमदाबाद तक की डिलीवरी।

सत्येन भाई हर दो दिन में फोन करके मेरी हिम्मत बढ़ाते। उनका यही कहना था कि अगर मैं ना कह दूँगा तो यह काम किसी और को जाता रहेगा। मैंने भी उनकी बातों से ऊर्जा पाकर अपने कई दृष्टि-बाधित दोस्तों के साथ दिन-रात एक कर दिए। डिलीवरी के तय दिन के एक दिन पहले सभी 15,000 बॉक्स तैयार हो चुके थे। शाम को 4 बजे तीन क्रुजर गाड़ियों की बीच की व पीछे की सीटें निकालकर हमने वे सभी बॉक्स सँभालकर उनमें लादे और मैं खुद उन गाड़ियों के साथ अहमदाबाद डिलीवरी देने गया।

मैं खासतौर पर सत्येन भाई रूपी उस देवता पुरुष से रू-ब-रू मिलना चाहता था। उस दिन मार्केट के स्टॉल की वह छोटी सी मुलाकात एक भाईचारे में बदल चुकी थी। सत्येन भाई ने 'सनराइज कैंडल्स' को गुजरात में प्रसिद्धि दिलाने में काफी मदद की। वे कई बार नवरात्र के अवसर पर अपने व्यस्त जीवन में से वक्त निकालकर अपने स्टाफ व परिवार के लोगों को लेकर नवरात्र के पंडालों में 'सनराइज कैंडर्ल्स' के स्टॉल लगाते, मेरे पूरे प्रोजेक्ट के बारे में गुजरात के लोगों को बताते और मुझे कैंडल्स के ऑर्डर दिलवाते।

गुजरात हाई कोर्ट के 50 साल पूरे होने के अवसर पर हमें सत्येन भाई के मार्गदर्शन से काफी बड़ी मात्रा में कैंडल्स के ऑर्डर मिले। उन्होंने अहमदाबाद में नरोदा इंडस्ट्रीज के कई फैक्टरी मालिकों से मुझे जोड़ा। वे अपने हर क्लाइंट को, जो पूरे गुजरात में फैले थे, उनसे 'सनराइज कैंडल्स' की पहचान करवाई, जिससे मेरी पूरी दृष्टि-बाधित टीम को लगातार काम मिलता रहा। उनकी बहुत कोशिश रहती कि ज्यादा-से-ज्यादा गुजरात से मुझे काम मिले। पहले जिस लीगल फर्म के साथ वे प्रैक्टिस कर रहे थे, उसी फर्म के एक संचालक कुणाल भाई नानावटी की धर्मपत्नी श्रीमती शैनी बेन नानावटी, जो अहमदाबाद में सबसे बड़े प्रदर्शनी व इवेंट आयोजित करवाने के लिए जानी जाती थीं, के सभी इवेंट होटल ग्रैंड भगवती, जो एक फाइव स्टार होटल है, के अलावा कर्णावती क्लब और राजपथ क्लब जैसी प्रसिद्ध जगहों पर आयोजित होते थे। सत्येन भाई के अनुरोध पर शैनी

बेन और कुणाल भाई ने ग्रैंड भगवती होटल में दो दिन का जो 50,000 रुपए भाड़ा था, वह हमसे न लेते हुए स्टॉल हमें दे दिया। सत्येन भाई ने सबके रहने की व्यवस्था कर दी थी। हमें सिर्फ ट्रेन से अहमदाबाद पहुँचना था। हमें लेने के लिए रेलवे स्टेशन पर कार भी भेज दी गई थी। सब सामान पहले ही हमने ट्रांसपोर्ट में भेज दिया था। दो दिन के उस ग्रैंड भगवती की प्रदर्शनी में सत्येन भाई ने अपने पूरे नेटवर्क का उपयोग करते हुए हर दोस्त, हर क्लाइंट, हर रिश्तेदार को हमसे मिलवाया। सत्येन भाई के सूरत व अहमदाबाद से लेकर सारे गुजरात में काफी क्लाइंट्स थे, जिनको वे अधिकारपूर्वक कह सकते थे, उन सबको बुलाकर हमारे साथ जोड़ा। उन दिनों कई मित्र तो ऐसे भी जुड़े कि सालों बाद आज भी हमसे कैंडल्स मँगवा लेते हैं। उन सब में सूरत के श्री मुकेश भाई देसाई, नरोदा इंडस्ट्रीज अहमदाबाद के अध्यक्ष श्री शैलेश भाई पटवारी, गुजरात खादी ग्रामोद्योग के श्री सतीश भाई पटेल, श्री अजय भाई बगडाइ, मारुति शॉपिंग सेंटर राजकोट, सांघी सीमेंट, साबरमती आश्रम आदि नाम सम्मिलित थे। शैलेश भाई पटवारी ने तो उन दिनों, जो गुजरात में जकात लगती थी, वह भी म्यूनिसिपल कमिश्नर से मिलकर हमारे लिए माफ करवाई थी। सत्येन भाई की यही कोशिश रहती कि हमें ज्यादा-से-ज्यादा फायदा हो; कोई भी कैंडल बचे नहीं। हर एक कैंडल बिक जाए। हम भी उसी तैयारी के साथ सत्येन भाई के बुलावे पर गुजरात जाया करते थे। ग्रैंड भगवती के दो प्रदर्शन और कर्णावती क्लब के तीनों ही प्रदर्शन बहुत सफल रहे।

एक बार शैनी बेन ने हमें राजपथ क्लब में प्रदर्शनी के लिए बुलाया था। राजपथ क्लब की वह प्रदर्शनी भी बहुत सुंदर तरीके से नियोजित की गई थी। लेकिन उस तीन दिन की प्रदर्शनी में पहले दिन अहमदाबाद में कुछ ऐसी घटना घटी कि एक कर्फ्यू का सा माहौल हो गया और लोग उस प्रदर्शनी स्थल तक पहुँच नहीं पाए। जितने लोग सुबह-सुबह आए, उतने ही आ पाए। नए लोग फिर नहीं आ सके। दूर-दराज के राज्यों और जगहों से काफी लोग बहुत बड़ी रकम खर्च करके वहाँ पर स्टॉल लगाने आए थे। किसी का चप्पल का, किसी का पर्स और बैग का, किसी का कपड़ों का तो किसी का हस्तकला व ज्वेलरी आदि का स्टॉल था। इस तरह से सब अपने-अपने प्रोडक्ट लेकर आए थे और काफी ज्यादा किराया भी उन्होंने दिया था। शैनी बेन और कुणाल भाई ने उन्हें समझाया कि दिक्कत क्या है ? आज भले यहाँ ज्यादा ग्राहक नहीं पहुँच पाए, लेकिन कल जरूर आएँगे। विश्वास करें, कल यहाँ पर काफी भीड़ जुटेगी। लेकिन हर दुकानदार ने ग्राहकों की कमी का गलत मतलब निकाला। उनको लगा कि यह सिर्फ आयोजकों की गलती है।

मैं जानता था कि शैनी बेन तो सालों से सफल आयोजकों में गिनी जाती हैं। शैनी बेन का इवेंट मैनेजमेंट में काफी नाम था। शैनी बेन की प्रदर्शनी में स्टॉल मिलना ही अपने आप में बहुत बड़ी बात थी। उनका इतने सालों का इस क्षेत्र का अनुभव और

आत्मविश्वास ही था कि जैसा शैनी बेन ने सभी स्टॉलवालों से कहा था, कर्फ्यू हटते ही दूसरे दिन राजपथ क्लब में ग्राहकों का ताँता लग चुका था। शाम होते-होते हमारा स्टॉक भी खत्म होने को था। कविता भाभी ने हर प्रकार की एक-एक कैंडल सँभालकर रख ली थी। तीसरे दिन हमने उन सैंपल कैंडल्स को दिखाकर ऑर्डर लेने शुरू किए और तुरंत ही महाबलेश्वर यूनिट पर फोन करके उन ऑर्डर पर काम चालू करने के निर्देश भी दे दिए; क्योंकि दीपावली सिर पर थी। बाद में इन सभी ऑर्डर की कैंडल्स को तय वक्त पर महाबलेश्वर से भेजने की व्यवस्था कर दी गई। सत्येन भाई भी अपने कोर्ट के कामों से समय निकालकर हमें स्टॉल पर मदद करने आ जाते। हर बार की तरह कविता भाभीजी ने खाने का टिफिन, नाश्ता, चाय के थर्मस, पानी आदि की व्यवस्था कर रखी थी। कविता भाभी स्टॉल पर रहतीं तो हमारे अनुरोध को मान देते हुए वे पैसों का लेन-देन सँभाल लेतीं। उनकी इस मदद से हम अपना पूरा ध्यान सामने खड़े ज्यादा-से-ज्यादा ग्राहकों के साथ बात करने और अपने प्रोडक्ट समझाने में दे पाते; क्योंकि इन स्टॉल्स पर थोड़े भी आप कमजोर पड़े तो सामनेवाला ग्राहक तुरंत ही दूसरे स्टॉल पर चला जाता, इसलिए सत्येन भाई व कविता भाभीजी की कोशिश यही रहती कि जो ग्राहक हमारे स्टॉल तक पहुँचा है, हम उसे पूरा वक्त दे पाएँ और वह कुछ-न-कुछ खरीदकर ही जाए। हमारा खून का कोई रिश्ता भले न हो, लेकिन सत्येन भाई ने एक सगे बड़े भाई की तरह अपने पूरे परिवार के साथ कई सालों से मुझे बिजनेस दिलाने और मेरी पूरी दृष्टि-बाधित टीम को आगे बढ़ाने में मेरी बहुत मदद की।

आज भी गुजरात हाई कोर्ट परिसर के सामने जो सत्येन भाई का बड़ा सा कार्यालय है, जहाँ कितने ही जूनियर वकील उनके अधीन काम करते हैं, वहीं एक कमरे में काँच की एक बड़ी सी अलमारी में हमारे कैंडल्स रखे होते हैं। गुजरात हाई कोर्ट में जब-जब किसी कार्यक्रम के चलते गुलदस्ते या तोहफे की जरूरत पड़ती है, किसी वकील मित्र को ऐसी कोई आवश्यकता जान पड़ती है तो उस अलमारी से कैंडल्स मँगवा ली जाती हैं। वहाँ इतनी अच्छी व्यवस्था है कि एक पैसों का बॉक्स उस अलमारी में रख दिया गया है। कीमत देखकर हर मित्र उस बॉक्स में पैसा डाल देता है। बाद में उन इकट्ठा हुए पैसों को 'सनराइज' के अकाउंट में जमा करवा दिया जाता है। फोन आने पर महाबलेश्वर से कैंडल के नए बॉक्स अहमदाबाद के लिए भेज दिए जाते हैं। यह सिलसिला पिछले कई सालों से यथावत् चालू है। जब भी अहमदाबाद हाई कोर्ट से कोई बड़े जज या वकील महाबलेश्वर आए, तब वे हमसे मिलना कभी नहीं भूले। यह पूरा श्रेय सिर्फ और सिर्फ सत्येन भाई का हमारे प्रति जो अपार स्नेह है, उसको जाता है। सत्येन भाई और कविता भाभी ने गुजरात में जो प्रदर्शनी दिलाई और खासतौर पर शैनी बेन की प्रदर्शनी में स्टॉल मिलने से मैं इस बिजनेस की कई बारीकियों को सीख सका।

प्रदर्शनी की बात करें तो उसमें हिस्सा लेने के लिए नाम रजिस्टर करने से लेकर प्रदर्शनी समेटने तक—फिर भले वह एक दिन, दो दिन या फिर हफ्ते भर का हो—नई-नई जगहों पर जाकर किसी युद्ध लड़ने जैसा है। महाबलेश्वर से अगर कहीं प्रदर्शनी लगाने जाना हो तो सबसे पहले परिवहन का खर्च, रहने-खाने का खर्च और उसके बाद स्टॉल का किराया भी देना होता था और वहाँ पर जो बिक्री हो पाती, उसमें से इन सब खर्चों को कम करके अपने मुनाफे को ढूँढ़ने की कोशिश करना। इन सब अनुभवों के चलते अब हमने आयोजकों से अनुरोध करना शुरू किया था कि वे हमें भाड़े में कुछ छूट या रियायत दें और कई बार वे मान भी जाते। धीरे-धीरे हमें समझ में आया कि जहाँ बड़ी-बड़ी प्रदर्शनी लगती हैं, जैसे वर्ल्ड ट्रेड सेंटर, जहाँ लाखों-करोड़ों रुपए इन प्रदर्शनी को सफल बनाने के लिए झोंक दिए जाते हैं, इन प्रदर्शनी में कुछ सी.एस.आर. एक्टिविटी के चलते बड़े-बड़े आयोजकों के एच.आर. विभाग की तरफ से उन सौ-दो सौ स्टॉल में से चार-पाँच स्टॉल बिना किराया लिये भी दिए जाते हैं। शर्त सिर्फ इतनी होती है कि हम रजिस्टर्ड एन.जी.ओ. हैं या नहीं? अगर कोई रजिस्टर्ड एन.जी.ओ. इन प्रदर्शनी में स्टॉल माँगता तो उसे उस कॉरपोरेट सोशल रिस्पोंसिबिलिटी (सी.एस.आर.) के तहत स्टॉल दे दिया जाता। उस सी.एस.आर. का फायदा हमारे दृष्टि-बाधित दोस्तों को मिल सके, इसलिए जिला चैरिटी कमिश्नर ऑफिस में हमने 'ओशोनिक विजन फॉर द ब्लांइड वेलफेयर सोसाइटी' के नाम से एक एन.जी.ओ. रजिस्टर कराया। हमें उसमें कोई दान या डोनेशन वगैरह लेना नहीं था; लेकिन हम चाहते थे कि एन.जी.ओ. के रूप में अगर हमें वे स्टॉल दे सकते हैं तो क्यों न उसका फायदा लें! हमारे पास प्रोडक्ट भी थे और इतनी बड़ी टीम भी थी। बाकी स्टॉल के भाड़े के अलावा जो और खर्चे होते, वे तो वहन करने ही थे।

जब पहले-पहले मैंने और नीता ने प्रदर्शनी में हिस्सा लेना शुरू किया था, तब कई मुद्दों पर हमें ध्यान देना होता था। सबसे पहले तो किन त्योहारों के वक्त हम हिस्सा ले रहे हैं, यह देखना बड़ा जरूरी था। अगर दीपावली के पहले हम प्रदर्शनी में हिस्सा ले रहे हैं तो उसी प्रकार के प्रोडक्ट ज्यादा-से-ज्यादा साथ में लेने पड़ते। उसी तरह से क्रिसमस, वैलेंटाइन, मकर संक्रांति, शादी-ब्याह का सीजन, गणपति महोत्सव, नवरात्र आदि त्योहारों का ध्यान रखना आवश्यक था। किसी और शहर में जाते समय एक स्टेपलर से लेकर बैनर तक याद से लेने पड़ते। टेबल पर बिछाने के लिए चादर, टेबल के सामने लगाने के लिए करीब-करीब उसी माप के बैनर, स्टॉल के पीछे और साइड पर लगाने के लिए उपलब्धियों के बैनर्स और फोटोग्राफ्स, कुछ फ्लोटिंग फ्लावर की उपयोगिता ग्राहकों को दिखाने के लिए, साथ में काँच के बाउल, जिनमें उन मोम के फूलों को तैरते हुए दिखाया जा सके, चाय के थर्मस, डिस्पोजिबल गिलास, खाने के लिए बिस्कुट, नमकीन, पानी की बोतलें इत्यादि। कई प्रदर्शनियों में तो खाने-पीने की चीजें इतनी महँगी मिलतीं कि उन्हें खरीदने

के बारे में हम सोच भी नहीं सकते थे। वहाँ पानी की एक बोतल भी 50 से 100 रुपयों तक में बिकती होती। कैरी बैग, कैंची, पेन, कागज, विजिटिंग कार्ड से लेकर लेन-देन में लगनेवाले छुट्टे पैसे—हर एक वस्तु याद से लेनी पड़ती। क्योंकि हर उस नई जगह का स्टॉल, जो किसी बड़ी कंपनी की कैंटीन में होता या किसी बड़े प्रदर्शनी स्थल में। एक बार स्टॉल लगाने के बाद बाहर जाना असंभव सा था। स्टॉल लगाने के बाद किसी कम पड़ी वस्तु को लेने या खोजने बाहर निकलना अपने आप में सिर दर्द वाली बात थी। कुछ पैसे कमाने के लिए उन स्टॉल्स को हम लगाते थे और उसमें सफलता पाने के लिए घर से निकलने के पहले ही पूरी तरह से योजनाबद्ध तरीके से नियोजन करना बड़ा जरूरी था।

एक बार मुंबई से संदीप भाई संपत नामक बहुत बड़े बिल्डर महाबलेश्वर घूमने आए थे, जो 'नीलसिद्धि ग्रुप' नामक कंपनी का प्रतिनिधित्व करते थे। स्टॉल पर सब कैंडल्स देखकर वे बड़े मंत्रमुग्ध हुए और कहने लगे कि इन सभी कैंडल्स को लेकर हमारे बिल्डर एसोसिएशन के प्रॉपर्टी प्रदर्शनी में आप जरूर आइए। यह प्रदर्शनी एशिया की सबसे बड़ी प्रॉपर्टी प्रदर्शनी होती है। एक दिन उनका फोन आया कि दीपावली के बिल्कुल पहले इस बार प्रदर्शनी है और आप चाहें तो चार दिन के प्रदर्शनी के लिए मैं आपके नाम की सिफारिश कमेटी के सामने कर सकता हूँ। हमने अपनी स्वीकृति दी और दूसरे दिन ही उनका फोन आ गया कि "आपका नाम दे दिया गया है। आप को कुछ भी भाड़ा नहीं देना है। सिर्फ आपको रहने, खाने-पीने की व्यवस्था करनी होगी।" जब हम वहाँ पर पहुँचे तो वहाँ बहुत बड़ा पंडाल लगा था। नीता ने मुझे अंदर दाखिल होने के पहले ही बताया कि यह अपने आप में किसी शहर जैसा लगता है। करीब-करीब पाँच से छह एकड़ में पूरा पंडाल फैला था। लोगों से पता चला कि जिस जगह पर यह विशाल पंडाल खड़ा है, उसके नीचे की जमीन साल के कई महीने दलदल व कीचड़ से भरी रहती है। कई दिनों की मेहनत के बाद बड़े-बड़े लोहे के चैनल खड़े करके और उस उबड़-खाबड़ जमीन पर हजारों की संख्या में प्लाईवुड के बड़े-बड़े टुकड़े बिछाकर और चारों ओर से सुंदर सफेद मोटे-मोटे कपड़ों से पैक करके उस भव्य पंडाल की रचना की गई थी, जो पूरी तरह से वातानुकूलित था। पहले हमें लगा कि इतना बड़ा पंडाल है तो शायद सैकड़ों की संख्या में स्टॉल रहेंगे, लेकिन अंदर का नजारा हमारे विचारों के बिल्कुल ही विपरीत था। अंदर स्टॉल तो थे, जो दस-बीस फीट के न होकर दो-दो, तीन-तीन हजार वर्ग फीट में फैले हुए थे। नीता मुझे समझाने की कोशिश कर रही थी कि हर एक स्टॉल इतना सुंदर और भव्य है कि उसकी सजावट पर ही शायद लाखों रुपयों का खर्चा किया गया होगा। काँच और लाइट्स का इतना प्यारा संगम था कि हर एक स्टॉल मानो अपने आप में एक महल था। कई बिल्डरों के स्टॉल पर उन दिनों वे जिन इमारतों के प्रोजेक्ट पर काम कर रहे थे, उनके दो-तीन फीट के हू-ब-हू मॉडल्स रखे हुए थे। नीचे जो प्लाईवुड बिछाए

गए थे, वे कहीं भी दिख नहीं रहे थे; क्योंकि उनके ऊपर मखमली गलीचे बिछा दिए गए थे। इस भव्यता के बीच किसी फाइनेंस कंपनी के स्टॉल के पास में जो दस-बाई-दस फीट जितनी एक छोटी सी जगह बच गई थी, वहाँ हमें स्टॉल लगाने का निर्देश दिया गया। मैं और नीता राज्य परिवहन की बस में बड़ी कठिनाइयों का सामना करते हुए अपने प्रोडक्ट्स के करीब पंद्रह से सत्रह बॉक्स लेकर वहाँ पहुँचे थे, जिन्हें कई सुरक्षा कर्मियों के बीच से होकर गुजरना पड़ा। इस चाक-चौबंद सुरक्षा की वजह थी—इस प्रदर्शनी में निमंत्रित किए गए नेता व अभिनेता। हम एक दिन पहले ही शाम को पहुँच चुके थे। उसका लाभ यह हुआ कि रात तक हमारा स्टॉल पूरी तरह से लग चुका था। संदीप भाई ने भी आकर हमारी खैर-खबर जान ली थी। दूसरे दिन सुबह मुख्यमंत्रीजी के हाथों उद्घाटन होना था। मैं और नीता उस बड़ी सी प्रदर्शनी के सबसे छोटे स्टॉल ओनर की हैसियत से अपने निवास-स्थान पर पहुँचे और कल क्या होगा, कैसे होगा, इन ढेरों आशंकाओं के साथ रात बिताई।

उद्घाटन के बाद उस चार दिन की प्रदर्शनी में पहले दो दिन तो ठीक-ठाक गुजरे, बहुत अच्छी बिक्री भी हुई। इस बिक्री के मद्देनजर हमने महाबलेश्वर में जितनी भी कैंडल्स तैयार थीं, सब पैक करवाकर उस प्रदर्शनी के लिए मँगवा लीं। तीसरे दिन शाम को एक अनोखी घटना घट गई। हमारे स्टॉल के सामने एक बहुत ही बड़े और नामी बिल्डर हेक्स पैवेलियन का आलीशान स्टॉल था। उस दिन शाम को उनके किसी नए प्रोजेक्ट का उद्घाटन करने अभिनेता संजय दत्त आए हुए थे। उनका एक 20 मंजिल का नया टावर, जो इस प्रोजेक्ट के तहत बनने वाला था, उसकी एक हू-ब-हू नकल एक्रेलिक में बनाकर वहाँ रखी गई थी। मेरे जो दो दृष्टि-बाधित दोस्त कैंडल्स का नया स्टॉक लेकर उस दिन सुबह ही आकर हमसे जुड़े थे, उनकी बहुत इच्छा थी कि संजय दत्तजी से मिला जाए। लेकिन इतनी भीड़ थी कि बड़ी मुश्किल हुई। दो-तीन बार तो गिरते-गिरते बचे। अंत में हमने अपने हथियार डाल दिए और चुपचाप अपनी कैंडल्स बेचने में ही ज्यादा भलाई समझी।

चौथे और अंतिम दिन सुबह 10 बजे के करीब मैं अपने स्टॉल पर खड़ा ही था कि एक सज्जन आए और बोले, "मिस्टर भाटिया, मैं इस सामने के स्टॉल हेक्स पैवेलियन का एम.डी. हूँ और हम चाहते हैं कि आप तुरंत अपना स्टॉल बंद करें।"

मुझे लगा कि जरूर मेरे दोनों दृष्टि-बाधित दोस्तों ने कुछ गड़बड़ कर दी है। वे जरूर सामने किसी से टकराए होंगे। मैंने कहा, "हमारे ग्रुप में से किसी से अगर कुछ गुस्ताखी हो गई हो तो आप प्लीज माफ करें। सर, आज का आखिरी दिन हमारे लिए बहुत महत्त्वपूर्ण है, क्योंकि अभी बहुत माल बचा पड़ा है। आप स्टॉल बंद मत कराइए।"

"नहीं-नहीं, मिस्टर भाटिया, आप स्टॉल बंद करें, यह मैं किस संदर्भ में कह रहा

हूँ, यह आप समझे नहीं। मिस्टर भाटिया, आपने कल शाम अनुभव किया होगा कि हमारे यहाँ संजय दत्तजी आए हुए थे। हम सब पिछले तीन दिन से देख रहे हैं, आप सुबह से रात तक खड़े रहकर अपनी कैंडल्स बेचने के लिए कितनी मेहनत कर रहे हैं। हमने कल दोपहर में ही यह तय कर लिया था कि आपका पूरा स्टॉल संजय दत्तजी के हाथों खरीद लिया जाए। दीपावली का त्योहार भी सिर पर है और आपके प्रोडक्ट तोहफे वगैरह देने में काफी काम आ सकते हैं। लेकिन उस भीड़ के चलते कल यह संभव न हो सका। बस, अब आप मुझे यह बताएँ कि अंदाजन कितने रुपयों की कैंडल्स आपके पास बच गई हैं?"

मैंने अपने आप को सँभालते हुए कहा, "सर, जितनी ऊपर डिस्प्ले में हैं, उतनी ही टेबल के नीचे भी हैं। सब मिलाकर करीब दो-सवा दो लाख की कैंडल्स होनी चाहिए।"

"ठीक है मिस्टर भाटिया, आप पैकिंग शुरू करें। मैं बॉक्सेस उठाने के लिए अपने आदमियों को भेज दूँगा।"

उनके जाने के बाद मैंने नीता से पहला प्रश्न यही किया कि वे सज्जन कहीं मजाक तो नहीं कर गए हमारे साथ? नीता ने कहा, "नहीं, मैं भी उन्हें कई बार उस सामने के स्टॉल पर देख चुकी हूँ। संजय दत्तजी के साथ भी वे खड़े थे।" आश्वस्त होकर मैंने पहले जाकर यह बात नीलसिद्धि ग्रुप के स्टॉल पर संदीप भाई संपतजी को बताई। उन्होंने अपने दो कर्मचारी हमारी मदद के लिए भेजे। आसपास से दो-तीन और लोगों को हमने मदद के लिए बुलाया। अक्सर ऐसी प्रदर्शनी में स्टॉल के मालिकों व कर्मचारियों के साथ दोस्ती हो ही जाती है, जिसके चलते व्यस्तता के बावजूद कुछ लोग मदद करने आ ही गए थे। करीब एक-डेढ़ घंटे में सभी बॉक्स तैयार हो गए थे और 2,20,000 का बिल भी तैयार था। बॉक्स अपने कब्जे में लेते समय एम.डी. साहब ने कैश या चेक का विकल्प मुझसे पूछा। मेरे कैश माँगने पर दस मिनट में ही उन्होंने सारे पैसे नीता के पास जमा करवा दिए। तीन-तीन फीट की दो बड़ी कैंडल्स हम स्टॉल के 'सेंटर ऑफ अटेंशन' के लिए लाए थे, जो हमने एम.डी. सर को भेंट के रूप में दी और उन सभी का धन्यवाद करते हुए उस पंडाल से कितनी ही मीठी यादें लेकर हम बाहर निकले।

हर बार प्रदर्शनी खत्म होने के बाद पंडाल या हॉल से बाहर निकलना इतना आसान नहीं होता। हर स्टॉल मालिक अपना बचा हुआ माल, सजावट की वस्तुएँ आदि समेटकर सबसे पहले बाहर जाना चाहता है, क्योंकि अंतिम दिन वैसे ही देर शाम तक स्टॉल पर खड़े रहना पड़ता है, क्योंकि सब माल बिक गया तो अच्छी बात है, अन्यथा आखिरी दिन मार्केटिंग के सब हुनर आजमाने पड़ते हैं। एक बड़ा ग्राहक वर्ग स्टॉल के धारक व कर्मचारी भी होते हैं, जो हमारे साथ-साथ उस प्रदर्शनी में हिस्सा ले रहे होते हैं। लेकिन उनकी तरफ से खरीदी अक्सर अंतिम दिन आखिरी के दो घंटों में होती है। जब भी प्रदर्शनी में प्रोडक्ट बच जाने की नौबत आती, हम उन्हीं स्टॉल धारकों पर अपना ध्यान केंद्रित करते। हमारे

दृष्टि-बाधित मित्र उन सभी स्टॉल पर जा-जाकर हमारे कार्ड देने के साथ-साथ उन्हें हमारे स्टॉल पर आने का निमंत्रण भी दे आते। हमारी कैंडल्स अक्सर सबको लुभातीं, अलग-अलग ढंग से सबको आकर्षित करतीं। हर बार कोशिश यही रहती कि पूरा स्टॉक खत्म करके निकला जाए। कई बार ऐसा भी होता कि कुछ माल बच ही जाता। तब सभी बची हुई कैंडल्स को उस कम वक्त में सँभालकर पैक करना होता। जिनके कपड़ों के स्टॉल होते, वे बचे हुए कपड़ों को बैग में भरते और टाटा-टाटा, बाय-बाय कहते हुए निकल जाते। लेकिन हमारी नाजुक कैंडल्स को पैक करने में काफी वक्त लग जाता।

गोवा की एक प्रदर्शनी में ऐसा भी अनुभव हुआ कि पंडालवालों को रातोरात पूरा पंडाल पुणे में शिफ्ट करना था। हम अभी बची हुई कैंडल्स की पैकिंग शुरू ही कर पाए थे, उसके पहले हमारे ऊपर से लाइट्स व पंडाल की छत नदारद थी। हमने अनुरोध भी किया कि कुछ देर कृपया लाइट्स वगैरह की व्यवस्था रहने दो; लेकिन वे भला कहाँ मानने वाले थे! वे लोग भी सही थे। वे क्यों अपना किराया छोड़ें? मुझे तो लाइट्स से कोई मतलब था नहीं, लेकिन वॉलंटियर्स को हमारी ही कैंडल्स जलाकर पैकिंग पूरी करनी पड़ी। ऐसे प्रदर्शनियों में सफल होना हो तो आसपास के स्टॉलवालों से दोस्ती करना भी बड़ा जरूरी है। कब कौन काम आ जाए, कह नहीं सकते। कई बार एक सेफ्टी पिन को लेकर भी काम अटक जाता है। विजिटिंग कार्ड्स का लेन-देन भी आगे के मार्ग आसान कर देता है। बस, हर प्रदर्शनी उस शहर की भाँति है, जहाँ आप मानो कुछ वक्त के लिए रहने गए हों। हर प्रदर्शनी एक कॉलेज या संस्थान की तरह प्यारे दोस्त, प्यारी यादें और कभी न भुलाया जानेवाला शिक्षण व अनुभव दे जाती है, हजारों-लाखों नए ग्राहकों से जोड़ती है और प्रगति के पथ पर आपको आगे बढ़ाने में नींव के एक पत्थर का काम करती है।

महाबलेश्वर आर.के. वाडी के पास में ही अनारकली होटल था, जिसके मैनेजर थे जयंतीभाई देसाई। पड़ोसी होने के नाते पिताजी की और उनकी अच्छी मित्रता थी। उनके पोते पारस मुंबई से उनसे मिलने आते, तब जयंतीभाई पारस को मेरी कैंडल्स दिखाने ले आते। पारसजी को मेरी कैंडल्स बहुत अच्छी लगतीं। मैं हर बार उन्हें तोहफे के रूप में कई कैंडल्स देता। इस बात को वर्षों बीत गए। कई वर्षों से मैं पारसजी से मिला भी नहीं था, क्योंकि जयंतीभाई भी अपनी नौकरी से त्याग-पत्र देकर मुंबई जा चुके थे। एक दिन अचानक पारसजी का फोन आया। उन दिनों वे वरली मुंबई स्थित यस बैंक की शाखा में किसी बड़े पद पर काम कर रहे थे। वे मेरी कैंडल्स का प्रदर्शनी यस बैंक में लगवाना चाहते थे। आगे चलकर यस बैंक की प्रदर्शनी को इतना अच्छा रिस्पॉन्स मिला कि पारस भाई की धर्मपत्नी, जो उन दिनों बांद्रा मुंबई स्थित प्राइस वाटर कूपर्स (पी.डब्ल्यू.सी.) में कार्यरत थीं, उन्होंने अपने एच.आर. डिपार्टमेंट से बात की और हमें उनके बांद्रा व दादर स्थित दोनों कार्यालयों में स्टॉल लगाने का आमंत्रण दिया।

पहले दिन दोपहर के 12 से 2 बजे के बीच हमें बांद्रा के कार्यालय में करीब 15,000 कर्मचारियों के लिए स्टॉल लगाना था। हम उसी दिन सुबह 5 बजे भाड़े की दो गाड़ियाँ लेकर करीब साढ़े 11.30 बजे बांद्रा के पी.डब्ल्यू.सी. के कार्यालय में पहुँच गए। हमें उनके कैफेटेरिया में स्टॉल लगाना था। वहाँ के मैनेजर ने हमें बताया कि 12 से 3 के बीच में यहाँ काफी भीड़ हो जाएगी। हमने पहले ही यहाँ इस कोने में आपके लिए छह टेबल रख दिए हैं। हमारे पास बीसियों बॉक्स थे, जो हमें कैफेटेरिया तक पहुँचाने थे। वहाँ के कुछ क़र्मचारियों और हमारे ड्राइवर ने इसमें हमारी काफी मदद की।

उन टेबलों पर चादरें बिछाकर और बैनर चिपकाकर हमने अभी दो-तीन बॉक्स सजाना शुरू ही किया था कि लोगों का आना शुरू हो गया। श्रीमती पारस देसाई ने पहले ही हमारे आने की सूचना हर एक कर्मचारी को इ-मेल के माध्यम से दे दी थी, जिस कारण वहाँ उपस्थित हर व्यक्ति हमारे प्रोजेक्ट से भलीभाँति वाकिफ हो चुका था। एक तरफ हम बॉक्स खोल-खोलकर टेबल सजाने में व्यस्त थे और दूसरी तरफ भीड़ इतनी बढ़ गई थी कि लोगों ने और राह न देखते हुए कैंडल्स खरीदनी शुरू कर दी थीं। अब हालत ऐसी थी कि हम बॉक्स खोलें, टेबल सजाएँ, कैंडल बेचें या पैसों का व्यवहार करें? उस विशाल कैफेटेरिया में बारह से पंद्रह हजार लोगों को सँभालना हमारे लिए संभव नहीं था।

श्रीमती पारस देसाई भी हमारी मदद करने में व्यस्त थीं। लेकिन इस भीड़ को सँभालने में हम असमर्थ थे। नीता ने तुरंत ही रास्ता निकालते हुए सामने खड़ी कुछ बहनों से विनती की कि कृपया वे टेबल के इस ओर आ जाएँ और हमारी मदद करें। इसी के साथ-साथ हमने सामने खड़े सभी मित्रों से कहना शुरू किया कि हम सब पहले बॉक्स खोलकर टेबल पर रखना शुरू करते हैं। हर एक प्रोडक्ट के ऊपर कीमत लिखी हुई है। यहाँ कैरी बैग पड़े हुए हैं। आप मेहरबानी करके जो भी कैंडल आपको चाहिए, उसे लेकर पीछे हो जाएँ और नए लोगों को टेबल तक आने दें और कीमतों का कुल योग करके यहाँ देसाई मैडम को पैसे दे दें। इस तरह से काफी हद तक उन सभी मित्रों को सँभाला जा सका। करीब दो घंटे में हमारी सारी कैंडल्स खत्म हो चुकी थीं। अभी भी लोग आकर ऑर्डर लिखवा रहे थे, जो हमें बाद में भेजने थे; क्योंकि दीपावली का त्योहार सिर पर था। लेकिन उसके पहले कल इसी तरह से पी.डब्ल्यू.सी. के दादर के कार्यालय में भी स्टॉल लगाना था, जिसके लिए महाबलेश्वर से तुरंत नया स्टॉक मँगाने की जरूरत थी। उस दिन कैफेटेरिया से हमसे विदा लेते समय कई कर्मचारियों ने बैग आगे करते हुए वस्तुएँ और बिल चेक करने के लिए हमसे आग्रह किया। लेकिन हमने उनसे कहा कि आप ने ठीक ही टोटल किया होगा। हमें आप पर पूरा भरोसा है। और इस तरह से पी.डब्ल्यू.सी. की वह एक अलग सी प्रदर्शनी पूरी हुई।

पारसजी एवं उनकी धर्मपत्नी कई कंपनियों व मल्टीनेशनल बैंक्स के एच.आर. के

लोगों से परिचित थे। जिस वजह से उन्होंने हमें सिटी बैंक, स्टैंडर्ड चार्टर, आई.सी.आई.सी. आई., टेक महिंद्रा, टी.सी.एस., गोदरेज, एच.डी.एफ.सी., एच.सी.एल. आदि जगहों पर स्टॉल दिलवाने में काफी मदद की। खासतौर पर दीपावली और क्रिसमस के पहले हम वहाँ जाकर स्टॉल लगाते, जिसका फायदा हमारी पूरी दृष्टि-बाधित टीम को हो पाता।

श्री नितिन भाई सोनावाला, जो मुंबई जैन युवक संघ के अध्यक्ष थे, की इच्छा थी कि मैं अपने अनुभवों को उनके द्वारा पर्युषण के उन आठ दिनों में जो व्याख्यानमाला पाटकर हॉल, चर्चगेट, मुंबई में पिछले कई दशकों से आयोजित की जाती है, उसमें लोगों से साझा करूँ। इसकी शुरुआत भी हुई और कई जैन नेताओं से जुड़ना हुआ। श्रीमती नीरूबेन शहा, उसी में से एक थीं, जो जैन वीमेन इंटरनेशनल की प्रमुख भी थीं। उनके संगठन द्वारा हर साल जो वर्ल्ड ट्रेड सेंटर, मुंबई में प्रदर्शनी आयोजित की जाती थी, उसमें हिस्सा लेने का मौका मिला। इतनी बड़ी जगह पर प्रदर्शनी में हिस्सा लेकर मेरे और सभी दृष्टि-बाधित मित्रों के अंदर एक नए आत्मविश्वास का संचार हुआ।

कृष्णकांत भाई व अनुराधा बेन की बहू नीनाजी, जो दुबई में रहती हैं, वे पुणे के एक बड़े महिला संगठन से जुड़ी हुई थीं। उस संगठन की तरफ से हर साल नवरात्र में पुणे कैंप परिसर में स्थित होटल अरोड़ा टावर की सातवीं मंजिल पर जो बड़ा सा हॉल है, वहाँ भव्य प्रदर्शनी का आयोजन किया जाता था। जब से मैं जेठा परिवार से मिला था, तभी से उस प्रदर्शनी में मुझे एक स्टॉल मिलने लगा था। लेकिन पहली बार जब हमें वहाँ स्टॉल लगाने के लिए बुलाया गया, उस दिन हमारे लिए एक भी स्टॉल खाली नहीं था। वहाँ के वॉलंटियर्स ने होटल के स्टाफ से कहकर दो टेबल हमारे लिए मँगवाए और लिफ्ट के पास ही हमने अपना स्टॉल लगा दिया। हमारे पास प्रोडक्ट ज्यादा थे और टेबल सिर्फ दो थे और लिफ्ट के पास जगह भी बहुत थी। हमने होटल के उस स्टाफ से अनुरोध करके चार टेबल और जोड़े तथा एक बड़ा आकर्षक स्टॉल खड़ा कर दिया। वहाँ अंदर जो 150 के करीब स्टॉल थे, उन हर स्टॉल में एक ही टेबल रह सके, उतनी ही जगह थी। और दिन का 35,000 रुपए किराया भी था। और हम थे कि बिना एक रुपया किराया चुकाए उस संगठन ने उँगली क्या दी, पूरा हाथ ही पकड़ते हुए छह टेबलों का इतना बड़ा स्टॉल लगा चुके थे। नीचे ऊपर आने-जाने के लिए लिफ्ट एकमात्र माध्यम था। ऊपर आठवीं मंजिल पर स्वीमिंग पूल, डेक एरिया व रेस्तराँ आदि था, जिस कारण उस लिफ्ट के पास बड़ी चहल-पहल बनी रहती। फिर क्या था, हमने अपने प्रोडक्ट बेचने में जरा भी कसर नहीं छोड़ी और करीब-करीब लाई हुई सभी कैंडल्स बेचने में सफल हो पाए। उसके बाद के वर्षों में उस संगठन ने कई बार हमें बुलाया। लेकिन वे खुद ही, पहले से ही हमारे लिए हॉल के अंदर एक स्टॉल दे देते। वे नहीं चाहते थे कि हम उस हॉल के बाहर अपनी एक अलग सी, बड़ी सी प्रदर्शनी शुरू कर दें।

हेमा बेन शाह एवं उनकी बेटी मानसी बेन हमारी काफी पुरानी ग्राहक थीं। करीब 15–16 साल पहले से ही जब हेमा बेन छोटी मानसी को लेकर महाबलेश्वर आतीं तो हमारे स्टॉल पर आना नहीं भूलती थी। यह जुड़ाव उन दोनों से ऐसा था कि पूरे मुंबई में कहीं भी प्रदर्शनी हो, वे दोनों मदद करने पहुँच जातीं। अब तो डॉ. मानसी खुद बहुत नामी फिजियोथैरेपिस्ट बन चुकी हैं; लेकिन 'सनराइज कैंडल्स' से उनका जुड़ाव किसी भी तरह से कम नहीं हुआ है। अक्तूबर महीने में मुंबई के लाल बाग एरिया में 'जैन वर्ल्ड ट्रेड फेयर' का आयोजन किया गया था। दीपावली सिर पर थी, जिसके चलते हेमा बेन ने 'सनराइज कैंडल्स' के लिए एक स्टॉल बुक करवा दिया था। लाल बाग के पास ही हमने एक होटल में कुछ कमरे भी सब दृष्टि-बाधित मित्रों के लिए बुक करवा दिए थे। उस तीन दिन के ट्रेड फेयर के एक दिन पहले शाम को मुंबई पहुँचकर जब हम स्टॉल की व्यवस्था देखने गए, तब समझ में आया कि यह कोई छोटी-मोटी प्रदर्शनी नहीं है। 250 खाने-पीने के स्टॉल के साथ-साथ 650 और भी स्टॉल थे और उन 650 स्टॉल में से एक स्टॉल हमारा था। उस विशाल पंडाल के अंदर स्टॉलों के जंगल की भूल-भुलैयों में से होते हुए हमारे स्टॉल पर पहुँचना एक बड़ा सिरदर्द था।

उस दिन लगा कि इतने सारे स्टॉल में हम क्या बिजनेस कर पाएँगे? अगर कोई पाँच मिनट भी एक स्टॉल पर दे दे तो पूरा दिन बीत जाएगा। वह खरीदी क्या करेगा? बस दीपावली करीब थी, यही एक उम्मीद की किरण थी। हमारे विचारों के विपरीत दूसरे दिन सुबह उद्घाटन के बाद से ही जन-समुदाय की एक बाढ़-सी आ गई। वहाँ पैदल चलनेवालों की वजह से ट्रैफिक जाम हो गया था। लोग स्टॉल के किनारों से चिपककर आगे बढ़ रहे थे। कई बार तो उन्हें कई मिनटों तक वहीं खड़ा रह जाना पड़ता, जब कुछ वी.वी.आई.पी. मेहमान वहाँ से गुजरते। हमारे धैर्य की सही अर्थों में परीक्षा होने वाली थी; लेकिन आपा न खोते हुए हमने सामने खड़े हर किसी से प्यार-मोहब्बत से बातें करनी जारी रखीं। कई बार तो साथ में आए छोटे बच्चे, जो बिना पानी के इस भीड़ में व्याकुल हो रहे थे, उनको हमने पानी व बिस्किट्स देकर शांत किया। हमारी विनम्रता आयोजकों तक पहुँची। हर वी.वी.आई.पी. अतिथि को उन्होंने हमारे स्टॉल पर लाना शुरू किया। हमने भी उन अतिथियों को कुछ कैंडल्स तोहफे के रूप में देने चाहे कुछ ने लिये, कुछ ने नहीं लिये। लेकिन हम आयोजकों के दिल में उतर चुके थे। आसपास का हर स्टॉल मालिक आयोजकों से फरियाद करने में लगा था और हमने सिर्फ अपने बिजनेस पर ध्यान केंद्रित कर रखा था।

अंतिम दिन देर शाम जब हम स्टॉल समेटने में लगे थे, तब अचानक माइक पर मेरे नाम की घोषणा हुई। जो दूर मंच बनाया गया था, वहाँ हेमा बेन और मानसी बेन मुझे ले गईं। नीता मेरे दृष्टि-बाधित दोस्तों के साथ पैकिंग के कार्यों में लग गई। जब हम मंच के

पास पहुँचे, उस वक्त आयोजक कह रहे थे कि हम तीन दिन से इस कैंडल स्टॉल पर अपने सभी मेहमानों को लेकर जा रहे हैं। ग्राहकों से बात कैसे की जाती है, किस विनम्रता के साथ अपने प्रोडक्ट बेचे जाते हैं, अगर सीखना है तो इन दृष्टि-बाधित मित्रों से सीखें। इस गरमी में, इस भीड़ में, जहाँ हर कोई हमें सिर्फ दोष देता रहा, लेकिन ये दृष्टि-बाधित मित्र थे कि बड़ी खुशी-खुशी अपने काम में व्यस्त रहे। ये सभी सही अर्थ में हमारे गुरु हैं। हम इनसे प्रेरणा लेकर मार्केटिंग करना सीखें। इस पूरे व्यापार मेले में जो 900 से ज्यादा स्टॉल लगे हुए हैं, उसमें से हमारी आयोजन समिति ने सर्वसम्मति से यह तय किया है कि सर्वश्रेष्ठ स्टॉल का पुरस्कार 'सनराइज कैंडल्स' के स्टॉल को दिया जाए। पूजनीय साध्वी माँ के हाथों यह पुरस्कार मिलना था। मैंने दूर से ही उनको वंदन किया और हेमा बेन व मानसी बेन ने करीब जाकर उनसे वह ट्रॉफी स्वीकार की।

कुछ साल पहले पुणे में यूरोलॉजिस्ट (किडनी स्पेशलिस्ट) डॉक्टरों का अंतरराष्ट्रीय स्तर पर परिसंवाद आयोजित किया गया था। आयोजकों में से कुछ लोगों को सचिन भाई वैद्य जानते थे। देश-दुनिया से हजारों की संख्या में डॉक्टरों का आना अपेक्षित था। सचिन भाई के प्रयत्नों से हमें वहाँ एक स्टॉल भी मिल गया; लेकिन आयोजक हमें कुछ और भी काम देना चाहते थे और तय हुआ कि क्यों न किडनी की शेप की कैंडल्स सभी डॉक्टरों को भेंट में दी जाए! चार इंच-बाई-दो इंच की करीब 12,000 कैंडल्स हमें लाल कलर में बनानी थीं। मैंने सुन रखा था किडनी का आकार काजू या राजमा से काफी मिलता-जुलता होता है। उसी को ध्यान में रखकर मैंने पाँच-छह सैंपल बनाए, जो आयोजकों को काफी पसंद आए। वक्त काफी कम था, इसलिए दिन-रात युद्ध स्तर पर काम करते हुए हमने 12,000 किडनी के शेप की कैंडल्स तय समय पर आयोजकों तक पहुँचाईं। उस परिसंवाद में आए हुए हर डॉक्टर ने पहली बार किडनी के शेप की कैंडल देखी थी, वे सभी बड़े प्रसन्न होकर मुझे व मेरे दृष्टि-बाधित मित्रों से खासतौर पर मिलने स्टॉल पर आए और उन सभी ने काफी बड़ी मात्रा में कैंडल्स भी खरीदीं। इस अलग से अनुभव के साथ आगे चलकर सुला वाइन की वाइन बोतल, किंगफिशर की बीयर बोतल और काफी फार्मास्यूटिकल की टॉनिक बोतल के आकार को मोम में ढालने का अवसर मिला।

कैंडल के अलग-अलग आकार, जो हम बना पाए, उसके चलते कई प्रदर्शनी में खासतौर पर निमंत्रित किया जाता रहा; क्योंकि हर आयोजक कुछ अलग सा स्टॉल चाहता है। लेकिन हर बार स्टॉल लगाने से लेकर समेटने तक काफी वॉलंटियर्स की आवश्यकता पड़ती है। मुंबई में स्टॉल लगाने का एक फायदा यह भी था कि नीता ने अपना ग्रेजुएशन दक्षिण मुंबई स्थित चरनी रोड एरिया के हिंदुजा कॉलेज से ही किया था। नीता के कॉलेज के सभी मित्र, जो काफी बड़े व धनी परिवारों से थे, वे दक्षिण मुंबई में ही स्थायी रूप से रहते हैं। बड़े-बड़े प्रदर्शनी स्थल दक्षिण मुंबई में ही स्थित हैं और अक्सर हम वहाँ

होनेवाली प्रदर्शनी में हिस्सा लिया करते थे। जब भी नीता के उन दोस्तों को पता चलता कि हम ऐसे कार्यक्रमों के लिए मुंबई आए हुए हैं तो वे सुबह ही हॉल पर चाय-नाश्ता लेकर पहुँच जाते। गाड़ी में से बॉक्स निकालने से लेकर बैनर चिपकाने तक का सारा काम वे अपने जिम्मे ले लेते। छुट्टी का दिन होता तो उनका पूरा परिवार बच्चों सहित स्टॉल पर मदद करने को हाजिर रहता। हमें उन सभी दोस्तों पर काफी फख्र होता है। उन्होंने होनेवाली तकलीफें भूलकर हर प्रदर्शनी में हमें ज्यादा-से-ज्यादा मददगार होने की कोशिश करते हुए बड़ी खूबी से और बड़े दिल से अपना दोस्ती का धर्म निभाया है।

इन सभी प्रदर्शनियों ने सही अर्थ में 'सनराइज कैंडल्स' की धड़कन के रूप में काम किया। 'सनराइज कैंडल्स' का इस प्रतियोगिता के युग में जिंदा रहना, टिके रहना और विकास व प्रगति के पथ पर आगे बढ़ना सिर्फ और सिर्फ इन प्रदर्शनियों के कारण हो पाया। हर एक प्रदर्शनी में भाग लेना किसी जंग लड़ने से कम नहीं है। हर प्रदर्शनी में स्टॉल पर ग्राहकों के साथ दिन भर लगातार अपने प्रोडक्ट पर बात करने के बाद रात को एक शब्द कहने की भी ताकत नहीं बचती थी। मैं समझता हूँ, अगर हमें अपने प्रोडक्ट और अपने आप पर विश्वास है तो ऐसी हर प्रदर्शनी को सफल बनाया जा सकता है। ऐसी प्रदर्शनी नीबू-मिर्ची बाँधकर या किस्मत के ऊपर छोड़कर सफल नहीं बनाई जा सकती। इस संदर्भ में इतना जरूर कहना चाहता हूँ कि—

शब्दों के शमशेर चलाता हूँ मैं,
पानी से तसवीर बनाता हूँ मैं,
कायर हैं वो जो किस्मत की बात करते हैं,
किस्मत की तो खुद तसवीर बनता हूँ मैं।

□

11

हॉस्टल प्रोजेक्ट : घरौंदा (तिनके से घरौंदे की ओर)

एक दिन सुबह-सुबह भावसा का फोन आया कि मुझे एक खास मुद्दे पर आपसे बात करनी है। मैंने कहा कि "हाँ, भावसा कहिए, क्या कहना चाहते हैं?" उन्होंने कहा कि "मेरा जो ड्राइवर है—शांताराम, वह एक प्रस्ताव लेकर आया है। महाबलेश्वर में जहाँ मेरा बँगला है, उसके आगे 4 किलोमीटर सातारा रोड पर मोरेश्वर गाँव है। बहुत सुंदर जगह है। जैकी श्रॉफ का भी वहाँ बँगला है। वही रास्ता आगे कास पठार को भी जाता है। वहाँ पर आधा एकड़ जगह उपलब्ध हो रही है। मैं जानता हूँ कि इतनी बड़ी जगह लेना थोड़ा मुश्किल है। लेकिन मेरे दो मित्र हैं—एक रत्नपारखी, जो आर्किटेक्ट हैं और एक गंगारामजी पाटिल, जो बिल्डर हैं। वे भी इच्छुक हैं कि महाबलेश्वर में एक छोटा सा घर बनाया जाए। अगर इस आधा एकड़ जगह को तीन हिस्से में करके इसे खरीद लेते हैं तो तुम्हारा भी फैक्टरी का काम आगे बढ़ सकता है।"

मैंने कहा कि "भावसा आपने जो भी सोचा होगा, वह ठीक ही होगा!" भावसा ने तत्काल उसी दिन दोपहर को जगह देखने की व्यवस्था करवाई। मुझे, भावसा और नीता को जगह बहुत पसंद आई, क्योंकि पूरी जगह चारों ओर से ऊँचे-ऊँचे पहाड़ों और हरे-भरे पेड़ों से घिरी हुई थी। उन पेड़ों से आ रहे पक्षियों के कलरव ने हम सब का मन मोह लिया। शांताराम ने बताया कि सामने दूर पूर्व दिशा में जो नीली पहाड़ियाँ दिख रही हैं, वहाँ बड़ा सुंदर सूर्योदय दिखता है। उसी दिन तय हो गया कि इस जगह के सभी कागजात जाँचकर हम खरीदने के लिए आगे बढ़ें और उस विषय पर गौर करना शुरू किया।

गंगाराम पाटिलजी और रत्नपारखीजी भी आए। उनको भी जगह पसंद आई और तय हो गया कि यह जो 21,000 फीट जगह है, तीनों में 7 हजार फीट जगह बाँट ली जाए। जब कीमत की बात आई, तब 1 लाख रुपए 1,000 वर्ग फीट के हिसाब से बेचनेवाले ने

बताया। इस तरह 21 लाख रुपए हो रहे थे। जब अंतिम बातचीत के लिए बैठे तो 16.5 लाख रुपए में सौदा तय हो गया। अब हमें साढ़े सोलह लाख के तीन भाग करने थे। मेरे लिए भावसा ही सबकुछ थे। मुझे पता नहीं चल रहा था कि मैं भावसा को कैसे कहूँ कि मेरे लिए यह 5.5 लाख रुपए जुटाना इतना आसान नहीं है। अब तक परिस्थिति ऐसी थी कि 'सनराइज कैंडल्स' जो भी कमा रही थी, वह पूरा पैसा मेरे दृष्टि-बाधित मित्रों के रहने-खाने, वेतन व कमीशन पर ही खर्च हो जाता था। जिस अनुपात में काम या आय बढ़ रही थी, उससे कई ज्यादा अनुपात में 'सनराइज' की टीम बढ़ रही थी। एक रोटी के कई-कई टुकड़े करने पड़ रहे थे। एक मन कह रहा था कि सबको लेकर आगे बढ़ना है तो जगह की जरूरत पड़ने वाली है। कब तक भाड़े की जगहों पर काम करते रहेंगे? और दूसरा मन सोच रहा था कि पैसे का बंदोबस्त कैसे होगा? भावसा ने एक दिन बैठक बुलाई और उस दिन सबकुछ तय करना था। गंगारामजी और रत्नपारखीजी ने कहा कि 16.5 लाख के हिसाब से हर एक को 5.5 लाख रुपए देने होंगे। लेकिन वह जगह हमें इतनी पसंद थी कि उस जगह के 1,000 फीट के कोई 1.5 लाख रुपए भी माँगता तो हम खुशी-खुशी दे देते। हमें तो वह 21 लाख वाला सौदा भी मंजूर था। तो अब जो भी फायदा हो रहा है, वह सभी फायदा क्यों न हम भावेश को दे दें? उस हिसाब से हम दोनों 7 लाख रुपए देंगे और बचे हुए सिर्फ 2.5 लाख भावेश को देने होंगे।

मैंने कभी सपने में भी नहीं सोचा था कि ऐसा भी हो सकता है! जिस उदारता से गंगारामजी और रत्नपारखीजी ने मेरे लिए यह सोचा था, वह मैं जिंदगी भर नहीं भूल सकता। मेरे लिए यह किसी चमत्कार से कम नहीं था। ऐसा भी प्रतीत हुआ जैसे रत्नपारखीजी, गंगाराम पाटिलजी और भावसा ने यह सारा हिसाब पहले ही मुझे बताए बिना तय कर लिया था। भावसा की इसी बात का मैं कायल था कि आज तक उन्होंने मुझे कभी भी छोटा व कमजोर महसूस नहीं होने दिया था। मेरे लिए उन दिनों 2.5 लाख रुपए भी जमा करना मुश्किल काम था। फिर भी, मेरे पास जो बचत थी और कुछ दोस्तों से उधार लेकर 2.5 लाख रुपए जमा करके तुरंत भावसा को दे दिए। उसके कुछ दिन बाद एग्रीमेंट किया गया और हमने पूरी 16.5 लाख रुपए की राशि देकर वह 21 हजार फीट जगह ले ली। जगह की खरीदी सब रजिस्ट्रार ऑफिस में तैयार होने के कुछ ही दिनों के बाद रत्नपारखीजी अमेरिका चले गए। वहाँ पर उनकी तबीयत बिगड़ गई और उनके कहने पर गंगाराम पाटिलजी के बड़े बेटे सुहासजी ने रत्नपारखीजी का हिस्सा खरीद लिया।

मुझे उस जगह में निर्माण कार्य शुरू करना था। हमने जगह ले ली थी, लेकिन उसका बँटवारा नहीं किया था। मैंने गंगारामजी से बात की और उन्होंने मुझे पूरी छूट दे दी कि जहाँ भी मैं निर्माण कराना चाहता हूँ, वह हिस्सा रख लूँ। फिलहाल वे किसी प्रकार का निर्माण नहीं कराना चाहते थे।

जब मैंने भावसा से बात की, तब उन्होंने दिलीप शिंदेजी से मेरा परिचय करवा दिया। भावसा के बँगले का पूरा काम उन्होंने ही किया था और वे बड़े मेहनती भी थे। इंजीनियर होने के बावजूद साइकिल पर एक-एक बोरी सीमेंट लाकर उन्होंने अपने व्यवसाय की शुरुआत की थी और आज 'शांति कंस्ट्रक्शन' नामक एक बहुत बड़ी कंपनी के मालिक थे। दिलीपजी से मेरा जुड़ाव हुआ और उस 7,000 वर्ग फीट की जगह में 3,000 फीट पर कंस्ट्रक्शन का प्रावधान रखा गया, जिसमें एक बड़ा हॉल, तीन-चार बाथरूम, चार-पाँच कमरे और मैन्युफैक्चरिंग के लिए अलग सा शेड, जो 1,500 वर्ग फीट का होना था। महाबलेश्वर एक पर्यावरण संवेदनशील क्षेत्र होने के चलते निर्माण की अनुमति मिलना बहुत दिक्कत वाला काम था। दिलीप शिंदेजी की पहचान के एक पत्रकार आवले सर, जो महाबलेश्वर में शिक्षक भी हैं, जब उनको इस प्रोजेक्ट के बारे में पता चला तो उन्होंने कहा, "ना-ना कहते हुए भी इतने रिसॉर्ट और होटल के रूप में हर साल नए-नए निर्माण का काम महाबलेश्वर और आसपास के इलाके में हो ही रहे हैं। कायदे-कानून की धज्जियाँ उड़ाते हुए लोगों ने इतने होटल और रिसॉर्ट बना लिये हैं। और आप तो एक नेक काम के लिए ये निर्माण करना चाहते हैं।" उन्होंने मेरी और मेरी पूरी अंध टीम की मुलाकात सातारा जिले के कलेक्टर के साथ करवाई। जब उनको इस पूरे प्रोजेक्ट के बारे में पता चला, तब उन्होंने तुरंत अपनी मंजूरी दे दी और वहाँ से निर्माण का काम चालू हुआ। रत्नपारखीजी, जो पेशे से आर्किटेक्ट थे, ने अमेरिका से हमारी जरूरत के हिसाब से किस तरह से कम-से-कम पैसों में निर्माण हो सके, उसकी प्यारी सी डिजाइन बनाकर दिलीपजी को भिजवा दी थी। निर्माण के लिए हमें 25 से 30 लाख रुपयों की जरूरत थी। हम सब दृष्टि-बाधित दोस्तों ने कमर कस ली कि हम ज्यादा-से-ज्यादा मेहनत करेंगे। मेरी सारी टीम ने एक स्वर में मुझसे कहा कि "भावेश भाई, यह सब आप हमारे लिए ही तो कर रहे हैं और आज से हम जो दस घंटा काम करते थे, उसके बदले पंद्रह-पंद्रह घंटे काम करेंगे। हम सब मिलकर और ज्यादा स्टॉल लगाएँगे और इस प्रोजेक्ट में हम सब आपके साथ हैं।"

जमीन खरीदने के वक्त से ही भावसा और कृष्णकांत भाई का बहुत आग्रह था कि निर्माण के लिए लगनेवाला संपूर्ण फंड मैं उनसे ले लूँ; पर मैं नहीं चाहता था कि इस तरह से यह काम आगे बढ़े। उन्होंने मेरी भावनाओं को समझा और मैंने दिन-रात मेहनत करके पैसे जुटाने शुरू किए और उसी गति से धीरे-धीरे ही सही, निर्माण का काम भी पूरा होने लगा। उन्हीं दिनों काम के सिलसिले में राय लेने मैं कई बार पुणे भावसा से मिलने जाता। भावसा, जो खुद ओशो के अनुयायी थे, मेरे काम के साथ-साथ ओशो की कुछ बातें भी करते। कई बार उनके साथ कोरेगाँव पार्क में स्थित ओशो आश्रम में जाने का मौका भी मिला। जब भी मैं ओशो आश्रम जाता, वहाँ से एक नई ऊर्जा लेकर वापस महाबलेश्वर

लौटता। अंत में जाकर कुछ छत वगैरह का काम बाकी रह गया था, तब भावसा के रिश्तेदार गिरीश बाटिया, जो अहमदनगर से हैं, जिनके पास टाटा कंपनी के सरियों की एजेंसी है, उन्होंने बिना मुनाफा कमाए अच्छी क्वालिटी के सरियों का एक ट्रक महाबलेश्वर भेज दिया। जहाँ हमने निर्माण शुरू किया था, उस इलाके में सबसे ज्यादा बारिश होती है। करीब 300 इंच की बारिश होने के कारण वह पूरा क्षेत्र पूरे भारत में अतिवृष्टि के लिए जाना जाता है। काम आगे बढ़ रहा था; लेकिन उसे पूरा करने के लिए अभी और 6 लाख रुपयों की जरूरत थी। यह बात जब कृष्णकांत भाई को पता चली तो उन्होंने मुझसे कहा कि एक लोन के रूप में तुम यह 6 लाख रुपए रख लो, बाद में लौटा देना। एक तरफ निर्माण का काम भी पूरा करना था और मेरे पास कुछ भी फंड नहीं बचा था। अंत में मैंने 6 लाख रुपए कृष्णकांत भाई से लेकर निर्माण कार्य को आगे बढ़ाया।

एक सबसे बड़ी जिस कठिनाई का सामना हम कर रहे थे, वह था पानी का। क्योंकि यह जो मोरेश्वर गाँव है, पानी के लिए बदनाम है। महाबलेश्वर से सिर्फ 10 किलोमीटर की दूरी पर स्थित यह गाँव पूरा पहाड़ी इलाका है। काफी जंगल भी हैं। लेकिन यहाँ की जमीन बहुत भुरभुरी है, जिस वजह से बरसात का पानी ठहरता ही नहीं, सब बह जाता है। बरसात के चार-पाँच महीने छोड़ दिए जाएँ तो पानी की काफी समस्या यहाँ पर आने लगती है। पूरा-का-पूरा पानी बह जाता है। जो दो बोरवेल खोदे गए, उससे थोड़ा-थोड़ा पानी हमें उपलब्ध होने लगा और बूँद-बूँद पानी को बचाकर हम आगे बढ़ते गए।

26 मई, 2012 तक एक सुंदर भवन मोरेश्वर गाँव में पहाड़ों की गोद में तैयार हो चुका था। मैं और भावसा किसी भी प्रकार के कर्मकांड में विश्वास नहीं रखते थे, इसलिए कोई पूजा-पाठ या हवन करना नहीं था। हमने ओशो के ध्यान का एक कार्यक्रम सुबह के वक्त रखा और प्रसन्न वातावरण में ध्यान के बाद हमने सब के लिए भोजन का आयोजन किया था। भावसा का पूरा परिवार, कृष्णकांत भाई, अनुराधा बेन, दिलीपजी, आवलेजी, कई ग्रामवासी और जो भी शुभचिंतक इस प्रोजेक्ट से जुड़े हुए थे, वे सभी उस समारोह में मुझे और मेरे तमाम दृष्टि-बाधित दोस्तों को आशीर्वाद देने के लिए उपस्थित थे। उस दिन 'सनराइज कैंडल्स' का नया सूर्योदय हो रहा था। करीब पाँच कमरे, बड़ा सा हॉल और पीछे मैन्युफैक्चरिंग के लिए काफी बड़ी जगह बनकर तैयार हो गई थी। उस वक्त इतनी जगह हमारे लिए काफी थी।

मुझे और नीता को रहने के लिए एक कमरा मिल गया था। एक सुंदर सा रसोईघर था और मेरे दृष्टि-बाधित भाई-बहनों के रहने का भी अच्छा सा इंतजाम हो गया था। सिंदोड़ा का जो भी फर्नीचर था, वह सारा यहाँ पर काम में ले लिया गया। अब हम सोच रहे थे कि महाबलेश्वर आनेवाले पर्यटकों को हम यहाँ तक लाने में अगर सफल हुए तो काफी हद तक बिजनेस को बढ़ाया जा सकता है और साथ-साथ हमारी दृष्टि-बाधित

टीम किस तरह से काम करती है, यह भी लोग देख पाएँगे। हमने 'सनराइज कैंडल्स' के इस नए प्रोजेक्ट को 'वैक्स म्यूजियम' नाम दिया। हमने महाबलेश्वर से जो 10 किलोमीटर का पूरा रास्ता था, वहाँ 'सनराइज कैंडल्स वैक्स म्यूजियम, मोरेश्वर' के नाम के काफी साइन बोर्ड लगवाए। इसके पीछे सोच यह थी कि जितनी भी अलग-अलग कैंडल्स हमने बनाई हैं, उन्हें लोग आकर देखें और खरीदें। साइन बोर्ड के साथ-साथ उन सभी होटल व रिसॉर्ट में जहाँ हमारे स्टॉल थे, वहाँ पर कैटलॉग व पैंफलेट हमने रखवा दिए थे, जिसकी वजह से स्टॉल पर आनेवाले पर्यटक मोरेश्वर के 'वैक्स म्यूजियम' के बारे में अवगत हो पाते। जब पर्यटक मोरेश्वर पहुँचते और अपने सामने अंध व्यक्तियों को मेहनत व लगन के साथ काम करते देखते तो उनके लिए भी वह एक सुखद अनुभव होता। हम उन दिनों तक तीन हजार से ज्यादा डिजाइन बना चुके थे। उन सभी कैंडल्स का डिस्प्ले 'वैक्स म्यूजियम' में था। हमारे यहाँ से आगे जो रास्ता कास पठार व फ्लावर वैली होते हुए सातारा शहर को मिलता था, इतिहास में छत्रपति शिवाजी महाराज इस रास्ते का उपयोग करते थे, ऐसा दर्ज है। जिस वजह से इस पूरे रास्ते को एक राजमार्ग के नाम से भी जाना जाता है। कास पठार, जो कि यूनेस्को विश्व विरासत स्थल है, बरसात के बाद वहाँ के सभी पहाड़ प्राकृतिक तौर पर फूलों से भर जाते हैं, मानो उन पहाड़ों पर अलग-अलग रंगों के गलीचे बिछा दिए गए हों! वहाँ पर आनेवाले सभी पर्यटक साइन बोर्ड देखकर वैक्स म्यूजियम आते। इस सब का पूरा फायदा बिजनेस को बढ़ाने के लिए होने लगा था।

मोरेश्वर में आए हमें लगभग एक-डेढ़ महीना ही हुआ था कि अचानक 12 जुलाई को आमिर खान प्रोडक्शन निर्मित 'सत्यमेव जयते' की टीम से फोन आया कि "कल आमिर खान 'सत्यमेव जयते' की शूटिंग के लिए आपसे मिलने आने वाले हैं। वे आपका इंटरव्यू भी लेना चाहते हैं। फिलहाल उनकी फिल्म की शूटिंग कुछ किलोमीटर दूर पंचगनी में ही चल रही है। भाटियाजी, आपके इस कैंडल्स के प्रोजेक्ट के बारे में हमें पूरी जानकारी है। आपको 'सत्यमेव जयते' कार्यक्रम में शामिल करके हमें बेहद खुशी होगी।"

यह फोन करीब दोपहर के वक्त आया था और वे सभी लोग दूसरे दिन सुबह आने वाले थे। इतने कम समय में हम लोग तैयारी करें तो कैसे? यह मेरे लिए सवाल था और न मैं यह कह पाता कि आप दो-तीन दिन के बाद आओ, ताकि हम पूरी तैयारी कर सकें। मैंने उनको स्वीकृति दे दी और नीता ने कहा कि इतने बड़े सेलेब्रेटी हमारे यहाँ आ रहे हैं तो पहले हम पूरी तरह से साफ-सफाई और सजावट के ऊपर ध्यान देते हुए उनका स्वागत करें। अब तक हमारे पास अवॉर्ड के रूप में ट्रॉफी और मेडल थे। अखबार में जो लेख हम पर छपे थे, वे सारी बातें हम आमिर खान और 'सत्यमेव जयते' की टीम के सामने रखना चाहते थे। तो कैसे करें, किस तरह से करें, इस सोच में हम पड़े थे। मैंने भावसा को फोन करके इस शूटिंग के बारे में सूचित किया। उस दिन भावसा के बँगले

पर उनकी इंटीरियर डेकोरेटर्स कविताजी आई हुई थीं। शीघ्र ही भावसा उन्हें लेकर वैक्स म्यूजियम पर आए। बातों-बातों में ही जब मैंने अपनी उलझन कविताजी के सामने रखी तो उन्होंने उसका बड़ा अच्छा समाधान मुझे बताया। कविताजी और उनके पति महोदय को विदा करके हम सब तुरंत ही काम पर लग गए।

कविताजी ने जो जबरदस्त तरीका बताया था, उस पर काम करते हुए नीता ने हमारे फ्लेक्स और बैनर तैयार करनेवाले मित्र को बुलाया, जो हमारी कई प्रदर्शनियों के लिए ढेरों फ्लेक्स डिजाइन कर चुके थे। हमारी सभी उपलब्धियों के फोटोग्राफ्स व समाचार-पत्रों की कतरनों को बड़े आकर्षक ढंग से उसने फ्लेक्स में ढालने की शुरुआत की। उसे परिस्थितियों से भलीभाँति हम अवगत करा चुके थे। रात 11 बजे तक सभी फ्लेक्स बनकर हमारे पास आ गए थे। उस वक्त तक हमारे कुछ मित्र व वॉलंटियर भी मदद करने आ पहुँचे थे। कैंडल डिस्प्ले की काँच की अलमारियों के ऊपर और आसपास में जहाँ कहीं भी खाली दीवारें थीं, उन दीवारों पर नीता के मार्गदर्शन में हम सबने रात भर जागकर वे सभी फ्लेक्स चिपका दिए। पूरे वैक्स म्यूजियम को शादी के एक मंडप की तरह सजा दिया गया था। मोम के फूलों की मदद से ही हमने फ्लावर बुके भी तैयार किए। हमारी दृष्टि-बाधित बहनों ने आरती की थाली सजाई और सुबह 10 बजे हम सभी दृष्टि-बाधित मित्र पूरी तरह से तैयार होकर सिर्फ देश के ही नहीं, बल्कि पूरी दुनिया में प्रसिद्ध उस महान् कलाकार आमिर खान की प्रतीक्षा करने लगे।

दस बजते-बजते बिल्कुल नियत समय पर 'सत्यमेव जयते' की टीम स्वाति चक्रवर्ती के साथ मोरेश्वर आ गई। जो 12-15 लोग उनके साथ आए थे, जिसमें कैमरामैन से लेकर डायरेक्टर तक—सभी अपने-अपने काम में व्यस्त हो गए। बाकी शूटिंग का काम पूरा होते-होते करीब 12:30 से 1 बजे, जिस क्षण का हम सब इंतजार कर रहे थे, वह पल आ गया और आमिर खान वैक्स म्यूजियम में पधारे और तुरंत ही इंटरव्यू का काम शुरू हुआ। हमारे लिए यह शायद एक बहुत बड़ी छलाँग थी, क्योंकि 'सत्यमेव जयते' इतना लोकप्रिय कार्यक्रम था और उसमें हमारे प्रोजेक्ट का आना सपने के साकार होने जैसा था। जिनको अभी तक सिर्फ सुना था, इतने बड़े सेलीब्रिटी के सामने बैठना, यह अपने आप में बहुत बड़ा सौभाग्य था। पहला ही प्रश्न आमिर खानजी ने यह पूछा कि "मिस्टर भाटिया, आप फिल्म देखते हो?"

मैंने कहा, "हाँ, मैं बिल्कुल देखता हूँ।" मैं कभी नहीं कहता कि मैं सुनता हूँ, क्योंकि बचपन से ही मैंने अपने आप को इस तरह से ढाला था कि जैसे आमतौर पर देखनेवालों का व्यवहार होता है, उसी तरह मैं व्यवहार करूँ।

उन्होंने दूसरा प्रश्न किया, "यह बताओ, मेरी कौन सी फिल्म आपको सबसे अच्छी लगी?"

मैंने तुरंत ही कहा, "आपकी 'मन' फिल्म मुझे सबसे ज्यादा पसंद आई, क्योंकि जिस तरह से उसकी पूरी कहानी लिखी गई थी, वह बहुत हृदयस्पर्शी थी। मनीषा कोईरालाजी के पैर दुर्घटना में नहीं रहे और क्लाइमेक्स में आप शादी के वक्त मनीषाजी को गोद में उठाकर फेरे लेते हो। क्या अद्भुत दृश्य था!"

मेरी तरफ से 'मन' फिल्म की तारीफ सुनकर आमिरजी ने कहा, "हम भी यही संदेश देना चाहते थे कि समाज को हर अपाहिज को गोद में उठाना चाहिए।"

मैंने कहा, "आप वह संदेश देने में पूरी-पूरी तरह से सफल हुए; लेकिन एक बात मैं जरूर कहना चाहूँगा कि ठीक है, आपने मनीषाजी को गोद में उठाया, एक प्यारा संदेश गया; लेकिन मैं यकीन के साथ कह सकता हूँ कि आज इक्कीसवीं सदी में यह 'अपाहिज' शब्द, इतना ताकतवर, इतना मजबूत हो चुका है कि एक बार बस, वो अपने मन में ठान ले, दृढ़ संकल्प कर ले, तब समाज क्या उसको गोद में उठाएगी, वह खुद पूरे समाज और सोसाइटी को अपनी गोद में उठाने के लिए सक्षम है। बस, जरूरत है—इच्छा-शक्ति की, एक मजबूत इरादे की।"

यह जवाब शायद आमिरजी को बहुत अच्छा लगा और उन्होंने बहुत जोरों से तालियाँ बजाईं। मैं कभी उनकी उस ताली की आवाज को नहीं भूल पाऊँगा। उनकी तरफ से जो एक आशीर्वाद जिंदगी भर के लिए मिला। 'सत्यमेव जयते' के उस कार्यक्रम ने हमें काफी बड़ी छलाँग लगाने में मदद की और अच्छा लगा कि इतने बड़े मंच पर हम आ सके।

मोरेश्वर की जगह वाकई में हमारे लिए ऐसे कई नए आयाम लेकर आई थी। जब हम सिंदोड़ा की किराए की जगह पर थे और बड़े ऑर्डर को पूरा करने के लिए हमें 24 घंटा तीन-तीन शिफ्ट में काम करना पड़ता, तब मकान मालिक की तरफ से हमें अक्सर नाराजगी झेलनी पड़ती थी। लेकिन यहाँ हम अपनी खुद की जगह पर थे, तो सुकून-सा मिलता था। हम एक आजाद पंछी की तरह अपनी सृजनशीलता और रचनात्मकता के विचारों को लेकर जैसे उड़ रहे थे। जब इस बार दीपावली में रिलायंस के ऑर्डर आए, तब बहुत सुकून था; क्योंकि अब हमारे पास काम करने के लिए बहुत बड़ी जगह थी। तैयार माल के साथ-साथ कच्चा माल रखने की भी काफी जगह थी। जो अलग-अलग विभाग थे, जैसे—मैन्युफैक्चरिंग, पैकेजिंग, लॉजिस्टिक, अकाउंट आदि—सबके लिए हमारे पास अलग-अलग कमरे थे। अब सही अर्थों में हम एक इंडस्ट्री चला रहे थे। अब पहले जैसे कोई जुगाड़ व जोड़-तोड़ वाली बात नहीं थी।

भावसा और कृष्णकांत भाई जब अपने परिवार के साथ मोरेश्वर आते और इन व्यवस्थाओं को देखते, तब उन्हें भी कुछ अच्छा करने का संतोष प्राप्त होता। जब से पर्यटकों ने 'वैक्स म्यूजियम' पर आना शुरू किया, तब से काम का एक अलग दायरा बढ़ा। काफी काम मिलने लगा, जिस कारण हम 50 से 60 दृष्टि-बाधित दोस्तों को रोजगार

देते हुए वहीं पर मुफ्त आवास और भोजन की व्यवस्था भी दे पाए। इन्हीं दृष्टि-बाधित दोस्तों की शुभकामनाओं के चलते एक साल में ही काम इतना बढ़ गया कि वह जगह भी छोटी पड़ने लगी। एक दिन जब भावसा मोरेश्वर पधारे, तब उनके साथ में मनोज खैरकर भी अपने परिवार के साथ आए थे, जो ओशो के ही एक अनुयायी थे। उनकी दोनों बेटियाँ सोनल और तन्वी सिविल इंजीनियर थीं, जो हाल में ही इंग्लैंड से मास्टर करके आई थीं। मनोज खैरकर ने जब देखा कि इतने सारे बच्चे यहाँ पर रहने लगे हैं और अब शायद जगह भी कम पड़ने लगी है, तब उन्होंने कहा कि इसको आप वर्टिकल रूप में और ऊपर की मंजिलों के रूप में क्यों नहीं बढ़ा रहे हो? भावसा ने विस्तार से उनको समझाया कि महाबलेश्वर पर्यावरण संवेदनशील क्षेत्र होने की वजह से ऊपर की मंजिलों के निर्माण की अनुमति नहीं मिल सकती। निर्माण करना ही पड़ा तो हमें हॉरिजॉण्टली बढ़ना पड़ेगा और उतनी जगह हमारे पास नहीं है।

उस दिन एक विचार ऐसा आया कि क्यों न गंगाराम पाटिल और सुहास पाटिल से पूछा जाए! वे फिलहाल अपने उस 7-7 हजार फीट के प्लॉट को विकसित करना नहीं चाहते थे! अगर उसमें से एक प्लॉट मिल जाता है तो उसको खरीदकर वहाँ पर एक अलग से सिर्फ और सिर्फ दृष्टि-बाधित दोस्तों के लिए हॉस्टल बनाया जा सकता है। उस दिन बातों-बातों में हॉस्टल के लिए निर्माण की लागत का अंदाजा निकाला गया। तब जमीन का मूल्य छोड़कर करीब 15 लाख रुपए में पूरा प्रोजेक्ट हो जाएगा, ऐसा सबको लग रहा था। पहले के कर्ज से हम करीब-करीब बाहर आ चुके थे। 'सनराइज कैंडल्स' थोड़ा जोड़-तोड़ करके थोड़ी और कोशिश करके सुहासजी का 7,000 फीट का जो प्लॉट था, उसे खरीद सकती थी। हम सब जानते थे कि सुहासजी ने 7 लाख रुपए में अपना प्लॉट खरीदा था। इस बात को 5 साल बीत चुके थे। और जब कीमत की बात आई तो वे 15.50 लाख रुपए में प्लॉट देने को राजी हो गए। 3-4 लाख रुपए तो मेरे पास थे, बाकी के पैसे बैंक से कर्ज के रूप में लेकर हमने सुहासजी को 15.50 लाख रुपए दे दिए।

जमीन खरीदने के तुरंत बाद भावसा के कहने पर मनोज खैरकरजी और उनकी बेटी सोनलजी ने पूरे प्रोजेक्ट के डिजाइन के ऊपर काम शुरू किया। करीब 100 दृष्टि-बाधित भाई-बहनों के लिए रहने की व्यवस्था, जिसमें दो बड़े हॉल, जिसमें आठ बाथरूम, एक डाइनिंग हॉल, जिसमें एक साथ 50 लोग भोजन का आनंद ले सकें और एक बड़ा सम्मेलन हॉल, जिसका उपयोग प्रशिक्षण और अन्य कार्यक्रमों के लिए किया जा सके, इस तरह के हॉस्टल का निर्माण किया जाए, इस पर हमारी एक राय बनी। लेकिन सोनलजी ने जब बारीकी से सर्वे किया, तब सबसे बड़ी दिक्कत वाली बात सामने आई कि जिस जगह पर निर्माण करना था, उसके आसपास में काफी पहाड़ियाँ हैं। बरसात के दिनों में जब मूसलाधार बारिश होती थी, तब सारा पानी एक नदी के रूप में हमारी पहले वाली

इमारत की बगल से बहता था। पानी के उस प्रवाह को दूसरी ओर मोड़ना बहुत जरूरी था। उसके लिए सबसे पहले 3-3 फीट की चौड़ी और करीब 8 फीट ऊँची पत्थरों की दीवारें खड़ी करना जरूरी था और पत्थरों की उन दीवारों की लागत ही करीब 15 लाख रुपए आ रही थी। इसके साथ-साथ इन दीवारों को पानी के तेज प्रवाह के सामने टिकाए रखने के लिए जमीन के नीचे चार फीट गहराई से बनाना शुरू करना था। वहाँ अधिकांश सभी दृष्टि-बाधित मित्र ही रहने वाले थे, इसीलिए सुरक्षा के चलते चारों ओर से बाउंडरी बनाना भी जरूरी था। जब अंत में डिजाइन तैयार हुआ तो समझ में आया कि यह तो 1.5 करोड़ रुपए से ज्यादा का प्रोजेक्ट बन रहा है। पहले ही जगह खरीदने के लिए बैंक से इतना बड़ा कर्जा ले लिया गया था, अब दिक्कत यह थी कि इतना सारा फंड कैसे खड़ा किया जाए? आगे कैसे बढ़ें? सिर्फ पैसे नहीं हैं, फंड नहीं हैं, इस वजह से प्रोजेक्ट को ठंडे बस्ते में नहीं डाला जा सकता।

उन आर्थिक उलझनों के वक्त एक दिन नीता ने अपनी पूरी ज्वेलरी मेरे हाथ में देते हुए कहा, "इसको बेचकर क्यों न हम निर्माण कार्य शुरू कर दें?"

मैंने कहा, "नीता, इसको बेचना ठीक नहीं है। क्या पता शायद हमारे कोई और ज्यादा तकलीफ वाले दिनों में यह ज्वेलरी काम आ जाए।"

लेकिन नीता का कहना था, जिस मकसद के लिए हम दोनों जुड़े थे, जो हमने तय किया था कि हम दोनों मिलकर हमारे दृष्टि-बाधित दोस्तों को उनके पैरों पर खड़ा करें, उनको सक्षम बनाएँ, इस हॉस्टल के माध्यम से हमारा वह मकसद पूरा हो सकता है। अगर यह ज्वेलरी हमारा सपना पूरा करने के काम आ रही है तो इससे बड़ी खुशी की बात और क्या हो सकती है? मुझे इस ज्वेलरी की जरूरत नहीं है।"

नीता ने मेरी सभी परेशानियों को इतना आसान कर दिया था कि मेरे पास उसे धन्यवाद कहने के लिए भी शब्द नहीं थे। उस वक्त शायद मेरी और नीता की आँखों से आशा, खुशी एवं समर्पण के मिले-जुले भावों के साथ आँसू टपक रहे थे। उस वक्त मैं कुछ भी कह सकूँ, उस मनोदशा में नहीं था, बस, मैंने नीता के उन हाथों को, जिन्होंने सिर्फ देना सीखा था, अपने दोनों हाथों से धीरे से दबाया, उसके प्रति अपनी कृतज्ञता व्यक्त की। मुंबई में मेरे एक मित्र, जिनकी ज्वेलरी शॉप है, उनके माध्यम से ज्वेलरी के 5.5 से 6 लाख रुपए हम जुटा सके। जब कृष्णकांत भाई को पता चला कि प्रोजेक्ट को आगे बढ़ाने में दिक्कतें आ रही हैं तो उन्होंने भी 10 लाख रुपए का चेक भेज दिया। हमने थोड़ा भी वक्त न गँवाते हुए हॉस्टल का निर्माण कार्य शुरू कर दिया। इस प्रोजेक्ट के लिए मैंने तो खुद को एक मशीन बना लिया था। जहाँ जो प्रयत्न किया जा सकता था, मैंने करने की कोशिश शुरू कर दी। बड़े-बड़े कॉरपोरेट्स से मिलकर कैंडल के ऑर्डर लेने शुरू किए। काफी बड़े नए कॉरपोरेट्स हमसे जुड़े। 'एबॉट' सरीखी बड़ी-बड़ी फार्मा कंपनियाँ

हमारे साथ उन दिनों जुड़ीं और उनसे अच्छे ऑर्डर मिलने लगे। हम चाहते तो रिलायंस इंडस्ट्रीज को एक पत्र लिखकर फंड जुटाने की कोशिश कर सकते थे, और वे यकीनन पलक झपकते ही पूरा प्रोजेक्ट खड़ा करवा सकते थे, लेकिन उन्होंने इतने सालों से जो काम दिया था, वही हमें बहुत खुशी और हिम्मत दे रहा था। हमने कारण बताते हुए बस उनसे इतना कहा कि इस बार क्यों न आप और ज्यादा, और बड़ा काम दें। हमारी बातें सुनकर रिलायंस फाउंडेशन 'दृष्टि' के पदाधिकारी बड़े प्रसन्न हुए। उन्होंने इस काम के चलते इतना अच्छा एक प्रोजेक्ट बन रहा है, यह जानकर अपने हर साल के दीपावली के ऑर्डर को दोगुना कर दिया और यह हमारे लिए वरदान जैसा हो गया। हमने पिछले पाँच साल में जो टर्न-ओवर किया था, वह हमने वर्ष 2014-15 के वित्तीय वर्ष में ही प्राप्त कर लिया। इसका कमाल यह हुआ कि हमारे पास इतना फंड हो चुका था कि ठीक तरह से इस प्रोजेक्ट को आगे बढ़ाया जा सकता था। बस, एक ही मिशन था कि कैसे भी करके प्रोजेक्ट को खड़ा किया जाए! बाद में तो ऐसा हो गया था कि जब भी कोई पर्यटक 'वैक्स म्यूजियम' देखने आता तो हम यह नहीं सोचते कि यह 200 या 500 रुपए के कैंडल खरीदेगा। हम यह सोचते कि ये जो पर्यटक ग्राहक बनकर आए हैं, वे कितनी सीमेंट की बोरियाँ हमें देकर जाने वाले हैं। हमारी सोच ही पूरी तरह से बदल चुकी थी। उन दिनों कई बार जब कंपनियों के 1,000 या 2,000 पीस के ऑर्डर मिलते, तब यह ऑर्डर कितना स्टील और ईंटें देकर जाएगा, हम यह हिसाब लगाना शुरू कर देते।

इस प्रोजेक्ट की अच्छी तरह से देखभाल करने के लिए सोनलजी ने बाद में तीन महीने महाबलेश्वर में ही रहने का निर्णय लिया। जिस कमरे में मैं और नीता रहते थे, हमने पूरा कमरा खाली करके सोनलजी को दे दिया, ताकि वे अच्छी तरह से रह सकें। एक तो पहले ही हमारे चारों ओर जंगल व पहाड़ियाँ थीं और दूसरी तरफ इस प्रोजेक्ट के चलते पूरी जमीन खोदकर मिट्टी के ढेर लग चुके थे। उन दिनों अचानक ही जीव-जंतुओं का उपद्रव बढ़ गया था। आए दिन किसी-न-किसी दृष्टि-बाधित मित्र को कुछ काट लेता और हमें डॉक्टर के पास भागना पड़ता। इन रोज की परेशानियों को हम सहन कर ही रहे थे, तभी मेरे एक पशु चिकित्सक मित्र ने इन परेशानियों का बड़ा अच्छा समाधान बताते हुए छह बिल्लियाँ और दो जर्मन शेफर्ड कुत्ते मेरे पास छोड़ दिए। पहले भी उन्होंने मुझे एक लैब्राडोर कुत्ता भेंट में दिया था, जिसने बड़ी वफादारी के साथ एक दोस्त की तरह मेरी कई बार मदद की। इन मूक प्राणियों के आने के बाद मानो एक चमत्कार-सा हुआ था। फिर कभी मेरे किसी दृष्टि-बाधित दोस्त को कुछ काटे जाने की शिकायत नहीं आई।

सोनलजी की उपस्थिति के कारण हॉस्टल के काम ने भी अपना जोर पकड़ा हुआ था; लेकिन बीच-बीच में फंड को लेकर या फिर और कोई बाधा आ जाती और मायूसी होती कि हम अपने सपने को साकार कर पाएँगे या नहीं? तैयार हो रहे इस प्रोजेक्ट के

सामने की पहाड़ियों से जो सूर्योदय दिखता था, नीता रोज मुझसे उस सूर्योदय का वर्णन करती। आगे चलकर प्रोजेक्ट में आनेवाली नई-नई बाधाओं के कारण जब मन में हताशा के भाव पनपने लगे, उन दिनों मैंने अपनी इस मानसिकता को उस सूर्योदय से जोड़ते हुए इतना ही समझना उचित समझा कि—

होकर मायूस न कभी ढल जाना,
शाम के अँधेरे की तरह।
जीवन एक सुबह है,
रोज उगते रहो भोर के सूरज की तरह।

फिर तो जब-जब मन में हताशा के भाव आते, एक मंत्र की तरह मैं इन चार पंक्तियों को याद करता और एक नई उमंग के साथ आगे बढ़ना शुरू कर देता। मेरे लिए यह प्रोजेक्ट अब जीवन का सबसे बड़ा मकसद बन चुका था। अब दुनिया इधर की उधर हो जाए, हमें अपने दोस्तों के लिए घर बनाना ही बनाना था। अंत में, मैंने निश्चय किया कि जब तक मेरे दृष्टि-बाधित मित्र इस हॉस्टल में रहना शुरू नहीं करते, तब तक मैं बाल नहीं कटवाऊँगा। यह बात मेरे लिए 'भीष्म प्रतिज्ञा' जैसी थी। काम तो धीरे-धीरे आगे बढ़ ही रहा था। लेकिन बाधाओं का भी आना-जाना चालू ही रहा और दूसरी तरफ, मेरे बालों ने भी कंधों तक पहुँचना शुरू कर दिया था। उनको सँवारते हुए मुझे पोनी बाँधनी पड़ती थी। उसके बिना मैं हिप्पी सा लगता। यह एक बड़ी दिक्कत वाली बात थी। वैसे, मेरे बालों के बढ़ने से किसी को कोई तकलीफ भी नहीं थी, लेकिन मेरी धर्मपत्नी नीता उन दिनों मुझसे बहुत नाराज रहती, क्योंकि उसके सभी हेयर बैंड मैं गायब कर देता था। वह अपने हेयर बैंड कहीं रख देती और वे अगर मेरे हाथ लग गए तो मैं तुरंत ही उनको अपनी पोनी में लगा लेता। लेकिन मेरे दोस्त कहते थे—बड़े-बड़े बालों में मैं बहुत हैंडसम दिखता हूँ। यह सुनकर अच्छा लगता था।

लक्ष्य बहुत बड़ा था और हम तो अभी आधे तक भी नहीं पहुँचे थे। काम हमने पूरे जोर-शोर से करना शुरू कर दिया था। 18 से 20 घंटे हम मैन्युफैक्चरिंग करते और ज्यादा-से-ज्यादा उन तैयार कैंडल्स की बिक्री करने की कोशिश करते, ताकि ज्यादा-से-ज्यादा फंड मिल सके। श्री मनोज खैरकर और सोनलजी को पता था कि 50 से 60 लाख रुपए और इस प्रोजेक्ट में लगेंगे। प्रोजेक्ट ही इतना बड़ा हो चुका था और हर कोई चाहता था कि करना ही है तो अच्छा करें, कहीं पर भी कोई कसर बाकी न रह जाए। जो भी एजेंसियाँ इस प्रोजेक्ट के साथ जुड़ी थीं, वे भी समझ रही थीं कि यह कोई स्वार्थ का काम नहीं है। यह तो परमार्थ का काम है। जब भी वे आगे वाली इमारत में मेरे दृष्टि-बाधित मित्रों को देखते, उनके साथ गप्पें लड़ाते और आगे चलकर उन सभी की आपस में ऐसी दोस्ती हो चुकी थी कि मेरे अंधमित्र भी इन सब एजेंसियों के लोगों के साथ शाम

को बैठकर अपनी सुंदर वाणी में गीत और संगीत का कार्यक्रम आयोजित करते। निर्माण में लगा हुआ हर एक व्यक्ति पूरे समर्पण भाव से इस प्रोजेक्ट से जुड़ चुका था।

इसी दौरान पुणे के किसी कार्यक्रम में श्री मनोज खैरकरजी ने मुझे एक महानुभाव से मिलाया, जिनका नाम था—रामनिवास बंसल, जो पुणे शहर के बहुत बड़े बिल्डर थे। उन्होंने जब मेरे और नीता के जुड़ाव और नीता द्वारा मुझे अपनाने की बातें मनोजजी से सुनीं, तब उन्होंने अपनी माताजी के बारे में बताया कि कैसे सात साल की उम्र में वे अंध हो चुकी थीं। एक तो मारवाड़ी और रूढ़िवादी समाज, फिर भी उसके विरुद्ध जाकर राम बंसलजी के पिता ने उनकी माताजी को स्वीकार किया। इन बातों को कई साल बीत गए थे, लेकिन उन्होंने उस बात को बहुत अच्छी तरह से नीता और मेरी कहानी से जोड़ा। उन्होंने कहा, "मैं तो हर साल काफी ऐसे आधे-अधूरे प्रोजेक्ट, जो खासतौर पर अंध लोगों से जुड़े होते हैं और जो फंड के अभाव में पूरे नहीं हो पाते, उनकी मदद करता रहता हूँ। भावेश भाई, आप बताओ, मैं आपकी क्या मदद कर सकता हूँ?"

मुझे ऐसा लग रहा था मानो मनोजजी ने पहले ही उनको हॉस्टल प्रोजेक्ट के बारे में बता रखा है। उस कार्यक्रम के बाद रामनिवासजी मनोजजी, मुझे और नीता को आग्रहपूर्वक अपने घर ले गए और उन्होंने वहाँ जाकर मनोजजी के हाथ में 25 लाख रुपए का चेक देते हुए कहा कि आप इस प्रोजेक्ट को जल्द-से-जल्द पूरा कीजिए।

मैं इस तरह से डोनेशन लेने के पक्ष में नहीं था। मैंने तुरंत कहा, "नहीं सर, इन पैसों को रहने दीजिए। धीरे-धीरे प्रोजेक्ट आगे बढ़ ही रहा है। आज नहीं तो कल, वह पूरा हो ही जाएगा।"

रामनिवासजी कुछ कहते, उसके पहले ही मनोजजी ने मुझसे पहली बार थोड़े कड़े शब्दों में बात करते हुए कहा, "एक तरफ तो तुम मुझे बड़ा भाई कहते हो, तो बड़े भाई की बात भी सुना करो और भावेश, सारे अच्छे काम करने का ठेका तुमने अकेले ने ही ले रखा है क्या? हमें भी तो कुछ पुण्य कमाने दो।"

उनकी बातें सुनकर मन न होते हुए भी वह चेक मुझे लेना पड़ा। आज जब उस घटना को याद करता हूँ, तब लगता है, मनोजजी और रामनिवास बंसलजी सही थे, वरना और कई साल मेरे दृष्टि-बाधित दोस्तों को बेघर ही रहना पड़ता। बंसलजी कोई नाम वगैरह नहीं चाहते थे और उन्होंने कहा कि मेरा कहीं पर भी उल्लेख मत करना। लेकिन भावसा, मनोजजी और मेरी एक ही राय थी कि उनका यह जो समर्पण भाव है, ऐसे ही जाया नहीं जाना चाहिए। हमने उनसे निवेदन किया कि क्यों न इस प्रोजेक्ट को आपकी माताजी का नाम दिया जाए? काफी आग्रह करने के बाद वे माने और जब निर्माण पूरा हुआ तो हमने उस पूरे प्रोजेक्ट को 'मातृश्री महादेवी चैतराम बंसल', जो उनकी माताजी का नाम था, नाम देकर उस हॉस्टल को पहचान देने की कोशिश की।

मनोज खैरकरजी के एक और मित्र हैं—जयंत यरोडेकरजी। उन्होंने भी 10 लाख रुपए की मदद भेज दी। उसके साथ-साथ मुंबई चार्टर्ड अकाउंटेंट एसोसिएशन के साथ मिलकर श्री रमेश कचोलियाजी ने 2.5 लाख रुपए; नितिन भाई सोनावाला, जो मुंबई जैन युवक संघ के अध्यक्ष हैं, ने 1 लाख रुपए, इचलकरंजी माहेश्वरी समाज की तरफ से श्रीमती अनीता बियाणी और श्रीमती राधा चांडक ने 3.5 लाख रुपए इस हॉस्टल प्रोजेक्ट के लिए भिजवाए। सालों पहले मोरेश्वर मार्केट के स्टॉल पर मेरी बियाणी परिवार से पहली मुलाकात हुई थी। हॉस्टल प्रोजेक्ट के दौरान मुझे इचलकरंजी में माहेश्वरी समाज द्वारा आयोजित होनेवाली एक प्रदर्शन में भाग लेने का निमंत्रण मिला था। मैं भी अपने बढ़े हुए बालों में पोनी बाँधे बियाणी दंपती से उनके बँगले पर मिला। उनके पूछने पर मैंने जब अपने बड़े बालों के पीछे की कहानी बताई तो उन्होंने इस प्रोजेक्ट में अपना पूरा योगदान देने का आश्वासन देते हुए संपूर्ण इचलकरंजी व कोल्हापुर जिले में अपने चित-परिचित लोगों व कंपनियों से कैंडल्स के लाखों रुपयों के न सिर्फ ऑर्डर दिलवाए, अपितु माहेश्वरी समाज के उन सभी महानुभवों को हॉस्टल प्रोजेक्ट के साथ जोड़ते हुए उपरोक्त राशि भेजने की व्यवस्था की। बीच-बीच में अमेरिका से रत्नपारखीजी का मार्गदर्शन भी निरंतर मिल रहा था, अपनी जमीन हॉस्टल के लिए बेचकर वहीं न रुकते हुए सुहास पाटीलजी बीच-बीच में अपने मित्रों के साथ मोरेश्वर आकर बाँध के कामों में अपना महत्त्वपूर्ण योगदान दे रहे थे। भावसा तो शुरुआत से ही तन-मन-धन से इस हॉस्टल प्रोजेक्ट से जुड़े हुए थे, लेकिन उनके साथ-साथ उनका संपूर्ण परिवार भी किसी-न-किसी रूप में इस प्रोजेक्ट में अपना योगदान देने के लिए तत्पर था।

उन्हीं दिनों पुणे शहर की सी.ए. एसोसिएशन की कॉन्फ्रेंस महाबलेश्वर के रामसुख रिसॉर्ट में थी। उस तीन दिन के कॉन्फ्रेंस में कुछ बड़े वक्ता भी भाषण देने आए थे। तीसरे दिन शाम को अभय बागमारजी, जो खुद पुणे सी.ए. एसोसिएशन की कमेटी में एक बड़े पद पर थे, ने मुझे एक घंटे की स्पीच के लिए रामसुख रिसॉर्ट में बुलवाया। कुछ और अलग करते हुए उन्होंने स्पीच के साथ-साथ कैंडल बनाने का वर्कशॉप भी रखवाया। साथ ही हमारे बनाए हुए प्रोडक्ट का डिस्प्ले भी था, जहाँ उन्हें बेचा जाना था और उपस्थित सभी 200 सी.ए. मेंबर्स को हमारी बनाई हुई कैंडल्स ही रिटर्न गिफ्ट के रूप में दी जानी थीं। वह मेरी एक घंटे की स्पीच काफी सराही गई। सभी सी.ए. मित्रों ने जोरदार तालियों के साथ मुझे सम्मान दिया। उसके बाद बारी आई वर्कशॉप की, जिसमें मैंने एक प्यारा सा कैंडल्स का सनफ्लावर बनाकर बताया। उस तैयार कैंडल को मैंने अपने पास ही खड़े एसोसिएशन के अध्यक्ष को भेंट देना चाहा। उनके साथ अभय भाई भी थे। पता नहीं आपस में उन दोनों ने क्या तय किया और मेरे बनाए हुए उस सनफ्लावर को सभी के बीच नीलामी के रूप में रखवा दिया। मेरी उस कैंडल की

कीमत 110 रुपए थी, लेकिन अभय भाई ने उसकी कम-से-कम कीमत 1,000 रुपए रखते हुए सभी सी.ए. मित्रों से उसके ऊपर बोली लगाने को कहा। मैं समझ नहीं पा रहा था कि यह सब क्या हो रहा है ? और उधर उस नीलामी की बोली ने अपनी रफ्तार पकड़ ली थी। और देखते-ही-देखते उस 110 रुपए के सनफ्लावर को अभय भाई के परमारजी नामक सी.ए. मित्र ने 21,000 रुपए की बड़ी बोली लगाकर खरीद लिया। इस 21,000 के साथ-साथ रिटर्न गिफ्ट और स्टॉल की बिक्री और वहाँ पर मिले कई नए ऑर्डरों को मिलाकर करीब-करीब 5 लाख रुपए का इंतजाम उस एक शाम में ही अभय भाई ने हॉस्टल प्रोजेक्ट के लिए करवा दिया। भावसा और उनके संपूर्ण परिवार का मैं आजीवन कृतज्ञ रहूँगा, क्योंकि इस प्रोजेक्ट के दौरान वे किसी भी प्रकार से मेरी खुद्दारी और स्वाभिमान को ठेस पहुँचाए बिना एक मार्गदर्शक के रूप में हमेशा मेरे साथ खड़े रहे। राजू भाई मोरे, जो तिलक स्मारक प्रदर्शनी के वक्त से मेरे बड़े अच्छे मित्र बन चुके थे, इस हॉस्टल प्रोजेक्ट में भी उन्होंने अपना योगदान देते हुए जहाँ-जहाँ से उनको कम-से-कम कीमत में सी.सी.टी.वी. कैमरा, इन्वर्टर और इंटरकॉम मिल सके, उन्हें खरीदकर बिना किसी प्रकार के लेबर चार्ज लगाए हमारे पूरे प्रोजेक्ट को इन अत्यावश्यक सुविधाओं से जोड़ दिया। जो दो अलग-अलग बड़े से हॉल बनाए गए थे, हम चाहते थे ज्यादा-से-ज्यादा हमारे दृष्टि-बाधित भाई-बहन इस हॉस्टल व्यवस्था का लाभ उठा सकें। इसके लिए गिरीश बाटियाजी ने अहमदनगर में ही बड़े मजबूत बंक बेड्स कम-से-कम दामों में बनवाकर भेज दिए। मेरे एक मित्र संजय उदेशी, जो बड़े नामी कॉटन मर्चेंट हैं, उनकी पहचान से इन सभी बंक बेड्स के लिए प्यारी सी कॉटन की गद्दियाँ और तकिए तैयार हो पाए। रामनिवास बंसलजी ने एक और सरप्राइज देते हुए कैंटीन और सम्मेलन हॉल के लिए 200 कुर्सियाँ और 15 मेजें पुणे से भिजवा दीं। सालों से हम पानी की किल्लत से परेशान थे, उसका हल निकालते हुए सोनलजी ने इस पूरे प्रोजेक्ट के लिए रेन हार्वेस्टिंग का बड़ा ही नायाब तरीका ढूँढ़ निकाला। उन्होंने 5 लाख लीटर का सीमेंट आर.सी.सी. का टैंक जमीन के नीचे बनवाया, ताकि बारिश का बूँद-बूँद पानी हम उसमें जमा कर सकें और उस पानी को उपयोग में लाया जा सके।

मैं कई बार उस वास्तु को छूता, क्योंकि मैं यकीन नहीं कर पा रहा था कि इतनी जल्दी यह काम हो गया है! मुझे समझ में नहीं आ रहा था कि कौन सी ताकत इसको पूरा कर गई! पिछले एक साल से 18-18 घंटे बिना सोए व खाए-पिए हमने जो मेहनत की, वे सभी तकलीफें और परेशानियाँ इस सुंदर से हॉस्टल के सामने एकदम छोटी लगने लगी थीं। हमने तो दो साल का लक्ष्य रखा था, लेकिन मई 2014 में जो पहली कुदाल चली, आज यह हॉस्टल 26 अप्रैल, 2015 को उद्घाटन के लिए सज-धजकर खड़ा था।

26 अप्रैल की सुबह से हमने तैयारियाँ शुरू कर दी थीं। मोरेश्वर गाँव के जो 60-

70 घर थे, उनके सभी लोग हमसे जुड़े थे। किसी ने फूलों के तो किसी ने कागज के, तो किसी ने आम और अशोक के पत्तों के तोरण बाँधने शुरू किए। हमने गंगारामजी से स्वीकृति लेकर उनकी जगह पर बड़ा सा पंडाल खड़ा कर दिया। मेरे एक मित्र हैं—दवेजी, जो कैटरिंग का काम करते हैं। उन्होंने सुबह के नाश्ते से लेकर रात के भोजन तक की सारी जिम्मेदारी ले ली थी। पुणे व मुंबई से भी काफी दोस्त व रिश्तेदार आ चुके थे। सभी गाँववालों में काफी उत्साह था। किसी ने अपने खेत से स्ट्रॉबेरी तो किसी ने फल-सब्जियाँ दीं। हर कोई अपना-अपना योगदान देने में लगा हुआ था। रामनिवासजी बंसल अपने परिवार और रिश्तेदारों के साथ में आए और मुख्य अतिथि के रूप में पुणे के पूर्व इंस्पेक्टर जनरल (आई.जी.) श्री अशोक दीवरे उपस्थित थे। उनके साथ शहर के डी.वाई. एस.पी. श्री दीपक हूँबरे और महाबलेश्वर के पुलिस अधिकारी प्रकाश सावंतजी भी आए हुए थे। हमारे काफी दृष्टि-बाधित दोस्त, जो गाना-बजाना जानते थे, उन्होंने पंडाल के एक कोने में अपना मोर्चा सँभाल लिया था। भावसा के सुपुत्र श्री अभयजी बागमार व रामनिवासजी के सुपुत्र श्री सचिनजी बंसल ने उद्घाटन कार्यक्रम को सही दिशा देते हुए संपूर्ण व्यवस्था अपने हाथ में ले ली थी। हर कोई इस यज्ञ में अपने आप को शामिल करना चाहता था। लगभग 3 घंटे के शानदार कार्यक्रम के बाद दूर-दूर से आए कई महानुभावों की उपस्थिति में हमने वह भवन अपने दृष्टि-बाधित दोस्तों को समर्पित कर दिया और इस संपूर्ण हॉस्टल की आगे की जवाबदारियाँ हमने सालों पहले बनाए गए 'ओशोनिक विजन फॉर द दृष्टि-बाधित वेलफेयर सोसाइटी' नामक ट्रस्ट को सौंप दीं।

वर्ष 2014 हमारे लिए बड़ा ही ऊर्जा से भरा साबित हुआ था, क्योंकि अपना सबसे महत्त्वाकांक्षी प्रोजेक्ट हम शुरू कर पाए थे। लेकिन जिंदगी का एक महत्त्वपूर्ण पल साल के अंत तक आते-आते मिलना बाकी था। मई 2014 में सुहासजी से जगह खरीदकर जब मैंने अपने दृष्टि-बाधित दोस्तों के लिए हॉस्टल बनाने की शुरुआत की, तब इस ईश्वरीय प्रोजेक्ट को भी कुछ समाज-कंटक लोग नहीं समझ पाए। उन्होंने इस निर्माण को रोकने की कई बार नाकाम कोशिश की। उन्हीं कानूनी समस्याओं की वजह से हम प्रोजेक्ट का विस्तार नहीं कर पा रहे थे और उसी के चलते हमें महाबलेश्वर पुलिस स्टेशन जाना पड़ता। ऐसे ही एक दिन जब हम पुलिस स्टेशन में बैठे थे, उस समय नीता को दो-तीन बार दिल्ली से फोन आया था और वहाँ नीता ने फोन काटना ज्यादा उचित समझा। जब पुलिस स्टेशन से हम बाहर निकले, तब मन बड़ा भारी था; क्योंकि कितना भी अच्छा काम करो, ऐसे संकट आ ही जाते हैं। और हमें पुलिस स्टेशन के चक्कर काटने पड़ते। पुलिस स्टेशन में सभी पूरी तरह से मददगार होते थे, लेकिन हमें मोरेश्वर से 10 किलोमीटर का सफर करके सभी काम छोड़कर पुलिस स्टेशन तक जाना पड़ता था।

जब हम पुलिस स्टेशन से बाहर निकले, तब नीता ने कहा कि "पता नहीं इन

दिल्लीवालों को क्या हो गया है? तीन-चार बार सुबह से फोन आ चुके हैं। इनको हमारे नंबर कहाँ से मिल जाते हैं?"

उस वक्त मेरे और नीता के साथ कुछ पाँच-छह दृष्टि-बाधित दोस्त भी थे, जो हमारे साथ पुलिस स्टेशन आए थे। हम मोरेश्वर के लिए रवाना हो ही रहे थे कि फिर से नीता का फोन बजा। नीता ने फोन मेरे हाथ में देते हुए कहा, "वही नंबर है दिल्लीवाला।" मैंने सोचा, चलो, बात तो कर लें, देखे, कौन हैं? जब मैंने फोन उठाया तो उधर से आवाज आई, "मिस्टर भावेश भाटिया बात कर रहे हैं?"

मैंने कहा, "हाँ, मैं ही बोल रहा हूँ। बताइए, मैं आपके लिए क्या कर सकता हूँ?" और उधर से वे कह रहे थे कि "हम सुबह से आपसे बात करने की कोशिश कर रहे हैं। आपने चार-पाँच बार हमारा फोन काट दिया। मैं खासतौर पर आपको बताना चाहता हूँ कि मैं सोशल जस्टिस ऐंड एम्पोवरमेंट मिनिस्ट्री से सेक्रेटरी अवस्थी बोल रहा हूँ। यह सुनकर मुझे लगा कि जरूर कुछ हमसे अनजाने में गड़बड़ हो गई है। मैंने जितना हो सका, उतनी विनम्रता से उनसे कहा, "हाँ सर, कहिए, क्या बात करना चाहते हैं?"

वे बोले, "मिस्टर भाटिया ही बोल रहे हो न?"

मैंने कहा, "हाँ, भावेश भाटिया ही बोल रहा हूँ।"

उन्होंने पूछा, "आप दृष्टि-बाधित हो और कैंडल का बिजनेस करते हो?"

मैंने कहा, "हाँ, सर!"

मेरी बातें सुनकर शायद उनको बड़ा सुकून मिला। इस तरह से लंबी साँस भरकर उन्होंने कहना शुरू किया, "आप ही को तो हम सुबह से ढूँढ़ रहे हैं। मैं आपको सूचित करना चाहता हूँ कि कई हजार के नॉमिनेशन में से हमारी कमेटी ने आपका नाम इस बार 'राष्ट्रपति पुरस्कार' के लिए चुना है। आपको मैं बहुत बधाई देना चाहता हूँ, क्योंकि आप इस साल के बेस्ट दृष्टि-बाधित सेल्फ एंप्लॉयमेंट कैटेगरी में 'राष्ट्रपति पुरस्कार', नेशनल अवॉर्ड के हकदार बन चुके हैं। आप तुरंत हमारी सोशल जस्टिस की वेबसाइट को चेक करें। वहाँ आपको सब जानकारी मिल जाएगी। सब नंबर डाले हुए हैं। लिस्ट में आपका नाम आ चुका है। आपके आने-जाने का टिकट, रहने की पूरी व्यवस्था के बारे में जानने के लिए साइट पर दिए गए नंबर से आप संपर्क कर लें। हमारे लोग आपको मदद करने के लिए बिल्कुल तत्पर हैं। बस, आप तय समय पर आ जाएँ। आपको दो दिन पहले आना है रिहर्सल के लिए। मेरा यह नंबर आप सँभालकर रख लें। इस संदर्भ में कुछ भी दिक्कत हो। आप मुझे बेझिझक फोन कर सकते हैं। आपको ढेरों बधाई।"

सेक्रेटरी महोदय की बातें सुनकर कुछ क्षणों के लिए मैं मोबाइल फोन को कान पर लगाए वैसे ही एक ही जगह पर हक्का-बक्का-सा खड़ा रहा। नीता मेरे पास ही खड़ी थी, जिसका एक हाथ मेरे कंधे पर था। शायद वह भी बड़े कुतूहल से फोन पर क्या बात

हुई, यह जानने के लिए बेसब्र-सी हो रही थी। कुछ क्षणों के बाद जब मैंने अपने आप को सँभाला, तब पहला विचार यही आया कि इन खुशी के क्षणों में नीता को उस भरे बाजार में अपनी बाँहों में जकड़ लूँ, पर यह मुमकिन नहीं था। मैंने नीता का हाथ अपने हाथ में लेते हुए संक्षेप में दिल्ली से आई वह बड़ी खुशखबरी सुनाई। जो परेशानी, जो बाधा उस पुलिस स्टेशन में थी, वह पता नहीं कहाँ दूर हो गई।

मैंने नीता से कहा, "चलो, सबसे पहले सभी दृष्टि-बाधित दोस्तों को लेकर पैनोरमा रेस्तराँ चलते हैं। आज पार्टी तो बनती ही है।"

इसी बीच मैं वक्त निकालकर उन स्ट्रीट हॉकर्स से भी मिला, जिन्होंने अरसे पहले कई बार मेरी हाथगाड़ी गटर में फेंक दी थी। उनमें से कई लोगों ने तो मार्केट में स्टॉल लगाना भी बंद कर दिया था। लेकिन नीता की मदद से उनको ढूँढ़ते हुए मैं उनके घरों तक पहुँचा। मैंने और नीता ने साथ में जो मिठाइयों के बॉक्स लिये थे, वे उन्हें उपहार के रूप में दिए और उनसे गले मिलकर, उनसे हाथ मिलाकर धन्यवाद करते हुए इतना जरूर कहा कि "आप सबकी मित्रता के कारण ही मैं 'राष्ट्रपति पुरस्कार' तक पहुँच पाया।"

महाबलेश्वर में मेरे पत्रकार मित्र हैं—श्री संजय दस्तूरे। उन्होंने इस 'राष्ट्रपति पुरस्कार' के समाचार को अपने सभी पत्रकार मित्रों के साथ बाँटते हुए पूरे राज्य में पहुँचाने की कोशिश की और उन्होंने खुद भी एक बहुत बड़ा लेख मेरे इस संघर्षपूर्ण जीवन के ऊपर लिखा। उस लेख से काफी दृष्टि-बाधित दोस्तों को यह प्रेरणा भी मिली कि एक हाथगाड़ी ढकेलते हुए भी 'राष्ट्रपति पुरस्कार' तक पहुँचा जा सकता है।

दिल्ली आने-जाने के लिए मंत्रालय की तरफ से ही मेरे, नीता और कुणाल के लिए विमान की टिकटें उपलब्ध कराई गई थीं। यह संपूर्ण समारोह बहुत सारे गणमान्य जनों की उपस्थिति में होना था, अत: 2 दिसंबर को विज्ञान भवन में ही कई-कई बार समारोह की रिहर्सल करवाई गई। 3 दिसंबर 'विश्व अपंग दिवस' को मैं सुबह से ही एक-एक क्षण गिनते हुए शाम होने का इंतजार कर रहा था और अंत में वह पल आ ही गया। विज्ञान भवन में राष्ट्रपति श्री प्रणव मुखर्जी के हाथों अंध क्षेत्र का सर्वोच्च पुरस्कार (राष्ट्रीय पुरस्कार) 'गोल्ड मेडल' पहनाकर मुझे प्रदान किया जा रहा था। महाबलेश्वर हॉस्टल के प्रोजेक्ट को अधूरा छोड़कर ही मैं दिल्ली आया था। इस बार नीता ने खुद ही सामने चलकर, पोनी बाँधने के लिए एक प्यारी सी हेयर बैंड मुझे पहले ही दे रखी थी और मैं उस पोनी के साथ ही स्टेज पर पुरस्कार लेने पहुँचा। राष्ट्रपतिजी ने भी मेरे बाल के उस अंदाज को बहुत सराहा। उनसे हाथ मिलाते हुए मैंने विज्ञान भवन की स्टेज से कैंडल इंडस्ट्रीज पर दिया जानेवाला भारत का पहला 'राष्ट्रपति पुरस्कार' स्वीकार किया। पुरस्कार देते समय मेरे कामों की संक्षिप्त जानकारी दी जा रही थी और पूरा विज्ञान भवन तालियाँ बजाकर मेरा अभिवादन कर रहा था।

इस समारोह के बाद राष्ट्रीय स्तर पर प्रिंट मीडिया, इलेक्ट्रॉनिक मीडिया और रेडियो चैनल पर इंटरव्यू लिये गए। हम बहुत खुश थे कि चलो, इतने सालों की मेहनत सराही गई।

उस पुरस्कार के बाद जब हम वापस महाबलेश्वर लौटे तो एक नई उमंग के साथ हमने हॉस्टल प्रोजेक्ट पर काम करना शुरू किया। मुझे जो 1 लाख रुपए पुरस्कार की राशि के रूप में मिले थे, उस सारी रकम को मैंने इस प्रोजेक्ट में लगा दिया।

हॉस्टल प्रोजेक्ट के उद्घाटन समारोह के बाद 27 अप्रैल को नीता मुझे गाड़ी में बिठाकर एक सलून में लेकर गई और पहले मेरे बाल कटवाए। शायद उसने भी चैन की साँस ली होगी कि अब उसके हेयर बैंड गायब नहीं होंगे और मेरे सिर से उन बढ़े हुए बालों के बोझ के साथ-साथ इस प्रोजेक्ट को पूरा करने का बोझ भी उतर चुका था। कई बार फिर भी अनायास मेरा हाथ सिर पर पहुँच जाता और मैं उन बढ़े हुए बालों को ढूँढ़ने की कोशिश करता। लेकिन मैं इतना कहना चाहता हूँ कि हम एक बार सोच लें, एक बार दृढ़ संकल्प ले लें, और अगर हमारा लक्ष्य साफ है तो दुनिया की कोई भी ताकत जोर लगा ले, कितनी भी बाधाएँ आ जाएँ, हमें हमारे उन सपनों को पूरा करने से नहीं रोक सकतीं। इससे एक बात मैं समझ पाया कि अगर हम ईश्वर से अपने लिए कुछ माँगते हैं तो हो सकता है, हमारी मुराद पूरी हो न हो, लेकिन अगर समर्पण भाव से, नि:स्वार्थ भाव से जब दूसरों के लिए कुछ माँगते हैं तो वह मुराद जरूर पूरी होती है। इसका जीता-जागता उदाहरण यह हॉस्टल प्रोजेक्ट है। कहाँ 15 लाख रुपए के प्रोजेक्ट को हम 1.5 करोड़ रुपए तक खींचकर लेकर गए। भवन तो मजबूत बना ही, लेकिन खुद बनते-बनते हमें भी अंदर से मजबूत बना गया। यहाँ एक सामूहिक इच्छा-शक्ति काम कर गई। सबका समर्पण भाव काम कर गया। यह एक ऐसा उदाहरण बना कि आगे चलकर हमें पूरे देश में ऐसे और प्रोजेक्ट शुरू करने में बहुत मदद मिली।

अक्सर ऐसा कहा जाता है कि हर प्यासे को कुएँ तक जाना पड़ता है। इसका मतलब यह है कि मेरे जो दृष्टि-बाधित दोस्त यह कैंडल बनाने और बेचने की टेक्नोलॉजी सीखना चाहते थे, उन्हें पहले महाबलेश्वर आना पड़ता था; लेकिन हमने इस एक हॉस्टल प्रोजेक्ट से प्रेरणा लेकर उन्हीं के गाँवों, शहरों और राज्यों में जाकर वहाँ की ही संस्थाओं को विश्वास में लेकर धीरे-धीरे ऐसे कई प्रोजेक्ट विकसित करने शुरू कर दिए हैं। हमने उस कहावत को गलत साबित कर दिया कि प्यासे को कुएँ तक जाना पड़ता है। हम आज बिल्कुल कह सकते हैं कि कई बार इच्छा-शक्ति प्रबल हो तो कुएँ भी प्यासों तक पहुँच जाते हैं। हमारे उस हर एक दृष्टि-बाधित दोस्त को भाषा की दिक्कत थी। उड़िया, तमिल या तेलुगु में जिंदगी भर बात करनेवालों के लिए हिंदी या मराठी भाषा में बात करना बड़ी दिक्कत वाली बात थी। आज यह संपूर्ण टेक्नोलॉजी मेरे उन सभी दृष्टि-

बाधित दोस्तों को उनकी क्षेत्रीय भाषा में उपलब्ध हो रही है, जिससे वे बड़ी आसानी से इस कला को सीखकर रोजगार की ओर बढ़ रहे हैं। आज ऐसे ही 2,000 से ज्यादा मेरे दृष्टि-बाधित दोस्त बहुत खुशी-खुशी काम करके अपने पैरों पर खड़े हो चुके हैं, जिन्हें 500 से ज्यादा कॉरपोरेट्स काम दे रहे हैं। यह काम 365 दिन हमारे दोस्तों को व्यस्त रखने के लिए बहुत उपयोगी साबित हो रहा है। और यह एक स्वयं रोजगार और 'मेक इन इंडिया' का अनोखा प्रोजेक्ट सफलतापूर्वक हम पूरा कर पा रहे हैं।

गत तेईस वर्षों में कैंडल बनाने की जो टेक्नोलॉजी मैंने सीखी, उसे सिर्फ अपने तक सीमित न रखते हुए मेरी ख्वाहिश रही है कि यह टेक्नोलॉजी और सर्जनशीलता के ये संस्कार मेरे हर दृष्टि-बाधित मित्र तक पहुँचें। बीच में एक समय ऐसा भी आया, जब 'सनराइज कैंडल' के साथ जुड़ने के लिए हजारों की संख्या में मेरे दृष्टि-बाधित मित्रों में एक होड़-सी लग गई थी। हमने उन सभी के शैक्षणिक पात्रता से ज्यादा उनकी इच्छा-शक्ति पर गौर किया। मुझे पूरा यकीन था, जो दृष्टि-बाधित मित्र सालों से अलग-अलग संस्थाओं में रहते आए हैं, उन्हें काम देना या उनसे काम करवाना इतना आसान नहीं था। लेकिन नीता हर बार इस बारे में हौसला बढ़ाती, "भावेश, तुम अगर इतनी प्यारी कैंडल्स बना सकते हो तो तुम्हारे और मित्र क्यों नहीं बना सकते और तुम्हारी ही तरह उन्हें क्यों नहीं बेच सकते?" नीता की बातें और अलग-अलग कई संस्थाओं में घूमकर मैं समझ चुका था कि एक बड़ी दृष्टि-बाधित टीम को लेकर आगे बढ़ना है। हर एक दृष्टि-बाधित मित्र को काम के लिए प्रेरित करना है तो दिन ढलते-ढलते उन सभी मित्रों के हाथों में उनकी दिन भर की मेहनत का पैसा आ जाना चाहिए। पहले हम मोरेश्वर की यूनिट में कैंडल्स बनाते थे और अलग-अलग राज्यों के दृष्टि-बाधित मित्रों को उसकी बिक्री करने भेज देते थे; लेकिन जल्द ही हमने एक ऐसी व्यवस्था तैयार की, जिसमें 'सनराइज कैंडल्स' उन्हें टेक्नोलॉजी भी दे सके, क्योंकि हम एंप्लॉई-एंप्लायर वाली व्यवस्था को बदलना चाहते थे। हमसे टेक्नोलॉजी सीखकर इस कैंडल इंडस्ट्री से जुड़े हर एक दृष्टि-बाधित मित्र को, वे खुद भी एक मालिक हैं, ऐसा एहसास कराना चाहते थे। इसलिए हमने अलग-अलग राज्यों में जो दृष्टि-बाधित मित्र यह कौशल आत्मसात् कर चुके थे, उन्हें वहीं पर एक समूह के रूप में संगठित करते हुए एक स्वतंत्र कंपनी के रूप में स्थापित करना शुरू किया। उसी समूह में से जिस किसी दृष्टि-बाधित मित्र की नेतृत्व की क्षमता थी, उसे उस समुह की लीडरशिप देना शुरू की। उस संगठन के हर एक लाभार्थी को मैन्युफैक्चरिंग का पूरा काम ठेके पर, नग के अनुसार दे दिया जाता है और कैंडल्स की बिक्री का काम वेतन के बदले कमीशन पर दे दिया गया है। इस व्यवस्था का दूरगामी लाभ यह हुआ कि मेरे हर एक दृष्टि-बाधित मित्र ने अपने आपको पूरी तरह से काम में झोंक दिया। जो दृष्टि-बाधित मित्र कभी महीने के संजय गांधी

निराधार योजना के 600 रुपए से संतुष्ट थे, वे रोज के 2,000 रुपए तक पाने के बाद भी और ज्यादा पैसा प्राप्त करने के अवसर ढूँढ़ते हुए ज्यादा-से-ज्यादा मेहनत करने लग गए। आज हम इन्हीं व्यवस्थाओं के चलते पूरे देश में 2000 से ज्यादा दृष्टि-बाधित मित्रों को साथ में लेकर चल रहे हैं। कई बड़े ऑर्डर्स पूरा करना जब हमारे किसी एक ग्रुप के लिए संभव नहीं होता, तब बाकी का काम और राज्यों में रह रहे हमारे दूसरे स्किल ग्रुप में बाँट दिया जाता है, जिससे हर एक राज्य को नया काम भी सीखने को मिलता है और रोजगार के नए अवसर भी प्राप्त होते हैं। अक्सर लगनेवाला सारा कच्चा माल भी इन्हीं ग्रुप के नाम पर खरीदकर उन्हें ज्यादा-से-ज्यादा जवाबदार बनाने की कोशिश की जाती है। पहले के मुकाबले आज लॉजिस्टिक्स भी काफी सस्ता और आसान हो चुका है। मेरे 40 से ज्यादा दृष्टि-बाधित मित्र ऐसे भी हैं, जिन्होंने मार्केटिंग में एम.बी.ए. किया हुआ है। वे सभी वर्ष भर हमारे इतने बड़े दृष्टि-बाधित मित्र परिवार के लिए मार्केट ढूँढ़ने के काम में लगे रहते हैं। इसका ही नतीजा है कि आज उन सभी मित्रों की कैंडल्स करीब 68 देशों तक पहुँचने लगी हैं।

सही अर्थ में इन कैंडल्स के कारण अनगिनत दृष्टि-बाधित मित्रों के जीवन में ज्यादा उजाला हो चुका है। इस सफलता पर गर्व न करते हुए जमीन से जुड़कर अपने काम में लगे रहें, क्योंकि—

शोहरतें कहाँ हर बार बुलंदी पे रहती हैं,
जितनी ऊँची इमारतें हों,
हर बार खतरे में रहती हैं।

□

12
वैक्स म्यूजियम

विश्व प्रसिद्ध मोम संग्रहालय एवं मैडम तुसाद के बारे में जब भी सुनता था तो मुझे वह प्रोजेक्ट बड़ा दिलचस्प लगता था। सुना था कि वहाँ पर अमिताभ बच्चन, शाहरुख खान, ऐश्वर्या राय जैसे सेलेब्रिटी की प्रतिमाएँ लगाई गई हैं। मुझे लगता था कि मोम से हम कैंडल्स बना लेते हैं। लेकिन उस मोम से इतनी बड़ी-बड़ी प्रतिमाएँ कैसे बनाएँ? मैं डाई बनाना तो सीख गया था, लेकिन इतनी बड़ी मूर्तियों की डाई कैसे बनाएँ, यह मेरे लिए एक प्रश्न था, जिस पर मैं काफी सोचा करता था। आगे चलकर इसको मैं एक चुनौती मानने लगा था। मैं मन-ही-मन संकल्प कर चुका था कि एक मोम संग्रहालय जरूर बनाऊँगा। मैंने पहली बार कोल्हापुर जाकर जे.डी. आर्ट्स कॉलेज में इसका जिक्र किया। वहाँ के प्रोफेसर और छात्रों का कहना था कि हम मिट्टी व धातु या पत्थर में तो मूर्तियाँ बनाना जानते हैं, लेकिन मोम की जानकारी नहीं है। मेरे लिए उनका मिट्टी में मूर्तियाँ बनाना काफी था, मैंने वहाँ के कुछ छात्रों का चयन करते हुए उन्हें महाबलेश्वर बुला लिया। उनकी जरूरत के अनुसार मैंने मोरेश्वर के कारखाने में एक ट्रक मिट्टी मँगवा ली थी और जल्द ही अमिताभ बच्चन एवं नरेंद्र मोदी आदि की प्रतिमाओं को बनाने की शुरुआत की। उन्होंने लगभग एक महीने में ही 15 प्रतिमाएँ बनाकर दे दीं। हर एक मिट्टी की प्रतिमा बनाने का जो मानधन तय हुआ था, उसे उन छात्रों को देकर मैंने विदा किया। हमने मूर्तियों को कई दिन सूखने के लिए छोड़ दिया। सूखने के बाद मैंने कुछ वॉलंटियर्स की मदद लेते हुए अपने दृष्टि-बाधित दोस्तों के साथ मिलकर उन मूर्तियों पर सिलिकॉन की परतें लगानी शुरू कीं। करीब 12 से 15 बार उन सिलिकॉन की परतों को हमने एक-दूसरे के ऊपर चढ़ाया। उन परतों को सुरक्षित बनाए रखने के लिए उसके ऊपर प्लास्टर ऑफ पेरिस की एक इंच मोटाई की आखिरी परत चढ़ा दी और हमने हर एक प्रतिमा के कई छोटे-छोटे साँचे तैयार कर दिए। उन सभी तैयार साँचों को एक-दूसरे के साथ जोड़कर बाहर से वाटर प्रूफ करके अंदर से लुब्रिकेंट कर दिया। अब

हमारे पास हर प्रतिमा का एक खोखला साँचा तैयार था। अंत में प्रतिमा ठीक से खड़ी रह सके, इसके लिए हमने वेल्डर को बुलाकर सिर से पैर तक लोहे की छड़ें लगवाईं। प्रतिमा तैयार होने के बाद उसे बराबर खड़ा रखने के लिए उन्हीं छड़ों को बाद में लोहे की ही बड़ी-बड़ी प्लेटों के ऊपर वेल्डिंग करना था। वॉलंटियर्स से पूछकर सबके शरीर के रंग के हिसाब से हमने मोम में रंग मिलाकर उन साँचों को भरना शुरू किया। जब यह काम हो रहा था, उसी दौरान मैंने गुजरात के एक विग बनानेवाले को तलाश करके उससे हर मूर्ति के हिसाब से दाढ़ी-मूँछों से लेकर सिर की हू-ब-हू विग बनवा ली। जो अभिनेत्रियों की प्रतिमा हमने बनाई थी, जैसे—माधुरी दीक्षित, ऐश्वर्या राय आदि की पलकों के लिए जो बारीक-बारीक बालों की जरूरत थी, वे भी हमने उस महाशय से बनवा लिये। कई दर्जियों की मदद लेकर सेलेब्रिटी की वेशभूषा के अनुरूप कपड़े सिलवाए, जैसे कि मोदीजी का कुरता व जैकेट, सचिन तेंदुलकर के लिए इंडियन टीम की जर्सी इत्यादि। सचिनजी के हेलमेट, पैड्स, ग्लव्स और बैट सब खरीदकर मोम की प्रतिमा से जोड़ा। मोदीजी के चश्मे से लेकर उनकी बंडी की जेब में पेन रखने तक की बातों का हमने ध्यान रखा। हमने ओशो की भी बैठी हुई मुद्रा में प्रतिमा बनाई। बात यह थी कि हम ये प्रतिमाएँ बेचना नहीं चाहते थे और इतना हमारा सामर्थ्य नहीं था कि हम इसे दोबारा बना पाएँ। हमारा मुख्य काम था कैंडल्स बनाना, लेकिन मोम की इन मूर्तियों को बनाने के कारण हमें उस काम के लिए समय नहीं मिल पा रहा था।

इसकी वजह से हमने एक ऐसी किराए की जगह ढूँढ़ने की शुरुआत की, जहाँ हम ज्यादा-से-ज्यादा लोगों को आसानी से आकर्षित कर पाएँ। तभी हमें महाबलेश्वर और पंचगनी के बीच एक ग्राम पंचायत के हॉल के बारे में पता चला। वहाँ एक बड़ा हॉल, जो करीब 10,000 वर्ग फीट का था, शादी या कुछ बड़े कार्यक्रमों के लिए बनवाया गया था। वे लोग भी इस हॉल के लिए कोई अच्छा प्रोजेक्ट चाहते थे और किराया हमारे बजट में बैठता था। बस, फिर क्या था! हमने पाँच साल का करार उस हॉल के लिए कर लिया।

मोरेश्वर के कारखाने से करीब 12 कि.मी. दूर इस पहले माले पर स्थित हॉल पर हमने सारी मोम की प्रतिमाएँ स्थापित कर दीं। उस पूरे प्रोजेक्ट का नाम भी हमने 'वैक्स म्यूजियम' ही रखा। फिर हमने यह अनुमान लगाया कि कितने लोग एक दिन में इन प्रतिमाओं को देखने आ सकते हैं। उस हिसाब से हमने 10 रुपए प्रति व्यक्ति टिकट रख दिया। हमारी सोच यह थी कि अगर कोई प्रतिमा देखने आएगा तो जरूर वहाँ रखी हुई कैंडल्स भी खरीदेगा। हमने पूरे हॉल में मूर्तियों के अलावा लोहे के करीब 40 रैक लगवाए और उन पर कैंडल्स सजा दीं। हमने जो हिसाब लगाया था, वैसा ही हुआ। करीब 500 लोग रोज आने लगे थे और हमारी कैंडल्स की बिक्री भी जोर-शोर से बढ़ गई थी। हमारे और नए पाँच-छह दृष्टि-बाधित भाइयों और बहनों को वहाँ काम मिल गया था। कई

दिन हमें उनको सिखाना पड़ा, ताकि वे उन प्रतिमाओं से न टकराएँ। हॉल की पूरी दीवारों को हमने 'सनराइज कैंडल्स' की उपलब्धियों के फ्लेक्स से भर दिया था। कई बार लोगों को लगता था कि ये प्रतिमाएँ कहीं से लाकर खड़ी कर दी गई हैं। इसलिए हमने प्रतिमा बनाते वक्त का जो वीडियो बनाया था, उसको हॉल में दिखाना शुरू किया। यह देखकर लोगों को बहुत ही अच्छा लगता और इस प्रोजेक्ट की प्रशंसा होती, जिससे यह संग्रहालय बड़ी तेजी से प्रसिद्धि पाने लगा था। कई बार ऐसा भी होता कि कुछ वी.आई.पी. व्यक्तियों का आगमन हो जाता।

ऐसे ही मई 2015 में महाराष्ट्र के राज्यपाल श्री विद्यासागर राव महाबलेश्वर आए थे। उनके सहायक का फोन आया कि वे हमारे मोम संग्रहालय को देखने के लिए 5 मिनट आना चाहते हैं। मुझे बाद में पता चला कि राज्यपाल महोदय ने जो मोम संग्रहालय का बैनर देखा था और 'दृष्टि बाधितों द्वारा स्वयं निर्मित' पढ़कर उन्हें बड़ा कौतूहल हुआ था। इसके चलते उनकी जो पंचगनी की डालकेट अस्पताल की विजिट थी, उसके बाद उन्होंने हमारे मोम संग्रहालय में आने की इच्छा जताई थी। तुरंत हमने सभी दृष्टि-बाधित दोस्तों एवं वॉलंटियर्स को इकट्ठा किया और अपने सारे पत्रकार मित्रों को भी राज्यपालजी के आगमन के बारे में बताया। हमने सरपंच, ग्राम सेवक सबको अपने साथ लिया। पूरी रात बिना सोए हमने हॉल को सजाया और हॉल के आसपास का पूरा एरिया साफ-सुथरा करते हुए लाल कारपेट बिछाया। हमारी जितनी वॉलंटियर बहनें थीं, उन्होंने प्रवेश द्वार पर काफी खूबसूरत रंगोली बनाई।

सुबह 7 बजे ही हम हॉल पर पहुँच गए थे। सरपंच, ग्रामसेवक, तहसीलदार—सब अपने-अपने गुलदस्ते के साथ आ चुके थे। करीब 10 बजे पहली गाड़ी डॉग स्क्वाड के साथ आई और उन्होंने जाँच करना शुरू किया। महाबलेश्वर से लेकर पंचगनी तक का 20 कि.मी. का वह सारा मार्ग रोक दिया गया था और इसी बीच एक बड़े से काफिले के साथ राज्यपालजी का आगमन हुआ। गाड़ी से उतरते ही नीता ने मेरे हाथों से उनको गुलदस्ता दिलवाया। मुझे और नीता को साथ लेकर वे सबका अभिवादन स्वीकार करते हुए आगे बढ़े। उनके साथ-साथ सीढ़ियाँ चढ़ते हुए 'सनराइज कैंडल्स' के कार्य के बारे में बताया। उन्होंने सब ध्यान से सुना। हॉल के अंदर जाकर एक-एक मोम की प्रतिमा देखने में और बाकी रखी हुई कैंडल्स निहारने में ही 10 से 15 मिनट लग गए। हर पत्रकार राज्यपालजी के साथ मेरी फोटो ले रहा था। जितने भी दृष्टि-बाधित दोस्त वहाँ पर थे, उनके साथ राज्यपालजी ने हाथ मिलाया, फोटो खिंचवाई और हम सब को बहुत शाबाशी देते हुए उन्होंने प्रस्थान किया। हमें बड़ा अच्छा लगा कि इतने बड़े व्यक्ति इतने शालीनता से यहाँ पधारे। सातारा जिले के हर अखबार में मेरी और राज्यपालजी की फोटो आ चुकी थी। जिस दिन राज्यपालजी महाबलेश्वर से विदा लेने वाले थे, उस

विदाई कार्यक्रम में भी हमें बुलाया गया और बहुत मान–सम्मान दिया। उन्होंने हमारे मोम संग्रहालय की तारीफ करते हुए कहा था, "मिस्टर भाटिया, किसी को लंदन जाकर अब वैक्स म्यूजियम देखने की आवश्यकता नहीं है। आप जैसे कलाकार के चलते हमारे देश में ही यह वैक्स म्यूजियम उपलब्ध हो चुका है। हम एक दिन आपको आपकी पूरी टीम के साथ राजभवन में जरूर बुलाएँगे।"

मुझे लगा, वे सिर्फ कहने को कह रहे हैं; लेकिन एक साल बाद ही 14 सितंबर, 2016 को उनके सहायक ने एक कार्यक्रम में मुझे व नीता को आमंत्रित किया था। हम एक बड़ी सी कैंडल बनाकर तोहफे के रूप में ले गए थे। वह एक सपने जैसा था, लेकिन सच था।

□

13

मार्केटिंग : हुनर या आत्म-संतुष्टि?

मैं एक खास बात पर जोर देना चाहता हूँ कि ठीक है, हम कैंडल बनाना सीख गए, हम कैंडल्स बेचना सीख गए, लेकिन मैं अपने सभी दृष्टि-बाधित दोस्तों को कहता हूँ कि हम सबसे पहले अपने प्रोडक्ट पर खुद भरोसा करना सीखें। जब किसी कार्यक्रम में कॉलेज के छात्रों से मेरा मिलना होता है, तब उनसे मैं एक बात जरूर कहता हूँ कि आप भविष्य में अगर कुछ निर्माण व सृजन के काम करने जा रहे हैं तो यह कोशिश जरूर करें कि जिन कामों में आपकी रुचि है, जिसमें मन को खुशी मिलती है, उन्हीं में आगे बढ़ें। इससे ज्यादा संतुष्टि की बात और क्या हो सकती है कि हमारे हाथों से किसी वस्तु का निर्माण हो रहा है! शायद ईश्वर को भी इस समग्र सृष्टि का सृजन करके वही आनंद प्राप्त हुआ होगा। उस सुंदर अनुभूति को हम भी महसूस कर सकें, इसीलिए ईश्वर ने हमें भी सृजनशील बनाया है। यह आंतरिक आनंद व तृप्ति की ही बात है कि हमारी कैंडल इंडस्ट्री में भी सबसे पहले डिजाइन बनाने से शुरुआत होती है। और इसी काम में अग्रसर होते हुए डाई वर्क, फिनिशिंग, एंबोस, कार्विंग, पैकेजिंग और फिर मार्केटिंग के लिए आगे बढ़ा जाता है। लेकिन मैं कहता हूँ कि पहले हम अपने प्रोडक्ट पर खुद पूरी तरह से विश्वास करना सीखें, तभी हम उसको अच्छी तरह से मार्केट कर सकते हैं। अगर हमें ही एक टका, आधा टका या पाव टका अपने प्रोडक्ट पर विश्वास कम रहेगा तो आगे चलकर जब हम इसकी मार्केटिंग में जाते हैं तो कई प्रकार की दिक्कतों का सामना करना पड़ सकता है।

हम सब जानते हैं कि हर इंडस्ट्री की एक वेस्टेज होती है; लेकिन हमारी कैंडल इंडस्ट्री एक ऐसी इंडस्ट्री है, जिसमें कोई वेस्टेज नहीं निकलता। यहाँ पूरी तरह से सारा वेस्टेज रिसाइकल हो जाता है। जो भी बारीक-बारीक मोम का चूरा बचता है, वह पूरा-का-पूरा अंत में रिसाइकल हो जाता है। शुरुआत में दिक्कत यह आती थी कि जो डाई वर्क, एंबोस, कार्विंग व फिनिशिंग करते हुए बहुत बड़ी मात्रा में रेती से भी बारीक

अलग-अलग रंग का चूरा जमा हो जाता था, उन मोम के चूरों को पिघलाकर हमने वापस कैंडल बनाने की कोशिश की; लेकिन चूरा अलग-अलग रंग का और इतना बारीक होता था कि हमारे वॉलंटियर्स भी उसको अलग नहीं कर पा रहे थे। अंत में थक-हारकर हमने उसी रूप में सभी चूरों को पिघलाकर डाई में भरना शुरू कर दिया। हमें पूरा यकीन था कि कुछ अच्छा परिणाम जरूर निकलेगा; लेकिन इसके विपरीत जब 8-10 घंटे सूखने के बाद डाई में से कैंडल बाहर निकली तो उन अलग-अलग चूरों के कारण बहुत भद्दे कलर आए। हमने और अलग-अलग प्रयोग करते हुए उन चूरों में लाल, पीला, हरा, नीला जैसे काफी रंगों को मिलाने की कोशिश की, ताकि इन नए रंगों के चलते उन चूरों में से अच्छे रंगों की कैंडल बन सकें। लेकिन हर बार यही हुआ कि इतने सारे बारीक-बारीक अलग-अलग रंगों के चलते बड़ी भद्दी कैंडल्स बन रही थीं। जो दूसरे रंग डाले गए, उनका कोई उपयोग नहीं हो रहा था। सबसे आखिर में हमने काला रंग आजमाकर देखा और इसका नतीजा यह हुआ कि जो कैंडल्स तैयार हुईं, वे सभी एकदम चमकदार ब्लैक ग्रेनाइट सरीखी थीं। काले रंग ने वाकई में अपना कमाल दिखा दिया था। उस दिन मुझे यह एहसास बिल्कुल हो गया कि काले रंग जैसे कुछ रंगों के प्रति अपने मन-मस्तिष्क में हमने कैसे-कैसे पूर्वग्रह व्यर्थ ही पाल रखे हैं।

हमने कैंडल इंडस्ट्री में पहली बार काले रंग का उपयोग किया था। कई सालों से हमारे पास कई टन चूरा जमा हो रहा था और उपयोग में न लेने के कारण नाहक ही गोदामों की शोभा बढ़ा रहा था। हमारे पास, जैसे-जैसे टीम बढ़ने लगी, हमारा उत्पादन बढ़ने लगा, वैसे-वैसे एक जवाबदारी और नुकसान के रूप में यह चूरा भी बढ़ने लगा। पहले यह दिक्कत थी कि इन चूरों से कैसे छुटकारा पाया जाए? लेकिन जब काले रंग की कैंडल्स हमारे कुछ दोस्तों द्वारा सराहे गए, तब हमें भी यह पूरा यकीन हो गया कि ये प्रोडक्ट चलेंगे-ही-चलेंगे। हमने करीब-करीब 45 से 50 दिन संपूर्ण प्रोडक्शन लाइनें रुकवा दीं, और उसके बदले सिर्फ और सिर्फ वर्षों से गोदामों में जो चूरा पड़ा हुआ था, उसमें काला रंग एवं भाँति-भाँति की अरोमा मिलाकर उन चूरों को विविध आकार-प्रकार की काली कैंडल्स में बदलना शुरू किया। एक तरफ फायदा यह हो रहा था कि मार्केट से कुछ हटकर प्रोडक्ट हम तैयार कर पा रहे थे और दूसरी ओर सबसे बड़ा सुकून भी था कि उन चूरों रूपी लायबिलिटी से भी हम उबर रहे थे।

हमारी पैकेजिंग की पूरी टीम ने दिन-रात एक करके उन काले रंग की कैंडल्स की खूबसूरत पैकेजिंग करते हुए बड़े सुंदर-सुंदर गिफ्ट बॉक्स और प्रेजेंटेशन बॉक्स भी बनाए। बिना वक्त गँवाए हमने हमारे जितने भी स्टॉल थे, उन सभी पर ये काले कैंडल्स बेचने के लिए वितरित कर दिए। एक दिन ऐसा भी आया, जब पूरा चूरा खत्म हो गया। हमने भी चैन की साँस ली। लेकिन 15-20 दिनों में ही हमें समझ में आ गया कि किसी भी स्टॉल

पर एक भी काली कैंडल नहीं बिकी है। जब हमने उसके कारण जानने की कोशिश की तो हमें यह जानकर धक्का लगा कि अधिकतर ग्राहक काली रंग वाली कैंडल्स को स्वीकार करने के लिए ही तैयार नहीं थे। अलग-अलग रंगों व आकारों की खूबसूरत कैंडल्स को छोड़कर इन काली कैंडल्स को कोई भी ग्राहक खरीदना नहीं चाहता था। काली कैंडल भी हो सकती है क्या? यह कहकर वे लोग उस प्रोडक्ट को वापस रख देते थे। यह तो बहुत तकलीफ वाली बात थी। पहले तो जो चूरा था, वह ठीक था। कंपनी इतने वर्षों से उस नुकसान को सहन कर ही रही थी। हमने उस चूरे रूपी नुकसान को अपने प्रोडक्शन के खर्चे में जोड़ ही दिया था; लेकिन उसके बाद में उसके ऊपर फिर से किया गया इतना सारा खर्चा, जिसमें पिघलाने के लिए ऊर्जा, 45-50 दिनों का काम-काजी समय, पैकेजिंग और लॉजिस्टिक, लोगों के वेतन आदि शामिल हो चुके थे। इतने दिन-रात की मेहनत के बाद भी प्रोडक्ट के न बिकने का अपना एक अलग दुःख था, एक मानसिक आघात था।

इस समस्या से निपटने के लिए हमारी संपूर्ण दृष्टि-बाधित टीम एकत्र हुई और विचार-विमर्श शुरू हुआ कि इस कठिनाई को कैसे पार किया जाए? एक बात तो साफ थी कि इन ढेरों काली कैंडल्स को बेचकर ही इस परेशानी से बाहर निकला जा सकता था। हमें पूरा यकीन था कि काली कैंडल्स बहुत खूबसूरत बनी हैं। हमें अपने प्रोडक्ट पर पूरा भरोसा था; लेकिन हम उसे बेच नहीं पा रहे थे। काफी सोच-विचार के बाद दिल की गहराई से एक दिन ऐसा समीकरण हाथ में आया कि हम खुशी से उछल पड़े। इन सभी कैंडल्स को बेचनेवाले भी हमारे दृष्टि-बाधित मित्र ही तो थे। हमने उन्हें समझाया कि अब सबसे पहले ग्राहक के हाथ में काली कैंडल्स देना और उनको इतना जरूर बताना कि तुम्हारे घर की, दुकान की, ऑफिस की या फैक्टरी की अगर निगेटिव एनर्जी भगानी है तो उसके लिए सिर्फ एक ही रास्ता है, और वह है—सिर्फ और सिर्फ यह काली कैंडल्स। अगर एक काली कैंडल भी रोज आप अपने घर, दुकान, ऑफिस, फैक्टरी में जलाएँगे तो उस पूरे वातावरण की निगेटिव एनर्जी भाग जाएगी। इसके बाद तो मानो एक होड़-सी लग गई। हर ग्राहक उन काली कैंडल्स को खरीदना चाहता था; क्योंकि शायद वे सभी-के-सभी किसी-न-किसी प्रकार की निगेटिव एनर्जी से त्रस्त थे। उन्हें खरीदनेवाले कोई आम किसान या मजदूर वगैरह नहीं थे, बल्कि बड़े-बड़े हाई प्रोफाइल लोग थे; जैसे—डॉक्टर, वकील और बिजनेसमैन इत्यादि। बाद में इसका परिणाम यह हुआ कि तैयार की हुई सारी काली कैंडल्स बिक गईं और आगे चलकर हमें सफेद मोम को काला करके कई ऑर्डर पूरे करने पड़े। इस तरह से काली कैंडल्स की शुरुआत हो गई। किसी को धोखा देना या झूठ बोलकर कैंडल बेचना, यह मकसद इसके पीछे नहीं था; बल्कि लोग जो चीज मार्केट में ढूँढ़ रहे थे, वह उनको मिल चुकी थी और जिसका उन्हें और हमें भी बहुत सुकून था। जिन्होंने यह कैंडल खरीदी, पता नहीं उनकी निगेटिव

एनर्जी कितनी दूर हुई; लेकिन वे इतने संतुष्ट थे कि उन्होंने बार-बार आकर हमसे काली कैंडल्स बनवाईं। काफी बड़े-बड़े उद्योगपति थे, जिन्होंने 20-20, 25-25 हजार काली कैंडल्स के ऑर्डर दिए।

यह जानकर हमारे आश्चर्य की सीमा न रही कि महाराष्ट्र विधानसभा चुनाव में एक प्रत्याशी ऐसे थे, जिनका चुनाव चिह्न कैंडल था और वे हमसे बहुत बड़ी मात्रा में अपने चुनाव चिह्न के अनुरूप बड़ी-बड़ी कैंडल्स बनवाना चाहते थे। हम अपनी मार्केटिंग की स्ट्रेटेजी के चलते हर प्रकार के चुनाव पर नजर रखते थे। चाहे वह सरपंच का चुनाव हो, ग्राम पंचायत का चुनाव हो या लोकसभा का चुनाव हो। हम ढूँढ़ते कि चुनाव चिह्न कैंडल किसका आ रहा है। और हम सब काम छोड़कर उनके पास पहुँच जाते, जिसके चलते हमें काफी बड़ी मात्रा में उनकी तरफ से ऑर्डर भी मिल जाते। उन दिनों उनके हाथ में काफी लिक्विडिटी भी होती। इतना ढेर सारा पैसा इन सभी प्रत्याशियों के पास कहाँ से आ जाता है, यह मैं आज तक समझ नहीं पाया।

वे प्रत्याशी, जो उत्तर मुंबई के वसई, विरार परिसर में चुनाव के लिए खड़े थे, उनसे मिलकर पता चला कि उन्होंने काफी कैंडल्स सप्लायर के बारे में सर्च किया था, लेकिन कुछ खास समाधान उनको नहीं मिला था। जब उन्होंने हमारी वेबसाइट पर विजिट किया, तब वहाँ पर 6-6, 8-8 फीट ऊँची कैंडल्स उन्होंने देखीं और उन्हें लगा कि यही तो वे ढूँढ़ रहे हैं। तय यह हुआ कि हम कुल 300 कैंडल्स उनके लिए बनाएँगे, जिसका आकार 6 फीट ऊँचा और 1 फीट डायमीटर का होना था। नीचे के 2 फीट और 3 फीट के स्टेप भी हमें बनाने थे, ताकि धक्का लगने पर भी वे कैंडल्स गिरें नहीं। करीब-करीब 150 किलो की एक कैंडल बन रही थी। उसे ठीक से जलाए रखने के लिए हमें मोटे से धागे का प्रयोग करना था। उस एक कैंडल्स की कीमत करीब 15,500 रुपए तय हुई और ऐसी 300 कैंडल्स का पर्चेस ऑर्डर एडवांस के चेक के साथ हमारे हाथ में रख दिया गया।

इतनी बड़ी मात्रा में कैंडल्स बनवाने के पीछे उन सज्जन का यह भी मकसद था कि वे सभी कैंडल्स उनके चुनाव चिह्न को भलीभाँति प्रतिबिंबित कर रही थीं, जो उनके चुनाव कार्यालय के अगल-बगल में फुटपाथ पर खड़ी रखी जानी थीं। इस अनोखे चुनावी प्रचार से आगे चलकर किसी भी प्रकार की आचार संहिता का उल्लंघन भी नहीं होना था। उस प्रत्याशी के साथ चाय पीते-पीते हमारे किसी एक दृष्टि-बाधित मित्र ने 'सनराइज कैंडल्स' के प्रोडक्ट के बारे में बताते-बताते उस काली कैंडल का जिक्र कर दिया और वहाँ पर गड़बड़ हो गई। काली कैंडल के बारे में सुनकर तुरंत उन्होंने अपने सहायक को बुलाया। "बोले, ऐसा करते हैं कि हम ऑर्डर को थोड़ा बदलते हैं।" आगे वे कह रहे थे "अब सिर्फ 150 कैंडल्स बनवाते हैं," यह सुनकर हमें भी बहुत पछतावा हुआ कि क्यों चाय पीने रुक गए और क्यों काली कैंडल का जिक्र किया गया ? लेकिन जब आगे उनकी

बात सुनी तो हमारे आश्चर्य का ठिकाना नहीं रहा। उन्होंने अपने सहायक से कहना शुरू किया "अब ऐसा करते हैं, हम छह फीट बाई एक फीट की 150 कैंडल्स सफेद रंग में बनवाते हैं हमारे लिए और इतनी ही मात्रा में कैंडल बनवाते हैं काले रंग में प्रतीस्पर्धीयों के लिए।" शायद वे भी कोई निगेटिव एनर्जी के डर से ऐसा ऑर्डर दे रहे थे।

हमें तो 300 कैंडल्स बनाने का मौका मिल गया था, सफेद हो या काली, उससे हमें कोई फर्क पड़ना नहीं था। उनके ऑर्डर के अनुरूप हमने सभी 300 कैंडल्स तैयार करके, चार ट्रकों में लादकर तय समय पर उन तक पहुँचा दीं। वक्त पर कैंडल मिल जाने पर वे हम पर बहुत खुश थे। तुरंत ही हमारे बकाया बिल का भुगतान भी कर दिया गया। उन्होंने अपने सभी चुनाव कार्यालयों के आसपास में कैंडल्स लगवा दीं। आचार संहिता का भी इससे कोई उल्लंघन नहीं हो रहा था। इन कैंडल्स के चलते उनको काफी अच्छा रिस्पॉन्स मिला और इसका नतीजा यह हुआ कि बहुत बड़े अंतर से वे चुनाव जीत गए। हमारी बनाई हुई काली कैंडल ने कमाल किया या उनकी गुडविल काम कर गई, यह एक शोध का विषय होगा। लेकिन इसका परिणाम यह हुआ कि उन एम.एल.ए. साहब के आज भी हमारी दृष्टि-बाधित टीम के सिर पर चार हाथ हैं। जब भी हम उनसे मिलते हैं तो वे खाना खिलाए बिना नहीं छोड़ते। उसके बाद उनके व उनके रिश्तेदारों, दोस्तों की तरफ से शादी-ब्याह और अलग-अलग व्रत-त्योहारों में काफी कैंडल्स के ऑर्डर कंपनी को प्राप्त हुए।

इस ऑर्डर से हमें यह सीख मिल चुकी थी कि अगर हम अपने प्रोडक्ट पर भरोसा करते हैं, वह चाहे काला हो, पीला हो या किसी भी रंग का हो, चाहे किसी भी आकार का हो, मार्केट में चलता-ही-चलता है। आगे चलकर रेकी, मेडिटेशन और काफी ऐसे थेरैपिस्ट हैं, जिनकी आवश्यकता अनुसार हमने अलग-अलग रंग, आकार व खुशबू की कैंडल्स बनाईं। एक बार ऐसा भी हुआ कि एक थेरैपिस्ट ने आकर कहा कि आप मेरे लिए एंजल के आकार की 50,000 कैंडल्स बना दो, क्योंकि उसने एंजल थेरैपी शुरू की थी। किसी एक ने हर राशि के चिह्न के आकार की दस-दस हजार कैंडल्स हमसे बनवाई थीं। कोई काले रंग की छोटी सी 10,000 कैंडल्स चाहता है, कोई लाल रंग की, कोई पर्पल रंग की, कोई पीले रंग की—हर किसी के पास उनकी अपनी-अपनी भावनाएँ और अपना-अपना एक विश्वास होता है। बस, हम तो उनके विचारों के अनुरूप कैंडल्स का ऑर्डर पूरा कर देते हैं। और जिस खुशी व समाधान के साथ वे सभी हमसे कैंडल्स खरीदते हैं, यह हमें काफी संतुष्ट करता है। हम नहीं चाहते थे कि दृष्टि-बाधित बनकर कैंडल बेचें, न ही एक सहानुभूति को हथियार बनाकर इसकी मार्केटिंग की जाए, न ही अंध-लाचार या बेचारा बनकर कैंडल्स बेची जाएँ।

कई बार स्टॉल पर ऐसे भी अनुभव हुए कि 80 रुपए की कैंडल खरीदकर ग्राहक

ने 100 रुपए देते हुए कहा कि बाकी के पैसे रख लो। मेरा शुरुआत से इस 'रख लो' शब्द के साथ बड़ा विरोध रहा। व्यवसाय करते हुए ऐसा भीख देने जैसा 'रख लो' शब्द नहीं आना चाहिए। मैं बिल्कुल इन बातों पर यकीन करता हूँ कि सहानुभूति, पहचान या सिफारिशों से तो बहुत काम मिल सकते हैं, लेकिन उनमें कोई साहस वाली बात नहीं है। लेकिन इसके विपरीत हम काम ऐसी उच्च क्वालिटी का क्यों न करें, प्रोडक्ट ही इतने अच्छे क्यों न बनाएँ कि हमारे काम और हमारे प्रोडक्ट ही हमारी सही पहचान बन जाएँ। हमने बस उस एक अच्छी क्वालिटी पर काम करना शुरू रखा, जिस वजह से आज 24–25 साल के बाद भी इस प्रतियोगिता और गलाकाट स्पर्धा के युग में हम बिल्कुल टिके हुए हैं, डटे हुए हैं और प्रगति के पथ पर आगे बढ़ रहे हैं। मुझे लगता है, यह सब सिर्फ और सिर्फ क्वालिटी के कारण हो पाया और ऐसा नहीं है कि दीये और फ्लोटिंग कैंडल्स बनाकर सिर्फ महिला ग्राहकों को ही 'सनराइज कैंडल्स' से जोड़ा, अपितु हमने हर उस प्रकार की कैंडल बनाई, जो हर प्रकार के लोगों को आकर्षित करती है। हमने छोटे बच्चों के लिए, जो भी पसंदीदा कार्टून के पात्र हैं, जैसे—टेडी बीयर, पोलार बीयर या एलियन, क्रिसमस ट्री, सैंटा क्लॉस से लेकर लाफिंग बुद्धा, डोरेमोन, डोनाल्ड डक जैसी हर एक शेप की कैंडल बनाईं।

हमने काफी वायनरिस के लिए वाइन की बोतल के आकार को मोम में ढाला। काफी दवाइयाँ बनाने वाली कंपनियों से हम जुड़े, उनकी जो टॉनिक्स बॉटल्स थीं, उनकी हू-ब-हू नकल हमने मोम में निकाल के दी। हर तरह के ग्राहक को हमने जोड़ा, काफी कंपनियों व क्लब के ट्रेडमार्क व सिम्बॉल्स हमने मोम में बनाए। कुछ ऐसी कॉस्मेटिक कंपनियाँ भी थीं, जिनके कॉस्मेटिक ट्यूब के रंग के अनुरूप कैंडल्स बनाने के साथ-साथ, कंपनियों के नामों तक को कार्विंग या एंबोस करके ऑर्डर पूरे किए गए।

यह एक बहुत बड़ा मार्केट है। हजारों-करोड़ों रुपयों की कैंडल्स आज भी विदेशों से आयात की जाती हैं और हमारे देश में कई बार हम कौशल के अभाव में हाथ-पर-हाथ रखकर बैठ जाते हैं। हमने उस कौशल पर काम करना शुरू किया। हम क्यों विदेशों से कैंडल्स आयात करें, हमारे देश का पैसा क्यों विदेशों में जाए? हमने सही अर्थ में इसको एक 'मेक इन इंडिया' का प्रोजेक्ट बनाया। इस मार्केटिंग के हथियार को जिस तरह से पैना किया है, इस मार्केटिंग के प्रयासों को जो जबरदस्त धार लगाई है। जिस वजह से हम अपनी कैंडल्स बेच पाए, फलस्वरूप ज्यादा-से-ज्यादा अंध दोस्तों के हाथों को कैंडल बनाने का रोजगार मिलने लगा। सैकड़ों अंध दोस्तों को कैंडल बेचने का काम मिलने लगा और एक बहुत बड़ी टीम तैयार हो पाई और आज पूरे भारत में 14 राज्यों में हमारे दृष्टि-बाधित मित्रों के 71 मैन्युफैक्चरिंग यूनिट हैं। सब के लिए 365 दिन रोजगार है। हर एक मेरा अंध मित्र इस मैन्युफैक्चरिंग और मार्केटिंग के चलते खुशी-खुशी अपना

जीवन निर्वाह कर रहा है। इसके चलते आज 2000 से ज्यादा हमारे दृष्टि-बाधित मित्र अपने पैरों पर खड़े हो चुके हैं। मुझे लगता है कि अगर मार्केटिंग की योजनाओं को हम ठीक से कार्यान्वित नहीं कर पाते तो शायद यह सब मुमकिन नहीं था। लेकिन ऐसा नहीं था कि इसमें जो प्रोडक्ट सामने थे, उसकी गुणवत्ता को बढ़ा-चढ़ाकर प्रस्तुत किया गया। अगर कोई कैंडल 10 घंटा जलती है तो हमने 10 घंटा कहकर ही उसकी मार्केटिंग की है, ऐसा नहीं कि अतिशयोक्ति करते हुए हजार घंटा जलेगी, ऐसा बताया गया। जो था, जैसा भी था, उस हिसाब से हमने पूरे विश्वास के साथ और क्वॉलिटी के साथ ग्राहकों को अपने साथ जोड़ा। उन्होंने हम पर इतना विश्वास किया कि खुद तो जुड़े ही और भी सैकड़ों-हजारों नए ग्राहकों को भी जोड़ा।

मार्केटिंग ठीक है, लेकिन मार्केटिंग के साथ-साथ एक क्वालिटी और एक सच्चाई का होना भी जरूरी है। जो आप हो, जो आपके प्रोडक्ट हैं, उस ही तरह से उसको प्रस्तुत करना चाहिए। उसको आप बड़ी-बड़ी बातें करके मत बेचो और इसी सच्चाई, क्वॉलिटी, ईमानदारी के चलते 'सनराइज कैंडल' ने जो हजारों की संख्या में प्रोडक्ट बनाए हैं, उनको हम सारी दुनिया में स्थापित कर सकें। शादी, पार्टी, गिफ्ट्स, रिटर्न गिफ्ट्स, कंपनियों की गिफ्ट्स आर्टिकल, स्पा, मसाज सेंटर, होटल इत्यादि अनगिनत जगहों पर हमारी कैंडल का उपयोग होता है। ऑर्डर के हिसाब से कलर व अरोमा वाली, हर आकार-प्रकार की कैंडल हम बनाते हैं। ईस्टर कैंडल, क्रिसमस कैंडल, बीयर मग से लेकर तुलसी विवाह के लिए एक प्यारा तुलसी वृंदावन भी हमने मोम से बनाया है। हर प्रकार की कैंडल हम बनाते हैं।

नए-नए संशोधन भी चालू हैं। कई चीजें, जिनको हम फेंक देते हैं, जैसे नारियल, बंबू, इन सभी का उपयोग करके वेस्ट में से बेस्ट बनाने की कोशिश कर रहे हैं। अब तो कितने ऐसे बड़े-बड़े चेन ऑफ होटल हैं, कितने ही स्पा ग्रुप्स हैं, कितने बड़े-बड़े शोरूम्स हैं, बिग बाजार व डी मार्ट के साथ-साथ काफी नामी मॉल हैं, जो सालों से हमारी ग्राहक सूची में सम्मिलित हैं। क्वालिटी के चलते 500 से ज्यादा कॉर्पोरेट्स हमसे जुड़ चुके हैं। उनके सभी गिफ्ट आर्टिकल्स बनाने का काम हमें मिलता है।

आज प्रोडक्ट की मार्केटिंग प्रभावी बनाने के लिए विज्ञापन के हर एक माध्यम का सुचारु रूप से उपयोग 'सनराइज कैंडल्स' करती है। लेकिन मेरा मत है कि जब ग्राहक व्यक्तिगत रूप से आप तक पहुँचता है, या आपके प्रोडक्ट तक पहुँचता है, तभी सही परीक्षा आपके प्रोडक्ट की होती है। ग्राहक हम तक पहुँचने से पहले यही सोचता है, दृष्टि-बाधित लोगों का सेंटर है तो 2-4 सादी मोमबत्तियाँ बनती होंगी। लेकिन जब वे 10 हजार से ज्यादा डिजाइन देखते हैं, उनकी गुणवत्ता देखते हैं तो उनके लिए यह एक सुखद आश्चर्य से कम नहीं रहता। प्रोडक्ट के माध्यम से वे जिंदगी भर 'सनराइज कैंडल्स' से नाता जोड़ते हैं। आगे चलकर यह एक ग्राहक दूसरे 10 ग्राहक, वे 10 ग्राहक दूसरे 100,

वे 100 ग्राहक 1000 ग्राहक, इस तरह से माउथ-टू-माउथ पूरी एक चैन बननी शुरू हो जाती है। इस प्रकार की विज्ञापन की व्यवस्था मेरे हिसाब से और सभी विज्ञापन के माध्यमों से कई गुना बेहतर है। कई बार ऐसा भी होता है कि इन ग्राहकों में किसी कंपनी के सी.ई.ओ. या बड़े अधिकारी रहते हैं। इन प्रोडक्ट को रू-बरू जब देखते हैं, तब वे हमारे सभी प्रोडक्ट को अपनी कंपनियों तक पहुँचाने का एक भरोसा दिलाते हैं।

'सनराइज कैंडल्स' अपनी सफलता इसी बात में देखती है कि एक ग्राहक को पूरी तरह से संतुष्ट किया तो जरूर वह आनेवाले दिनों में आपके लिए हजारों नए ग्राहक लेकर आएगा। इसलिए हर एक ग्राहक हमारे लिए उतना ही बहुमूल्य है। हमारी हर मैन्युफैक्चरिंग यूनिट और शोरूम पर सभी दृष्टि-बाधित मित्रों को इस तरह तैयार किया गया है कि जो ग्राहक आपके पास आता है, कोशिश करें कि उसको पूरा-पूरा मान-सम्मान मिले। वह पूरी तरह से संतुष्ट होकर ही जाए और उसकी हर जिज्ञासा व कौतूहल का पूरी तरह से समाधान हो सके।

'सनराइज कैंडल्स' का लक्ष्य यही है कि जो हजारों की संख्या में और नए दृष्टि-बाधित दोस्त रोजगार पाने के लिए हमसे जुड़ना चाहते हैं, उन्हें जल्द-से-जल्द काम मिलना चाहिए; क्योंकि आज का गया दिन कभी वापस नहीं आने वाला। और यह तभी संभव है, जब 'सनराइज कैंडल्स' ज्यादा-से-ज्यादा ग्राहकों को अपने साथ जोड़ सकेगी और उनसे मिलनेवाला काम आनेवाले दिनों में कई दृष्टि-बाधित मित्रों को बड़ी खुद्दारी व स्वाभिमान के साथ अपने पैरों पर खड़ा रखने के लिए मददगार सिद्ध होगा।

'सनराइज कैंडल्स' एक टीम के रूप में काम करती है। यहाँ कोई कर्मचारी या कोई मालिक नहीं; लेकिन एक बहुत बड़ा दृष्टि-बाधित परिवार जुड़ा है और 'सनराइज कैंडल्स' हर एक दृष्टि-बाधित के निजी हितों की रक्षा करना बखूबी जानती है। 'सनराइज कैंडल्स' हमारे दिलों में बसती है। यह सिर्फ हमारे लिए एक हुनर नहीं, एक लगन, एक आत्म-संतुष्टि है। मैं तो 'सनराइज कैंडल्स' को इसी तरह से परिभाषित कर सकता हूँ कि—

ऐ खुदा, तेरी इनायत का शुक्रिया,
कि परेशानियों को आसान बना दिया।
और अच्छाइयाँ समेटकर सारे जहाँ की,

उसमें से तूने हमारी 'सनराइज कैंडल्स' और सभी दृष्टि-बाधित मित्रों को बना दिया।

□

14

भाषण से राशन तक

भाषण देना या कोई मार्गदर्शन करना, यह मेरे वश की बात कभी नहीं रही। मुझे लगता था कि नेता, अभिनेता या बड़े उद्योगपतियों का ही यह काम है। लेकिन गोंदिया से नेपाल तक की साइकिल यात्रा उस छोटी सी उम्र में जीवन में एक नया मोड़ लेकर आई थी। एक रिकॉर्ड के रूप में उसको देखा गया। उस साइकिल यात्रा के बाद गोंदिया व उसके आस-पास के गाँवों से काफी स्कूल, कॉलेज व संस्थाएँ उस यात्रा के बारे में बात करने के लिए हमें बुलातीं। हम तीनों दोस्त मिलकर वहाँ पर जाते और हमें पाँच-पाँच मिनट बोलने का मौका मिलता। उस वक्त मैं महसूस करता कि उस भाषण के दौरान लगातार मेरे पैर काँप रहे हैं और डर के मारे मैं पसीने से भीगा जा रहा हूँ। मुझे लगता कि यह भाषण देना मेरे वश की बात नहीं है। मैं परदे के पीछे ही रहने में अपने आप को ज्यादा ठीक महसूस करता। लेकिन जब मैंने कैंडल्स का व्यवसाय शुरू किया था, उसी दौरान मैंने अपना नाम सातारा जिले की एन.ए.बी. की शाखा में दर्ज करवा लिया था। जिले की एन.ए.बी. की शाखा में हर साल 27 जून को डॉ. हेलेन केलर की जन्मतिथि पर एक अंध मेला आयोजित किया जाता था। हमारे सभी दृष्टि-बाधित लाभार्थी उस दिन वहाँ पर इकट्ठा होते। स्कूल के जो विद्यार्थी 'झंडा दिवस' के अंतर्गत एन.ए.बी. के लिए फंड इकट्ठा करते थे, उन बच्चों का सत्कार करना और उन स्कूलों का भी सत्कार करना, दृष्टि-बाधित लाभार्थियों को मदद के चेक देना और साथ में जो दृष्टि-बाधित लोग कुछ अलग कर रहे हैं, उसके बारे में समाज तक जानकारी पहुँचाना—यह मुख्यत: इस कार्यक्रम का मकसद हुआ करता था। इस कार्यक्रम के लिए खासतौर पर शासकीय अधिकारियों को मुख्य अतिथि के रूप में बुलाया जाता था। एक-दो सालों में ही मैं एन.ए.बी. सातारा का एक अभिन्न अंग बन चुका था। जल्दी ही मैं उस शाखा में संचालक के तौर पर अपनी सेवाएँ देने लगा। अब तो ऐसा होता था कि उस 27 जून के अंध मेले में मुझे हाजिरी देनी ही पड़ती थी। जो कुछ जिम्मेदारी दी जाती, वह भी पूरी

करनी पड़ती थी। फिर तो एक ऐसा रिवाज-सा हो गया था कि करीब वर्ष 1995-96 से हर साल मुझे उस कार्यक्रम में खड़ा कर दिया जाता और मुझे अपने एवं संस्था के बारे में 10-15 मिनट भाषण देना पड़ता। माइक हाथ में लेते ही शुरू में तो काफी डर लगता था, पैर भी काँपते थे; लेकिन बोलना तो था ही। आगे चलकर जब पता रहता कि 27 जून को मुझे भाषण देना ही पड़ेगा तो हफ्ते-दस दिन पहले ही मैं उस भाषण की तैयारी में लग जाता और आत्मविश्वास जुटाने की कोशिश करता।

बचपन से पिताजी से गजलें और शायरी सुनने की जो आदत पड़ी थी, उस वजह से आगे चलकर कॉलेज के दिनों से ही मैंने अपनी खुद की शायरियाँ बनानी शुरू कर दी थीं, जो आगे एक आदत-सी बन गई थी। मैंने अपने भाषणों में विषय के अनुरूप शायरियाँ बनानी शुरू कर दीं, जिससे मुझे महसूस हुआ कि भाषण और ज्यादा प्रभावी बन जाता है। उसका नतीजा यह हुआ कि इन शायरियों के साथ दिल की गहराइयों से जो आवाज निकलती तो सामनेवाले के दिल को बिल्कुल चोट कर जाती। जो मुख्य अतिथि आते, वे सभी भाषण सुनकर बहुत शाबाशी देते। मैंने अनुभव किया कि छोटे-छोटे गाँवों से मेरे जो दृष्टि-बाधित मित्र उस कार्यक्रम में आते थे, मेरा भाषण सुनकर वे काफी प्रभावित होते और उनको भी लगता कि वे भी कुछ कर सकते हैं। फिर तो ऐसा सिलसिला बन गया था कि एन.ए.बी. के हर कार्यक्रम के साथ-साथ उस कार्यक्रम में उपस्थित अलग-अलग स्कूलों के प्रतिनिधियों ने भी उनके स्कूलों का जो वार्षिक सम्मेलन होता, उसमें मुझे वक्ता के रूप में बुलाना प्रारंभ कर दिया था।

एक तरफ वक्ता के रूप में मेरा आत्मविश्वास चरम पर था और दूसरी तरफ 'सनराइज कैंडल्स' एक इंडस्ट्री के रूप में उभर रही थी। कई मैनेजमेंट कॉलेजों ने हमें केस स्टडी के रूप में लेना शुरू कर दिया था। सिम्बॉयसिस, जमनालाल बजाज से लेकर कई अलग-अलग राज्यों के कॉलेजों व इंस्टीट्यूट खासतौर पर मुझे अपने छात्रों के सामने एक प्रेरणास्रोत के रूप में प्रस्तुत करने लगे थे। उन हजारों छात्रों के दिल में शायद जो कोई आशंका, हताशा व डिप्रेशन पल रहे थे और मेरी बातों व भाषणों से अगर वे दूर हो सकते थे तो यह मेरे लिए बड़ी सुकून देनेवाली बात थी। कॉलेजों के मेरे भाषणों में उपस्थित रहनेवाले यही छात्र, जब अपनी पढ़ाई के बाद आगे चलकर नेशनल व मल्टीनेशनल कंपनियों को रिप्रेजेंट करने लगते हैं, तब वहाँ भी मुझे मोटिवेशनल स्पीकर के रूप में बुलाया जाने लगा। इसका फायदा यह होता है कि भाषण के साथ-साथ कैंडल्स का भी स्टॉल लग जाता है। और यही जुड़ाव अक्सर दीपावली और क्रिसमस के बड़े से ऑर्डर भी दिला जाता है। उन स्कूल और कॉलेजों में भाषण देने का जो सिलसिला शुरू हुआ, वह मुझे बड़ी-बड़ी बहुराष्ट्रीय कंपनियों तक पहुँचाने में मददगार साबित हुआ, जिसके चलते 'सनराइज कैंडल्स' को मैं एक नए आयाम तक पहुँचा सका। यह मेरे लिए 'सनराइज

कैंडल्स' की मार्केटिंग का भी एक अच्छा जरिया बन गया है। ज्यादा-से-ज्यादा लोगों से जुड़ने से ही बिजनेस बढ़ाने में मदद हो रही है। और अब तो ऐसा है कि महीने में मुझे पाँच-दस बड़े-बड़े कॉन्फ्रेंस में वक्ता के रूप में आमंत्रित किया जाता है।

हजारों की संख्या में बुद्धिजीवी लोग वहाँ पर होते हैं और उनके सामने अपने विचारों को रखने की एक अलग खुशी मिलती है। हिंदी भाषा पर मेरे अच्छे प्रभुत्व और शायरी की आदत ने मुझे एक सफल और प्रभावी वक्ता के रूप में स्थापित करने में काफी मदद की है। जब भी सफर में मुझे वक्त मिलता है, मैं उसका पूरा उपयोग अपनी नई कविता और शायरी बनाने में करता हूँ।

इन सब बातों के चलते वर्ष 2014 में मुंबई में होटल ग्रैंड हयात में 'इंक टॉक' में मुझे वक्ता के तौर पर बुलाया गया था। लक्ष्मी प्रतुरी उस 'इंक टॉक' की होस्ट थीं। तीन दिन चलनेवाले इस प्लेटफॉर्म पर देश-विदेश के बड़े-बड़े वक्ता आते हैं। दूसरे दिन दोपहर के बाद 12 मिनट का वक्त मुझे बोलने के लिए मिला और उस छोटे से भाषण को इतना सराहा गया कि हर दो-तीन मिनट के बाद लोग खड़े होकर तालियाँ बजा रहे थे। उस 'इंक टॉक' का वीडियो छह महीने के बाद जब यू-ट्यूब पर आया तो उसने धूम मचा दी। उस वीडियो के टेलीकास्ट होने के बाद पावरग्रीड, गूगल इंडिया, इन्फोसिस जैसी बड़ी-बड़ी जगहों से स्पीच देने के लिए आमंत्रित किया गया। मेरे भाषणों के बाद अक्सर सामने बैठे लोग आकर मुझसे मिलते, गले लगते। उनकी आँखों में आँसू होते और वे कहते कि हमने नाहक सबकुछ होते हुए भी आज तक अपना इतना कीमती वक्त रोने में और किस्मत को कोसने में गँवाया। आपका भाषण सुनने के बाद हमें एक नई प्रेरणा मिली है, नई उमंग मिली है। अब हम एक नए दृष्टिकोण के साथ इस जीवन को देखने की शुरुआत करेंगे। उसमें भी दो-चार लोग भाषण के बाद जब मैं मंच से उतरता तब कहते कि "डेढ़ घंटा लगातार हमने आपका भाषण सुना। बहुत मजा आया। हम बिल्कुल उसमें खो गए थे, अपने आप को भूल चुके थे। अपने सब दु:ख-दर्द भूल चुके थे। लेकिन एक बात मिस्टर भाटिया, हम आपसे पूछना चाहते हैं कि न कभी आपकी बीच में जबान लड़खड़ाई, न आपके पैर काँपे। ऐसी क्या बात है? आपको डर नहीं लगता? अक्सर वक्ता अपने सामने बैठे हजारों श्रोताओं को देखकर कई बार डर जाते हैं; लेकिन क्या आपको डर नहीं लगता?"

तब मैं उनको धीरे से मुस्कराते हुए कह देता हूँ कि दोस्तो, अगर मुझे दिखता तो मैं जरूर डरता। आगे 15 हजार लोग हैं या 15 लोग हैं, उससे मुझे कोई फर्क नहीं पड़ता। यह अंधत्व मेरी कमजोरी नहीं, मेरी ताकत है। हम नाहक अपने चारों ओर अपनी ऐसी ही किसी कमजोरी को दिल व दिमाग पर लेकर एक दीवार-सी खड़ी कर देते हैं और जिंदगी भर उस चार दीवारी से बाहर नहीं आ पाते। कोई कहता है मुझे डायबिटीज है या

ब्लड प्रेशर, मुझे नहीं दिखता। ये बातें कोई मायने नहीं रखतीं, बस, हम जैसे भी हैं, बेस्ट हैं। उसी रूप में अपने आप को स्वीकार करें। यह कोई रटा-रटाया भाषण नहीं होता। बस, मैं अपने दिल की भावनाओं को शब्दों के रूप में प्रस्तुत करने की कोशिश करता हूँ। उस समय जो भी माँ सरस्वती की इच्छा होती है, वैसा कह पाता हूँ।"

मुझे याद है कि बेंगलुरु में गूगल इंडिया का एक कार्यक्रम था, जिसका आयोजन 'इंक टॉक' की लक्ष्मीजी ने ही किया था। मुझे भी उस कार्यक्रम में स्पीकर के तौर पर बुलाया गया था। कार्यक्रम का आखिरी वक्ता मैं था। सबने अपनी-अपनी बातें रख दी थीं। मैं स्टेज पर जाने के लिए चला ही था कि लक्ष्मीजी ने कहा, "भावेश, यह गूगल इंडिया के सी.ई.ओ. कह रहे हैं कि सब ने बहुत अच्छी बात की, लेकिन गूगल के बारे में कोई कुछ नहीं बोला। आप आखिरी वक्ता हो तो आप ही गूगल के लिए कुछ कह दो।"

मैंने कहा, "हाँ, मैं गूगल के बारे में काफी कुछ जानता हूँ कि कैसे लैरी पेज और उनके मित्र ने गूगल की शुरुआत की। वह तो मैं जरूर कह दूँगा।"

लक्ष्मीजी ने कहा, "यह तो सब को ही पता है। आप कुछ अलग सोचो।"

मेरे लिए तो सोचने के लिए समय भी नहीं था कि मैं अलग क्या बोलूँ? और तब मैंने मन-ही-मन माँ सरस्वती के चरण छुए और अपने मददगार के साथ छह-सात कदम चलकर मंच पर पहुँच गया। वहाँ पहुँचते ही मेरे हाथ में माइक थमा दिया गया। उस वक्त लगा, सरस्वती माँ कुछ इशारा कर रही हैं। और मैंने बस, उस ओर ध्यान केंद्रित किया और एक मजेदार बात हो गई।

मैंने शुरुआत में ही कहा कि "दोस्तो, बचपन से मेरी माँ मुझे महाभारत की काफी कहानियाँ सुनाती थीं और उसमें जो धृतराष्ट्र वाला चरित्र था, वह मुझे बहुत पसंद था; क्योंकि वे भी हमारी तरह एक दृष्टि-बाधित थे। उनसे जुड़ी एक बात मुझे काफी पसंद आती कि उनके पास संजय नाम का एक ऐसा व्यक्ति था, जो दुनिया भर का ज्ञान रखता था। उसके पास ऐसी दिव्य दृष्टि थी कि दुनिया में किसी भी बात को समझकर तुरंत धृतराष्ट्र को बता देता। वह सब मुझे बहुत अनोखा व चमत्कारिक-सा लगता। उस कहानी को सुनकर मैं मन-ही-मन कहता कि काश! संजय सरीखा कोई व्यक्ति मेरे पास भी होता! कई बार मैं ईश्वर से शिकायत भी करता कि आपने धृतराष्ट्र को अंध बनाया तो आपने उनको संजय दे दिया। मैंने क्या गलती की है? मेरे साथ यह पक्षपात आपने क्यों किया? आपने मुझे अंध बनाया तो आप मुझे भी संजय सरीखा कोई व्यक्ति दे देते। कई बार की ऐसी शिकायतों के बाद एक रात मुझे ऐसा लगा कि आकाशवाणी हो रही है। ईश्वर ने उस आकाशवाणी के रूप में मुझसे कहा कि 'वत्स, धृतराष्ट्र अंध थे और मैंने उन्हें जरूर संजय के रूप में एक ताकत दे दी थी; लेकिन तुम क्यों अफसोस कर रहे हो? तुम नाराज क्यों हो रहे हो? हमने भले तुम्हें अंधा बनाया, लेकिन तुम्हें भी तो गूगल के रूप में एक ऐसा

ही संजय दे दिया है, जो उस धृतराष्ट्र वाले संजय से भी हजारों-लाखों गुना नहीं, बल्कि करोड़ों गुना ज्यादा दिव्य दृष्टि और ज्ञान लिये हुए है, जिसका लोहा मैं ईश्वर होकर भी मानता हूँ। बस, यह बात आप ध्यान रखें और नाराज न होते हुए गूगल की जय-जयकार करें' और इसके साथ ही ईश्वर की वह आकाशवाणी पूरी हो गई।"

मेरी बातें सुनकर पूरे सभागृह में तालियों की बरसात होने लगी। सामने बैठे गूगल के सभी अधिकारियों के दिल को यह बात छू गई थी।

कई बार ऐसे क्षण में आपके दिमाग में क्या चल रहा है और आपको क्या कहना है, ये सब बातें पीछे छूट जाती हैं। मैं तो कहता हूँ कि सही वक्ता वही है, जो तत्काल दिए हुए विषयों पर बोलना शुरू कर दे। उस दिन माँ सरस्वती के आशीर्वाद से गूगल के बारे में मैं कुछ नया कह सका और लक्ष्मीजी भी बहुत खुश थीं कि जिस विश्वास के साथ उन्होंने मुझे मंच पर भेजा था, उसे मैं कायम रख सका।

चेन्नई में एक कंपनी है, जो 'सक्सेस ज्ञान' व 'नेशनल एचीवर कॉन्फ्रेंस' के नाम से बड़ी-बड़ी कॉन्फ्रेंस आयोजित करती है। उस मंच पर अक्सर देश-विदेश के बड़े-बड़े लेखक और बिजनेस गुरु नए-नए बिजनेस में सफल होने के तरीकों और योजनाओं के विषय पर भाषण देते हैं। प्रवीणजी और राजीव तलरेजा इस कॉन्फ्रेंस के मुख्य आयोजकों में से हैं। पिछले वर्ष की 'नेशनल एचीवर कॉन्फ्रेंस' बेंगलुरु शहर में व्हाइट ऑर्किड हॉल में आयोजित की गई थी। उसमें मुझे भी मेरी बातें रखने के लिए आमंत्रित किया गया था। जो आधे घंटे का वक्त मुझे दिया गया था, उसमें कई बार स्टैंडिंग ओवेशन मिले। मेरा आधा भाषण खत्म होते-होते प्रवीणजी ने नीता को महाबलेश्वर फोन करके कहा कि आपने क्या खिलाकर भावेश को भेजा है कि इन बड़े-बड़े लोगों के सामने वह पूरी तरह से छा चुके हैं। विदेशों से आए हुए उन वक्ताओं ने भाषण के बाद आकर मुझसे हाथ मिलाते हुए अंग्रेजी में कहा कि हम हिंदी में भाषण होने से आपके शब्द नहीं समझ पाए, लेकिन आपके भाषण के चलते, जो जबरदस्त ऊर्जा का संचार हो रहा था, उसे हम भलीभाँति अनुभव कर पा रहे थे।

शायरियाँ, कविताएँ और हलकी-फुलकी बातों का उपयोग करके जो बातें रखी जाती हैं, वे बिल्कुल अपना असर जरूर छोड़ देती हैं। ऐसा ही एक अनुभव मुझे महाबलेश्वर से 200 किलोमीटर दूर कन्हेरी मठ, कोल्हापुर में हुआ, जहाँ पर काल सिद्धेश्वर महाराजजी का बहुत बड़ा मठ है। एक बड़े पहाड़ पर सैकड़ों एकड़ जमीन पर कन्हेरी मठ बसा है। उस कन्हेरी मठ के माध्यम से मुझे एक पुरस्कार दिया जाने वाला था। मैं अपने आपको बड़ा ही गौरवान्वित महसूस कर रहा था, क्योंकि यह पुरस्कार मुझे बाबा रामदेवजी के हाथों दिया जाने वाला था। एक तरफ श्री काल सिद्धेश्वर महाराज की ख्याति और उसमें भी बाबा रामदेव का आगमन होना सभी भक्तों के लिए एक वरदान था और इसी के

चलते करीब साढ़े तीन लाख भक्तगण कन्हेरी मठ में पधारे थे, जिसमें वारकरी संप्रदाय के साथ-साथ कई और संप्रदायों के लोग उपस्थित थे। पुरस्कार देने के बाद बाबा रामदेवजी ने मुझसे कहा, "बेटा, हमने सुना है कि तुम बहुत अच्छा बोलते हो, तो क्यों न 15-20 मिनट का भाषण हो जाए! लेकिन जरा भी डरना मत। सामने भले लाखों की संख्या में लोग बैठे हैं, मैं तुम्हारे पास ही रहूँगा।"

मैंने बाबाजी के चरण छूते हुए उनसे इतना ही कहा, "बाबा, आप साथ में हो तो भला डरने की क्या बात है! सामने भले ही लाखों लोग हैं। मुझे वे दिखते तो मैं डरता! बस, यह जो मेरे सिर पर आपने हाथ रखा है, उसे जिंदगी भर बनाए रखिएगा।"

उसके बाद तो बाबा रामदेवजी का आशीर्वाद वाकई में काम कर गया और उस 20 मिनट के मेरे भाषण के बाद वारकरी संप्रदाय के हर सदस्य के हृदय तक मैं पहुँच चुका था। यह पूरा अनुभव अपने आप में एक अनमोल व अद्भुत संस्मरण था।

अलग-अलग जगहों पर जाना और भाषण देना, यह सिलसिला अब चल पड़ा है। मैं नीता से मजाक में कह देता हूँ कि तुम अब सारा-का-सारा कारोबार सँभालो, मेरा तो भाषण से भी काम चल सकता है।

एक दिन मुझे बीदर (कर्नाटक) से फोन आया, सामने बात कर रहे व्यक्ति ने अपना नाम डॉ. सुभाष बताया और मुझे याद दिलाते हुए कहा कि कुछ महीनों पहले मैं अपने परिवार के साथ आपके मोरेश्वर यूनिट में आ चुका हूँ। मैंने उन्हें सहज भाव से इस बात के लिए धन्यवाद कहा। डॉ. सुभाष ने फोन करने का कारण बताते हुए कहा, "भावेशजी, मैं अपने डॉक्टरी पेशे के साथ-साथ बीदर में बसावा सेवा प्रतिष्ठा से जुड़ा हुआ हूँ। जिसके अंतर्गत हर साल हम एक हफ्ते का 'वचन विजयोत्सव' आयोजित करते हैं। इस दौरान करीब 20 से 25 हजार युवाओं को संबोधित करने देश-विदेश से व्यक्तियों को निमंत्रित किया जाता है। मैं आपको वक्ता के रूप मैं निमंत्रित कर रहा हूँ, लेकिन इसके साथ आपको एक खुशखबरी भी देना चाहता हूँ कि प्रतिष्ठान की अध्यक्षा माननीय अक्का अन्नपूर्णा त्याजी के नेतृत्व मैं प्रतिष्ठान की तरफ से हर साल दिए जानेवाले 'अक्का नागालंबिका पुरस्कार' के लिए सर्वसम्मति से आपका चयन किया गया है।

मैं व नीता कई घंटों का सफर करके सातारा, सोलापुर, उस्मानाबाद होते हुए देर रात बीदर पहुँच गए। दूसरे दिन माननीय अक्का अन्नपूर्णा त्याजी, लोकदूत संतोष हेगड़ेजी व नाना पाटेकरजी की उपस्थिति में मुझे व नीता को पुरस्कार से नवाजा गया। मैं उस वक्त यही सोच रहा था कि सामने जो हजारों भाई-बहन विराजमान हैं, उन्हें मैं हिंदी भाषी होने से अपने साथ जोड़ पाऊँगा कि नहीं, क्योंकि पुरस्कार देते समय और उसके पहले व बाद के सभी भाषण कन्नड़ भाषा में दिए गए थे, जिसको जबरदस्त प्रतिसाद भी मिल रहा था। सभी के भाषण तो मैं नहीं समझ पा रहा था, लेकिन उन भाषणों में भगवान् बसवेश्वरजी

का नाम समझ सकता था; 12वीं सदी में बसवेश्वर महाराजजी ने सामाजिक कार्यों की जो दीप जलाए थे, उसे ये हजारों अनुयायी दिलोजान से आगे बढ़ाने में जुटे हुए थे। मैंने भी मनोमन उस पावन भूमि पर भगवान् बसवेश्वरजी को मनोमन वंदन करते हुए अपने भाषण की शुरुआत की। उस वक्त ऐसा अनुभव हो रहा था मानो साक्षात् 'बसवेश्वर महाराज' साथ मैं आशीर्वाद देते खड़े हैं और फिर क्या था, भाषा को लेकर मेरी जो शंका थी, वह मेरे मन मैं ही रह गई और मेरे हिंदी मैं दिए गए डेढ़ घंटे के भाषण के बाद उपस्थित सभी लोग बहुत खुश हुए। संतोष हेगड़ेजी व नाना पाटेकरजी ने तो मंच पर आकर मुझे जोर से गले लगा लिया। उस दिन के भाषण के बारे में जब भी सोचता हूँ तो मुझे ऐसा प्रतीत होता है कि मैं तो निमित्त भर था, मेरे माध्यम से कोई अदृश्य शक्ति अपने शब्द कहलवा रही थी।

उस दिन नीता ने मेरे लिए आए जिस खत को पढ़ा, उसे सुनकर मैं बचपन की खट्टी-मीठी यादों मैं गुम हो गया। यह सिर्फ एक खत नहीं, एक निमंत्रण भी था, गोंदिया महाराष्ट्र के जिस गुजराती नेशनल हाइस्कूल मैं मेरी दसवीं कक्षा तक की पढ़ाई संपन्न हुई, उसी स्कूल की तरफ से वर्ष 26 जनवरी, 2018 को आयोजित होनेवाले गणतंत्र दिवस के पावन अवसर पर मुझे ध्वज वंदन करने हेतु मुख्य अतिथि के रूप में आमंत्रित किया गया था।

वर्ष 2018 का यह कार्यक्रम बहुत ही विशेष था, क्योंकि जिस संस्था के अंतर्गत स्कूल प्रबंधन काम कर रहा था, उस 'गोंदिया एजुकेशन सोसाइटी' की स्थापना को 100 वर्ष पूरे हो रहे थे। स्कूल प्रबंधन इस अवसर पर कोई खास नेता, अभिनेता को न बुलाकर अपने ही किसी माजी विद्यार्थी को मुख्य अतिथि के रूप में चाहता था, जिसके लिए मेरा चयन किया गया था। उस खास दिन मैं अपनी प्यारे स्कूल के प्रांगण में नीता के साथ सुबह 6 बजे पहुँच चुका था, उस चित-परिचित खंभेवाली जगह जाकर रस्सी खींचते हुए तिरंगा फहराना, फिर राष्ट्रगीत, विद्यार्थियों के छोटे भाषण और मेरे द्वारा विद्यार्थियों में पुरस्कार वितरण, ऐसा महसूस हो रहा था, जैसे 35-40 वर्ष पहले की घटनाएँ वापस दोहराई जा रही थीं, सिर्फ फर्क इतना ही हुआ कि जगह वही थी, पात्र बदल चुके थे, मेरे एक घंटे के भाषण में मैंने कई-कई बार हाफ पेंट पहने छोटे से भावेश को मैदान की रेत पर पालती मारे विद्यार्थियों की उस सभा में महसूस किया। मेरे भाषण के दौरान मेरे बाजू में बैठे प्रिंसिपल महोदय, जो मुझे गर्व से शाबाशी दे रहे थे, वे मेरी 10वीं कक्षा के वक्त मेरे विज्ञान के शिक्षक के रूप में नए-नए स्कूल से जुड़े थे। इस वर्ष के आखिर में वे स्कूल से निवृत्त भी होनेवाले थे, मैं भी अपने भाषण में मेरे गुरु के साथ-साथ स्कूल की हर दीवार, हर खिड़की, हर दरवाजे से मानो बात कर रहा था, जैसे मैं उन्हें अरसे बाद मिले बचपन के एक सच्चे मित्र की तरह अपने जीवन की हर एक उपलब्धि बता देना चाहता था। सामने

बैठे सैकड़ों विद्यार्थियो की कई बार गूँजी तालियों की गड़गड़ाहट के बीच मेरी दोनों आँखें कई बार नम हो रही थीं।

मैंने पूरी कोशिश कि ये बहते आँसू सामने बैठे मेरे विद्यार्थी मित्र न देख पाएँ, लेकिन आज तक तय नहीं कर पाया कि वे आँसू खुशी के थे या गम के? उस दिन के बारे में और उस भाषण के बारे में जब भी सोचता हूँ, तब दिल की गहराई से यही जवाब मिलता है कि भावेश उस दिन बह रहे मेरे आँसू मुझे यह कह रहे थे कि उस सुंदर सरल जवाबदारियों से मुक्त और पवित्र विद्यार्थी जीवन को मैं अब कभी वापस नहीं जी पाऊँगा।

इसी मानसिकता के दौरान कई बार मुझे उस गजल की पंक्तियाँ सुनाई देने लगती हैं—

"यह दौलत भी ले लो, यह शौहरत भी ले लो,
भले छीन लो मुझसे मेरी जवानी,
मगर मुझको लौटा दो बचपन के वो दिन,
वो कागज की कश्ती, वो बारिश का पानी।"

□

15

खेल : एक संस्कार

मेरे माता-पिता दोनों की ऊँचाई अच्छी होने से आनुवंशिकता के चलते मैं शायद बचपन से ही जरूरत से ज्यादा लंबा था। प्राइमरी स्कूल में कक्षा चौथी तक इस ऊँचाई के चलते मैं काफी खेलों में हिस्सा नहीं ले पाया था। जब इंटर स्कूल प्रतियोगिता होती, तब हमारी प्रिंसिपल महोदया यशोदा बेन अपने कार्यालय में सभी विद्यार्थियों की ऊँचाई माप कर अलग-अलग खेल के लिए उनके नाम पर मुहर लगातीं। मैं उन दिनों से ही दो-तीन इंच ज्यादा ऊँचा था और तय नियमों में नहीं बैठ पाता और सारी प्रतियोगिताओं से वंचित रहते हुए सभी मित्रों के टिफिन बॉक्स व स्कूल बैग सँभालने का काम करता। मुझे आज लगता है, ऊँचाई से ज्यादा अंधत्व मेरी राह का मुख्य रोड़ा था; क्योंकि इसी अंधत्व के चलते मैं प्रिंसिपल महोदया का विश्वास जीतने में असमर्थ रहा था।

हम जहाँ रहते थे, वह शायद शहर का किनारा था; क्योंकि मेरे घर के बाद दूर-दूर तक खेत-ही-खेत थे। उन खेतों के मालिक भले शहर के बीचोबीच किसी आलीशान बँगले में रहते होंगे, लेकिन मेरे उस नन्हे से दिल के जो सबसे करीब थे, वे थे उन खेतों को सँभालनेवाले किसानों के बच्चे, जो मेरे हमउम्र थे। वे मुझे अक्सर तुअर, चने व गेहूँ से भरे हुए खेतों की छोटी-छोटी पगडंडियों से सँभालकर खेतों में दूर-दूर तक ले जाते। मेरे स्कूल के काफी मित्र भी छुट्टियों के दिनों में इस जन्नत का आनंद लेने साइकिलों का जुगाड़ करके डबल सीट या ट्रिपल सीट बैठकर मेरे घर आ जाते। उन हजारों एकड़ में फैले हुए खेतों के बीचोबीच कड़ूनीम, इमली व आम के बड़े-बड़े पेड़ थे। उन दिनों हम सभी मित्रों का एक बड़ा पसंदीदा खेल था, जो बड़ा ही अनोखा था। उस खेल में होता यह था कि किसी बड़े पेड़ के नीचे करीब दो फीट का एक गोल निशान लगाया जाता। एक-डेढ़ फीट की एक सीधी टहनी ढूँढ़कर उस गोले के अंदर रख दी जाती। जिस पर दाँव होता, वह बाकी मित्रों द्वारा जोर लगाकर दूर फेंकी हुई उस टहनी को लेने भागता। तब तक बाकी सभी बच्चों को पेड़ के ऊपर चढ़ जाना होता था। मेरे मित्र मुझे भी उस

पेड़ की काफी ऊँचाई तक चढ़ा देते। टहनी लानेवाला मित्र उस टहनी से पेड़ पर चढ़े हुए दोस्तों को छूने की कोशिश करता। जिसको पहले टहनी छू जाती, उसे बाद में दाँव देना पड़ता। इसमें स्पर्धा यह थी कि उस टहनी से बचने के लिए अपने आप को सुरक्षित रखते हुए पेड़ की ऊँचाइयों तक पहुँचना होता था और मैं उस खेल में इतना माहिर हो चुका था कि मेरे नेतृत्व में अक्सर हम सभी मित्र मिलकर उस खेल का आनंद लेते।

मैं भले ही एक साधारण से गरीब परिवार में पैदा हुआ था, लेकिन अकेली संतान होने की वजह से मुझे खाने-पीने की कभी कोई कमी महसूस नहीं हुई। मेरे शरीर को जिन पोषक तत्त्वों की जरूरत थी, वे पूरी मात्रा में मुझे मिल जाते। इस वजह से मैं बचपन से ही तंदुरुस्त व हट्टा-कट्टा था। गर्मियों की दो महीनों की छुट्टियों में जब मैं मुंबई ननिहाल पहुँचता तो मेरी बड़ी इच्छा रहती कि जल्द-से-जल्द उत्तर मुंबई में कल्याण शहर के पास जो डोंबिवली नामक एक उपनगर है, वहाँ अपनी मौसी के घर पहुँच जाऊँ। अपने दोनों मौसेरे भाइयों के साथ मैं अक्सर पास ही के एक कुएँ पर जाता। करीब तीस फीट के डायमीटर वाले उस कुएँ की खासियत यह थी कि गर्मियों में भी उसका भू-जल स्तर वैसा ही बना रहता। बस, करीब तीन फीट ऊँची दीवारें थीं और वह सभी लड़के-लड़कियों के लिए एक मुफ्त का स्वीमिंग पूल था। सभी बच्चे दिन भर उस कुएँ में तैरने का आनंद लेते और मैं था कि उस कुएँ की तीन फीट ऊँची दीवार पर बैठा-बैठा लोगों के कपड़े सँभालता।

वहाँ आनेवाले हर बच्चे से मेरी जान-पहचान भी हो गई थी। ऐसे ही एक दिन जब मैं अपने दोनों मौसेरे भाइयों के साथ उस कुएँ की दीवार पर बैठा था, वहाँ रोज आनेवाली एक लड़की ने मुझे पीछे से पानी में धक्का दे दिया। उस एक क्षण में मुझे लगा कि मानो बस, मौत करीब है। पानी में गिरते ही नाक व मुँह में पानी भरने लगा और मैं हाथ-पैर मारकर अपने चेहरे को पानी से ऊपर रखने की नाकाम कोशिश करने लगा। तभी आसपास में और कई लोगों के पानी में कूदने की आवाजें सुनाई दीं और तुरंत ही कई-कई हाथों ने मेरे उस बेजान हो रहे शरीर को थाम लिया था। कुएँ से बाहर लाकर मुझे उलटा लेटाकर मेरे शरीर में भर गए पानी को निकालने की मेरे दोनों भाइयों ने कोशिश की।

कुछ देर के बाद ही मैं स्वस्थ अनुभव करने लगा। सभी लोग उस लड़की को डाँट रहे थे और मैं उस तीन फीट की दीवार से सटा ऊपर से पड़ रही कड़ी धूप में अपने कपड़ों को सुखाने की कोशिश कर रहा था। आधे-पौने घंटे के बाद जैसे कुछ हुआ ही न हो, हर कोई फिर से कुएँ में खेल रहा था। पता नहीं कहाँ से मुझमें एक हिम्मत और ऊर्जा आ गई। शर्ट उतारकर मैंने कुएँ में छलाँग लगा दी। उस छलाँग ने जिंदगी भर के लिए मेरे मन से पानी का डर निकाल दिया और उस ग्यारह साल की उम्र में ही मैं तैरना सीख चुका था।

मेरी बुआ, जो मुंबई में अँधेरी में रहती थीं, उनके घर के पास में अँधेरी स्पोर्ट्स

कॉम्प्लेक्स नया-नया बना था। मेरी बुआ का लड़का भाविन उसका आजीवन सदस्य था। भाविन की सदस्यता के चलते उसे अपने साथ एक व्यक्ति को अंदर ले जाने की छूट थी। इसके कारण मैं भी उसके साथ अंदर जा पाता और स्वीमिंग पूल में बड़े मजे लेता। 20-30 फीट की ऊँचाई से गहरे पानी में छलाँग लगाना और उस ओलंपिक स्तर के स्वीमिंग पूल में तैरने का आनंद कुछ और ही था। मैंने उस मौके का भरपूर फायदा उठाया। घाटकोपर में मेरे ननिहाल के पास 'ओडियन' नामक सिनेमाघर हुआ करता था। उसकी बगल में ही बहुत प्यारा स्वीमिंग पूल था और वहाँ अंदर जाने के लिए कोई टिकट या सदस्यता की जरूरत नहीं पड़ती थी, क्योंकि मेरे एक दूर के मामा वहाँ कैंटीन चलाते थे। स्वीमिंग करने की मेरी चाह इतनी बढ़ चुकी थी कि गोंदिया के उस सीमेंट पाइप्स बनानेवाले कारखाने में पहुँच जाता था, जहाँ पानी के दो बड़े-बड़े टैंक थे। निस्संदेह सीमेंटवाला पानी होता; लेकिन मैं अपने आपको रोक नहीं पाता और उस पानी में उतर जाता। उस कारखाने में दो मजदूर ऐसे थे, जिनका काम था—चैन पुली की मदद से उन टैंकों में से सीमेंट के पाइपों को बाहर निकालना। मैं भी कई बार उस चैन को खींचकर पाइप ऊपर उठाने की कोशिश करता। उसमें काफी सफलता भी मिलती। कई बार उस चैन पर पूरा लटककर भी उस ग्यारह-बारह साल की उम्र में अपने आप को साबित करने की कोशिश करता, क्योंकि मेरे चचेरे भाई वह काम नहीं कर पाते। उन दिनों ऐसा लगता मानो ईश्वर ने मुझे सभी लोगों से कुछ ज्यादा ही ताकत दे दी है। कई बार मैं उन मजदूरों के साथ निकाले गए पाइप को धकेलने की कोशिश करता। यह बहुत ताकत वाला काम था, जैसे किसी जिम में व्यायाम कर रहे हैं। हाथ-पैर पूरे सख्त हो जाते। पूरा शरीर पसीने से तर-बतर हो जाता। जब थोड़ा बड़ा हुआ, तब अपने उन्हीं मजदूर मित्रों से पंजा लड़ाता और हर बार जीत जाता।

मैं जिस स्कूल में पढ़ता था, वह पूरे गोंदिया शहर का सबसे अच्छा स्कूल था। काफी अनुशासन था। 10.30 बजे स्कूल शुरू होता और अगर कोई देरी से आता तो उसे सजा के रूप में पूरे स्कूल का चारों ओर से दौड़कर एक चक्कर लगाना पड़ता। मेरे सभी मित्र इस सजा से काफी घबराते। कभी-कभार देर से पहुँचने पर मुझे भी वही सजा मिलती। उस दिन और जो सजा पानेवाले होते, उसमें से किसी का हाथ पकड़कर मैं भी चक्कर लगाने भागता। लेकिन मुझे दौड़ लगाना बहुत अच्छा लगता। जो मेरे साथ होता, वह आधे में ही थककर रुकने की कोशिश करता और मेरी इच्छा रहती कि पहले चक्कर को पूरा करके दूसरे चक्कर के लिए भी भागा जाए। वह मेरे लिए कोई सजा न होकर एक पसंदीदा खेल था। मुझे इस तरह बचपन से ही खेल-कूद के संस्कार मिलने लगे और आठवीं कक्षा तक आते-आते मैं स्वीमिंग में काफी दक्ष हो चुका था।

हमारे स्कूल में हर साल ठंड के दिनों में करीब पंद्रह दिन अलग-अलग स्पर्धाओं

का आयोजन किया जाता। आठवीं कक्षा में पढ़ते हुए पहली बार मैंने उस लोहे के गोले को छुआ था, जिसे 'शॉटपुट' कहते हैं। उन दिनों गोला-फेंक की स्पर्धाओं के लिए हमें पाँच किलो का गोला दिया जाता। मेरा गोला अक्सर मेरे बाकी दोस्तों से आधा-एक मीटर दूर गिरता। मेरी इस उपलब्धि से मेरे स्पोर्ट्स के शिक्षक ने मुझे गोले के साथ-साथ थाली व भाला फेंकने की कला भी सिखानी शुरू की थी। वे मुझे बहुत पसंद करते और मेरी काफी मदद करते। मेरे उस शिक्षक के मार्गदर्शन के चलते दसवीं कक्षा इंटर स्कूल प्रतियोगिताओं में पूरे गोंदिया तालुका में मैंने गोला, थाली और भाला फेंक में कई पुरस्कार जीते। उन दिनों मेरे इतिहास के शिक्षक एक संगीत क्लास भी चलाते थे। मैं वहाँ गिटार सीखने जाया करता था। मेरे वे शिक्षक हारमोनियम पर रहते और दिनेश तबले पर हमें संगत देता। उस क्लास की फीस पिताजी की कंपनी दिया करती थी। गिटार को आमतौर पर पश्चिमी संगीत के साथ जोड़ा जाता है; लेकिन मैं गिटार पर राग यमन बजाता और उस राग का आलाप 'अरी-येरी आली पिया बिन' मुझे बड़ा अच्छा लगता। मेरा एक और मित्र था, जो इस संगीत क्लास के बाद नजदीक में ही बने एक नए स्टेडियम में कराटे सीखने जाता। बड़ी मुश्किलों के बाद मुझे भी कराटे सीखने की अनुमति मिल गई थी। वहाँ जाकर दोनों हाथों की मुट्ठियाँ बाँधकर रेती के ऊपर पुश-अप्स मारने पड़ते, काफी पसीना बहाना पड़ता और चार साल के मेरे उस कराटे के शिक्षण ने मुझे अंततः ग्रीन बेल्ट दिलवाया। कराटे सीखते-सीखते मैं एक शास्त्रोक्त तरीके से अपने शरीर को मजबूत बना पाया।

दसवीं के बाद कॉलेज शुरू होते ही हम तीनों मित्रों ने उस साइकिल यात्रा पर ध्यान केंद्रित करना शुरू कर दिया था और महीनों के प्रशिक्षण के बाद जब सफलतापूर्वक वह साइकिल यात्रा पूरी की गई, जिस वजह से पूरे गोंदिया शहर में हमारा बड़ा नाम हो चुका था, सभी लोग बड़े आदर से बुलाते, बड़ा मान-सम्मान देते। तब समझ में आने लगा था कि यह मान-सम्मान मुझे नहीं, उन उपलब्धियों को है। और तब लगा कि जीवन में अगर आगे बढ़ना है तो स्पोर्ट्स का होना बहुत जरूरी है। और मैंने कड़ी मेहनत करते हुए अपने उन प्रिय खेलों—गोला, थाली और भाला फेंक को आगे सीखना शुरू किया। कॉलेज में होने से मुझे फायदा यह हुआ कि कुछ राज्य स्तरीय एवं राष्ट्रीय स्तर पर खेल चुके मित्रों का मार्गदर्शन मिलना शुरू हुआ। उन मित्रों से यह भी मालूम होता कि स्पोर्ट्स के बल पर आगे शासकीय नौकरियाँ भी मिल सकती हैं। लेकिन मैं हर बार उन नौकरियों को ध्यान में रखकर नहीं, बल्कि अपनी आंतरिक खुशी के लिए खेलना चाहता था। कॉलेज की पढ़ाई के दौरान साइकिल यात्रा के साथ-साथ दूसरे खेलों में भी मैंने कई प्रमाण-पत्र और मेडल हासिल किए।

एम.ए. तक पहुँचते-पहुँचते मैं नेशनल व इंटरनेशनल स्पर्धा के बारे में सोचने लगा

था। लेकिन कई साल चले माँ के कैंसर के उपचार तथा पिताजी की मानसिक बीमारी ने इन सपनों को कभी का तोड़ दिया था। माँ के खोने के दु:ख ने मेरे इन सभी सपनों को जैसे दफन कर दिया था। उन दिनों मेरी सबसे बड़ी स्पर्धा या प्रतियोगिता मेरे और पिताजी के लिए दो वक्त की रोटी जुटानी थी। सभी खेल मेरे लिए अतीत की यादें बनकर रह गए थे। उन दिनों के मेडल कभी किसी अलमारी में देख लेता तो उसे भी बेचकर कुछ दिन का राशन जुटाने की इच्छा हो जाती। नीता जब से मेरी जिंदगी में आई थी, उसने मेरे अतीत के हर लम्हे को जानने की कोशिश की थी। उसका बड़ा आग्रह रहता कि मैं वापस खेलना शुरू करूँ। उसके इस आग्रह ने मुझे एक नई प्रेरणा दी और जिस उम्र में स्पोर्ट्समैन मैदान छोड़ देते हैं, उस 27–28 की उम्र में मैंने वापस खेलना शुरू किया। अब घर चलाना समस्या नहीं रह गया था, क्योंकि उस आपा-धापी की जिंदगी को नीता के साथ ने काफी हद तक आसान बना दिया था।

जैसे ओलंपिक होते हैं, वैसे ही पैराओलंपिक होते हैं। मैंने कभी इन पैराओलंपिक स्पर्धाओं में खेलते हुए आगे बढ़ने के जो ख्वाब देखे थे, उन सभी ख्वाबों को उस एक फोन ने वापस जीवित कर दिया। वह फोन सातारा से मेरे एक दृष्टि-बाधित दोस्त का आया था। उसने मुझे बताया कि पैराओलंपिक की जिला स्तरीय स्पर्धाएँ इस बार 3 दिसंबर 'विश्व अपंग दिवस' के दिन सातारा के शाहू स्टेडियम में आयोजित की गई हैं। एक दिन पहले ही 2 तारीख को वहाँ पहुँच जाना था। रहने-खाने की सुविधा स्टेडियम में ही होनेवाली थी। मैं वक्त पर शाहू स्टेडियम पहुँच गया। वहाँ जो पैराओलंपिक की जिला स्तरीय कमेटी थी, उनसे मिलकर अपने साइकिल टूर और स्कूल कॉलेज के समय की खेल की उपलब्धियों के बारे में बताया। मुझे पता चला कि उस कमेटी में कई राष्ट्रीय स्तर के खिलाड़ी भी थे। काफी ऑर्थोपेडिक और दृष्टि-बाधित लड़के-लड़कियाँ उस स्पर्धा में हिस्सा लेने आए थे। उसी दिन शाम को मेडिकल के बाद हमें अलग-अलग श्रेणियों में डाला गया। मैंने 100 मीटर की स्वीमिंग की जो स्पर्धा होने वाली थी, उसके अलावा अपने उन तीनों प्रिय खेलों में भी अपना नाम डलवाया।

दूसरे दिन 11 बजे कलेक्टर के भाषण के साथ ही स्पर्धा का माहौल बनना शुरू हो चुका था। आयोजक चाहते थे कि कम-से-कम एक स्पर्धा का उद्घाटन कलेक्टर के हाथों हो। उन्होंने पहली स्पर्धा बी1 श्रेणी की हमारी पूर्णत: दृष्टि-बाधित लोगों की 100 मीटर स्वीमिंग की रख दी। अभी भाषण चालू ही था और आयोजकों ने हमें स्वीमिंग पूल में उतार दिया। पूर्णत: नेत्रहीन होने की वजह से हमें डाई न मारते हुए, वहीं पानी में खड़े रहकर बस, पीछे की दीवार को पैर से धक्का देते हुए तैरना शुरू करना था। एक तो दिसंबर का महीना और जोरों से हवाएँ भी चल रही थीं। उस ठंडे पानी के अंदर थर-थर काँपते हुए उस वक्त मैं अपने आपको बड़ा असहाय महसूस कर रहा था; क्योंकि रात

को ही मैं अपनी श्रेणी के कई प्रतिस्पर्धियों से मिल चुका था, जो सालों से नेशनल खेलते आ रहे थे। पास ही से कलेक्टर के भाषण की आवाज आ रही थी। मेरे साथ शायद सभी प्रतिस्पर्धी उस भाषण के खत्म होने का इंतजार कर रहे थे।

आखिर में वह पल भी आया और बंदूक की आवाज के साथ मैंने जोर से पीछे की दीवार को पैर से ढकेला और उस 50 मीटर लंबे स्वीमिंग पूल में काफी आगे निकल गया। सामने खड़े लोग मेरा नाम लेकर तालियाँ बजा रहे थे। मुझे यकीन हो गया कि जरूर कुछ अच्छा हो रहा है। सामने की दीवार छूते ही मैंने वापस तैरना शुरू किया। तब समझ में आया कि मेरे दूसरे प्रतिस्पर्धी अब तक 50 मीटर तक भी नहीं पहुँच पाए हैं। इस बात ने मेरे पूरे शरीर में ऐसा जोश भर दिया कि मैंने 100 मीटर पूरा करने में पूरी ताकत लगा दी। सालों पहले का प्रशिक्षण आज ताजा हो चुका था। अंत में आयोजकों ने मेरा हाथ पकड़कर मुझे ऊपर खींच लिया।

मैंने काफी आसानी से स्पर्धा जीत ली थी। कलेक्टर ने विक्ट्री स्टैंड पर गोल्ड मेडल पहनाया। मेरे उनके साथ हाथ मिलाते हुए काफी फोटो भी खींचे गए। इस एक जीत ने उस दिन की बाकी स्पर्धाओं में भी मुझे गोल्ड मेडल दिलवाए। कमेटी चाहती थी कि मैं उनके साथ जुड़ा रहूँ, क्योंकि उन्हें मेरे रूप में मेडल दिलवानेवाला खिलाड़ी मिल चुका था। आज भी मोरेश्वर के कारखाने की किसी दीवार पर सालों पहले कलेक्टर के साथ वाली वह फोटो समाचार-पत्र की कतरन के साथ लगी हुई है।

उस जिला स्तरीय स्पर्धा होने के दो महीने बाद ही मुझे सातारा पैराओलंपिक कमेटी से फोन आया कि अगले महीने नाशिक में जो राज्य स्तरीय स्पर्धा होने वाली है, उसके लिए मेरा नाम भेजा जा चुका है। जो थोड़े दिन मिले थे, मैंने स्पर्धा की तैयारी में लगा दिए। नाशिक जाने पर पूरे महाराष्ट्र के खिलाड़ियों से मिलना हुआ। एक-दूसरे के फोन नंबरो का आदान-प्रदान हुआ। कई नए नेशनल व इंटरनेशनल खिलाड़ियों से मिल सका। मैंने गोला फेंक, थाली फेंक व भाला फेंक के अलावा 200 मीटर की स्वीमिंग की स्पर्धा में भी हिस्सा लिया था और उन स्पर्धाओं में से दो गोल्ड एवं दो सिल्वर मेडल अर्जित करके एक अच्छे खिलाड़ी की छाप महाराष्ट्र पैराओलंपिक कमेटी पर डाली। जो दो सिल्वर मेडल मिले थे, उसमें भी कुछ थोड़े से अंतर से गोल्ड मेडल हाथ से निकल चुके थे। लेकिन खुशी इस बात की थी कि मेरे सिर पर सातारा के बदले महाराष्ट्र की कैप रहने वाली थी; क्योंकि मेरे खेल से संतुष्ट होकर मेरा चयन उसी साल बेंगलुरु में होनेवाले राष्ट्रीय खेलों के लिए किया गया।

महाबलेश्वर लौटकर मैंने नीता के जरिए खुद के लिए गोले, थाली और भाले जुटाए, स्किप्पिंग की रस्सी जुटाई। कहीं से दो ईंटें लाकर उस पर पुश-अप्स मारना शुरू किया। नीता रोज मुझे प्रैक्टिस करवाने पास ही के एक मैदान में ले जाती। मैं पूरी

ताकत जुटाकर उन गोले, थाली और भाले को दूर तक फेंकने की कोशिश करता। नीता ध्यान से एक बड़ी सी टेप से उस अंतर को मापती और उसे नेशनल रिकॉर्ड से मिलाते हुए और अच्छा करने का प्रोत्साहन देती। कैंडल्स के काम के साथ-साथ मैंने राष्ट्रीय खेलों की तैयारि भी बड़े जोर-शोर से शुरू कर दी थीं। उन दिनों नीता ने मेरी डाइट पर भी काफी ध्यान देना शुरू कर दिया था और सभी की शुभेच्छा एवं आशाओं को साथ में लेकर मैं पहली बार नेशनल खेलने बेंगलुरु पहुँचा। वहाँ मैं कई बड़े-बड़े खिलाड़ियों से मिला, जो मेरी श्रेणी में ही एशियाई गेम्स और कॉमनवेल्थ गेम्स खेल चुके थे। मैंने अपनी पूरी ताकत उस राष्ट्रीय खेल में लगा दी। लेकिन शायद मेरी मेहनत कम पड़ रही थी और चौथे व पाँचवें नंबर पर रहते हुए मुझे खाली हाथ वापस लौटना पड़ा। इस हार ने मुझे और ज्यादा प्रेरित किया और ज्यादा दृढ़संकल्पित किया और उस हफ्ते भर चले राष्ट्रीय खेल में कई नई-नई जानकारियाँ लेकर अपने खिलाड़ी मित्रों से विदा लेकर मैं वापस महाबलेश्वर लौटा।

वर्ष 2003 की राष्ट्रीय खेल स्पर्धाओं को मैं कभी नहीं भूल सकता। वे राष्ट्रीय खेल बेंगलुरु के विशाल कंतिरावा स्टेडियम में आयोजित किए गए थे। उन खेलों को ध्यान में रखते हुए मेरे कोच ने मेरी स्वीमिंग बिल्कुल बंद करवा दी थी। उन्होंने प्रशिक्षण का पूरा जोर तीनों थ्रो इवेंट—गोला, थाली और भाला फेंक पर डाला। उन दिनों महीने में 15 दिन मैं मुंबई स्थित समता नगर, कांदिवली एरिया में स्पोर्ट्स अथॉरिटी ऑफ इंडिया के स्टेडियम में प्रशिक्षण लेने जाया करता था। तीनों थ्रो इवेंट के व्यायाम और नियम एक समान थे। बी1 श्रेणी और टोटल दृष्टि-बाधित कैटेगरी के चलते गोला व थाली को घूमकर फेंकने की इजाजत नहीं थी। भाला भी अपनी जगह से थ्रो करना पड़ता। हमारी रिंग थी, जो जमीन में 5 इंच दबा दी जाती और शरीर को आधा स्विंग करके आगे-पीछे झुकाकर थ्रो करना होता था। नीता उन दिनों मेरे आहार और व्यायाम पर काफी ध्यान देती थी। उन चार सालों में वर्ष 1999 से 2003 तक कई प्रतियोगिताओं में मैंने हिस्सा लिया था, जिससे काफी अनुभव भी मिल चुका था। बी1 श्रेणी में खेलते हुए मैंने एक अलग पहचान बना ली थी। पिछले खेलों में भले कोई खास सफलता नहीं मिली थी, लेकिन मैंने अपने आपको एक खिलाड़ी के रूप में स्थापित कर दिया था।

उन दिनों विजय मुनेश्वरजी महाराष्ट्र पैराओलंपिक के अध्यक्ष थे। बार्सिलोना पैराओलंपिक में उन्होंने भारतीय टीम का नेतृत्व भी किया था। वे वेट लिफ्टिंग के खिलाड़ी थे और मुझे भी हाथों व कंधों पर ज्यादा भरोसा करना होता था, जिसमें उनका काफी मार्गदर्शन मिला। एक जगह पर खड़े-खड़े 11.5 मीटर गोला फेंकने की मेरी क्षमता बन चुकी थी; लेकिन उस दिन कंतिरावा में एक ऐसा समाँ बना कि 12.9 मीटर फेंककर मैंने नया राष्ट्रीय रिकॉर्ड बनाया। रिकॉर्ड क्या बना, मुझे तुरंत डोपिंग की जाँच के लिए भेज

दिया गया। लेकिन मैं पूरी तरह से आश्वस्त था, क्योंकि मैंने कभी भी अपनी शारीरिक ताकत बढ़ाने के लिए किसी गलत मार्ग का इस्तेमाल नहीं किया था। मिस्टर अहमद, जो उन दिनों पैराओलंपिक ऑफ इंडिया के अध्यक्ष थे, उनके हाथों मुझे गोल्ड मेडल पहनाया गया। मेरे लिए राष्ट्रीय खेलों का वह गोल्ड मेडल नई उम्मीदें और नई आशाएँ लेकर आया। अपनी पहचान बनाते हुए उस दिन सही अर्थों में ऐसा लगा कि मैं एक राष्ट्रीय खिलाड़ी बन चुका हूँ।

इस एक मेडल ने मुझे जिंदगी भर के लिए भारतीय खेल प्राधिकरण (SAI) से जोड़ दिया। उन दिनों साई (SAI) के अध्यक्ष विजय भंडारकरजी ने मुझे कई नए प्रशिक्षकों से मिलवाया। इसी के चलते मेरी मुलाकात स्पेन के प्रशिक्षक से हुई और उनसे मैंने प्रशिक्षण लेना शुरू किया। नीता ने भी मेरा समय बर्बाद न हो, इसके लिए घर पर ही पूरी जिम लगवा दी थी। मेरे नए कोच ने मेरी रोज की दिनचर्या मानो तैयार कर दी थी। सुबह 4 बजे उठकर 500 पुश-अप्स करना, वजन उठाना, इसके बाद एक से डेढ़ घंटा ग्राउंड प्रैक्टिस करना आदि रोज का काम हो चुका था। इन सभी बातों को मेरे कोच तक पहुँचाना होता था। नीता रोज के सभी थ्रो का रिकॉर्ड रखती। नीता को मेरे कोच ने आग्रहपूर्वक बताया था कि मुझे हफ्ते में कम-से-कम चार दिन स्टैमिना के लिए 6 से 8 कि.मी. दौड़ना चाहिए। दौड़ की प्रैक्टिस के लिए नीता अपनी कार में बिठाकर मुझे महाबलेश्वर के पोलो ग्राउंड पर ले गई। उस मैदान का एक चक्कर करीब 800 मीटर का था। 8 से 10 चक्कर मेरी प्रैक्टिस पूरी करवा सकते थे। मैंने सोचा था कि नीता ने किसी को वहाँ बुलाकर रखा होगा, जो मेरे साथ दौड़ेगा; लेकिन इसके विपरीत नीता ने अपनी कार की डिक्की में से नायलॉन की 15 फीट लंबी एक रस्सी निकाली। उस रस्सी का एक छोर कार के कॅरियर के साथ बाँधते हुए दूसरा छोर मेरे हाथ में दिया और बोली, "देखो भावेश, अब मैं कार चलाऊँगी। तुम मजबूती से रस्सी पकड़कर पीछे भागना शुरू करो।"

मैं बहुत विस्मित था। मुझे तब पता चला कि नीता ने यह नया कॅरियर क्यों लगवाया है। एक आज्ञाकारी बच्चे की तरह मैं उस कार के पीछे भागने लगा। नीता स्पीड पर बराबर नियंत्रण बनाए रखती, ताकि मैं आसानी से दौड़ सकूँ। उसके इस नायाब तरीके से मैं बड़ा ही गद्गद था। क्या दिमाग पाया था मेरी धर्मपत्नी ने! उन दिनों उसे पता न चले, इस तरह से मैं कई बार उसे मन-ही-मन दंडवत् प्रणाम कर दिया करता, लेकिन मेरी यह खुशी सात-आठ दिनों में ही खत्म हो गई; क्योंकि जब से यह अनोखी दौड़ की प्रैक्टिस मैंने शुरू की थी, कुछ ही दिनों में मुझे समझ में आने लगा कि कुछ तो गड़बड़ है। उस दिन से मुझे अपनी धर्मपत्नी से बहुत दबकर रहना पड़ता है। वैसे तो हर पतिदेव को अपनी धर्मपत्नी से दबकर रहना पड़ता है, लेकिन मुझे सबसे ज्यादा दबकर रहना पड़ता था; क्योंकि होता यह था कि गलती से भी मैं दिन भर में नीता से कभी ऊँची आवाज में बात कर लूँ

तो दूसरे दिन गाड़ी की स्पीड बढ़ जाती। वह तो कुछ नहीं कहती, परंतु मानो जैसे गाड़ी की स्पीड कह रही हो—'और बोलो जोर से, अब भागो मेरे पीछे पूरी ताकत लगाकर!'

पोलो ग्राउंड तेज गति से घुड़सवारी करने के लिए प्रसिद्ध है। जो पर्यटक घुड़सवारी का आनंद लेने आते, वे भी एक ओर खड़े रहकर मेरी इस दौड़ की प्रैक्टिस को निहारते हुए दाँतों तले उँगली दबा देते। श्री संजय दस्तूरे तथा अन्य कई पत्रकार मित्रों ने वहाँ आकर मेरी इस तरह से दौड़ने की तैयारी पर अपने-अपने वर्तमान पत्रों में फोटो के साथ लेख लिखे।

श्री विजय भंडारकर व साई का सपोर्ट, मेरे कोच का मार्गदर्शन और मेरे खेलों के प्रति नीता का समर्पण भाव—ये सभी तथ्य मुझे खेलों में और अच्छा करने को प्रेरित कर रहे थे और इन्हीं तैयारियों से गुजरते हुए बीजिंग पैराओलंपिक की उलटी गिनती शुरू हो चुकी थी। खेल मंत्रालय की तरफ से भी मदद मिल रही थी। हर दो महीने में अलग-अलग राज्यों में पैराओलंपिक समिति की तरफ से प्रशिक्षण शिविर आयोजित होने लगे थे। सभी चाहते थे कि मैं इस बार जरूर बीजिंग पैराओलंपिक खेलूँ। मैंने भी अपने आपको पूरी तरह से इन खेलों में झोंक दिया था। वर्ष 38 की उम्र में मेरा उत्साह चरम पर था। मुझे पूरा यकीन था कि इस बार मैं कुछ अच्छा कर पाऊँगा; लेकिन फाइनल क्वालीफाइंग राउंड आते-आते मैं बीजिंग क्वालीफाइंग अंतर से 6 से 7 इंच पीछे चल रहा था। मैदान पर गोला फेंक की प्रैक्टिस करते हुए जब मैं जोर से आवाज निकालकर उस क्वालीफाइंग अंतर को पार करने की कोशिश करता, तब ऐसा प्रतीत होता कि हर आवाज के साथ दम भी निकल जाएगा।

मुझे आज भी याद है, जब अंतिम चरण में इस पार या उस पार की लड़ाई लड़ते हुए आखिरी तीन थ्रो मुझे दिए गए, तब पूरी ताकत लगाकर भी मैं 4 इंच पीछे ही रह गया और इस छोटे से अंतर ने मेरे बीजिंग जाने की उम्मीद पर पानी फेर दिया। मायूसी काफी थी, लेकिन मुझे दिल से लग रहा था कि मैंने पूरी कोशिश कर ली; लेकिन मेरी मेहनत थोड़ी सी कम पड़ गई। उन दिनों ठीक है, मैं अपने लक्ष्य को न पा सका; लेकिन पता नहीं क्यों, बार-बार मेरे दिमाग में किसी की कही हुई एक बात निरंतर चल रही थी कि "चाबियों के गुच्छे की अंतिम चाबी भी कई बार ताला खोल देती है। बस, हम अंतिम क्षण तक प्रयत्नशील रहें, कोशिश करते रहें" और इस एक बात ने एक नई हिम्मत दी। मैंने भविष्य को ध्यान में रखकर फिर से तैयारी शुरू कर दी और इसका परिणाम यह हुआ कि दक्षिण कोरिया में होनेवाले एशियाई पैराओलंपिक गेम के लिए मैं क्वालीफाई हो गया।

देश के लिए खेलने का जज्बा क्या होता है, यह सिओल पहुँचकर पता चला, जब देश का ट्रैक सूट पहना होता था। कोच, मैनेजर, फिजियोथेरैपिस्ट आपको प्रोत्साहित करते हैं। हजारों-हजारों की भीड़ आपको देखती है और दुनिया भर में इन खेलों का टेलीकास्ट होता है, तब सीना 10 इंच ज्यादा चौड़ा हो जाता है। मैंने भी उन खेलों में जी-जान लगा

दी थी। देश के लिए खेलने का जज्बा एक अलग ही ऊर्जा देता है। यही खेल मुझे वर्ष 2012 के लंदन पैराओलंपिक गेम के लिए क्वालीफाई कराने वाले थे। मेरी कैटेगरी में बड़े तगड़े-तगड़े लोग थे। मेरे लिए नाश्ते में अंकुरित मूँग और चने का बड़ा सा बाउल और साथ में वे-प्रोटीन से भरा दूध का गिलास होता, क्योंकि मैं बचपन से शुद्ध शाकाहारी रहा, मेरी मेहनत ही मुझे इस मुकाम पर ले आई थी। जबकि दूसरी तरफ मेरे प्रतिस्पर्धी प्रोटीन पाने के चक्कर में नाश्ते में ही एक पूरा चिकन चट कर जाते। उन सभी को पीछे छोड़ते हुए अंत में पाँचवें स्थान के साथ मैं भारत वापस लौटा।

वर्ष 2012 के लंदन पैराओलंपिक की तैयारी के वक्त क्वालीफाइंग बीजिंग से भी काफी कठिन हो गए थे और ऐसे ही कुछ इंच के अंतर ने मुझे लंदन जाने से रोक दिया। लेकिन इन तैयारियों के चलते मैं सभी का दिल जीत चुका था और मुझे आगे चलकर मास्टर ओलंपिक की तरफ बढ़ने का सुनहरा अवसर मिला। 35 वर्ष की उम्र के बाद हर पाँच वर्ष के आयु वर्ग में प्रतिस्पर्धी खेलते हैं। कोई अंध-अपंग वाली बात नहीं। हर खिलाड़ी एक समान होता है। जो घूमकर फेंकना चाहे या जो अपनी जगह से ही फेंकना चाहे, सबको पूरा-पूरा मौका मिलता है। मैं ऐसे भी खिलाड़ियों से मिला हूँ, जो 80-90 वर्ष की उम्र में भी खेल रहे हैं। मुझे लगता है कि हर खेल को खेल भावना के साथ खेलना जरूरी है। जब 20-25 वर्ष की उम्र के खिलाड़ी के साथ खेलते हुए नेशनल गोल्ड पर कब्जा करता हूँ, तब महसूस होता है मेरी उम्र मेरे खेलों के आड़े नहीं आ सकती। इसके अलावा, इंडियन ब्लाइंड स्पोर्ट्र्स एसोसिएशन की तरफ से पैराओलंपिक में और भी स्पोर्ट्र्स जोड़ने की कोशिश की जा रही है। हाल ही में पॉवर लिफ्टिंग, फुटबॉल, कबड्डी और जूडो जैसे खेलों में भी दृष्टि-बाधित खिलाड़ियों ने हिस्सा लेना शुरू कर दिया है। मैंने भी वापस पॉवर लिफ्टिंग, जूडो व स्वीमिंग का प्रशिक्षण लेना शुरू कर दिया है, जो मुझे एकदम फिट और चुस्त-दुरुस्त बनाए रखते हैं। आज मेरी उम्र 47 वर्ष की भले हो, लेकिन खेलने का जज्बा आज भी 27 की उम्रवाला है। खेल, व्यायाम, प्रैक्टिस—ये सभी मेरे जिंदगी के अभिन्न अंग हैं, जो मुझे चुस्त-दुरुस्त और तरोताजा बनाए रखते हैं।

अब तो मोरेश्वर के कारखाने में भी एक बड़ी व्यायामशाला है। रोज सुबह 4 बजे इस व्यायामशाला में पहुँचकर व्यायाम करने की, उस दर्द को सहने की एक आदत सी पड़ चुकी है। सुबह 4 से 8 बजे का वक्त पूरे दिन भर के लिए ऊर्जा का काम करता है। मेरे कई नए दृष्टि-बाधित मित्र गोला, थाली और भाला फेंक की ट्रेनिंग लेने मेरे पास आते हैं। राष्ट्रीय पैराओलंपिक और इंडियन ब्लाइंड स्पोर्ट्र्स एसोसिएशन इन दोनों को मिलाकर कुल 114 मेडल्स मेरे पास हैं। उसमें 39 गोल्ड मेडल्स, 40 सिल्वर मेडल्स और बाकी के ब्रांज मेडल्स हैं। काफी ट्रॉफीज, काफी सम्मान इस पैराओलंपिक के इन खेलों के कारण मुझे मिले। एक खिलाड़ी के रूप में पहचान मिली। अपने नाम इतने वर्षों

से राष्ट्रीय रिकॉर्ड रखने का एक अलग आनंद मिला। लेकिन कहीं एक दुःख भी है कि बीजिंग और लंदन पैराओलंपिक में अपने देश के लिए मैं नहीं खेल सका। यह जरूर मेरे लिए एक सपना बना रहेगा, ठीक है, उम्र अपना काम कर रही है; लेकिन आज भी मैंने अपने आपको पूरी तरह से फिट रखने की कोशिश की है।

आज 47 वर्ष की उम्र तक आते-आते मुझे कोई डायबिटीज या ब्लड प्रेशर की गोली नहीं खानी पड़ती या कोई बुखार या सिरदर्द की गोली नहीं खानी पड़ती। व्यायाम करने की एक आदत या यूँ कहूँ तो एक व्यसन-सा हो गया है। अगर हमारा शरीर फिट है, तो ही हमारा मन, मस्तिष्क और विचार फिट रह सकते हैं। इन सभी के फिट रहने से सकारात्मकता के साथ जीवन के कई महत्त्वपूर्ण निर्णय सही तरीके से लिये जा सकते हैं। आज ज्यादा-से-ज्यादा भौतिक सुखों की तरफ बढ़ते हुए हमारे जीवन में से व्यायाम और खेल गायब होते जा रहे हैं। मेरा बहुत आग्रह रहता है कि हम गाँव में रहें या शहर में, कुछ वक्त अपनी व्यस्त दिनचर्या में से ध्यान, प्राणायाम, व्यायाम और खेलों के लिए निकालना सिर्फ आवश्यक ही नहीं, अनिवार्य भी है। खेलने से मेरा मतलब प्रतियोगिताओं, स्पर्धाओं या मेडल अर्जित करने से नहीं है; बल्कि खेल व खेल भावनाएँ हमें अंदर व बाहर से एक संपूर्ण मनुष्य बनाती हैं।

कुणाल आज 19 साल का हो चुका है। बचपन से उसने मुझे जिम जाते हुए, व्यायाम करते हुए तथा खेलों की तैयारी करते हुए देखा है। कई बार वह मेरे साथ राष्ट्रीय खेलों तक में आ चुका है। इन संस्कारों के चलते उसने भी बचपन से ही अपनी पढ़ाई के साथ-साथ खेलों पर ध्यान देना शुरू कर दिया था। मुझे आज भी वह दिन याद है, जब दसवीं कक्षा में रहते स्कूल की प्रतियोगिताओं में हाई जंप के दौरान उसका दायाँ हाथ फ्रैक्चर हो गया था। उन दिनों मैं रोहतक, हरियाणा में राष्ट्रीय खेलों में भाग लेने गया था। प्लास्टर बँधवाने के बाद उसने फोन पर मुझसे बात की। उसकी आवाज की मायूसी ने मुझे और ज्यादा ताकत दी। हरियाणा के उन राष्ट्रीय खेलों में तीन गोल्ड मेडल जीतकर जब मैं महाबलेश्वर पहुँचा और घर जाकर पलंग पर लेटे कुणाल के गले में वे तीनों गोल्ड मेडल पहनाए, उस वक्त सच्चे अर्थ में मेरी, कुणाल की और नीता की खुशी का ठिकाना नहीं था। उस बात का परिणाम यह हुआ कि वेट लिफ्टिंग की प्रतियोगिताओं में आगे बढ़ते हुए इस साल कुणाल राष्ट्रीय स्तर पर खेलेगा। अपनी कंप्यूटर इंजीनियरिंग की पढ़ाई में से वक्त निकालकर जब वह महाबलेश्वर छुट्टियों में आता है, तब हम बाप-बेटे में बड़ी स्पर्धा होती है कि कौन ज्यादा वजन उठाएगा? उस वक्त नीता भी बड़ी दुविधा में रहती है कि किसके लिए तालियाँ बजाए, किसको चिअरप करे? अक्सर पिता अपने बेटे को स्पोर्ट्स का प्रशिक्षण देता है; लेकिन मेरे साथ इससे विपरीत होता है। कई बार कुणाल अपना लैपटॉप लेकर दुनिया भर के रिकॉर्ड खोजते हुए मेरा कोच बनकर मुझे प्रशिक्षण

दे रहा होता है। इस उम्र में 500 पुश-अप्स और 150 किलो तक वजन उठाने के चलते मेरे प्रतिस्पर्धी बड़े परेशान रहते हैं। वे कहते हैं, अब मैं खेलना बंद कर दूँ। उनका नेशनल गोल्ड मेडल का जो सपना है, वह हर साल मैं छीन लेता हूँ। मैंने मन बना लिया है कि मैं किसी बिजनेसमैन की हैसियत से मरना नहीं चाहता, एक खिलाड़ी के रूप में इस दुनिया को अलविदा कहना चाहता हूँ।

मैं समझता हूँ कि विशेष आहार या दवाइयाँ लेने से कोई फर्क नहीं पड़ता। अगर आप नियमित प्रैक्टिस करते हो; आप रोज एक नियमित, कायदे-कानून के साथ में अपनी जिंदगी जीते हो तो बिल्कुल बात जरूर बन सकती है। हमारे शाकाहारी आहार में जो ताकत है, वह अच्छे-अच्छे चिकन या मटन में नहीं है। आपका आहार पौष्टिक होना चाहिए। ऐसा नहीं है कि यह सब हम कर नहीं सकते। 100 ग्राम, 200 ग्राम अंकुरित मूँग या चने, एक-आधा गिलास दूध और दो-चार केले दिन भर हमें चुस्त-तंदुरुस्त रख सकते हैं। दो-चार खजूर भी हम खा सकते हैं। हम इन छोटी-छोटी चीजों को लेकर दस-बीस-तीस रुपए खर्च कर सकते हैं। अगर कोई कहता है कि मेरे पास पैसे नहीं हैं, इसलिए मैं स्पोर्ट्स में हिस्सा नहीं ले पा रहा हूँ, तो वह गलत है। मेरे पास फीस भरने के लिए पैसे नहीं हैं, इसलिए मैं जिम नहीं जा पा रहा हूँ, यह भी गलत है। आप नायलॉन की तीन मीटर की एक रस्सी स्किप्पिंग के लिए तो खरीद ही सकते हैं। आप पाँच-पाँच रुपए की दो ईंटें लेकर अपनी पुश-अप्स की मशीन खड़ी कर सकते हैं। यहाँ जरूरत साधनों की नहीं, एक प्रबल इच्छा-शक्ति की है। मैं कई दोस्तों को जानता हूँ कि वे अति उत्साह में आकर किसी बड़े जिम की साल भर की फीस एडवांस में भर देते हैं और पूरे वर्ष में 5 दिन भी जिम नहीं जा पाते। जो वास्तव में स्पोर्ट्स में आगे बढ़ना चाहते हैं, उन सभी को अपना लक्ष्य, अपना विजन स्पष्ट रखना बहुत जरूरी है।

वर्ष 2011 में मैं कश्मीर गया था। श्रीनगर और उसके बाद सोनमर्ग और कारगिल तक जाने का मौका मिला। उन बर्फीली चट्टानों पर चलने का अपना एक अलग ही रोमांच था, जिसने आगे चलकर, भविष्य में ऊँचे-ऊँचे पहाड़ों पर चढ़ने के लिए प्रेरित किया। महाबलेश्वर में प्रतापगढ़ किला है, जो हर बार मुझे अपनी ओर खींचता है। जब भी मौका मिलता है, उन 400, 450 बड़ी-बड़ी पथरीली सीढ़ियों पर चढ़ने के लिए मैं तत्पर रहता हूँ। मैं सिंहगढ़ फोर्ट कई बार चढ़ा। कलसूबाई, जो महाराष्ट्र का सबसे ऊँचा पहाड़ है, उस पर भी मैं तीन बार चढ़ा हूँ। इन सभी पहाड़ों पर चढ़ाई करते समय किसी नेत्रहीन व्यक्ति के लिए जो चुनौती होती है, वह मुझे बड़ी अच्छी लगती है। पर्वतारोहण के बारे में अधिक जानकारी जुटाते-जुटाते मुझे नेहरू माउंटेनियरिंग के बारे में पता चला, जो खासतौर पर इसी क्षेत्र में प्रशिक्षण प्रदान करते हैं। अब तो जिंदगी भर के लिए मैं इस संस्था से जुड़ चुका हूँ। नेहरू माउंटेनियरिंग के मार्गदर्शन में मुझे कई ऊँचे-ऊँचे पहाड़ों

पर चढ़ने का मौका मिला। मुझे महसूस होता है कि पर्वतारोहण तो बस एक जरिया मात्र है। इसके चलते स्पोर्ट्स के रोमांच की मेरी जो अतृप्त प्यास है, उसे इस माध्यम से पूरा करने की कोशिश कर रहा हूँ। मैं आज भी शॉटपुट, डिस्कस और जेवलिन खेलता हूँ; आज भी वक्त निकालकर स्वीमिंग करने जाता हूँ, जूडो और पावर लिफ्टिंग करता हूँ। इसके साथ-साथ पर्वतारोहण का कोई भी अवसर मैं नहीं गँवाता। किसी एस्कॉर्ट या मित्र का हाथ थामकर हर ऊँचे पहाड़ पर चढ़ने के लिए मैं तत्पर रहता हूँ। मैंने सपना देखा है कि माउंट एवरेस्ट तक जाऊँ! उस 8,848 मीटर की दुनिया की सबसे ऊँची चोटी पर पहुँचकर अपने देश का तिरंगा झंडा लहराऊँ। उस जादुई ऊँचाई पर खड़े रहकर मैं माँ से जरूर कह सकूँगा कि 'माँ, मैं आज उस जगह खड़ा हूँ, जहाँ से मैं भले दुनिया को नहीं देख पा रहा, लेकिन आज पूरी दुनिया मेरी तरफ देख रही है।' मैंने यह सिर्फ एक सपना ही नहीं देखा, बल्कि इसे हकीकत बनाने में जी-जान से लगा हुआ हूँ।

जिस तरह से मैंने खेलों में चीन, जापान, मलेशिया, इंडोनेशिया, थाईलैंड आदि देशों के प्रतिस्पर्धियों को पछाड़ा, वैसे ही इन सभी देशों से आयात की जानेवाली हजारों-करोड़ों रुपयों की कैंडल्स की प्रतिस्पर्धा का सामना भी 'सनराइज कैंडल्स' के माध्यम से बखूबी किया है। इन आयातित कैंडल्स को मैं खेलों के प्रती स्पर्धीयों के रूप में ही देख रहा हूँ। जीवन में आगे बढ़ना है तो प्रतिस्पर्धा का होना बहुत जरूरी है। दिन-प्रतिदिन 'सनराइज कैंडल्स' ने भी इसी स्पर्धा के चलते अपने हर प्रोडक्ट की गुणवत्ता को अंतरराष्ट्रीय मापदंड पर खरा उतारा है। खेल हो या बिजनेस, उसमें स्पर्धा, प्रतियोगिता, तकलीफें और परेशानियाँ आती ही हैं। हम कायरों की तरह पीठ दिखाकर नहीं भाग सकते, क्योंकि—

मुश्किलों से भाग जाना आसान होता है,
हर लमहा एक नया इम्तहाँ होता है।
डरकर जीनेवालों को कुछ नहीं मिलता जिंदगी में,
जो लड़कर जीते हैं, उनके कदमों में सारा जहान होता है।

□

16
अविस्मरणीय

जगन्नाथ पुरी

उस एक फोन से मानो घर में आशा की किरण फैल गई। फोन नीता के किसी रिश्तेदार ने भुवनेश्वर, उड़ीसा से किया था। उनका कहना था, उनके परिचित आँखों के एक बड़े ही प्रसिद्ध डॉक्टर इंग्लैंड से जगन्नाथ पुरी रथयात्रा के दर्शन के लिए आ रहे हैं। बस, मुझे व नीता को निश्चित दिन जगन्नाथ पुरी पहुँचना था। हम दोनों अब तक की आँखों से संबंधित सभी फाइल व रिपोर्ट्स के साथ दो दिन ट्रेन का सफर करके भुवनेश्वर पहुँच गए। दूसरे दिन जब हम उन डॉक्टर साहब से मिले, तब अंत में वही सुनने को मिला, जो आज तक हर आँखों के डॉक्टर से सुना था कि मेरी बीमारी का दुनिया में कोई इलाज नहीं है। उन डॉक्टर महाशय से विदा लेकर मैं जल्द ही वापस महाराष्ट्र लौट जाना चाहता था। नीता जानती थी, मैं अंदर से कहीं दुःखी हूँ। उसने मुझे इस मानसिकता से उबारने के लिए आग्रह किया कि हम इतनी दूर आए हैं तो रथयात्रा के दर्शन करके ही लौटेंगे। मैंने भी आधे मन से हामी भर दी।

दूसरे दिन सुबह जब हम भगवान् जगन्नाथजी के मंदिर के पास खड़े थे, उस वक्त रथयात्रा का उत्सव अपने चरम पर था। नीता पूरा-पूरा आँखों देखा हाल मुझे सुना रही थी। उन लाखों भक्तों की भीड़ में दूर से ही सही, लेकिन रथ के दर्शन कर पाने के कारण नीता बहुत खुश थी। उसके लिए मुझे साथ लेकर उस बड़ी भीड़ में रथ तक पहुँचना असंभव था। हम आपस में इसी पर बात कर रहे थे, तभी मुझे महसूस हुआ कि उस भीड़ में से कोई मेरा हाथ पकड़कर अपनी ओर खींच रहा है। मैं सँभलूँ या नीता कुछ कहे, उसके पहले ही वह सज्जन उस भीड़ में मुझे खींचते हुए काफी दूर तक ले गए। इस दौरान मेरी काफी लोगों से टक्कर भी हुई। एक जगह अचानक मुझे रोककर उन्होंने टूटी-फूटी हिंदी में मुझे विशाल रथ की सीढ़ियों पर अपने साथ-साथ चढ़ने का आदेश दिया। कुछ सीढ़ियाँ चढ़ने के बाद मुझे उस ऊँचाई का एहसास होने लगा, क्योंकि अब भीड़ की ओर से आनेवाली

शोरगुल की आवाज नीचे से आ रही थी। उन सज्जन ने मुझे एक ओर झुकाते हुए मेरा दायाँ हाथ भगवान् जगन्नाथजी की मूर्ति के चरणों में स्पर्श करवाया और जिस तीव्रता से, खींचते हुए वे मुझे रथ के ऊपर ले गए थे, उसी तीव्रता से, लेकिन सँभालते हुए, उन्होंने मुझे रथ से नीचे उतारा और उस जन-समुदाय में से रास्ता बनाते हुए नीता के पास लाकर खड़ा कर दिया। नीता के शब्दों में तनाव, डर, आश्चर्य—सभी का मिला-जुला एहसास मैं अनुभव कर रहा था। मैं नीता से कुछ कहूँ, उन सज्जन को कुछ धन्यवाद दूँ, उससे पहले ही वे नीता व मुझे नमस्ते कहकर उस भीड़ में खो गए। नीता को तो विश्वास ही नहीं हो रहा था कि मैं रथ तक जाकर वापस भी आ गया था। उसने देर तक भीड़ में उन सज्जन को ढूँढ़ने की कोशिश भी की। नीता उन्हें खुद भी धन्यवाद देना चाहती थी। लेकिन वहाँ कई घंटे रुकने के बाद भी उन सज्जन से हम फिर कभी नहीं मिल पाए। वे कौन थे? क्या थे? आज भी जब उस बारे में सोचता हूँ तो बस भगवान् जगन्नाथजी के चरणों में नतमस्तक होने को जी करता है।

लिंगमाला वाटर फॉल

जब से भरत मेरा दोस्त बना था, मेरे बड़े मजे हो गए थे; क्योंकि मेरी तरह भरत को भी पैदल चलते हुए पहाड़ों और जंगलों में घूमने का बहुत शौक था। आर.के. वाडी से पूर्व की तरफ जो लिंगमाला वाटर फॉल था, वह मेरे व भरत की सबसे पसंदीदा जगह थी। पक्की सड़क से होते हुए करीब 7 किलोमीटर का चक्कर लगाते हुए वहाँ तक पहुँचा जा सकता था। लेकिन इसके विपरीत, जंगल में से पगडंडी पर चलते हुए पहाड़ की सीधी ढलान पर उतरा जाए तो सिर्फ 2 किलोमीटर चलकर वाटर फॉल तक पहुँचा जा सकता था। हम दोनों मित्र अक्सर उस पगडंडी से होते हुए लिंगमाला वाटर फॉल तक जाना पसंद करते। पीने का पानी तथा खाने की कुछ वस्तुएँ साथ में जरूर ले लेते, क्योंकि झरने के बहते पानी में कई घंटे नहाने के बाद भूख भी तो कसकर लगती। बारिश के दिनों में पगडंडी के दोनों ओर काफी वनस्पतियाँ चार-पाँच फीट तक की ऊँचाइयों तक बढ़ जाती थीं। उसमें से रास्ता बनाते हुए हम हर बार पगडंडी पर करीब 2 किलोमीटर नीचे उतरते और उसी रास्ते से वापस पहाड़ की चढ़ाई चढ़कर आर.के. वाडी पहुँच जाते। उस पगडंडी पर चलना ही अपने आप में बड़ा साहस वाला काम था। बारिश के चलते नीचे की जमीन अक्सर फिसलन वाली हुआ करती थी। कई बार भरत वहाँ से गुजरते हुए नीचे दिख रहे कुछ जीव-जंतुओं, जिसमें मेढक, केकड़े, कनखजूरे, बिच्छू आदि का जिक्र कर दिया करता था। हम दोनों के पैरों में जूतों के साथ-साथ अंक्लेट भी बँधे होते थे, जिस वजह से करीब-करीब घुटनों तक हम सुरक्षित रहते और दोनों के हाथों में 5-6 फीट लंबी बाँस की मजबूत स्टिक भी होती, जिसके कारण उन सभी जीव-जंतुओं को

नजरअंदाज करते हुए भरत उनके पास से ही रास्ता बनाते हुए आगे ले जाता। कई बार वहीं पड़ी किसी साँप की छोड़ी हुई केंचुल उठाकर मेरे हाथों में देते हुए, उस केंचुल के माध्यम से साँप की लंबाई का अनुमान लगाता। उस दिन जब हम झरने से नहाकर उन्हीं ऊँची-ऊँची वनस्पतियों के बीच में से रास्ता बनाते हुए घर की ओर बेफिक्री से जा रहे थे, तभी अचानक भरत ने पीछे से मेरा कॉलर पकड़कर अपनी ओर खींच लिया। वैसे तो भरत ही हर बार आगे चलता, लेकिन उस दिन पता नहीं क्यों, मैं हाथ में थामी छड़ी की मदद से आगे चल रहा था। पीछे अपनी ओर खींचकर भरत ने धीरे से मेरे कान में कहा कि "भावेश, जरा भी आवाज मत करना और हिलना-डुलना नहीं। हमारे सामने कुछ ही अंतर पर एक बड़ा मोटा सा, काले रंग का साँप कुंडली मारे बैठा हुआ है।" भरत ने बताया कि उस साँप की लंबाई कम-से-कम 9-10 फीट होगी। कुछ क्षण हम दोनों मित्र उस पगडंडी पर बुत-से बने खड़े रहे। सामने बैठा साँप था कि टस-से-मस होने को तैयार नहीं था। अंत में हम दोनों ने ही धीरे-धीरे पीछे हटना शुरू किया और 7 किलोमीटर का लंबा चक्कर लगाकर देर शाम लौटे। अगर भरत का ध्यान मेरे सामने की ओर न होता, उसने मुझे पीछे न खींचा होता तो क्या होता? यह सब अब सोचकर कई बार रोंगटे खड़े हो जाते हैं। उसके बाद मैं और भरत कई बार उस झरने पर नहाने गए, लेकिन हर बार पक्की सड़क से।

अजीम प्रेमजी

उस दिन मोरेश्वर सेंटर पर मैं और मेरे कुछ नेत्रहीन मित्र मैन्युफैक्चरिंग के काम में व्यस्त थे। किसी कारणवश नीता भी कहीं बाहर गई हुई थी और दूसरा भी कोई वॉलंटियर हमारे बीच नहीं था। पूरी दृष्टि-बाधित टीम अपने-अपने काम में लगी थी। तभी बाहर प्रांगण में कार के रुकने की आवाज सुनकर मेरे कुछ मित्र आनेवाले व्यक्तियों का स्वागत करने दरवाजे पर पहुँचे। सभी ग्राहकों का हम इसी तरह से स्वागत किया करते थे। ये संस्कार हमारी पूरी टीम में पड़ चुके थे। आवाज से पता चला कि सिर्फ एक ही व्यक्ति हमारे बीच आए हुए हैं। मेरे कुछ दृष्टि-बाधित मित्रों ने अपने मार्केटिंग के कौशल का परिचय देते हुए डिस्प्ले में रखी विविध आकार-प्रकार की कैंडल्स के बारे में जानकारी देनी शुरू की। कुछ ही देर में आए हुए महानुभाव ने मुझे अपने पास बुलवाया और मुझे संबोधित करते हुए प्रश्न किया, "आप इतने बड़े सेंटर को चलाने के लिए फंड कहाँ से लाते हो?"

उनकी जिज्ञासा स्वाभाविक भी थी। अक्सर मेरे मित्र कैंडल्स के बारे में बताते-बताते 'सनराइज कैंडल्स', हॉस्टल व मेरे बारे में ग्राहक को संक्षिप्त जानकारी दे ही दिया करते थे। मैंने पूछे गए प्रश्न का उत्तर देते हुए कहा, "कैंडल्स बेचकर हम सबका गुजारा अच्छी तरह से हो जाता है।"

कुछ देर बाद उन्होंने फिर से मुझसे फंड के बारे में पूछते हुए कहा, ''मिस्टर, आपके मित्र कह रहे हैं, आप कोई सरकारी व निजी मदद, कोई दान या अनुदान नहीं लेते तो इतने सारे लोगों का खर्चा कैसे निकाल लेते हो? मैं जब भी ऐसे सेंटर पर जाता हूँ तो वहाँ पदाधिकारियों के पास अपनी माँगों व बाधाओं की लंबी सूची रहती है। वे सभी रसीद बुक लिये तत्पर रहते हैं। डोनेशन देने के लिए मुझे आपका प्रोजेक्ट बहुत अच्छा लगा। आप चाहो तो एक बड़ा फंड मैं आपके सेंटर के लिए जरूर देना चाहूँगा।"

मैंने भी जितना हो सका, उतनी विनम्रता से उनसे कहा, "मुझे आपसे किसी भी प्रकार की आर्थिक मदद नहीं चाहिए।" उस वक्त तक हम बातें करते-करते बाहर बरामदे तक आ चुके थे। सभी ग्राहकों से पूछा जानेवाला सवाल मैंने उन महानुभाव से भी किया, "सर, आप कहाँ से हो?" उत्तर मिला—बेंगलुरु से। मैंने तुरंत ही दूसरा सवाल किया, "सर, आप किस क्षेत्र में कार्यरत हो?" उत्तर मिला—"एक छोटी सी आई.टी. कंपनी को चलाता हूँ।" मेरे आगे पूछने पर पता चला, उस छोटी सी आई.टी. कंपनी का नाम 'विप्रो' था।

मैंने तुरंत कहा, "सर, विप्रो मतलब अजीम प्रेमजी सर की कंपनी?"

"आप उन्हें जानते हो?"

"हाँ सर, मैं तो उनका बहुत बड़ा प्रशंसक हूँ।"

"इतने बड़े प्रशंसक हो तो कभी उनसे मिले नहीं?"

"सर, मिलने की तो बहुत इच्छा है, पर कभी अवसर नहीं मिला।" मैंने कहा।

"तो इसमें कौन सी बड़ी बात है? लो, अभी मिल लो, तुम्हारे सामने ही तो खड़ा हूँ।"

मुझसे इतना कहकर उन्होंने बाहर गाड़ी के पास खड़े अपने ड्राइवर को आवाज लगाई और गाड़ी में रखा अपना मोबाइल फोन मँगवाया। ड्राइवर तुरंत ही मोबाइल फोन लेकर हमारे पास आकर खड़ा हो गया। उस वक्त श्रीमान अजीम प्रेमजी अपने ड्राइवर से कह रहे थे, "मेरे मोबाइल फोन से इस आदमी के साथ मेरा प्यारा सा फोटो खींचो। यह बड़ा अनोखा इन्सान है। इसे किसी की मदद नहीं चाहिए।"

ड्राइवर ने भी एक आज्ञाकारी सेवक की तरह हम दोनों की फोटो खींची। जाते-जाते मेरे हाथ में एक विजिटिंग कार्ड देते हुए वे मुझसे कह रहे थे, "कभी भी कोई भी जरूरत हो तो मुझे जरूर बताना।" मैं कुछ और ज्यादा बातें कर सकूँ, परिस्थितियों को समझ सकूँ, उसके पहले वे अपनी गाड़ी में बैठकर चले गए।

कुछ देर बाद जब नीता लौटी तो उसके हाथ में वह कार्ड देते हुए मैंने उसे सारी बातें बताईं। मेरी बातें सुनकर नीता ने पूछा, "अजीम प्रेमजी सर के साथ फोटो खींची कि नहीं?"

मैंने कहा, "फोटो तो खींची, लेकिन उनके फोन से। खुशी व आश्चर्य के मारे मैं अपने फोन से फोटो खींचना ही भूल गया।"

नीता ने तुरंत ही कार्ड पर दिए गए मेल आई.डी. पर मेरी और अजीम सर की

फोटो भेजने की विनती की। शायद आधे घंटे में ही वह यादगार फोटो नीता को उपलब्ध हो चुकी थी और आज वह फोटो एक फ्लेक्स के रूप में सेंटर की शोभा बढ़ा रही है। जब-जब आनेवाले ग्राहक उस फ्लेक्स को देखकर आश्चर्य व्यक्त करते हुए मुझसे पूछते हैं कि क्या अजीम प्रेमजी यहाँ आए थे? तब सही अर्थ में उस महान् व्यक्ति की सादगी व नम्रता को सैल्यूट करने को मन करता है। उस फोटो के रूप में अपनी मित्रता उन्होंने मुझे भेज दी। मैं उम्मीद करता हूँ, भविष्य में कभी भी किसी और माँग के लिए मुझे उस विजिटिंग कार्ड का उपयोग न करना पड़े।

नारायण मूर्ति

अभी-अभी चारु शर्मा का कबड्डी लीग को फोकस करता भाषण खत्म हुआ था और उस समय मंच से कोई वरिष्ठ पत्रकार, जो शायद पद्म भूषण भी थे, इलेक्ट्रॉनिक मीडिया की आजादी व भविष्य के ऊपर अपने विचार प्रकट कर रहे थे। उस दिन होटल ताज गेटवे, हुबली, कर्नाटक, देशपांडे फाउंडेशन, 'जीतो' (जैन इंटरनेशनल ट्रेड ऑर्गेनाइजेशन) व टायकॉन की तरफ से बड़ी सुंदर कॉन्फ्रेंस आयोजित की गई थी। उस कॉन्फ्रेंस के खास आकर्षण नोबेल पुरस्कार विजेता विख्यात अर्थशास्त्री श्री मोहम्मद यूनुस व श्री नारायण मूर्ति रहने वाले थे। मुझे भी उस एक दिन की कॉन्फ्रेंस में वक्ता के रूप में बुलाया गया था। मुझे शाम 4 से 5 बजे तक एक घंटे का समय दिया गया था। लेकिन इतने बड़े वक्ताओं को सुनने के प्रलोभन में मैंने सुबह से ही उस विशाल कॉन्फ्रेंस में उपस्थित रहना उचित समझा। वक्ता की हैसियत से मुझे आगे सोफे पर बैठने की जगह दी गई थी। पत्रकार महोदय के भाषण के दौरान ही मेरी बगल में सोफे पर जो स्थान था, वहाँ एक सज्जन आकर बैठे। एक औपचारिकता के तहत मैंने तुरंत जेब से विजिटिंग कार्ड निकाला और नाम बताया तथा उनका नाम जानने के लिए इतना ही पूछा, "आप?"

उन्होंने भी मेरे हाथ में अपना कार्ड देते हुए मुझसे हाथ मिलाया और मेरी तरह ही धीरे से कहा, "मैं नारायण मूर्ति।"

मेरी खुशी का ठिकाना नहीं था। जिन्हें मैं बहुत मानता था, उनकी बगल में बैठकर मैं अपने आपको बहुत गौरवान्वित महसूस कर रहा था। उसी दौरान आयोजक नारायण मूर्तिजी को मंच पर ले गए। दोपहर के 12 बज रहे थे और 1 बजे तक पूरा एक घंटा अब सिर्फ और सिर्फ श्री नारायण मूर्ति को सुनने का अवसर मिलने वाला था। वह एक घंटा कब पूरा हो गया, पता ही नहीं चला। पूरा सभागृह खड़े होकर तालियाँ बजाकर नारायण मूर्ति का उनके भाषण के लिए अभिवादन कर रहा था। मैं अभी वापस सोफे पर बैठा भी नहीं था कि मेरे हाथों में उन्हीं हाथों का स्पर्श हुआ, जिसे मैंने एक घंटे पहले महसूस किया था। सामने से आवाज आ रही थी, "मिस्टर भाटिया, मैंने आपके बारे में काफी सुना

है। आपको ढेरों शुभकामनाएँ," इतना कहकर वे आयोजकों के साथ सभागृह से बाहर चले गए। उनके बाद वाले वक्ता ने माइक सँभाल लिया था। लेकिन मेरा दिल-दिमाग सिर्फ और सिर्फ नारायण मूर्तिजी के बारे में सोच रहा था। वे चाहते तो स्टेज से उतरकर सबका अभिवादन स्वीकार करते हुए सीधे बाहर चले जाते, लेकिन वे स्टेज से उतरकर मुझ तक आए, मुझे अपनी शुभकामनाएँ दीं। यह उस महान् व्यक्ति की इंसानियत, सरलता व जमीन से जुड़ाव को प्रतिबिंबित करने के लिए काफी था।

श्री धनंजय चंद्रचूड

उस दिन मोरेश्वर कार्यालय से चीफ ऑफिसर पवारजी ने फोन करके मुझे बताया—"भावेश भाई, कुछ ही देर में हम लोग मोरेश्वर आपका प्रोजेक्ट देखने आ रहे हैं।"

हम सब लोग अपने रोज के काम में व्यस्त थे, कुछ ही देर पश्चात् करीब 10 से 12 गाड़ियों का काफिला मोरेश्वर यूनिट में दाखिल हुआ, नीता ने आश्चर्य व्यक्त करते हुए मुझे बताया कि पवारजी के साथ एक दंपती भी आ रहे हैं, साथ में नगर पालिका के कई परिचित अधिकारी व मोरेश्वर के कई गण्यमान्य लोग भी हैं, लेकिन उनके साथ इतनी सारी पुलिस क्यों है। हम कुछ समझ पाएँ, उसके पहले ही पवारजी ने करीब आकर मुझे संबोधित करते हुए कहा, "भावेश भाई, आज बड़े खास व्यक्ति आप सब से मिलने आए हैं, आपके इस सुंदर प्रोजेक्ट को देखने आए हैं।" आए हुए मेहमानों से मेरी पहचान कराते हुए उन्होंने कहा, "यह सुप्रीम कोर्ट जज श्री डी.वाई. चंद्रचूड़ हैं और साथ में उनकी धर्मपत्नी भी आए हुए हैं।" उनसे मिलकर मैं बहुत ही धन्यता अनुभव कर रहा था, साथ ही इतनी सारी पुलिस के आने का कारण भी समझ आ गया, क्योंकि सुप्रीम कोर्ट के जज जैसे महत्त्वपूर्ण पद के लिए उतनी ही बड़ी सुरक्षा व्यवस्था भी होती है। अकसर टी.वी. पर समाचार सुनते हुए चंद्रचूड़ सर का नाम सुना करता था, लेकिन आज उनसे साक्षात् मिलने का मौका मिला था।

संपूर्ण प्रोजेक्ट निहारते हुए श्री चंद्रचूडजी व उनकी धर्मपत्नी ने हम सभी को ढेरों शाबाशी व आशीर्वाद दिए? मेरे मित्रों ने उनके सामने कुछ गीत भी प्रस्तुत किए, जिसके चलते पूरा वातावरण और ज्यादा ऊर्जामय हो चुका था। हमने कुछ कैंडल्स भेंट के रूप में देनी चाही, लेकिन उन सभी का दाम चुकाकर ही उन्होंने कैंडल्स स्वीकार कीं। मुझे व नीता को दिल्ली आने का निमंत्रण देते हुए उन्होंने हमसे विदा ली। इतने बड़े पद पर रहकर भी कोई इतने सरल स्वभाव का कैसे हो सकता है।

उनके जाने के बाद मैं यही सोचता रहा कि ईश्वर से यही प्रार्थना है कि अपने पिता की तरह श्री डी.वाई. चंद्रचूड़ सर भी जल्दी ही सुप्रीम कोर्ट के सर्वोच्च न्यायाधीश के पद पर विराजमान हों।

गुलजार दादी माँ

महाबलेश्वर व पंचगनी के ब्रह्मकुमारी सेंटर से जब सविता दीदी एवं सुषमा दीदी वैक्स म्यूजियम पधारीं तो अपने साथ बड़ी जबरदस्त खुशी के समाचार लेकर आईं। उन्होंने आकर बताया, "भावेश भाई, आज शाम 5 बजे गुलजार दादी माँ यहाँ आएँगी।" यह सुनकर हम सबके आनंद का ठिकाना नहीं था। सालों पहले हर गुरुवार को महाबलेश्वर के ब्रह्मकुमारी के सेंटर से प्रसाद के रूप में ढेरों मिठाइयाँ मिलतीं और उस छोटे से स्टॉल पर मैं गुरुवार आने की राह देखता। लेकिन यह प्रसाद कब भक्ति-भाव में परिवर्तित हो गया, मुझे पता ही नहीं चला। हॉस्टल में रहनेवाले हर नेत्रहीन मित्र के लिए सविता दीदी कई बार अपना कीमती समय निकालकर आतीं और सभी मित्रों को ध्यान, प्राणायाम व अध्यात्म से जोड़ने की कोशिश करतीं। आगे चलकर मेरे सभी मित्र भी 'ओम शांति वाली दीदी' के रूप में सविता दीदीजी को पहचानने लगे थे। हम आज इक्कीसवीं सदी में महिला सशक्तीकरण की बातें करते व सुनते हैं। लेकिन दशकों पहले पूज्य 'ब्रह्मा बाबा' ने संपूर्ण ब्रह्मकुमारी मिशन का नेतृत्व बहनों के जिम्मे दे दिया था। उसमें सबसे पूजनीय नाम जानकी दादी का है, जो 103 वर्ष की उम्र में भी संपूर्ण मिशन का प्रतिनिधित्व आज भी कर रही हैं। उन पूजनीय दादी माँओं की श्रेणी में दूसरा नाम गुलजार दादी माँ का आता है, जो 91 वर्ष की उम्र में एक व्हीलचेयर पर होते हुए भी बड़े सुंदर तरीके से संपूर्ण ब्रह्मकुमारी मिशन का पूरे विश्व में प्रचार व प्रसार कर रही हैं।

आज गुलजार दादी माँ खुद वैक्स म्यूजियम पर आएँगी, यह सोचकर ही मन नाचने को कर रहा था। स्वागत की तैयारियों में कब शाम हो गई, यह पता ही नहीं चला और 5 बजते-बजते सैकड़ों की संख्या में मिशन से जुड़े भाई-बहन वैक्स म्यूजियम में पधार चुके थे। नीता बता रही थी कि उज्ज्वल सफेद वस्त्र तथा 500 से ज्यादा सफेद गाड़ियों के आगमन से मानो पूरा मोरेश्वर गाँव सफेद रोशनी में नहा रहा था। आखिरकार पूज्य गुलजार दादी माँ की गाड़ी ने प्रांगण में प्रवेश किया। योगिनी दीदी व आनंद भैया पहले से ही व्हीलचेयर के साथ प्रांगण में खड़े थे। उस पर गुलजार दादी माँ को बिठाकर वैक्स म्यूजियम की इमारत के भीतर प्रवेश किया गया। हमें पहले ही सूचित कर दिया गया था कि वैक्स म्यूजियम पर दादी माँ सिर्फ 5 मिनट रुकेंगी। महाबलेश्वर परिसर के काफी बड़े-बड़े होटल और रिसॉर्ट के मालिक गुलजार दादी माँ का आशीर्वाद लेने तथा उन्हें अपने होटल में आने का न्योता देने पहले से ही आ चुके थे। लेकिन दादी माँ तो आज खासतौर पर हम सब नेत्रहीन भाई-बहनों को आशीर्वाद देने पधारी थीं। व्हीलचेयर पर बैठे-बैठे ही गुलजार दादी माँ ने डिस्प्ले में रखी कैंडल्स को देखना शुरू किया। कुछ कैंडल्स वे हाथ में लेकर भी देख रही थीं और हम सभी मित्रों की प्रशंसा के साथ-साथ अमृत वचन भी कह रही थीं। उस वक्त जो अपार एव सकारात्मक ऊर्जा मैं महसूस कर

रहा था, उसके चलते मुझे पता नहीं क्यों, लेकिन बार-बार ऐसा प्रतीत हो रहा था मानो डिस्प्ले में रखी सभी कैंडल्स अपने आप प्रज्वलित हो चुकी हैं। कहा तो यह गया था कि दादी माँ सिर्फ 5 मिनट ही रुकेंगी, इसके विपरीत पूरे दो घंटे दादी माँ वैक्स म्यूजियम पर रुकीं। निजी तौर पर मेरे हर नेत्रहीन भाई-बहन को उन्होंने आशीर्वाद दिए। मुझे व नीता को खासतौर पर आशीर्वाद के रूप में ब्रह्मकुमारी के चिन्ह को दर्शाती फोटो फ्रेम दी। आखिर में गाड़ी में बैठने तक अपने अमृत वचनों से हमें कृतार्थ किया।

राष्ट्रीय विज्ञापन पुरस्कार

लॉयंस इंटरनेशनल कॉन्फ्रेंस 10 और 11 अप्रैल, 2011 को पुणे में ऑर्किड होटल में आयोजित की गई थी। 11 अप्रैल को महाराष्ट्र के तत्कालीन मुख्यमंत्री श्री पृथ्वीराज चव्हाण सभी लॉयंस मेंबरों को संबोधित करने वाले थे। उसी कार्यक्रम में मुझे मुख्यमंत्रीजी के हाथों एक पुरस्कार भी दिया जाना था। लेकिन सप्ताह भर पहले रिलायंस दृष्टि फाउंडेशन के एक पदाधिकारी का मुंबई से फोन आया। वे कह रहे थे, "भावेशजी, गोवा में वारका परिसर में जो वाइट सैंड रिसॉर्ट है, वहाँ इसी महीने की 8 से 10 अप्रैल को राष्ट्रीय विज्ञापन पुरस्कार वितरण समारोह आयोजित हो रहा है। देश भर के काफी नामी उद्योगपति व पत्रकार वहाँ उपस्थित रहेंगे। मेरे पास कुल दस फ्री पास हैं और मैं चाहता हूँ कि आप कैंडल्स की बड़ी प्रदर्शनी उन सभी आनेवाले मेहमानों के सामने लगाओ। इस एक पास की कीमत 12,000 रुपए है, जिसके तहत हर पासधारक को सुबह से शाम तक खाना बिना कोई शुल्क चुकाए मिल पाएगा, आप सिर्फ आने-जाने व रहने की व्यवस्था अपने हिसाब से कर लेना।"

उनकी बातें सुनकर मैंने धन्यवाद कहा और तुरंत ही अपनी स्वीकृति दे दी। रिलायंस फाउंडेशन दृष्टि की तरफ से हमें कई बार ऐसे सुनहरे अवसर प्रदान किए जाते रहे थे। मेरा यकीन था कि 10 अप्रैल को रात भर सफर करके 11 अप्रैल की सुबह पुणे में ऑर्किड पुरस्कार लेने पहुँचा जा सकता था।

उसी शाम कुछ मित्र मुझे मिलने आए थे, जो महाबलेश्वर के ही होटल मालिक थे। बातों-बातों में जब मैंने गोवा का जिक्र किया तो उनमें से दो मित्रों ने अपनी धर्मपत्नी के साथ गोवा जाने की इच्छा व्यक्त की और कैंडल प्रदर्शनी का संपूर्ण जिम्मा उठाने का वादा किया। अब भी चार पास बचे हुए थे। मैंने गोवा में रह रहे दो मित्रों को अपनी पत्नियों के साथ उस प्रदर्शनी में जुड़ने का न्योता दिया और गोवा के उन्हीं दो मित्रों ने हमारी रहने की व्यवस्था करवा दी। दूसरे दिन ही प्रदर्शनी का सारा साजो-सामान हमने ट्रांसपोर्ट से गोवा भेज दिया।

मेरे एक मित्र ने गोवा जाने के लिए अपनी इनोवा कार की व्यवस्था कर ली और

हम तीनों दंपती 7 अप्रैल की रात को गोवा के लिए निकल पड़े। 400 किलोमीटर का सफर तय करके हम सुबह गोवा पहुँच गए। वहाँ दूसरे दो दंपती हमसे जुड़ गए और हम सभी ने वाइट सैंड रिसॉर्ट में कैंडल प्रदर्शनी को सफल बनाने के लिए अपनी कमर कस ली। उन आठ मित्रों के साथ हो जाने से वॉलंटियर की कोई कमी नहीं रह गई थी। मुझे भी अपनी मित्रता और उन सभी मित्रों पर बड़ा गर्व महसूस हो रहा था; लेकिन यह गर्व जल्द ही परेशानी में बदल गया। हुआ यह कि 12000 रुपए वाले पास होटल के अंदर लगे बीयर के कई स्टॉल पर भी चल रहे थे। मेरे उन मित्रों को जितनी बीयर जब चाहिए, उतनी मुफ्त में उपलब्ध हो गई। इसलिए उन्हें कैंडल प्रदर्शनी के वॉलंटियर के रूप में जोड़े रखना असंभव-सा हो गया। यह सिलसिला तीनों दिन यथावत् चलता रहा।

मैंने और नीता ने कड़ी मेहनत करके जी-जान लगाकर 10 अप्रैल की शाम तक लाई हुईं सभी कैंडल्स बेच दीं। मैंने आयोजकों से मिलकर अपनी कृतज्ञता व्यक्त की और पुणे जाने के लिए अपने दोस्तों को उस एक गाँव जितने बड़े होटल में ढूँढ़ना शुरू किया। अंतिम दिन का एहसास मेरे उन मित्रों को भी था और उन्होंने मुफ्त की इतनी बीयर चढ़ा ली थी कि वे सभी अपने पैरों पर खड़े भी नहीं हो पा रहे थे।

गोवा वाले मित्रों को टैक्सी में बिठाकर उन्हें उनके घर भेजा और महाबलेश्वर के दोनों दंपतियों को किसी तरह सहारा देते हुए हमने गाड़ी में बिठाया। उस दिन नीता का गाड़ी चलाने का कौशल काम आ गया। रात करीब 11 बजे हमने गोवा से पुणे के लिए प्रस्थान किया। अभी कुछ और परीक्षाओं से शायद हमें गुजरना था, क्योंकि रास्ते में बड़ी तूफानी बारिश शुरू हो गई और सोने पे सुहागा यह था कि उस इनोवा कार के वायपर भी काम नहीं कर रहे थे। मैंने नीता से कहा भी कि यहीं हाईवे पर कोई होटल ढूँढ़कर सभी को लेकर ठहर जाते हैं, पुरस्कार तो फिर कभी मिल जाएँगे; लेकिन नीता दृढ़ संकल्पित थी। उसने कहा, "मुख्यमंत्रीजी के हाथों बार-बार पुरस्कार नहीं मिलते, बस, तुम मुझ पर भरोसा रखो और इस कपड़े की मदद से बीच-बीच में काँच पोंछ दिया करो, बाकी मुझ पर छोड़ दो।"

रात भर निरंतर कार चलाकर नीता हम सभी को सुबह 8 बजे के करीब ऑर्किड के पास वाले एक होटल तक ले आई। 10 बजे हमें पुरस्कार लेने पहुँचना था। उस होटल में तीन कमरे लेकर हम सब तैयार होने में लग गए। रात भर मिली नींद से उन चारों बीयर प्रेमियों में भी कुछ जान आ चुकी थी। तब वक्त पर नीता मुझे पुरस्कार लेने मुख्यमंत्री श्री पृथ्वीराज चव्हाण के सामने स्टेज पर ले गई। जिस वक्त मुझे पुरस्कार दिया जा रहा था, कई राज्यों से आए हुए लॉयंस मेंबर्स तालियाँ बजा रहे थे, लेकिन उस वक्त मुझे लग रहा था, ये तालियाँ मेरे लिए नहीं, नीता के लिए हैं। नीता ने रात भर बिना शिकायत किए कार चलाकर, जिस हिम्मत का परिचय दिया था, उसके लिए वह पुरस्कार मुझे नहीं, नीता को मिलना चाहिए था।

दिव्यांग उद्योजकता पुरस्कार

मेरे हाथ में उस दिन की आई सारी डाक रखते हुए नीता ने दो पत्रों का खास उल्लेख किया। एक पत्र सामाजिक न्याय एवं अधिकारिता मंत्रालय, महाराष्ट्र राज्य की तरफ से आया था और दूसरा पत्र महाराष्ट्र अपंग वित्त महामंडल की ओर से आया था। नीता ने दोनों पत्र बारी-बारी से पढ़कर सुनाए। दोनों पत्रों का विषय एक ही था, जिसके अंतर्गत 27 मार्च, 2016 को मुझे नागपुर पहुँचना था। कारण था, इस वर्ष का दिया जानेवाला 'दिव्यांग उद्योजकता पुरस्कार' डॉ. वसंतराव देशपांडे सभागृह में 27 मार्च की शाम महाराष्ट्र के मुख्यमंत्री श्री देवेंद्र फड़णवीस के हाथों यह सम्मान मिलने वाला था। जिस दिन नीता ने निमंत्रण-पत्र पढ़कर सुनाया, उस दिन 8 मार्च थी और इस 'महिला दिवस' को यादगार बनाने के लिए भावसा कुसुम माँ के साथ मोरेश्वर पधारे थे। मेरे करीब 200 नेत्रहीन भाई-बहनों के लिए ध्यान का एक कार्यक्रम आयोजित किया गया था। ध्यान के कार्यक्रम में खासतौर पर श्री संजय दस्तुरे और उनकी धर्मपत्नी भी सम्मिलित हुए थे। भावसा उन दिनों अपनी किताब 'कृतघ्न मी कृतार्थ मी' को अंतिम रूप दे रहे थे। भावसा ने ध्यान के बाद उपस्थित सभी मित्रों को अपनी किताब में से माँ के ऊपर का प्रकरण पढ़कर सुनाया। वह प्रकरण इतना हृदयस्पर्शी था कि सभी की आँखों से आँसू बह रहे थे। उसके बाद तो माँ के ऊपर ही मेरे मित्रों ने गीतों का सुंदर कार्यक्रम प्रस्तुत किया। संजय दस्तुरे ने हमें बताए बिना इस पूरी शाम की वीडियो शूटिंग कर ली थी। किसे पता था उस वीडियो को एक यादगार के रूप में जिंदगी भर रखने का दिल करेगा!

27 मार्च की शाम को जब मैं नीता के साथ पुरस्कार लेने मंच पर पहुँचा, तब मुख्यमंत्री महोदय के साथ और भी कई मंत्रीगण वहाँ उपस्थित थे। मैं भी बड़ा सज-सँवरकर, सूट-बूट पहनकर मंच पर पहुँच चुका था। मुख्यमंत्रीजी से हाथ मिलाने का यह बड़ा ही सुनहरा अवसर था। उन्होंने पुरस्कार देते हुए ढेरों अभिनंदन व आशीर्वाद दिए और साथ में यह भी जोड़ा कि "अरे भाई, तुम तो यहाँ उपस्थित हम सभी मंत्रियों से भी ज्यादा खूबसूरत लग रहे हो।"

मैंने उन्हें धन्यवाद कहा और सभी का अभिवादन स्वीकारते हुए मंच से नीचे उतर गया। सभागृह में उपस्थित कई मित्रों व पत्रकारों से मिलकर मैं व नीता रवि भवन गेस्ट हाउस पहुँच गए।

दूसरे दिन मैं नीता को शादी के बाद पहली बार गोंदिया ले जाने वाला था। नागपुर से गोंदिया की दूरी सिर्फ 150 किलोमीटर थी। गोंदिया से रायपुर भी करीब उतनी ही दूरी पर था। नीता की इच्छा थी कि यहाँ तक आए हैं तो रायपुर होते हुए चंपारण महाप्रभु श्रीवल्लभाचार्यजी के जन्मस्थल के दर्शन जरूर करें। जब हम रवि भवन पहुँचे, रात के 10:30 बजे चुके थे। हम आगे की यात्रा की तैयारी में व्यस्त हो गए। तभी रात 11:30

बजे श्री अभय बागमार का फोन आया। नीता ने पुरस्कार लेते हुए फोटो व्हाट्सअप के माध्यम से सभी को भेज दिए थे। अभय भाई की आवाज़ सुनकर लगा कि इसी सिलसिले में उन्होंने फोन किया होगा। लेकिन जो बात उन्होंने कही, सुनकर मेरे पैरों तले जमीन खिसक गई। मेरी बातों से नीता को भी समझ में आ गया था कि कुछ अनर्थ घटित हुआ है। वह मेरे पास आकर खड़ी हो गई थी। फोन बंद करके मैंने नीता से इतना ही कहा कि हमारी छाँव जाती रही।" भावसा मेरे व नीता के लिए पिता, गुरु, मार्गदर्शक, मित्र सबकुछ थे। अभय भाई ने कहा था कि एक घंटे पहले भावसा ने इस दुनिया से विदाई ले ली है।

नागपुर में उस रात मैं व नीता पुणे पहुँचने के लिए व्याकुल थे; लेकिन पहली फ्लाइट पुणे के लिए दोपहर 1 बजे की थी। दोपहर के 2 बजे मुझे व नीता को लेने सुहास भाई एयरपोर्ट आ चुके थे। भावसा एक सच्चे संन्यासी थे और उनकी अंतिम विदाई भी एक संन्यासी के रूप में ही होनी थी। हजारों की संख्या में ओशो संन्यासी, जिसमें देश-विदेश से कई लोग सम्मिलित थे, नाच-गाकर, ढोल नगाड़े बजाकर, अपने दुःख को एक उत्सव का रूप देने की भरसक कोशिश कर रहे थे। मैं और नीता थे कि एक कोने में खड़े फूट-फूटकर रो रहे थे। हर एक व्यक्ति आकर हमें दिलासा दे रहा था। लेकिन जिसने मुझे व नीता को जीना सिखाया, आसमान की बुलंदी तक पहुँचाने में मदद की, आज वही हमारे भावसा उसी आसमान से परे दूर, बहुत दूर, देव लोक में जा चुके थे।

उस दिन देर रात जब हम मोरेश्वर पहुँचे, मैं वैक्स म्यूजियम के कार्यालय में ही एक कोने में चुपचाप बैठ गया। शायद मैं अंदर से उस वक्त पूरी तरह से टूट चुका था। उसी दौरान अचानक मुझे भावसा की चिर-परिचित वही मीठी आवाज सुनाई दी। नीता ने कार्यालय में रखे कंप्यूटर पर संजय दस्तुरे द्वारा लिया गया भावसा का 8 मार्च वाला वह वीडियो चालू कर दिया था।

वह सच था कि कोई सपना

जिस 'जीतो' व टायकॉन हुबली के कॉन्फ्रेंस ने श्री नारायण मूर्तिजी, श्री मोहम्मद युनूसजी जैसे महानुभावों से मिलने का मौका दिया, उसी कॉन्फ्रेंस में हुबली, धारवाड़ व बेलगाँव आदि पास बसे शहरों के कई नामी व्यक्तियों से भी मिलवाया।

कुछ महीनों के पश्चात् ही मुझे बेलगाँव (कर्नाटक) में आयोजित 'जीतो' (JITO) की दो दिन चलनेवाली कॉन्फ्रेंस में वक्ता के रूप में निमंत्रित किया गया। उन दिनों काफी व्यस्त जीवन चल रहा था, मेरे लिए बेलगाँव कॉन्फ्रेंस में जाना मुश्किल था, लेकिन आयोजकों का जबरजस्त आग्रह और एक बड़ी रकम मानधन के रूप में मेरे दृष्टि बाधित मित्रों के शिक्षण व मेडिकल हेतु पेश की गई, तो मुझे एक दिन के लिए ही सही, बेलगाँव जाना हुआ। वैसे भी मेरे प्रयत्नों से इन सभी मित्रों को थोड़ा भी फायदा

दिलवाने का कोई भी अवसर मैं नहीं छोड़ सकता था।

बड़े ही सुंदर तरीके से आयोजित इस कॉन्फ्रेंस में भी कई नए लोगों से मिलने का मौका मिला, उनमें से ही एक विजय कुमार कचुनुरजी से मुलाकात हुई, जो संघ के कार्यकर्ता होने के साथ-साथ बेलगाँव शहर में चल रहे कई सामाजिक कार्यों में संलग्न थे और उन्हीं के साथ एक अन्य महानुभाव श्री रंगराज वनडुर्गजी से मुलाकात हुई, जो बेलगाँव स्थित, कर्नाटक गवर्नमेंट संचालित रानी चेन्नमा यूनिवर्सिटी के रजिस्ट्रार थे। कुछ मिनटों की मुलाकात में ही मुझे प्रतीत हुआ कि हमारे बीच काफी घनिष्टता हो चुकी है। वे दोनों सज्जन शायद मुझसे उम्र में बड़े थे और मेरे प्रति उनकी आत्मीयता भी बड़े भाईयों से कम न थी।

इन दोनों महानुभवों के साथ औपचारिक बातों के अलावा यूनिवर्सिटी के विद्यार्थियों के लिए कभी वापस बेलगाँव आने का निमंत्रण लेकर मैं महाबलेश्वर लौट गया।

इस बात को दो साल बीत चुके थे, मैं इन दिनों बेलगाँव न जा सका, परंतु बेंगलुरु, गुलबर्गा, बीदर आदि शहरों में बसे सैकड़ों मेरे दृष्टि बाधित मित्रों को सनराइज कैंडल्स के साथ जोड़कर उनके लिए स्वयं रोजगार के नए अवसर जरूर ढूँढ़ पाया।

एक दिन अचानक मुझे नवंबर 2018 में बेलगाँव से विजयकुमारजी का फोन आया, फोन पर ही उन्होंने मुझे मेरा संपूर्ण बायोडाटा व अब तक मेरे द्वारा किए कामों के चलते फोटोग्राफ्स, अखबारों की कतरनें व अब तक मुझे मिले हुए संपूर्ण राष्ट्रीय व अंतराष्ट्रीय पुरस्कारों की सूची बेलगाँव जल्द-से-जल्द भेजने का आदेश दिया। उनकी बातों से मुझे लग रहा था कि किसी कॉन्फ्रेंस में वक्ता के रूप में मुझे बुलाने के लिए उन्होंने ये सब चीजें मँगवाई हैं।

बेलगाँव जाकर विद्यार्थियों से न मिल पाने का अफसोस भी हुआ और मन-ही-मन मैंने तय भी कर लिया था कि अबकी बार मैं विजयजी व रंगराजजी के निमंत्रण को नहीं टालूँगा। नीता ने भी विजयकुमारजी द्वारा मँगवाई गई सभी चीजें शीघ्र बेलगाँव भिजवा दी थीं, इस बात को करीब चार महीने बीत चुके थे।

एक दिन अचानक मई 2011 के दूसरे हफ्ते में विजयकुमारजी का नीता को फोन आया। मैं उस दिन दिल्ली किसी काम से गया था। पूना एयरपोर्ट उतरकर 150 किमी. का सफर तय कर जब आधी रात को महाबलेश्वर लौटा, तब दिन भर की थकान से बुरा हाल था। आज सुबह ही तो 3 बजे पूना एयरपोर्ट के लिए निकला था, क्योंकि 8 बजे की उड़ान (फ्लाइट) भी पकड़नी थी। हर बार की तरह नीता ही मुझे दरवाजे पर मिली। मैं जब-जब बाहर अकेला सफर पर होता, रात को कितनी ही देर क्यों न हो जाए, नीता यहीं मेरी राह देखती और हर बार उसे दरवाजे पर पाकर मेरी भी दिन भर की थकान आधी दूर हो जाती। मेरे हाथ से बैग लेते हुए नीता ने हँसते हुए मुझसे कहा,

डॉ. भावेश भाटिया, आपका स्वागत है और नीता ने विजयकुमारजी के फोन के बारे में बताकर मुझे अभिनंदन देते हुए कहा कि "कर्नाटक सरकार रानी चेन्नमा यूनिवर्सिटी के माध्यम से आपको डॉक्टरेट की मानद उपाधि प्रदान कर रही है, हम दोनों को 29 मई को बेलगाँव पहुचना है।"

दरअसल जो कागज-पत्र विजयकुमारजी ने मँगवाए थे, वे कर्नाटक राज्यपाल श्री विज्जूभाई वालजी के कार्यालय तक पहुँचा दिए गए थे, क्योंकि जिस व्यक्ति को रानी चेन्नमा यूनिवर्सिटी द्वारा डॉक्टरेट दी जाती थी, उसका आखिरी चयन राज्यपाल कार्यालय द्वारा ही किया जाता था। जब दूसरे दिन मैंने विजयकुमारजी व रजिस्ट्रार रंगराजजी को फोन करके उनके प्रति अपनी कृतज्ञता व्यक्त की, तब उनका इतना ही कहना था कि हमने कुछ नहीं किया, हमने तो सिर्फ सही पुरस्कार के लिए सही व्यक्ति को ढूँढ़ने में सरकार की थोड़ी मदद की है, बाकी भावेशभाई जब हम आपसे पहली बार 'जीतो' के कार्यक्रम में मिले थे, तभी हमें महसूस हो गया था कि डॉक्टरेट की इस उपाधि के आप असली हकदार हो, हमें सिर्फ आपके बारे में और ज्यादा जानकारी जुटाने में नाहक ही दो साल लग गए, यह पुरस्कार तो आपको उसी साल मिल जाना चाहिए था।

मैं व नीता एक दिन पहले बेलगाँव पहुँच गए, क्योंकि वहाँ 180 एकड़ में फैली विश्वेश्वर टेक्नोलॉजी यूनिवर्सिटी में 28 मई को दो घंटे का मेरा व्याख्यान था। यूनिवर्सिटी के जिस आलीशान अतिथि-गृह में हमें ठहराया गया था, वहाँ मेरी मुलाकात इसरो (ISRO) के माजी चेयरमैन डॉ. स्वरूप रंजनजी से हुई। रात्रि के भोजन के वक्त उनसे काफी बातें करने का सद्भाव प्राप्त हुआ। यूनिवर्सिटी के दिक्षांत समारोह के लिए खासतौर पर कर्नाटक सरकार ने उनको मुख्य अतिथि के रूप में निमंत्रित किया था, पद्म विभूषण से सम्मानित डॉ. स्वरूप रंजनजी की उपस्थित संपूर्ण वातावरण का जबरजस्त ऊर्जा का संचार कर रही थी।

दूसरे दिन के 11 बजे यूनिवर्सिटी के विशाल सभागृह में कार्यक्रम की शुरुआत हुई, कुलगुरु डॉ. शिवानंद हॉसमानजी, रजिस्ट्रार श्री रंगराजजी वनदुर्गजी व मंच पर उपस्थित सभी कमेटी सदस्य कार्यक्रम को सफल बनाने के लिए पूर्णतया सज्ज थे। मुझे एक खास तरह की पोशाक पहनाकर डिग्री स्वीकार करने के लिए तैयार किया गया था। मेरे लिए वह बड़ा ही अद्भुत क्षण था। एम.ए. की पढ़ाई के बाद कई बार कुछ चहेते विषयों पर पी-एच.डी. (Ph.D.) करने की इच्छा संजोई थी, लेकिन समय के घेरों ने उसे कभी सफल न होने दिया, लेकिन आज मेरे दिल के सबसे करीब सनराइज कैंडल्स व उससे जुड़ा सामाजिक उद्यमिता (social entrepreneurship) का जो विषय था, वह मुझे इस महान् मंच पर खड़ा कर चुका था।

डॉक्टरेट की यह मानस उपाधि को स्वीकार करते हुए उस वक्त यही प्रतीत हो रहा था, मानो मेरे साथ-साथ लाखों-करोड़ों मेरे और भी दिव्यांग मित्र उस मंच पर हैं, जो

स्व रोजगार, मेक इन इंडिया (Make in India), स्किल इंडिया (Skill India) इन शब्दों पे विश्वास रखते हैं।

जीतो के उस कार्यक्रम में मेरा विजयकुमारजी व रंगराजजी से मिलना और उन्होंने सच्चे अर्थ में एक बड़े भाई की तरह मेरे प्रयासों को समाज तक ले जाना, एक मिसाल कायम करता है। मुझे यकीन है यह जाग्रत् समाज विजयकुमाजी व रंगराजजी की तरह देश में, कोने-कोने में काम कर रहे मेरे जैसे कई भावेश को उस ऊँचाई तक पहुँचाने का प्रयत्न करेगा।

मैं, नीता व मेरे सभी अंध मित्र कर्नाटक के राज्यपाल श्री वज्जूभाई वालजी, कर्नाटक सरकार के मंत्रिगण, डॉ. स्वरूप रंजनजी, यूनिवर्सिटी कुलगुरु व जीतो (JITO) परिवार का कोटि-कोटि धन्यवाद करते हैं।

मैं अपने लड़के के नाम से जाना जाता हूँ

26 मार्च, 2016 को भावसा के आकस्मिक निधन से मानो पैर के नीचे से जमीन ही खिसक चुकी थी, लेकिन भावसा के जाने के पश्चात् भी संपूर्ण बागमार परिवार उसी आत्मीयता के साथ सनराइज कैंडल्स व ओशोनिक विजन के साथ जुड़ा रहा। अभय भाई से लेकर कुसुम माँ, गंगाराम पाटीलजी व इस के साथ-साथ मनोज खैरकरजी की यही कोशिश रही कि हमें भावसा की कमी महसूस न हो, कृष्णकांत भाईजी व अनुराधाबेन जब भी मोरेश्वर आते, भावसा की यादें ताजा हो जातीं।

2014 अंध स्व रोजगार के 'राष्ट्रपति पुरस्कार' (नेशनल अवॉर्ड) के वक्त भावसा ने वादा किया था कि "भावेश जब आपको दूसरी बार राष्ट्रपति पुरस्कार मिलेगा, तब में आपके साथ दिल्ली जरूर चलूँगा", लेकिन हमें क्या पता था कि भावसा के जाने के बाद 2016 में ही हमें सर्वश्रेष्ठ नियोक्ता के रूप में दूसरा 'राष्ट्रपति पुरस्कार' घोषित होगा।

2016 की ही तरह इस बार भी पिताजी दिसंबर महीने की दिल्ली की ठंडी सहन न होने का अपना निर्णय व्यक्त करते हुए 2016 के राष्ट्रपति पुरस्कार के लिए हमारे साथ दिल्ली आने से साफ इनकार कर चुके थे। दो-दो राष्ट्रपति पुरस्कारों को लेकर मैं और नीता एक नए आत्मविश्वास के साथ हमारे उद्देश्यों को पूरा करने में लगे हुए थे, लेकिन इसके विपरीत जिंदगी भी पूरी-पूरी परीक्षा लेने में लगी हुई थी, समय के मरहम ने धीरे-धीरे भावसा की कमी, घावों को भरना शुरू ही किया था कि तभी 27 दिसंबर, 2017 को जो खबर मिली, उसने मुझे व नीता को अंदर तक हिला दिया। श्री कृष्णकांत भाईजी बीमारी के चलते 84 के उम्र में इस दुनिया को अलविदा कह चुके थे, मुंबई के नाना चौक स्थित तेजपाल सभागृह में कृष्णकांत भाईजी की शोक सभा आयोजित की गई थी, उस शोक सभा में मुंबई शहर के हर एक गण्यमान्य उद्योगपति, व्यापारी वर्ग,

राजनेता, शिक्षण व सामाजिक कार्यों से जुड़े हुए हजारों लोग उपस्थित थे। उस दिन समझ में आया कि 'मैं अपने लड़के से जाना जाता हूँ।'

श्री कृष्णकांत भाईजी ने अपने जीवनकाल में कितने ही लोगों को खुद के तेजस्वी व्यक्तित्व से जोड़ रखा था, अब हमारे बीच सिर्फ उनकी वे स्मृतियाँ ही शेष रह गई थीं। मैंने गत डेढ़ वर्षों में पहले पूज्य भावसा और बाद में पूज्य कृष्णकांत भाईजी, जो मेरे लिए गुरु व पिता तुल्य थे, उन्हें खो दिया था।

इन्हीं दिनों पिताजी को किडनी की तकलीफ शुरू हो चुकी थी। मैं और नीता पूरी कोशिश कर रहे थे कि उन्हें दुनिया का अच्छे-से-अच्छा उपचार मिल सके, इन परिस्थितियों में भी उन्होंने आर.के. वाड़ी ट्रस्ट में अपनी सेवाएँ देना जारी रखा हुआ था। मैं चाहता था, वे अब पूरी तरह आराम करें, लेकिन यह कहकर पिताजी मुझे चुप करा देते थे कि आर.के. वाड़ी के इस एक कमरे में तेरी माँ की कई यादें सँजोई हुई हैं और पिताजी की इन भावनाओं भरी दलीलों के सामने हर बार में निःशब्द हो जाता। सालों पहले माँ के जाने के बाद मैंने एक पुत्र की मर्यादा से ऊपर उठकर एक मित्र बनने की कोशिश करते हुए पिताजी से यहाँ तक आग्रह कर दिया था कि आप चाहो तो दूसरी शादी कर सकते हो, मुझे कोई एतराज नहीं होगा, लेकिन वे हर बार मुझे टालते हुए कहते, अब कहाँ, मुझे मोहजाल में फँसाने पर तुला हुआ है, बस अब तेरी जिंदगी सेटल हो जाए, वही मेरे लिए काफी है। इसके साथ-साथ वे मुझे हर बार कहते कि जिन बच्चों के माता-पिता सुबह-सुबह ब्रह्म मुहूर्त में स्वर्ग सिधारते हैं, उन बच्चों की बहुत प्रगति होती है, तेरी माँ भी सुबह-सुबह ढेरों आशीर्वाद देकर गई है, तेरा भविष्य भी खूब उज्ज्वल है। मुझे क्या पता था, माँ ने सुबह ब्रह्म मुहूर्त में जानेवाली घटना की मेरी जिंदगी में पुनरावृत्ति होनेवाली है, किडनी की तकलीफों से लड़ते-लड़ते पिताजी ने एक लंबा वक्त बिताया और इस दौरान उन्होंने मुझे व सनराइज कैंडल्स के साथ-साथ, मेरे सभी दृष्टि बाधित मित्रों को प्रगति के पथ पर आगे बढ़ते देखा। मेरी जिंदगी की अब तक की हर लड़ाई के मोरचे पर उनके आशीर्वाद रूपी कवच-कुंडल पहनकर मैं आगे बढ़ रहा था, लेकिन वे खुद अपनी शारीरिक बीमारियों के साथ चल रही लड़ाई के मोरचे पर हार मानते हुए चुपचाप अपने हथियार डाल रहे थे। 29 अप्रैल, 2019 को सुबह 3:30 बजे मैं, नीता व कुणाल अस्पताल के आई.सी.यू. वार्ड में थे और पिताजी ने काँपते हाथ मेरे सिर पर फेरते हुए अपनी थक चुकी जुबान में धीरे स्वर में मुझे इतना ही कहा कि हर लड़का अपने पिता के नाम से जाना जाता है, लेकिन बेटा, मैं ऐसा पिता हूँ, जो अपने लड़के के नाम से जाना गया। मेरे आशीर्वाद हमेशा तुम्हारे साथ बने रहेंगे, इतना कहते-कहते उनकी साँसें फूल चुकी थीं। डॉक्टर ने हमें आई.सी.यू. के बाहर बैठने को कहा और कुछ देर बाद ही सुबह 4 बजे बिल्कुल ब्रह्म मुहूर्त में पिताजी ने अपनी अंतिम साँस ली।

□

17
समर्पण

"पापा, उठिए!" कुणाल की इस आवाज ने मुझे जैसे गहरी नींद से जगा दिया। विज्ञान भवन के उस विशाल स्टेज पर से सभी को राष्ट्रगान के लिए खड़े रहने का आदेश दिया जा रहा था। पिछले आधे घंटे में मैं अतीत के कई वर्षों को जैसे वापस जी गया था। बचपन से आज तक की पूरी जिंदगी मानो एक फिल्म की तरह इस आधे घंटे में यादों के परदे पर देख चुका था। रह–रहकर मेरा दिल–दिमाग वापस उन्हीं यादों की गहराई में समा जाने के लिए एक छोटे से बच्चे की तरह व्याकुल हो रहा था। राष्ट्रगान के बाद सैकड़ों की संख्या में उपस्थित लोगों के शोरगुल ने मुझे अंततः वर्तमान के धरातल पर लाकर खड़ा कर दिया। मान्यवर राष्ट्रपतिजी और उनके साथ आए हुए सभी मंत्रीगण एवं अन्य मान्यवर विज्ञान भवन से प्रस्थान कर चुके थे। उनके जाने के बाद उपस्थित सभी लोगों को जैसे जोर–शोर से बात करने की छूट मिल गई हो। सारा विज्ञान भवन जबरदस्त शोरगुल से भर चुका था। दो दिन हुई रिहर्सल के दौरान काफी लोग एक–दूसरे को जानने–पहचानने लगे थे। हर कोई अभिनंदन व शुभकामनाएँ देने–लेने में तथा आपस में फोटो खिंचवाने में व्यस्त था। इन सभी कामों से पार पाकर लोग जलपान के लिए अग्रसर हो रहे थे। सामाजिक न्याय एवं अधिकारिता मंत्रालय की तरफ से जिस बस में हमें विज्ञान भवन लाया गया था, उसी में हम वापस अपने गेस्ट हाउस तक पहुँचे। उसी दिन शाम मंत्रालय की तरफ से राष्ट्रपतिजी के हाथों पुरस्कार लेते हुए नीता के कुछ फोटोग्राफ और संपूर्ण कार्यक्रम की वीडियो सी.डी. हमें उपलब्ध करा दी गई।

कुणाल ने शीघ्र ही उन सभी फोटोग्राफ्स व वीडियो को महाराष्ट्र में मित्र, परिवार, इलेक्ट्रॉनिक्स व प्रिंट मीडिया तक भेजने की व्यवस्था की। दूसरे दिन 4 दिसंबर को मंत्रालय की तरफ से दूर–दूर से आए हुए मेहमानों के लिए 'दिल्ली दर्शन' की व्यवस्था की गई थी; लेकिन वर्ष 2014 के 'राष्ट्रपति पुरस्कार' के बाद हमने ऐसी ही व्यवस्थाओं का भरपूर आनंद लिया था, इसलिए हमने सभी से इजाजत लेकर 4 तारीख की सुबह

को दिल्ली एयरपोर्ट से पुणे के लिए प्रस्थान किया।

विमान में बैठे-बैठे पता नहीं, क्यों भगवान् महावीर का एक सूत्र बार-बार याद आ रहा था, जो कभी मैंने 'मुंबई जैन युवक संघ' के उस 'पर्युषण' में सुना था कि—

"सोचा जाणिय कल्याणं
सोचा जाणिय पापगम,
तम्यंती जाणिय सोचा
जम समयतम समायरे।"

2,500 साल पहले भगवान् महावीर ने इस सूत्र के माध्यम से उपदेश देते हुए कहा था कि आँखों का उपयोग न करते हुए सुनकर ही हम बहुत कुछ अर्जित कर सकते हैं। लेकिन इसके विपरीत, कितने ऐसे दृष्टि-बाधित मित्र हैं, जो हताशा व अवसाद के चलते अपने सुनने की इस जबरदस्त ताकत को भी नजरअंदाज कर चुके हैं। 'नेशनल एसोसिएशन फॉर द ब्लाइंड' के जिला, राज्य व राष्ट्रीय संगठन के कई पदों पर काम करते हुए और दूसरे भी कई राज्यों की दृष्टि-बाधित संस्थाओं के साथ जुड़कर हजारों-लाखों दृष्टि-बाधित मित्रों से जुड़ने का और उन्हें करीब से जानने का मौका मिला। कुछ अपवादों को छोड़ दें तो करीब-करीब मेरा हर एक दृष्टि-बाधित मित्र हताशा में डूबा हुआ है। मानो संयोगों के सामने उसने अपने हथियार डाल दिए हैं।

इस अंधत्व से लड़ने के बदले उसने अपनी शारीरिक अक्षमता को बढ़ा-चढ़ाकर प्रस्तुत करते हुए समाज से ज्यादा-से-ज्यादा सहानुभूति व फायदा पाने का अनोखा काम ढूँढ़ लिया है। ऐसा लगता है, मेरा हर एक दृष्टि-बाधित मित्र एक व्यक्ति न रहकर समाज के हृदय से दया व करुणा निकलवाने की मशीन भर बनकर रह गया है। आगे चलकर समाज के यही दया व करुणा के भाव मदद के रूप में चीजों और रुपयों की बारिश करना शुरू कर देते हैं। जिस तरह से जंगलों में बरसात के मौसम में लकड़ियों पर अनगिनत मशरूम उग जाते हैं, उसी तरह आज हमारे देश में भी हजारों-लाखों की संख्या में संस्थाएँ धर्मदाय आयुक्त के दफ्तर में पंजीकृत हो रही हैं। इन दिव्यांग मित्रों को समाज के सामने प्रस्तुत करके कई संस्थाएँ लाखों-करोड़ों रुपयों का दान जमा कर लेती हैं। उस जमा रकम का मामूली हिस्सा मेरे उन मित्रों तक पहुँच पाता है। कई अंध संस्थाओं में घूमते हुए मैंने यह महसूस किया कि कई कौशल विकास के कार्यक्रम वहाँ चलाए जा रहे हैं, लेकिन दु:खद बात यह है कि जिसे सिखाने में हफ्ते, पंद्रह दिन या दो महीने लगते हैं; उसे साल, दो साल खींचकर इन अंध लाभार्थियों के जीवन का एक बड़ा कीमती समय बर्बाद कर दिया जाता है। कुछ संस्थाएँ वास्तव में बहुत अच्छा काम कर रही हैं; लेकिन उनकी संख्या बहुत कम है। मैं व्यक्तिगत तौर पर जिन संस्थाओं के कार्य से प्रभावित हुआ हूँ, उनमें एन.बी.ए. महाराष्ट्र, एन.एफ.बी., बेंगलुरु; बी.आर.ए., दिल्ली; एन.आई.वी.एच.,

देहरादून; पी.बी.एम.ए., पुणे; अंधजन मंडल, अहमदाबाद; सी.यू. शाह प्रज्ञाचक्षु महिला सेवाकुंज, गुजरात; श्री कृष्ण कुमार सिंहजी अंध उद्योगशाला, भावनगर; हेल्पर्स ऑफ द हैंडीकैप, कोल्हापुर आदि प्रमुख हैं।

एक अनुमान के मुताबिक डेढ़ करोड़ दृष्टि-बाधित भारत में पंजीकृत हैं, जिनमें से ज्यादातर संख्या में गाँव में बसते हैं। कई-कई अंधविश्वासों के चलते डॉक्टर या दवाखाना आखिरी विकल्प होता है—मिझल्स, चिकन पॉक्स, टायफाइड आदि बीमारियों को दैवी प्रकोप समझकर झाड़-फूँक और ऐसे ही कई अंधविश्वासों में उलझकर कीमती वक्त बर्बाद किया जाता है, जिसका कई बार नकारात्मक परिणाम उन बीमार बच्चों की आँखों पर भी पड़ता है और उन्हें हमेशा के लिए अपनी आँखें गँवानी पड़ती हैं।

कई बार माता-पिता गरीब व अशिक्षित होने की वजह से ऐसे ही किसी अंधविश्वास में उलझ जाते हैं। आगे चलकर इन दृष्टि-बाधित मित्रों को एक बोझ के रूप में देखा जाता है और सिर्फ दो वक्त का खाना मिल रहा है, यह देखकर किसी संस्था के हवाले कर दिया जाता है। संस्थाएँ भी तो यही चाहती हैं कि पचास रुपयों का मासिक मानधन देकर ऐसे ज्यादा-से-ज्यादा पोस्टरों को जुटाया जाए। कई संस्थाओं में तो बाकायदा कर्मचारियों के निशाने पर अक्सर ग्रामीण भारत के गरीब दृष्टि-बाधित बच्चे होते हैं। घर के लोग मेरे इन दृष्टि-बाधित मित्रों को बोझ न समझते हुए किसी भी संस्था में भेजने से पहले उस संस्था की पूरी जानकारी हासिल कर लें और थोड़ी जागृति दिखाते हुए अपने बच्चे को शोषित होने से बचाएँ।

वर्षों पहले एक संस्था में जब मैं किसी काम से गया था, तब वहाँ जाकर मुझे आश्चर्य हुआ। वहाँ पर कई दृष्टि-बाधित मित्रों को हथकरघा (हैंडलूम) कौशल सिखाया जाता था। वहाँ हर एक दृष्टि-बाधित लाभार्थी को एक मीटर कपड़ा बनाने का सिर्फ एक रुपया मान धन दिया जाता था। दिन भर कड़ी मेहनत करके ऐसे सभी मित्र 1 से 10 मीटर कपड़ा बना लेते थे, जिससे उन्हें एक दिन की मजदूरी 10 रुपए मिल पाती और महीने भर में करीब 300 रुपए मिलते थे। दुःख तो यह जानकर हुआ कि उनके बनाए हुए कपड़ों को एक दृष्टि-बाधित व्यक्ति ने बनाया है, यह कहकर 150 से 200 रुपयों में बेच दिया जाता था। अब कहाँ 1 रुपया मजदूरी और कहाँ 200 रुपए की आमदनी! इसके साथ-साथ सरकार से मिलनेवाली आर्थिक मदद, समाज से मिलनेवाली हर प्रकार की मदद को दोनों हाथों से बटोरते हुए ट्रस्टियों ने अपनी बड़ी-बड़ी इमारतें खड़ी कर ली थीं। उनके लिए वातानुकूलित कार्यालय, गाड़ियाँ और मकान हैं; लेकिन वे अंध लाभार्थी वर्षों बाद भी वहीं पर खड़े हैं।

मुझे लगता है, शिक्षण का अभाव भी इस शोषण के लिए एक बड़ा कारण है। मैं सभी माता-पिता से आग्रहपूर्वक विनती करना चाहता हूँ कि यदि आपके घर में कोई

दृष्टि–बाधित बच्चा है तो उसे किसी दृष्टि–बाधित स्कूल या संस्था में दाखिला न दिलाकर एक साधारण स्कूल में पढ़ाएँ। पढ़ाई के साथ–साथ आजकल वहाँ पर भी कौशल विकास की विविध प्रकार की शिक्षा दी जाती हैं। आखिर में उसे बड़ा होकर समाज के सामान्य व्यक्तियों के बीच रहकर हर प्रकार की प्रतिस्पर्धा और प्रतियोगिता का सामना करना है, तो क्यों न बचपन से मेरा हर एक दृष्टि–बाधित मित्र उसी तरह से ढलना शुरू करे!

कई बार इन संस्थाओं में रहकर एक बड़ी बुरी आदत लग जाती है। अक्सर ऐसा देखा गया है कि समाज में व्याप्त जागृति के चलते लोग अपना या अपने परिवार के सदस्यों के जन्मदिन, शादी की सालगिरह आदि ऐसी संस्थाओं में मनाना चाहते हैं। संस्थाओं में रह रहे लाभार्थियों को अलग–अलग वस्तुएँ बाँटी जाती हैं। लाभार्थी भी अपनी शारीरिक कमजोरी के चलते उन सभी वस्तुओं पर अपना हक समझते हैं। जब तक लाभार्थी संस्थाओं में रहते हैं, उन्होंने समाज से निरंतर ऐसी वस्तुओं को सिर्फ स्वीकार करना सीखा। आगे चलकर यही संस्कार जीवन भर की दृढ़ मानसिकता में परिवर्तित हो जाते हैं। बस, समाज से कुछ–न–कुछ लेते ही रहो। वह लाभार्थी फिर कभी समाज को कुछ देने के बारे में सोचता तक नहीं। इन बुराइयों से बचने का एक ही उपाय है—मेरे दृष्टि–बाधित मित्रों की पढ़ाई एक सामान्य स्कूल में हो। सर्व शिक्षा अभियान के चलते यह संभव है। मेरे इन सभी दृष्टि–बाधित विद्यार्थियों के लिए केंद्र सरकार ने करोड़ों–अरबों रुपए खर्च करके मोबाइल शिक्षक की व्यवस्था स्थापित की हुई है। इन दृष्टि–बाधित विद्यार्थियों को शिक्षण लेते हुए आनेवाली कई अड़चनें दूर करने का जिम्मा इन मोबाइल शिक्षकों का होता है। बस, वे सभी विद्यार्थी पढ़ने–लिखने में सक्षम बनें, घर के किसी कोने में टूटे हुए फर्नीचर की तरह धूल खाते पड़े न रहकर, पढ़–लिखकर कुछ काम करके समाज में अपना स्थान हासिल करें।

सुनहरे भविष्य के स्वप्न दिखाकर अनेक दिव्यांग मित्रों को गुमराह करने का काम समाज में किया जा रहा है। हमें अपना भला–बुरा सोचने की ताकत ईश्वर ने भलीभाँति दी हुई है। उस ताकत का उपयोग करके आगे बढ़ें, न कि गुमराह होकर किसी के हाथों की कठपुतली बन जाएँ। सन् 1995 में जो दिव्यांगों के लिए कानून थे, वे 2016 में कई गुना ज्यादा मजबूत बनाए गए हैं। उन कानूनों की बारीकियों को समझते हुए हम अपने अधिकारों के बारे में जानना व लड़ना सीखें। आज 'अंध निधि' के नाम पर करोड़ों रुपए जमा किए जाते हैं। स्कूल के छोटे–छोटे बच्चों के हाथों में 'अंध निधि' का कार्ड थमाकर समाज से पैसा माँगने के लिए प्रवृत्त किया जाता है। समाज से जमा किए एक–दो रुपए आगे चलकर करोड़ों की रकम बनते हैं। क्या जिनके लिए यह पैसा जमा किया गया, वास्तव में उनके उत्थान के लिए इसका उपयोग हो पाता है? यह समझना बहुत जरूरी है। जागरूकता ही समाज को सक्षम बना सकती है। अन्याय करना जुर्म है, लेकिन अन्याय सहना उससे भी बड़ा जुर्म है, और दिव्यांगों के ऊपर अन्याय होते देखना और चुप रहना

तो सबसे बड़ा जुर्म है। यह जो अंध, अपंग, लाचार, बेचारा जैसे शब्द हैं, ये शब्द ही गलत हैं। आज हम शरीर से अंध-अपंग हुए तो इक्कीसवीं सदी में बहुत कुछ करने के लिए समक्ष हैं; लेकिन जिस दिन हम मन से अंध-अपंग हुए, उस दिन सबकुछ खत्म हो जाता है। हम अपने शरीर की तकलीफों को अपने मन तक, अपने दिमाग तक न जाने दें। उनका सामना करें। मेरा व्यक्तिगत अनुभव कहता है कि जिंदगी में जब तकलीफें आती हैं तो सिर्फ दो बातें हो सकती हैं—या तो हम बिखर जाते हैं या निखर जाते हैं। तो हम निखरने की ओर क्यों न आगे बढ़ें ?

'सनराइज कैंडल्स' के माध्यम से एक प्रोजेक्ट के तहत हमने हर साल कुछ अंध संस्थाओं को मुफ्त में कैंडल्स बनाने की ट्रेनिंग देनी शुरू की। संस्थाओं का आग्रह रहता है कि यह ट्रेनिंग पहले उनके शिक्षक-शिक्षिकाओं को दी जाए, बाद में वे अंध लाभार्थियों को सिखाएँगे। लेकिन हमारे लिए यह अनुभव काफी दु:खद रहा, क्योंकि उन शिक्षक-शिक्षिकाओं ने हमसे मुफ्त में ट्रेनिंग पाकर संस्थाओं को अलविदा कहा और खुद की दुकानें शुरू कर दीं। इससे सबक लेकर हमने आखिरकार सिर्फ और सिर्फ अंध लाभार्थियों को ही तैयार करना शुरू किया। कुछ संस्थाएँ तो ऐसी किसी भी ट्रेनिंग को लेने से साफ इन्कार कर देती हैं। उनका कहना होता था कि पहले तो ट्रेनिंग लेने में वक्त बर्बाद होगा, उसके बाद दृष्टि-बाधितो द्वारा चीजें बनाने में और अंत में बनाई हुई चीजों को बेचने में सबसे ज्यादा वक्त बर्बाद होगा। इन सभी परेशानियों के विपरीत थोड़ी सी तकलीफ उठाकर जितना चाहिए, उतना दान समाज से मिल जाता है, तो क्यों जानबूझकर पैरों पर कुल्हाड़ी मारें ? क्यों ऐसी तकलीफें उठाएँ ? जिन संस्थाओं की ऐसी सोच है, उनके लाभा र्थियों का तो भगवान् ही मालिक है।

आज संस्थाओं को सही मायनों में काम करना है तो उन्हें किसी अध्यक्ष या सचिव की जरूरत नहीं है। उन्हें जरूरत है सिर्फ एक सकारात्मक विचारोंवाले सी.ई.ओ. की, जरूरत है तो एक जबरदस्त इच्छा-शक्ति की। आज सर्व शिक्षा अभियान के चलते किसी भी दृष्टि-बाधित विद्यार्थी के लिए डिग्रियाँ जुटा पाना काफी आसान हो चुका है। थोड़ी मेहनत कर ली जाए तो ग्रेजुएट, पोस्ट ग्रेजुएट होना सहज है। हमें परीक्षाओं में पेपर लिखनेवाला उपलब्ध है और सामान्य विद्यार्थियों से आधा घंटा ज्यादा मिलता है और अभ्यास करने के लिए टेक्नोलॉजी भी उपलब्ध है; लेकिन परेशानी यह है कि एक बार कोई डिग्री हासिल करने के बाद अधिकांश दृष्टि-बाधित मित्र सरकारी व बैंकों की नौकरियों के ख्वाब देखना शुरू कर देते हैं। ऐसे ख्वाब देखना कोई बुरी बात नहीं है; लेकिन इन ख्वाबों को पूरा करने के लिए दिन-रात मेहनत करने की जरूरत है। इन सभी नौकरियों में सिर्फ और सिर्फ 1 प्रतिशत दृष्टि-बाधित लोगों के लिए आरक्षण है। कई साल हम कब अपना नंबर लगेगा, इसकी राह देखते हुए बिता देते हैं। मैं समझता हूँ, ऐसी

नौकरियों के लिए हम जरूर कोशिश करें, लेकिन अपना कीमती समय नष्ट न करते हुए किसी स्वयं रोजगार की ओर आगे बढ़ें। पढ़ाई के साथ-साथ किसी कौशल विकास की ओर भी ध्यान दें। अब तो हर राज्य में कौशल विकास मंत्रालय है। उनके मार्गदर्शन से खुद कोई काम शुरू करें। ऐसा करके ही हमारे मान्यवर प्रधानमंत्री के 'मेक इन इंडिया' वाले स्वप्न को साकार किया जा सकता है। हम क्यों काम माँगनेवाले बनें? हम काम देनेवाले क्यों नहीं बन सकते?

कई ऐसे भी दृष्टि-बाधित मित्रों से मिलना हुआ, जिन्होंने अपनी जिंदगी के बहुमूल्य पाँच से सात वर्ष सिर्फ 'संजय गांधी निराधार योजना' में अपना नाम डलवाने में लगा दिए। जब कभी भी उनसे मिलना हुआ, तहसीलदार कार्यालय के चक्कर लगाते पाया। केंद्र सरकार की इस योजना के तहत अंध-अपंग लोगों को 600 रुपया प्रति माह सरकार की तरफ से सहायता के रूप में मिलते हैं। महीने के 600 रुपए पाने के चक्कर में इतना वक्त गँवा देना मेरी समझ से परे है। मैं उन मित्रों से जब-जब मिलता हूँ, उनसे एक बात जरूर कहता हूँ कि इस मुफ्त में मिलनेवाले 600 रुपयों को भूलकर हम कोई काम सीखना शुरू कर दें और दिन के 600 रुपए या घंटे के 600 रुपए कमाने के बारे में सोचना शुरू करें।

मेरे विचार इन दृष्टि-बाधित मित्रों से कई बार मेल नहीं खा पाते; लेकिन मुझे बचपन से ही माँ की तरफ से जो संस्कार मिले, उसने हमेशा एक सकारात्मक विचारों के साथ जिंदगी में हर प्रकार की कठिनाइयों से जूझते हुए आगे बढ़ना सिखाया। जैसे मुझे माँ से अच्छे संस्कार मिले, कुणाल भी इस क्षेत्र में अपने आप को बड़ा भाग्यशाली समझता है। वह भी अपनी माँ से प्रेरणा लेकर अंधत्व के विरुद्ध हमारी लड़ाई में पूरी तरह से शामिल हो चुका है। जिस तरह से नीता दूर-दराज के गाँवों-खेड़ों में जाकर वर्षों से घर की चारदीवारों में बंद कई दृष्टि-बाधित बहनों से मिलती है, उनके घर के और सदस्यों को विश्वास में लेकर उन दृष्टि-बाधित बहनों को शिक्षण दिलाने के साथ-साथ अलग-अलग कौशल, जिसमें हार तोरण, कागज की थैलियाँ, फिनाइल, लिक्विड सोप, अगरबत्ती आदि बनाना सिखाकर उन्हें स्वयं रोजगार की ओर प्रेरित करते हुए पैरों पर खड़ा करके आर्थिक दृष्टि से सक्षम बनाने की भरपूर कोशिश कर रही है, उसी तरह से कुणाल भी अपनी कंप्यूटर इंजीनियरिंग की पढ़ाई के साथ-साथ 'सनराइज कैंडल्स' के अधिकतर कामों में अपना हाथ बँटाता है। अपने कॉलेज के कुछ सहपाठियों के साथ मिलकर 'सनराइज कैंडल्स' का सोशल मीडिया का संपूर्ण भार उसने उठा लिया है। इसके साथ-साथ मेरे सभी दृष्टि-बाधित मित्रों के लिए कंप्यूटर की ट्रेनिंग से लेकर एंड्रॉइड फोन का किस तरह से उपयोग करना है, ऐसे कई प्रोजेक्ट में अपना योगदान देता रहता है। इसका नतीजा यह हुआ है कि 'सनराइज कैंडल्स' के साथ जुड़े मेरे दृष्टि-बाधित मित्र आज कंप्यूटर और एंड्रॉइड फोन ऑपरेट करना भलीभाँति सीख चुके हैं। कुणाल की यही सोच है कि 'सनराइज कैंडल्स'

को समय के साथ आगे बढ़ना है तो टेक्नोलॉजी के साथ कदम-से-कदम बढ़ाकर चलना बहुत जरूरी है।

शायद पिछले कई जन्मों के पुण्य ही थे कि पूज्य भावसा व कृष्णकांत भाई ने मेरे जीवन में एक सच्चे मार्गदर्शक की भूमिका निभाई। वरना इन दोनों महानुभावों को क्या आवश्यकता थी कि इस हद तक मेरी मदद करें, प्रोत्साहन दें, मार्गदर्शन दें? हम बार-बार सुनते हैं कि ईश्वर अदृश्य है; लेकिन पूज्य भावसा व पूज्य कृष्णकांत भाई ने इस बात को झूठा साबित कर दिया। वे मेरे व 'सनराइज कैंडल्स' से जुड़े सभी दृष्टि-बाधित मित्रों के जीवन में ईश्वर के रूप में पधारे।

सबसे दु:खद बात यह रही कि हम सभी को अपने पैरों पर खड़ा करके दुनिया भर की खुशियों से हमें जोड़ा, लेकिन हमें आशीर्वाद देने के लिए वे आज हमारे बीच नहीं हैं। बस अब तो ज्यादा-से-ज्यादा दृष्टि-बाधित मित्रों के हाथों को रोजगार देकर, उन्हें अपने पैरों पर खड़ा करके और उनके आँसू पोंछकर ही इन दोनों महापुरुषों को मैं और नीता सच्ची श्रद्धांजलि दे सकते हैं।

हम सब परिवर्तन और बदलाव की बात करते हैं, लेकिन इससे बड़ा बदलाव क्या हो सकता है कि अगस्त 2018 की एक सुबह सामूहिक प्रार्थना के बाद सनराइज कैंडल्स की महाबलेश्वर यूनिट के दृष्टिबाधित मित्र मेरे पास आए और मुझसे कहने लगे कि भावेश भाई, हम पूरा एक महीना कंपनी से एक पैसा भी नहीं लेना चाहते! उनकी यह बात सुनकर मुझे बड़ा आश्चर्य हुआ, ऐसा भी विचार आया कि अब यहाँ भी यूनियन बनने वाली है क्या? लेकिन उन सभी दोस्तों ने आगे जो कहा, मेरी आँखों में खुशी के आँसू छलक आए। वे सभी मुझसे कह रहे थे, "भावेश भाई, कई दिनों से हम रेडियो पर केरल में बाढ़ के समाचार सुन रहे हैं, सबकुछ तो बाढ़ बहा ले गई है! कितने दिनों से वहाँ पॉवर सप्लाई ठप्प पड़ा हुआ है! आज उन सभी को खाने-पिने के साथ-साथ कैंडल्स की भी बहुत जरूरत है! हम सबने तय किया है कि एक महीना मुफ्त में अपना श्रमदान देकर उन बाढ़-पीड़ितों के लिए ज्यादा-से-ज्यादा कैंडल्स का निर्माण करें। बस आप कच्चा माल दिला दीजिए।" उनकी बातें सुनकर लगा कि आज सचमुच सनराइज कैंडल्स अपने उद्देश्य प्राप्ति में सफल हो चुकी है। मैंने सबसे कहा कि आप एक महीने का पैसा नहीं लेना चाहते; अब मैं चाहूँगा कि आपको सनराइज कैंडल्स इस एक महीने में ही 3 महीने का वेतन दे। अब हम सब मिलकर इस नेक काम में लग जाते हैं। मेरे एक मित्र हैं हर्ष मरीवालाजी, जो मैरिको कंपनी के डायरेक्टर हैं, ने भी इस प्रोजेक्ट के लिए सहयोग देने का वादा किया। फिर कया था, पूरी टीम दिन-रात केरल के बाढ़-पीड़ितों के लिए कैंडल्स बनाने के इस नेक काम में जुट गई और एक महीने कड़ी मेहनत करते हुए सौ घंटा जल सके, ऐसी एक लाख से ज्यादा कैंडल्स केरल के बाढ़-पीड़ितों के लिए भेज दी गई।

वाकई मेरे जो दृष्टिबाधित मित्र सिर्फ और सिर्फ समाज से लेना सीखे थे, अब सनराइज कैंडल के साथ जुड़कर उसी समाज को सूद समेत वापस देना सिख चुके हैं। मेरे हिसाब से यह खरे अर्थ में परिवर्तन है, बदलाव है।

'सनराइज कैंडल्स' के माध्यम से मेरी और नीता की यही निरंतर कोशिश बनी रहती है कि जिन नए दृष्टि-बाधित मित्रों से मिलना होता है, उनकी आँखों को किसी प्रकार के उपचार या ऑपरेशन के द्वारा ठीक किया जा सके तो उसके लिए हर संभव कोशिश की जाए। कई बार इसमें थोड़ी-बहुत सफलता मिल भी जाती है; लेकिन हर बार बात कोर्निया पर आकर रुक जाती है। कई नेत्र बैंकों में हमने उन मित्रों के नाम पंजीकृत करवा रखे हैं, जिन्हें कोर्निया की आवश्यकता है। एक कोर्निया मिलने पर भी उनके द्वारा इस सुंदर दुनिया को देखना संभव हो सकता है। लेकिन कोर्निया की माँग व आपूर्ति में जमीन-आसमान का फर्क है। श्रीलंका भले हमसे ज्यादा बार क्रिकेट में हारा हो, लेकिन कोर्निया की आपूर्ति व उपलब्धता के क्षेत्र में वह हमें बार-बार हराकर कहीं पीछे छोड़ चुका है। कुछ कड़े कानूनों ने श्रीलंका को कोर्निया का प्रमुख निर्यातक बना दिया है; जबकि हमारे इतने विशाल देश में लाखों कोर्निया की माँग के सामने कुछ हजार कोर्निया ही उपलब्ध हो पाती हैं। कुछ कानूनों में बदलाव और कुछ सामाजिक जागृति इस माँग व आपूर्ति के अंतर को जरूर कम कर सकते हैं। नेत्रदान की मुहिम को अब एक क्रांति के रूप में आगे ले जाने की बहुत जरूरत है। इस मुहिम से जुड़े हर एक कार्यकर्ता की तरफ से मैं इतना ही कहना चाहता हूँ कि—

"तेरी रुख्सत के बाद तेरी आँखें मिट्टी में मिल जाएँगी,
गुरूर था तुझे जिस रोशनी पर वह,
मौत के अँधेरे में गुम हो जाएगी।
बस, तू एक बार नेत्रदान का परचा भर ले,
तेरे पीछे तेरी सात पुश्तें सुखी हो जाएँगी,
देखे थे ख्वाब तूने जिन आँखों से,
अब उन ख्वाबों को वह दूसरी व्यक्ति पूरा कर जाएँगी,
तू अपनी मौत को एक उत्सव बना ले मेरे दोस्त,
तेरे साथ-साथ तेरी आँखें भी अमर हो जाएँगी।"

मैंने भी कुछ ऐसे ही ख्वाब सँजोए हैं, जो मुझे चैन से सोने नहीं देते। हर धर्म में हम अप्रमाद, निर्वाण, मोक्ष, स्वर्ग व समाधि की बातें करते हैं। लेकिन मैं समझता हूँ कि इस दुनिया को अलविदा कहूँ, उससे पहले पच्चीस-पचास हजार ही सही, अपने दृष्टि-बाधित मित्रों को उनके पैरों पर खड़ा कर सकूँ, 'सनराइज कैंडल्स' के माध्यम से उनके लिए

रोजगार जुटा सकूँ। उस दिन समझूँगा, मुझे जीते-जी मोक्ष प्राप्त हो गया। मैं किसी मंदिर या मसजिद में नहीं जाता। मेरे दोस्त मुझे नास्तिक कहते है, लेकिन वहा जाकर भी, मुझे क्या दिखने वाला है, मेरे ये हजारों दृष्टि-बाधित मित्र, जो खुद एक ईश्वर का रूप हैं, उन्हें छोड़कर किस मंदिर-मसजिद के दरवाजे खटखटाऊँ ? एक दिन ऐसा जरूर आएगा, जब हमारे देश में हर दिव्यांग के लिए रोजगार होगा, कोर्निया के अभाव के कारण कोई व्यक्ति अंधत्व नहीं झेल रहा होगा, हर तरफ खुशियाँ होंगी, आनंद होगा, भाईचारा होगा, शांति होगी। मेरे सपनों का वह एक दिन जरूर आएगा उसे आना ही पड़ेगा।

□

पुरस्कार सूची

1. भारत के राष्ट्रपति श्री प्रणब मुखर्जी द्वारा राष्ट्रीय पुरस्कार, बेस्ट ब्लाइंड सेल्फ एंप्लॉयमेंट पुरस्कार, 2014 (मोमबत्ती उद्योग के लिए पहला राष्ट्रीय पुरस्कार)
2. भारत के राष्ट्रपति श्री प्रणब मुखर्जी द्वारा राष्ट्रीय पुरस्कार, बेस्ट एंप्लायर ऑफ द इयर, 2016
3. डॉ. बत्रा फाउंडेशन, मुंबई द्वारा सकारात्मक स्वास्थ्य पुरस्कार (राष्ट्रीय पुरस्कार), 2017
4. टाटा समूह, पुणे द्वारा सामाजिक प्रासंगिकता पुरस्कार, 2014
5. समाजसुधारक के.एस. शैलाताई रतन माली स्मारक समिति, पुणे द्वारा राष्ट्रीय लोकसेवा पुरस्कार, 2013
6. एन.ए.बी. इंडिया द्वारा श्रीमती पिलू डी खंबाट्टा मेमोरियल अवॉर्ड फॉर एंप्लायर ऑफ द ब्लाइंड, 2015
7. एन.ए.बी इंडिया द्वारा श्रीमती पिलू डी खंबाट्टा मेमोरियल अवॉर्ड फॉर बेस्ट ब्लाइंड सेल्फ एंप्लॉयमेंट, 2008
8. हेल्पर्स ऑफ द हैंडीकैप, कोल्हापुर द्वारा भरारी पुरस्कार
9. एन.ए.बी. रत्नागिरि द्वारा रतनबाई घरडा पुरस्कार
10. कर्ण फाउंडेशन, सातारा द्वारा कर्ण पुरस्कार
11. चेतना अपंगमती विकास संस्था, कोल्हापुर द्वारा डॉ. हेलेन केलर पुरस्कार, 2015
12. पी.एम. शाह फाउंडेशन, पुणे द्वारा वर्धमान पुरस्कार
13. शिवसेना अपंग सहाय केंद्र, मुंबई द्वारा निर्धार पुरस्कार
14. सी.यू. शाह प्रज्ञाचक्षु महिला सेवाकुंज, सुरेंद्रनगर, गुजरात द्वारा पंडित सुखलालजी पुरस्कार, 2015
15. बसवा सेवा प्रतिष्ठान, बिडर, कर्नाटक द्वारा अक्का नागालांबिका पुरस्कार

16. द कोल्हापुर जिल्हा पैरालांपिक एसोसिएशन द्वारा गौरव पुरस्कार, द स्पिरिट ऑफ द डिसेबल्ड, 2012
17. के.बी. अण्णा तलवलकर मेमोरियल ट्रस्ट, पुणे द्वारा अनुकर्नीया उद्योग पुरस्कार, 2018
18. स्वयंसिद्ध, कोल्हापुर द्वारा परिवर्तन दूत पुरस्कार
19. महाराष्ट्र राज्य के मुख्यमंत्री श्री देवेंद्र फडणवीस द्वारा दिव्यांग उद्योग भूषण पुरस्कार, 2016
20. महाराष्ट्र राज्य के पूर्व मुख्यमंत्री पृथ्वीराज चौहान अपंग उद्योग भूषण पुरस्कार, 2011
21. पुण्यशोक सद्गुरु शिव–पार्वती प्रतिष्ठान, एम.एस. गोसावी एजुकेशन सोसाइटी द्वारा आदर्श संस्था पुरस्कार, 2017
22. वेद वासुदेव प्रतिष्ठान, पुणे द्वारा वासुदेव जीवन दृष्टि गौरव पुरस्कार
23. जॉयंट ग्रुप ऑफ सातारा हार्मोनी द्वारा चतुरंग क्रीड़ा भूषण पुरस्कार, 2017
24. मनोहर विचारे प्रतिष्ठान, मुंबई द्वारा मराठी गौरव पुरस्कार, 2016
25. अटल फाउंडेशन, मुंबई द्वारा समाज गौरव पुरस्कार, 2016
26. श्रीमती इंदुमती पारीख अपंग सहाय केंद्र सांगली द्वारा जिद पुरस्कार
27. एन.ए.बी. महाराष्ट्र द्वारा विशेष पुरस्कार, 2014
28. पीपल बैंक ऑफ जलगाँव द्वारा उद्योजकता पुरस्कार
29. रिलायंस फाउंडेशन द्वारा श्री धीरुभाई अंबानी बेस्ट ब्लाइंड स्वयं उद्योजकता पुरस्कार, 2008
30. ऑल इंडिया समस्त भाटिया फेडरेशन, मुंबई द्वारा भाटिया गौरव पुरस्कार
31. ह्यूमन राइट आर्गेनाइजेशन द्वारा सिंपली अनस्टॉपेबल पुरस्कार
32. लायंस क्लब इंटरनेशनल, सातारा द्वारा लायंस लाइफ टाइम अचीवमेंट पुरस्कार
33. निपमैन फाउंडेशन द्वारा निपमैन संधी पुरस्कार, 2016
34. रोटरी इंटरनेशनल, मुंबई द्वारा वोकेशनल एक्सीलेंट पुरस्कार, 2014

□□□